Estudos
de Direito Material e Processual do Trabalho

Francisco Alberto da Motta Peixoto Giordani

Estudos
de Direito Material e Processual do Trabalho

EDITORA LTDA.
© Todos os direitos reservados

Rua Jaguaribe, 571
CEP 01224-001
São Paulo, SP — Brasil
Fone (11) 2167-1101
www.ltr.com.br

Produção Gráfica e Editoração Eletrônica: R. P. TIEZZI
Projeto de Capa: RAUL CABRERA BRAVO
Impressão: COMETA GRÁFICA E EDITORA
LTr 4787.4
Junho, 2013

Dados Internacionais de Catalogação na Publicação (CIP)
(Câmara Brasileira do Livro, SP, Brasil)

Giordani, Francisco Alberto da Motta Peixoto
 Estudos de direito material e processual do trabalho / Francisco Alberto da Motta Peixoto Giordani. — São Paulo : LTr, 2013.

 Bibliografia
 ISBN 978-85-361-2579-4

 1. Direito do trabalho 2. Direito material 3. Direito processual do trabalho I. Título.

13-03335   CDU-34:331

Índice para catálogo sistemático:

1. Direito material e processual do trabalho 34:331

Dedico esses singelos estudos aos meus filhos, que são a razão da minha vida, meu entusiasmo e estímulo em tudo que faço; como é maravilhoso tê-los como meus filhos, Manoel, Henrique, Mariane, Bruno e Helena.

Tenho minha Musa, a Vera, e a ela dedico, de modo muito especial, esse trabalho, pelo incentivo, também fundamental, em todos os momentos.

Meus pais, Manoel e Abigail, quanta falta me fazem, ainda hoje e sempre!

Agradecimentos

Aos colegas e amigos do Tribunal Regional do Trabalho da 15ª Região, bem como aos colegas e amigos dos diversos Tribunais Regionais do Trabalho, com os quais, conversando, participando de sessões e lendo seus votos, aprendo diariamente, e também como aprendo sempre que posso conversar, ouvir e ler os votos e trabalhos doutrinários dos Ministros do Tribunal Superior do Trabalho, a todos, dedico essa obra, pois nela, de certa forma, está reproduzido algo do que aprendi com todos!

Aos ilustres advogados que tão bem sabem, em seus trabalhos forenses e escritos doutrinários, fazer avançar o aspecto social que o direito não pode prescindir, sem olvidar da técnica que lhe dá melhor consistência, possibilitando-lhe caminhe a passos seguros. Outro tanto se diga dos atuantes membros do Ministério Público do Trabalho; a ambos, ofereço também esses estudos, pois que, em boa medida fruto de reflexões decorrentes da elevada atuação de uns e de outros.

Por fim, aos amigos da consagrada LTr Editora, pela oportunidade, atenção e amizade recebida.

Sumário

Prefácio 13

O Princípio da Proporcionalidade e a Penhora de Salário 15
   Francisco Alberto da Motta Peixoto Giordani

Os Trabalhadores Rurais, o Trabalho a Céu Aberto e o Adicional de Insalubridade 34
   Francisco Alberto da Motta Peixoto Giordani

O Princípio Protetor no Direito do Trabalho: Ainda Necessário, nos Dias que Correm, como
   foi Outrora? 46
   Francisco Alberto da Motta Peixoto Giordani

O Princípio da Proporcionalidade e a Penhora de Salário — Novas Ponderações (Água Mole
   em Pedra Dura Tanto Bate até que Fura...) 63
   Francisco Alberto da Motta Peixoto Giordani

O Princípio da Proporcionalidade e a Penhora de Salário — Algumas outras Considerações 75
   Francisco Alberto da Motta Peixoto Giordani

O Princípio da Igualdade e a Atuação do Ministério Público enquanto Parte 88
   Francisco Alberto da Motta Peixoto Giordani

O Monitoramento do *e-mail* Corporativo do Empregado é Legal? A Questão Deve Ser Vista
   Apenas com Base nos Aspectos Atinentes ao Poder Diretivo do Empregador x Proteção da
   Privacidade do Empregado? 103
   Francisco Alberto da Motta Peixoto Giordani

Intermediação de Mão de Obra — Uma Leitura que Leva à Responsabilidade Solidária entre as Empresas Prestadora e Tomadora de Serviços 148
Francisco Alberto da Motta Peixoto Giordani

Estudos sobre a Exceção de Pré-Executividade 157
Ana Paula Pellegrina Lockmann; Francisco Alberto da Motta Peixoto Giordani

Aspectos da Prova Testemunhal no Processo do Trabalho 172
Francisco Alberto da Motta Peixoto Giordani

Alguns Argumentos em Prol da Ideia de que o Trabalhador Rural que Recebe por Produção Faz Jus ao Recebimento da Própria Hora + Adicional, Trabalhando em Regime Extraordinário 199
Francisco Alberto da Motta Peixoto Giordani

A Responsabilidade, ao Menos Subsidiária, do Dono da Obra, Quanto aos Direitos dos Empregados não Satisfeitos pelo Empreiteiro 212
Francisco Alberto da Motta Peixoto Giordani

A Contratação de Servidor Público sem Concurso x Princípio da Dignidade da Pessoa Humana. Colisão de Direitos? Outro Enfoque: Consequências 223
Francisco Alberto da Motta Peixoto Giordani

A Aplicação da Lei n. 8.009/90 na Justiça do Trabalho 232
Francisco Alberto da Motta Peixoto Giordani

A Influência da Necessidade na Atuação Sindical 239
Ana Paula Pellegrina Lockmann; Francisco Alberto da Motta Peixoto Giordani

Organização Sindical no Futebol: Limites e Incidência das Normas Coletivas 245
Francisco Alberto da Motta Peixoto Giordani

Duração Semanal do Trabalho do Atleta, Trabalho Noturno e DSR: Tratamento Peculiar ou Geral? 252
Francisco Alberto da Motta Peixoto Giordani

Aspectos do Princípio da Igualdade, com Aplicações no Direito do Trabalho 268
Francisco Alberto da Motta Peixoto Giordani; Ana Paula Pellegrina Lockmann

PREFÁCIO

Recebi o convite para prefaciar a obra *Estudos de Direito Material e Processual do Trabalho*, do desembargador Francisco Alberto da Motta Peixoto Giordani, com sentimentos de alegria e orgulho. Alegria porque o destino me propicia oportunidade de participar, ainda que de forma indireta, de mais uma fase do sucesso profissional de um amigo, que eu considero um irmão. Orgulho porque tal oportunidade acontece no momento em que ocupo a presidência da Associação Nacional dos Magistrados da Justiça do Trabalho (Anamatra), fazendo com que minhas palavras sejam também de reconhecimento a mais uma contribuição de um magistrado do Trabalho ao mundo das letras jurídicas. Aliás, feliz coincidência a produção deste texto dar-se na minha presidência da Anamatra, já que o autor da obra prefaciada foi quem me apresentou as belezas e agruras da vida associativa e a quem devo o continuo incentivo de trabalhar pelas causas comuns dos juízes do Trabalho.

O leitor da presente obra certamente vai deleitar-se com o estilo objetivo, mas bem humorado do Desembargador Giordani, quando da abordagem de temas palpitantes.

O leitor da obra certamente vai encontrar nos estudos aqui reunidos material relevante para a atividade profissional, seja para advocacia, seja para o exercício da magistratura ou qualquer outra carreira jurídica. Em especial, diria eu, trata-se de material essencial aos que se preparam para concursos públicos da magistratura ou ministério público, já que, friso uma vez mais, ensina e prepara o leitor para o embate intelectual na análise de vários temas polêmicos.

Outra característica da obra que me chamou a atenção foi o intenso recurso aos princípios, muito especialmente o princípio da dignidade da pessoa humana, também sempre invocando os direitos fundamentais, bem como a moderna visão dos contratos, para resolver ou problematizar temas do cotidiano das lides trabalhistas, mostrando que a metodologia científica da produção do conhecimento está absolutamente focada no que há de mais moderno e universal na ciência do direito.

Enfim, uma obra que esconde por trás da leitura agradável e dinâmica um instrumento excelente para os profissionais de direito modernos e antenados nos temas mais palpitantes do cenário trabalhista.

Renato Henry Sant'Anna
Presidente da Anamatra
Gestão 2011/2013

O Princípio da Proporcionalidade e a Penhora de Salário

Francisco Alberto da Motta Peixoto Giordani[(*)]

APRESENTAÇÃO DO TEMA

Tema dos mais instigantes e que vem, nos dias que correm, provocando a reflexão dos operadores do direito e com cada vez maior frequência sendo debatido em processos judiciais, é o que diz respeito à possibilidade ou não, de penhora em contas correntes nas quais sejam creditados salários.

Com denodo e respeitáveis argumentos jurídicos, há os que sustentam alguns com espantosa energia, que não é possível dita constrição judicial, por provocar inconciliável cizânia com o quanto estatuído no art. 649, IV, do Código de Processo Civil.

Outros, porém, para fundamentar seu posicionamento entendem viável e regular a penhora em contas correntes nas quais estipêndios são depositados, drapejando e cortando os ares com a bandeira do princípio da proporcionalidade.

Parece que a primeira corrente se identifica mais com uma visão positivista, e a outra pretende superado tal modo de enxergar.

Tenho em que, antes de, propriamente, ferir a questão, necessária uma referência, sucinta, ao momento vivido pelos princípios, seu peso num ordenamento jurídico, se podem fazer mexer a balança a seu favor, quando no outro prato há uma regra dispondo, ao menos aparentemente, de modo diverso; em seguida, cumpre verificar se o princípio da proporcionalidade tem voz entre nós, e se ela pode se fazer ouvir em questões como a ora em foco.

Porém, como um tributo certamente devido aos defensores, seja de um, seja de outro dos posicionamentos acima mencionados, gostaria de dizer que, seja qual for o

---

(*) Juiz do TRT da 15ª Região — Campinas — SP.

entendimento que se torne em um dado momento majoritariamente aceito, isso representará o resultado do trabalho de todos, pois é o esforço de cada um, com os argumentos que traga em prol de seu sentir, que possibilitará o refinamento e ulterior amadurecimento da questão; com as devidas adaptações, de aplicar-se, também aqui, a irrespondível observação de Maria da Conceição Ruivo, no sentido de que:

> A riqueza de uma nova teoria não se esgota de modo nenhum no trabalho dos pais fundadores. Segue-se um longo trabalho de elaboração, de maturação, através do qual há uma depuração de toda a ganga inicial, tornada depois desnecessária ou mesmo inconveniente. Analisemos três exemplos.
>
> O primeiro exemplo é o da mecânica Clássica. É sabido que na ciência de tradição aristotélica não havia distinção entre as noções de força e velocidade, tal como, aliás, é de uso na linguagem comum (o carro foi com toda a "força" contra o poste [...] ao passo que, no quadro da física newtoniana, força e velocidade são grandezas distintas, a força é a causa da variação da velocidade [...] Se é verdade que Newton é o gênio criador da Mecânica Clássica, também é verdade que esta não ficou pronta e acabada com Newton; de facto, ela vai-se tornando um edifício consistente graças ao trabalho continuado de homens como Euler, Bernoulli, Lagrange, Hamilton e D'Alembert. [...][1]

RÁPIDA VISÃO SOBRE OS PRINCÍPIOS

Ouso convidar, à partida, ao possível leitor, solitário em sua leitura, como eu, aqui e agora, que se deixe envolver pelo encanto e pela magia do vocábulo "princípio", que dê asas a seu espírito, deixando-o viajar pelo tempo e pelo espaço, vendo, sentindo e sendo levado pelo suave sopro dessa palavra, mais, pelo significado dessa palavra, em tudo o que possa ter ligação com o homem e sua passagem por este mundo; de fato, o que se pode imaginar sem um princípio? O que se pode explicar sem um princípio? Quantas e quantas vezes foram desastrosas, na história do homem, a desconsideração pelos princípios? Acho melhor parar por aqui, pois meu espírito já está se envolvendo com essas indagações, e preciso me concentrar um pouco mais, para continuar tendo a esperança de contar com a paciência do amigo que se dispôs a meditar comigo sobre o tema objeto dessas linhas; depois, voltarei a viajar ...

Rubem Alves, com a simplicidade que apenas uma vasta cultura permite, diz que: "princípio", em grego, é palavra filosófica, que significa não apenas 'princípio' no sentido de começo no tempo, mas fundamento, aquilo que é a base do que existe"[2]. Por sua abrangência, conquanto muito concisa o que, também, apenas um profundo conhecimento acerca do que se fala permite, vale reproduzir a definição de Rodolfo Luis Vigo: "por princípio, entende-se aquilo do qual algo procede, seja na linha do ser, do obrar ou do conhecer"[3]; que não é específico dos tempos atuais o voltar o homem seus olhos para a relevância dos princípios, fica claro com a leitura da seguinte

---

(1) A ciência tal qual se faz ou tal qual se diz? In: SANTOS, Boaventura de Sousa (org.). *Conhecimento prudente para uma vida decente.* São Paulo: Cortez, 2004. p. 589.
(2) *Entre a ciência e a sapiência* — o dilema da educação. 9. ed. São Paulo: Loyola, 2003. p. 23/4.
(3) *Interpretação jurídica.* São Paulo: RT, 2005. p. 130.

passagem de Manuel Carlos de Figueiredo Ferraz, ao lembrar que: "Os princípios — escreve Sêneca — asseguram a nossa firmeza e tranquilidade, porque simultaneamente abrangem toda a nossa vida e toda a natureza das cousas"[4].

Quero acreditar, então, que não se pode, validamente, imaginar alguma forma e/ou área de conhecimento, para ser como tal considerada, que não implique e não se baseie na existência de princípios; daí já se ter asseverado que:

> "A doutrina indica que toda a forma de conhecimento, filosófico ou científico, implica no (sic) existência de princípios. Por essa razão, vem-se percebendo, atualmente, uma dedicação especial dos doutrinadores ao estudo das peculiaridades dos princípios em cada ramo do direito"[5].

A mesma senda, muito bem acompanhada por grande mestre, percorre Paula Oliveira Mendonça, como se nota de suas colocações:

> "Para Miguel Reale, com a autoridade de várias décadas de ensino 'toda forma de conhecimento filosófico ou científico implica a existência de Princípios, isto é, de certos enunciados lógicos admitidos como condição ou base de validade das demais asserções que compõem todo campo do saber"[6].

No ponto em que estamos, tenho por interessante trazer à colação os ensinamentos do professor Manoel Messias Peixinho que, com muita clareza, dilucida:

> Toda ciência se desenvolve e se estrutura a partir de princípios. Princípio é o ponto de partida e o fundamento de um processo qualquer, em que o significado dos dois termos, princípio e fundamento, estão estreitamente relacionados. Neste sentido, não há como falar de determinado pensamento científico sem descobrir os seus princípios, ou seja, sem apreender os postulados lógicos que lhe dão racionalidade[7].

Em sendo assim, fica fácil concluir, acompanhando o preclaro Rui Portanova, que, por sua vez, valeu-se dos ensinamentos do mestre de todos nós, Celso Antonio Bandeira de Melo, no sentido de que: "violar um princípio é muito mais grave do que transgredir uma norma"[8], mesmo porque, como já se disse de modo muito consistente: "violar um princípio é muito mais grave que transgredir uma norma qualquer. A desatenção ao princípio implica ofensa não apenas a um específico mandamento obrigatório, mas a todo o sistema de comandos. É a mais grave forma de ilegalidade ou inconstitucionalidade, conforme o escalão do princípio atingido, porque representa insurgência contra todo o sistema, subversão dos seus valores fundamentais, agressão ao seu arcabouço lógico e corrosão de sua estrutura mestra"[9].

Com a palavra o grande constitucionalista Paulo Bonavides, que observa, de maneira muito percuciente: "A lesão ao princípio é indubitavelmente a mais grave das inconstitucionalidades porque sem princípio não há ordem constitucional e sem ordem

---

(4) *Apontamentos sobre a noção ontológica do processo.* São Paulo: Revista dos Tribunais, 1936. p. 11.
(5) FRAGA, Thelma Araújo Esteves. O princípio da igualdade das partes e uma releitura do art. 100 do CPC, à luz da constituição e do novo código civil. In: *A constitucionalização do direito.* Rio de Janeiro: Lumen Juris, 2003. p. 527.
(6) Princípios processuais, importância de seu estudo para o direito processual. *Revista da ESMAPE*, v. 4, n. 9, p. 311, jan./jun. 1999.
(7) Princípios constitucionais da administração pública. In: Obra coletiva. *Os princípios na Constituição de 1988.* Rio de Janeiro: Lumen Juris, 2001. p. 441.
(8) *Limitação dos juros nos contratos bancários.* Porto Alegre: Livraria do Advogado, 2002. p. 57.
(9) BARBOSA, Edna Maria Fernandes. Colisão de princípios e regras no ordenamento jurídico: uma leitura atual. *Revista TRT — 11ª Região*, Amazonas, n. 12, p. 38, 2004.

constitucional não há garantia para as liberdades cujo exercício somente se faz possível fora do reino do arbítrio e dos poderes absolutos"[10], bem por isso há que concordar com Pietro Lora Alarcón, quando este assevera: "o Estado será tanto mais democrático e de Direito quanto melhor reproduza, na prática, os princípios que o fundamentam"[11], o que poderá contribuir para abrir espaço "visando reforçar um novo Estado Democrático de Direito, *na medida que o direito vem sendo distinguido da lei e primeiro vêm se sobressaindo ao segundo, formando uma ordem jurídica que se constitui de valores e princípios onde a lei é apenas um dos componentes integradores da decisão judicial*" (sublinhei)[12].

Peço vênia para insistir nesse novo aspecto, nesse novo modo de ver, que leva a um recuo e/ou contenção da absoluta primazia antes emprestada à lei, na e quando da solução de um conflito de interesses; para tanto, de muita relevância a transcrição da seguinte passagem de Alexandre Pasqualini, ao esclarecer que; "a lei apresenta-se tão só como o primeiro e menor elo da encadeada e sistemática corrente jurídica, da qual fazem parte, até como garantia de sua resistência, os princípios e valores, sem cuja predominância hierárquica e finalística o sistema sucumbe, vítima da entropia e da contradição"[13]; logo, "tanto quanto as leis — e mais do que elas —, os princípios são fontes primárias do Direito e integrantes do ordenamento jurídico positivo"[14]; daí há concluir que: "os princípios não são apenas a lei, mas o próprio direito em toda a sua extensão e abrangência"[15], e mais, como diz Aramis Nassif: "lembrando exaustivamente que os princípios, sempre superiores no sistema, mantêm ascendência hierárquica sobre a concretude legal"[16], o que leva a que: "o lugar da legalidade, *rectius* a lei, não está nos dias de hoje colocado no pedestal que ocupava no liberalismo"[17].

O culto Sérgio Ferraz, bem apanhou o que se passa, quanto à importância que se há de atribuir aos princípios e o papel que lhes cumpre desempenhar, iluminando bem o assunto, tornando-se, pois, relevante reproduzir suas observações:

> [...] os princípios jurídicos não existem tão apenas como afirmações de máximas, que ressoem bem ao ouvido. O princípio filosófico jurídico não é estipulado tão apenas por amor à arte ou ao culto da palavra. Ele tem de preencher uma finalidade. O direito existe como valor, que tende à realização de um determinado ideal; e esse ideal é o atingimento da justiça. O Direito existe como uma estruturação cultural, que só se justifica desde o momento em que cumpra a sua vocação, que é a realização do ideal de justiça[18].

---

(10) *Curso de direito constitucional.* 5. ed. São Paulo: Malheiros, 1994. p. 396.
(11) *Processo, igualdade e justiça. Revista Brasileira de Direito Constitucional,* São Paulo: Método, n. 2, p. 166, jul./dez. 2003.
(12) SANTOS, Daniela Lacerda Saraiva. O princípio da proporcionalidade. In: Obra coletiva. *Os princípios na Constituição de 1988.* Rio de Janeiro: Lumen Juris, 2001. p. 360.
(13) Sobre a interpretação sistemática do direito. *Revista da Ajuris,* n. 65, ano XXII, p. 286, nov. 1995.
(14) CUNHA, Sérgio Sérvulo da. O que é um princípio. *Cadernos de Soluções Constitucionais,* v. 1, São Paulo: Malheiros, p. 24, 2003.
(15) *Dignidade humana e boa-fé no código civil.* São Paulo: Saraiva, 2005. p. 45
(16) Acusação: o totem, a interpretação e Kelsen. In: BONATO, Gilson (org.). *Garantias constitucionais e processo penal.* Rio de Janeiro: Lumen Juris, 2002. p. 43.
(17) SANCHES, J. L. Saldanha; GAMA, João Taborda da. Pressuposto administrativo e pressuposto metodológico do princípio da solidariedade social: a derrogação do sigilo bancário e a cláusula geral antiabuso. In: Obra coletiva. *Solidariedade social e tributação.* São Paulo: Dialética, 2005. p. 105.
(18) Igualdade processual e os benefícios da fazenda pública. *Revista da Procuradoria do Estado de São Paulo,* v. 13/15, p. 431.

Em sendo assim, bem se compreende sentenciar Fábio Konder Comparato que "os princípios jurídicos são normas superiores"[19]; esse asserto, bem é de ver, confere aos princípios a dignidade de norma, o que se harmoniza com a doutrina, hoje bem aceita, de que as normas se dividem em princípios e regras, aqueles com um teor maior de abstração, e por isso mesmo mais maleável e que não precisam, necessariamente, ser sempre e sempre aplicados, podendo deixar de sê-lo em dado caso concreto, quando mais de um princípio nele possa incidir, cabendo fixar-se, em tal situação, quando há um conflito entre os princípios em tese aplicáveis, qual há de preponderar, afastando-se o outro que, nem por esse fato, perde sua condição, já que poderá ser observado em outra situação, na qual não haja o conflito que obstou sua aplicação em determinada hipótese. Com as regras, embora possam ter também certa maleabilidade, não é de sua natureza possuí-la na mesma intensidade que um princípio, sendo, ao reverso, de seu normal, ocorrido o fato nela previsto, sua plena incidência, ou seja, conflitos entre regras não são de verificar-se, via de regra, ao menos com idêntica intensidade que os conflitos que possam ocorrer entre princípios, mas numa escala acentuadamente inferior, havendo mesmo os que não veem as coisas desse modo, entendendo que não há espaço para atritos entre normas, pois o ordenamento jurídico já contém soluções para as possíveis antinomias; já conflitos entre princípios é algo mais natural e, pois, mais frequente de acontecer.

De tal fato decorre como salientado por Jane Reis Gonçalves Pereira e Fernanda Duarte Lopes Lucas da Silva, com base no grande Alexy, que "toda norma ou é uma regra ou é um princípio"[20]; aliás, ensinamento do mencionado Alexy se encontra também no substancioso artigo de Marcelo Ciotola, *verbis*: "Tanto las reglas como los princípios son normas porque ambos dicen lo que debe ser. Ambos pueden ser formulados com la ajuda de las expresiones [...] Los princípios, al igual que las reglas, son razones para juicios concretos de deber ser, aun cuando sean razones de um tipo muy diferente. La distinción entre reglas y principios es pues una distinción entre tipos de normas"[21]. Outra não é a senda percorrida por Sérgio Nojirl, ao se posicionar no sentido de que "o vocábulo princípio, para a ciência do Direito, deve revestir-se da qualidade de norma jurídica"[22], para, linhas após, explicitar melhor o conceito de princípio, aduzindo que: "Princípio, como já vimos, é uma norma jurídica que veicula determinados valores que a diferencia das demais regras jurídicas e, por isso mesmo, influi direta ou indiretamente no entendimento dos demais elementos normativos do sistema que com ela se conectam"[23].

Por óbvio, não seria o diferente grau de abstração e/ou de efetividade que seria decisivo para o enquadramento de um princípio como espécie do gênero norma; nesse passo, com a palavra Ana Luísa Celino Coutinho, que diz filiar-se "àqueles que entendem os princípios como espécie do gênero normas, mesmo considerado o seu alto grau de abstração e o seu menor grau de efetividade"[24].

---

(19) Igualdades, desigualdades. *Revista Trimestral de Direito Público*, 1/1993, Malheiros, p. 70.
(20) A estrutura normativa das normas constitucionais. Notas sobre a distinção entre princípios e regras. In: Obra coletiva. *Os princípios na Constituição de 1988*. Rio de Janeiro: Lumen Juris, 2001. p. 10.
(21) Princípios gerais de direito e princípios constitucionais. In: Obra coletiva. *Os princípios na Constituição de 1988*. Rio de Janeiro: Lumen Juris, 2001. p. 46.
(22) O papel dos princípios na interpretação constitucional. In: *Cadernos de Direito Constitucional e Ciência Política*, v. 21, p. 322.
(23) *O papel dos princípios na interpretação constitucional*, cit., p. 324.
(24) O concurso público e a sua relação com os princípios constitucionais da administração pública. *Revista da ESMESE*, n. 1, p. 177/8, dez. 2001.

Todos esses ensinamentos de tão renomados juristas levam-me à forte convicção, já antes manifestada, da importância, cada vez maior, dos princípios no e para o ordenamento jurídico, permitindo ao intérprete, com sua utilização, sair das redes e das armadilhas que, não tão raramente, as leis trazem em si, em seu bojo, já que sua aplicação, sempre e invariavelmente, a todo e qualquer caso, pode levar a flagrantes injustiças, normalmente em desfavor da parte mais fraca e/ou, conforme o caso, não integrante do poder econômico, sempre bem representado pelos parlamentares e governantes do nosso Brasil varonil, e com tal esmero que torna lícita a indagação: o homem simples do povo, aquele que não detenha alguma força (*rectius*: poder econômico) tem, efetivamente, algum representante no Congresso e/ou Governo ou não, malgrado as aparências e os discursos, comoventes, belos, mas não traduzidos no plano do real, ficando apenas na fala e registros respectivos? Ainda que assim não seja — passe a ingenuidade —, a aplicação da lei, sem considerações outras, às peculiaridades da situação concreta, não pode distanciá-la da aderência que deveria ter a realidade, à vida?

Peço vênia para, aqui, voltar a citar o professor Paulo Bonavides, que adverte: "Admitir a interpretação de que o legislador pode a seu livre alvedrio legislar sem limites, seria pôr abaixo todo o edifício jurídico e ignorar, por inteiro, a eficácia e a majestade dos princípios constitucionais. A Constituição estaria despedaçada pelo arbítrio do legislador"[25]. Como evitar, no âmbito da interpretação e aplicação do direito, ou, se evitar completamente é impossível, minimizar os males que, bem o sabemos, despencam sobre os ombros dos cidadãos brasileiros, da atuação de nossos parlamentares (insistindo sempre nas exceções, embora lastimando sempre serem exceções)? Pensamos que, para tanto, de muita valia é o bom e vigoroso manejo dos princípios.

Poderei, entretanto, ter lançada em face da seguinte objeção: a segurança jurídica, tão relevante, restaria seriamente atingida por esse modo de enxergar as coisas, com essa defesa à utilização intensa dos princípios.

Reconhecendo, embora, o preparo e a cultura de quem fizer semelhante reparo, não me darei por vencido, ao ouvi-lo, e, por favor, não pensem tratar-se de pura teimosia, longe disso (não estou afirmando que não seja teimoso, o que não vem ao caso, mas sim que, na situação aqui em exame, sinto-me firme no que sustento, pois assim faço com amparo nos ensinamentos de juristas de escol), apenas acredito que a aludida segurança jurídica não restará prejudicada por um denso recurso aos princípios, longe disso, ao reverso, porquanto a consideração pelos mesmos propiciará um desejável equilíbrio entre a segurança jurídica, que deve ser oferecida pelas regras, e a justiça de um caso concreto, a cargo dos princípios. Com a palavra Luis Roberto Barroso e Ana Paula de Barcellos, aos quais muito devem as letras constitucionais em nosso País:

> O modelo tradicional, como já mencionado, foi concebido para a interpretação e aplicação de regras. É bem de ver, no entanto, que o sistema jurídico ideal se consubstancia em uma distribuição equilibrada de regras e princípios, nos quais as regras desempenham o papel referente à segurança jurídica — previsibilidade e objetividade das condutas — e os princípios, com sua flexibilidade, dão margem à realização da justiça do caso concreto[26].

---

(25) *Curso de direito constitucional*, cit., p. 396.
(26) O começo da história. A nova interpretação constitucional e o papel dos princípios no direito brasileiro. *Revista de Direito Administrativo*, v. 232, p. 149, abr./jun. 2003.

Então, ainda que se faça, como neste está sendo feita, abstração do debate acerca de para quem e/ou a quem interessa a tão decantada segurança jurídica e ainda que se considere que nossos legisladores merecem outra ideia, relativamente ao desenvolvimento de seu trabalho, nem por isso estará abalada e/ou diminuída a relevância que deve ser atribuída aos princípios, no estágio atual dos estudos que se fazem sobre essa questão, eis que, de toda sorte, há reconhecer que a lei, hodiernamente, se aplicada a toda e qualquer situação que a ela se tenha por subsumida, pela complexidade da vida atual, pode fazer com que injustiças e/ou inconstitucionalidades sejam praticadas, daí a necessidade de se fazer uma ponderação, para o que imprescindível o apelo aos princípios, ou, como dito, de maneira irresponsável, pelos já mencionados Luis Roberto Barroso e Ana Paula de Barcellos: "O fato de uma norma ser constitucional em tese não exclui a possibilidade de ser inconstitucional *in concreto*, à vista da situação submetida a exame. Portanto, uma das consequências legítimas da aplicação de um princípio constitucional poderá ser a não aplicação da regra que o contravenha"[27], em situações quejandas, os princípios, como diz o professor Carlos Roberto Siqueira Castro, outro jurista que orgulha as letras constitucionais de nosso pais: "[...] teriam o condão de fundamentar uma sentença, e bem orientar o intérprete no sentido da aplicação ou da não aplicação ao caso de um conceito normativo"[28].

Vistas as coisas por esse ângulo, de inferir-se que aos princípios, por mais maleáveis, cabe a elevada função de temperar o rigor de uma lei, equilibrando, destarte, a previsão geral, com as peculiaridades de uma dada situação particular, o que atende aos anseios de segurança, que não pode significar impermeabilidade às peculiaridades que os fatos e a realidade podem oferecer — e, aí sim, com essa ressalva, poderá ser útil ao direito —, com as necessidades, não menores, nem inferiores, de aderência à realidade social, à vida e as mudanças que estas, a cada momento, trazem à tona; tendo chegado a essa altura do desenvolvimento do pensamento que vem de ser exposto, de evocar o interessante olhar derramado ao tema por Marco Antonio Ribeiro Tura:

> "O modelo, assim, de um sistema normativo composto por princípios e por regras tem mais conveniências do que inconveniências (ALEXY, 194, p. 174 *et seq.*; CANOTILHO, 1999, p. 1089). Ele permite a tensão contínua entre os valores da permanência e da mudança, da previsão e da surpresa, do controle e da resistência, sem se quebrar, como seria o certo com um modelo de sistema normativo formado apenas por regras, fazendo-nos mergulhar na bruta faticidade, e sem se esgarçar, como seria o certo com um modelo de sistema normativo formado apenas por princípios, fazendo-nos voar para a pura validade (CANOTILHO, 1999, p. 1088 *et seq.*)"[29]; por certo, não será despiciendo observar que essa coexistência, entre regras e princípios, a par de imprescindível, não obsta a que estes tenham um maior valor, decisivo mesmo, pois, além de serem "fortes fatores de agregação"[30], "são hoje considerados normas-chaves de todos os sistemas jurídicos, aparecendo nas

---

(27) *O começo da história. A nova interpretação...*, cit., p. 174.
(28) *A constituição aberta e os direitos fundamentais.* Rio de Janeiro: Forense, 2003. p. 57.
(29) O lugar dos princípios em uma concepção do direito como sistema. *Revista de Informação Legislativa*, ano 41, n. 163, p. 219, jul./set. 2004.
(30) CAMPOS, Hélio Silvio Ourem. Os princípios e o direito. *Revista da ESMAPE*, v. 2, n. 3, p. 179, jan./mar. 1997.

Constituições contemporâneas como pontos axiológicos de mais alto destaque e prestígio"[31], atuando "como 'antenas', captando os principais valores eleitos pelo grupo social"[32], ou seja, conquanto uma (a regra) precise do outro (o princípio), "quando uma regra está em conflito com um princípio, este deve prevalecer", como bem diz Francisco Fernandes de Araújo[33].

Tenho em que, com base nos ensinamentos de grandes mestres, desfiados nas linhas transatas, não fique difícil acompanhar o preclaro Sérgio Nojirl, quando afirma: "o vocábulo princípio, para a ciência do direito, deve revestir-se da qualidade de norma jurídica"[34], ficando firme, outrossim, as suas importância e superioridade, sobre as regras, dada a sua maleabilidade e maior alcance, bem assim a sua íntima ligação com a Constituição, tamanha que, no sentir de Humberto Ávila: "É até mesmo plausível afirmar que a doutrina constitucional vive, hoje, a euforia do que se convencionou chamar de Estado Principiológico"[35].

O PRINCÍPIO DA PROPORCIONALIDADE

Para prosseguir, mister dedicar algumas linhas ao princípio da proporcionalidade.

Com esse escopo, há considerar, à partida, que, sempre, desde os tempos primevos, procurou e/ou pretendeu o homem (quase todos, mas não todos!), o equilíbrio, a justiça, o que fez com que Rebeca Mignac de Barros Rodrigues inferisse: "A ideia de proporcionalidade remonta aos tempos antigos, confundindo-se com a própria noção de direito. Desde a época de Talião, almejava-se alcançar o justo equilíbrio entre os interesses em conflito. A ideia de justo no imaginário humano pressupõe dar a cada um, proporcionalmente, o que lhe é devido"[36]; o professor Antonio Scarance Fernandes também faz referência à lei do Talião, quando, em substanciosa obra, trata da proporcionalidade, tendo assim se expressado: "A ideia de proporcionalidade no Direito é muito antiga, bastando lembrar a famosa Lei do Talião"[37]. Por seu turno, o festejado e já citado Prof. Carlos Roberto Siqueira Castro ensina que: "a ideia de proporcionalidade prende-se à noção geral de bom senso (aplicada ao âmbito jurídico), como algo que emana do sentimento de repulsa diante de um absurdo ou de uma arbitrariedade"[38].

Infere-se, então, que, com a ideia e — mais importante ainda — com a prática da proporcionalidade, o que se anela é que haja equilíbrio, quando da eclosão e para sua justa solução de um conflito de interesses, em que princípios estejam se contrapondo, ou exista uma regra chocando-se com um princípio, de maneira que não se aniquile, por completo, um direito, face a outro, ainda que este haja de prevalecer, mas deverá sê-lo nos limites do absolutamente necessário, para que não se caia nas teias de

---

(31) SANTOS, Daniela Lacerda Saraiva. *O princípio da proporcionalidade,* cit., p. 360.
(32) ALVES JÚNIOR, Francisco. Os princípios e a importância prática da reflexão teórica no contexto pós-positivista: desconfiando da saída fácil. *Revista da ESMESE,* n. 3, p. 179, 2002.
(33) *Princípio da proporcionalidade* — significado e aplicação prática. Campinas: Copola, 2002. p. 14.
(34) *O papel dos princípios na interpretação constitucional,* cit., p. 318.
(35) *Teoria dos princípios* — da definição à aplicação dos princípios jurídicos. São Paulo: Malheiros, 2003. p. 15.
(36) Do princípio da proporcionalidade e sua aplicação quanto à utilização de provas ilícitas no processo penal. *Revista da ESMAPE,* Recife, v. 10, n. 21, p. 407, jan./jun. 2005.
(37) *Processo penal constitucional.* 3. ed. São Paulo: RT, p. 52.
(38) *A constituição aberta e os direitos fundamentais,* cit., p. 88.

algum absurdo, abuso ou de uma arbitrariedade, o que um sincero cultor do direito não pode aprovar, antes, deve envidar todos os esforços que puder, para evitar se concretize uma situação dessas; já foi mesmo asseverado que:

> É exatamente numa situação em que há conflito entre princípios, ou entre eles e regras, que o princípio da proporcionalidade (em sentido estrito ou próprio) mostra sua grande significação, pois pode ser usado como critério para solucionar da melhor forma o conflito, otimizando na medida em que se acata um e desatende ao outro[39].

Talvez se possa mesmo afirmar que a proporcionalidade procura harmonizar os direitos que, em abstrato, todo homem possui, com os direitos que um outro homem também possui, quando, podendo ser invocados, eles se encontram, se chocam, para que nenhum soçobre, ainda que sob o impacto de grandes agitações, mas que, apenas, um seja contido, no limite do absolutamente necessário, para que aquele outro que se conclua deva prevalecer no caso concreto, tenha passagem, evitando-se que o choque entre os mesmos aconteça, ou, tendo acontecido, avarie, irreparavelmente, o direito que se tenha como devendo preponderar. Cuida-se, como é bem de ver, de uma maneira de se dar prevalência ao direito que deve prevalecer, sem esmagar outro direito com o mesmo colidente, contendo-o, apenas, nos limites do necessário. Ou seja, uma ponderação dos interesses, a ver qual, no caso concreto, tem maior peso. Em sede jurídica, responde a essas necessidades, o princípio da proporcionalidade "essencial para a realização da ponderação constitucional"[40], e que possui estatura constitucional, prestando-se à defesa dos direitos dos cidadãos. Atento aos limites deste e por entender que os fins perseguidos ao menos se aproximam, tornando, para os fins aqui visados, desnecessária alguma distinção, não se entrará na discussão acerca da pretendida diferenciação entre os princípios da proporcionalidade e da razoabilidade.

Acerca do princípio em tela, afirmou o professor Paulo Bonavides: "[...] urge, quanto antes, extraí-lo da doutrina, da reflexão, dos próprios fundamentos da Constituição, em ordem a introduzi-lo, com todo o vigor no uso jurisprudencial.

Em verdade, trata-se daquilo que há de mais novo, abrangente e relevante em toda a teoria do constitucionalismo contemporâneo; princípio cuja vocação se move, sobretudo, no sentido de compatibilizar a consideração das realidades não captadas pelo formalismo jurídico, ou por este marginalizadas, com as necessidades atualizadoras de um Direito Constitucional projetado sobre a vida concreta e dotado da mais larga esfera possível de incidência — fora, portanto, das regiões teóricas, puramente formais e abstratas"[41].

Relevante notar que, prosseguindo, observa o festejado mestre: O princípio da proporcionalidade é, por conseguinte, direito positivo em nosso ordenamento constitucional"[42], o que se dá por representar esse princípio, hodiernamente, "axioma do Direito Constitucional, corolário da constitucionalidade e cânone do Estado de direito"[43].

---

(39) GUERRA FILHO, Willis Santiago. Sobre o princípio da proporcionalidade. In: LEITE, George Salomão (org.) *et al. Dos princípios constitucionais.* São Paulo: Malheiros, 2003. p. 241.
(40) SARMENTO, Daniel. *A ponderação de interesses na constituição federal.* 1. ed. 2. tir. Rio de Janeiro: Lumen Juris, 2002. p. 96.
(41) *Curso de direito constitucional,* cit., p. 395.
(42) *Op. cit.,* p. 396.
(43) *Op. cit.,* p. 397.

Os ensinamentos retroreproduzidos, acredito bem, acentuam a importância atual do princípio da proporcionalidade, tão elevados os valores que visa resguardar.

A circunstância de não estar o multicitado princípio da proporcionalidade expressamente previsto na Lei Maior não o deixa dessorado, pois, como dilucidado pela pena potente de Rebeca Mignauc de Barros Rodrigues:

> O princípio da proporcionalidade é um princípio constitucional, embora não exista no texto constitucional brasileiro disposições individuais expressas a seu respeito.
>
> Mesmo com a ausência da previsão brasileira, isso não significa que não possamos reconhecer o princípio da proporcionalidade em vigor no solo pátrio, pois a mesma Constituição Federal Brasileira, no seu art. 5º, § 2º, dispõe, que "os direitos e garantias expressas nesta Constituição não excluem outros decorrentes do regime e dos princípios por ela adotados [...]"[44].

De tal sentir não destoa o preclaro Willis Santiago Guerra Filho, um dos maiores conhecedores do que ao princípio da proporcionalidade toca daí o valor que se há de extrair de sua colocação, reputando-o "princípio dos princípios"; são seus os seguintes ensinamentos:

> Daí termos acima referido a esse princípio como "princípio dos princípios", verdadeiro *principium* ordenador do direito. A circunstância de ele não estar previsto expressamente na Constituição de nosso País não impede que o reconheçamos em vigor também aqui, invocando o disposto no § 2º do art. 5º [...][45].

Também Chade Rezek Neto exalta a suma importância do princípio da proporcionalidade, dizendo: " [...]considera-se o princípio em tela como um verdadeiro 'princípio ordenador do direito', o 'princípio dos princípios'"[46].

A notável processualista Teresa Arruda Alvim Wambier, cujos escritos encantam aos que os têm sob as vistas, em belas linhas, afirma que:

> A doutrina tem aludido com frequência àquele que se poderia chamar de princípio dos princípios e que é, na verdade, uma regra para se lidar com os demais princípios: princípio da proporcionalidade.
>
> Diz-se que é o princípio dos princípios, porque, na verdade, tem conteúdo que se pode chamar, sob certo aspecto, de metodológico. Com isso quer-se dizer que se trata de um princípio para lidar com os outros princípios, de molde a preservar os direitos fundamentais, previstos na Constituição Federal[47].

Diante do que foi dito bem verdade, de maneira sucinta, acerca do princípio da proporcionalidade, resta claro que, com o mesmo, se pretende, de certa maneira e dentro do possível, equilibrar e harmonizar direitos em choque, incidindo sobre uma mesma situação, a ver qual deve prevalecer; certamente por isso foi já asseverado,

---
(44) *Do princípio da proporcionalidade e sua aplicação quanto à utilização de provas ilícitas no processo penal*, cit., p. 415/6.
(45) *Processo constitucional e direitos fundamentais*. São Paulo: Celso Bastos, 1999. p. 62.
(46) *O princípio da proporcionalidade no estado democrático de direito*. Campinas: Lemos & Cruz, 2004. p. 57.
(47) Efetividade da execução. In: DALLEGRAVE NETO, José Afonso; FREITAS, Ney José de (coords.) *et al. Execução trabalhista — estudos em homenagem ao ministro João Oreste Dalazen*. São Paulo: LTr, 2002. p. 357.

a seu respeito, cuidar-se de "um critério de conciabilidade"[48], entendimento esse que bem se coaduna com o posicionamento do já mencionado Chade Rezek Neto, para quem a função do princípio da proporcionalidade, "como princípio máximo, é a de equilíbrio — a própria ideia do direito —, manifestado pela simbologia da balança, expresso na máxima de proporcionalidade"[49].

A vantagem, ou melhor, a necessidade de sua utilização, estende-se, como é bem de ver, potencialmente, a todos os conflitos, o que é fácil aceitar, uma vez não olvidado o que com ele se pretende, sendo que para o ilustrado constitucionalista português J. J. Gomes Canotilho:

> O campo de aplicação mais importante do princípio da proporcionalidade é o da restrição dos direitos, liberdades e garantias por actos dos poderes públicos. No entanto, o domínio lógico de aplicação do princípio da proporcionalidade estende-se a conflitos de bens jurídicos de qualquer espécie. Assim, por exemplo, pode fazer-se apelo ao princípio no campo da relação entre a pena e a culpa no direito criminal. Também é admissível o recurso ao princípio no âmbito dos direitos a prestações[50].

Chegados a essa altura, indaga-se: é de observar o princípio da proporcionalidade, também, em sede processual?

Dúvida não há deva ser afirmativa a resposta a essa pergunta, porquanto irrecusável que, num processo judicial, que é direito vivo pugnando por ser efetivamente reconhecido, para além de apenas enunciado, as tensões entre princípios, e entre estes e regras, acontecem com muita frequência. E cabem nas várias espécies de processos. A tranquilidade em fazer tal afirmação, encontro-a em diversos autores, entre os quais o conceituado processualista João Batista Lopes, *verbis*:

> No campo do processo civil é intensa a sua (princípio da proporcionalidade) aplicação, tanto no processo de conhecimento como no de execução e no cautelar. No dia a dia forense, vê-se o juiz diante de princípios em estado de tensão conflitiva, que o obrigam a avaliar os interesses em jogo para adotar a solução que mais se ajuste aos valores consagrados na ordem jurídica (grifei)[51]. Ouso chamar a atenção para a parte destacada em negrito, por sua extrema relevância!

O grande Willis Santiago Guerra Filho, neste singelo estudo já mencionado, em trabalho que leva sua prestigiosa assinatura, fez o asserto a seguir reproduzido: "[...] a todos os ramos do direito processual, de modo a tornar inquestionável o emprego do princípio da proporcionalidade em toda a dimensão não material do Direito. No direito processual, aliás, é conhecida a extrema importância dos princípios que lhe são próprios na sua estruturação, podendo-se em vários deles identificar manifestações da proporcionalidade, sendo ela também que fundamentaria a opção pelo predomínio ora de um deles, ora do seu oposto, nos diversos procedimentos. Não se esqueça,

---

(48) EIRAS, Agostinho. *Segredo de justiça e controle de dados pessoais informatizados.* Coimbra: Coimbra, 1992. p. 97.
(49) *O princípio da proporcionalidade no estado democrático de direito,* cit., p. 57.
(50) *Direito constitucional e teoria da constituição.* Porto: Almedina, 1998. p. 264.
(51) Princípio da proporcionalidade e efetividade do processo civil. In: MARINONI, Luiz Guilherme (coord.) *et al. Estudos de direito processual civil* — estudos em homenagem ao professor Egas Dirceu Moniz de Aragão. São Paulo: RT, 2005. p. 134/5.

finalmente, que a relação mesma entre direito material e processual é de 'meio e fim', trazendo consigo a marca da proporcionalidade"[52].

Vale repisar que, em muitas ocasiões, mas muitas mesmo, o juiz tem de fazer uma escolha, entre princípios em conflito, ou entre princípios em conflito com regras, escolha essa que, à evidência, não é arbitrária, mas, antes, tem em vista o bem reputado mais importante e que, por isso, há de prevalecer; a esse respeito, diz Paulo Cezar Pinheiro Carneiro:

> "Não são raras as vezes que o juiz tem de fazer uma escolha entre uma ou outra interpretação; em outras situações, a opção não se coloca mais no campo da simples interpretação, mas alcança a disputa entre duas normas, entre dois princípios que se encontram em conflito. Para sair desse dilema, o julgador projeta e examina os possíveis resultados, as possíveis soluções, faz a comparação entre os interesses em jogo, e, finalmente, a opção, a escolha daquele interesse mais valioso, o que se harmoniza com os princípios e os fins que informam este ou aquele ramo do direito. Esta atividade retrata a utilização do princípio da proporcionalidade"[53]; e assim há de ser, pois, vale insistir, com o princípio da proporcionalidade, se "leva em conta o bem da vida que está sendo tutelado proporcionalmente ao princípio constitucional ou processual por ventura prejudicado"[54].

A eminente juíza Amini Haddad Campos, da maneira muito clara e objetiva, esclarece que "o princípio da proporcionalidade se efetiva em todos os campos do direito, dentre os quais se destacam as normas processuais, penais e contratuais"[55].

É possível que a alguém pareça exagerado ou mesmo arriscado a utilização do princípio da proporcionalidade em sede judicial, o que poderia desaguar num arbítrio de algum juiz, retirando a segurança que a lei, somente ela, pode propiciar.

Tenho por balofa e até, se levada a extremos, falaciosa semelhante objeção, a uma, porque precisaria, antes do mais, ser definido que tipo de segurança de que se fala e qual(is) a(s) parcela(s) da sociedade que dela se beneficiaria(m) e isso tem muito a ver com a questão principal que ora se pretende enfrentar, e à duas porque, nos dias que correm a par de o juiz não estar mais preso à letra da lei — às vezes fria, às vezes "queimando" —, mas ao direito, mesmo porque irrecusável que aquela não abarca, nem tem como fazê-lo, todas as peculiaridades que um caso concreto pode conter, fazendo com que sua "cega" aplicação leve ao cometimento de injustiças, essa ideia traz em seu bojo certa submissão do Poder Judiciário ao Poder Legislativo, o que não mais se aceita (máxime em países nos quais a classe política e dirigente guarde — salvo honrosas exceções, volto a ressalvar — a mais completa indiferença para com os anseios e necessidades do povo); pode-se até, hodiernamente, sustentar que a própria proporcionalidade é a forma de controle das decisões judiciais, não havendo, portanto, qualquer usurpação de competência, como decorrência de sua aplicação pelos pretórios. Ouçamos a voz de um processualista que tem muito a dizer, de processo em geral e do tema que ora nos ocupa, em particular, o preclaro Luiz Guilherme Marinoni, para quem: "a transformação do Estado implicou na

---
(52) *Sobre o princípio da proporcionalidade*, cit., p. 248.
(53) *Apud* GRINOVER, Ada Pellegrini. *O processo* — estudos & pareceres. Ji-Paraná: DPJ, 2006. p. 8.
(54) PASETTI, Babyton. A tempestividade da tutela jurisdicional e a função social do processo. Porto Alegre: Sergio Antonio Fabris, 2002. p. 20.
(55) *O devido processo proporcional*. São Paulo: Lejus, 2001. p. 58.

eliminação da submissão do Judiciário ao Legislativo ou da ideia de que a lei seria como uma vela a iluminar todas as situações de direito substancial, e na necessidade de um real envolvimento do juiz com o caso concreto. Ora, a proporcionalidade é a regra hermenêutica adequada para o controle do poder do juiz diante do caso concreto"[56].

Diga-se mais, já agora com Caio Tácito, que: "A atribuição ao Judiciário do controle das leis mediante o juízo de valor da proporcionalidade e da razoabilidade da norma legal não pretende substituir a vontade da lei pela vontade do juiz. Antes, a este cabe pesquisar a fidelidade do ato legislativo aos objetivos essenciais da ordem jurídica, na busca da estabilidade entre o poder e a liberdade"[57]; ainda, desta feita com Jairo Gilberto Schäfer, que bem dilucida que: "O juiz, ao aplicar o princípio constitucional da proporcionalidade, nada mais faz do que adequar o agir do legislador aos princípios constitucionais, concretizando a subordinação da vontade do legislador aos preceitos objetivos da Constituição, o que não traduz uma substituição da vontade do legislador por sua vontade"[58].

Volvendo, ainda que muito ligeiramente, à questão da segurança, acima referida, e fazendo abstração das objeções então colocadas, de notar que, de todo modo, nem ela própria poderia — como não pode — ser tida à conta de um valor absoluto, pois, à colocação — frágil, penso — de que a utilização do princípio da proporcionalidade a abalaria, poder-se-á, com vantagem, responder, com o jurista ainda há pouco citado, Jairo Gilberto Schäfer, que: "A eventual diminuição da previsibilidade das decisões judiciais é amplamente compensada pela possibilidade de uma solução mais justa ao caso concreto, situação que se ampara legitimamente em um sistema constitucional que possui como centro de sua formação os direitos e garantias fundamentais"[59].

Aliás, só assim, com intensa aplicação do princípio da proporcionalidade é que se estará prestando obediência e dando cumprimento ao que a Lei Fundamental espera e determina.

Como toda mudança, entretanto, esse novo modo de ver nem sempre é bem ou facilmente aceito, o que é, até certo ponto, normal, tendo já o grande pensador Bertrand Russell observado que: "Qualquer mudança em nossa imaginação é sempre difícil, especialmente quando não mais somos jovens"[60].

Quanto aos operadores do direito então! — seu conservadorismo é proverbial, ao que não escapa, por óbvio, nem o Direito Constitucional, nem o Direito Processual; quanto a este, vejamos, para fazer um registro apenas, o que disse o professor Cândido Naves, na "aula magna de inauguração dos Cursos, na Universidade de Minas Gerais, em 1936":

> Infelizmente, porém, penso que ainda se pode repetir com Manfredini e Consentini que o processo é o ramo do direito que menos evolue, o que Chiovenda explica como uma consequência do espírito conservador,

---
(56) *Técnica processual e tutela dos direitos*. São Paulo: RT, 2004. p. 137.
(57) A razoabilidade das leis. *Revista de Direito Administrativo*, Rio de Janeiro: Renovar — FGV, n. 204, p. 7, abr./jun. 1996.
(58) *Direitos fundamentais* — proteção e restrições. Porto Alegre: Livraria do Advogado, 2001. p. 112.
(59) *Direitos fundamentais* — proteção e restrições, cit., p. 113.
(60) *ABC da relatividade*. 3. ed. Rio de Janeiro: Zahar, p. 10.

que domina a classe forense, como geralmente acontece a todas as classes que se educam com preparação técnica mais ou menos demorada. Disse Vampré que os juristas são os apóstolos do passado.

O certo é que em toda parte a marcha evolutiva do direito processual tem sido sempre lenta e tardia[61].

Sem receio de incidir em alguma heresia, penso que não se deva seguir esse apostolado, mencionado nas linhas transatas.

Nossa Constituição não ficou imune a esse espírito, tendo o grande constitucionalista Luis Roberto Barroso observado que:

> Não se escapou, aqui, de uma das patologias crônicas da hermenêutica constitucional brasileira, que é a interpretação retrospectiva, pela qual se procura interpretar o texto novo de maneira a que ele não inove nada, mas, ao revés, fique tão parecido quanto possível com o antigo[62].

Aliás, o grande José Carlos Barbosa Moreira, sem favor um nome que orgulha as letras processuais pátrias, assim se expressou a respeito do assunto ora enfocado, em dado momento do raciocínio que estava desenvolvendo, para mostrar as dificuldades que a Constituição enfrentaria, colocando em risco sua efetividade:

> [...]
>
> A ação conjugada desses e de outros fatores costuma gerar fenômeno que, apesar de negligenciado em geral pela teoria clássica da hermenêutica, se pode observar com facilidade toda vez que entra em vigor novo código, ou nova lei de âmbito menos estreito ou de teor mais polêmico. Em tais ocasiões, raramente deixa de manifestar-se, em alguns setores da doutrina e da jurisprudência, certa propensão a interpretar o texto novo de maneira que ele fique tão parecido quanto possível com o antigo. Põe-se ênfase nas semelhanças, corre-se um véu sobre as diferenças e conclui-se que, à luz daquelas, e a despeito destas, a disciplina da matéria, afinal de contas, mudou pouco, se é que na verdade mudou. É um tipo de interpretação a que não ficaria mal chamar "retrospectiva": o olhar do intérprete dirige-se antes ao passado que ao presente, e a imagem que ele capta é menos a representação da realidade que uma sombra fantasmagórica. Pois bem: o que sucede com outros diplomas é passível de suceder igualmente com uma nova Constituição[63].

Por seu turno, o culto Juiz do Trabalho Sebastião Geraldo de Oliveira, assim se manifesta: "[...] Merece relevo, entretanto, a resistência às mudanças por parte dos juristas que se acomodam nas interpretações cristalizadas no passado e relutam em admitir o progresso jurídico [...]"[64].

Tendo esses ensinamentos sob as vistas, há sustentar algum conservadorismo dessa espécie?

---

(61) *Páginas processuais*. Belo Horizonte: Bernardo Álvares, 1950. p. 85.
(62) Dez anos da Constituição de 1988 (foi bom pra você também?). *Revista de Direito Administrativo*, n. 214, p. 8, out./dez. 1998.
(63) O poder judiciário e a efetividade da nova constituição. *Revista Forense*, v. 304, p. 152, out./nov./dez. 1988.
(64) *Proteção jurídica à saúde do trabalhador*. São Paulo: LTr, 1996. p. 46.

DA POSSIBILIDADE DA PENHORA DE SALÁRIO

Passo, agora, sem olvidar a pergunta feita no item anterior, a abordar a questão central dessas simples observações, relativa à possibilidade da penhora em contas correntes nas quais salários são creditados, com base no princípio da proporcionalidade, registrando, antes do mais, que a preocupação com o tema não é recente, como se verá a seguir, talvez o sendo apenas a colocação do acento tônico no multicitado princípio da proporcionalidade, o que faz se conclua não se tratar de um modismo de última hora, de uma embarcação que jamais saiu do porto, por isso que cômodo e fácil a seu comandante exaltar-lhe as qualidades e segurança, mas sim de uma embarcação que, há tempos, sulca os mares, cortando, com ondas de preocupações, as reflexões daqueles que enxergavam — e enxergam — que as mesmas, se muito fortes, poderiam — como podem — tragar direitos outros, por isso cumpria — como cumpre —, estar alerta, para prevenir e/ou evitar os malefícios de um cataclismo, que leve consigo direitos de muitos.

Prosseguindo, de considerar que apenas um excessivo apego ao ideário positivista pode sustentar a impossibilidade da penhora de salário, quando tal se dê para a satisfação de crédito de natureza alimentar, reconhecido como devido em reclamatória trabalhista.

Porém, esse posicionamento atrita, a mais não poder, com o entendimento, que a cada dia vem se encorpando mais, de que o positivismo se exauriu, não servindo mais como modelo único para a solução de inúmeras questões submetidas a julgamento, de modo que é chegada a hora do pós-positivismo, que permite se tenha a lei não mais como algo a ser endeusado, mas, apenas, como um dos elementos a ser tido em linha de consideração, quando da apreciação de um conflito de interesses, em que princípios se chocam, ou há choque entre algum princípio e uma regra, o que precisava mesmo ocorrer, mormente num país no qual os responsáveis pela feitura de leis quase não se preocupam (ou não se preocupam um mínimo sequer?) com as necessidades e os interesses da sociedade — salvo honrosas exceções, como insisto sempre —, e sim e tão somente com os daqueles segmentos cujos interesses tomam a peito (e alma) defender, para o que, aí sim, não medem esforços, sendo incomparavelmente dedicados. Partindo desse novo modo de sentir, não mais vinga a tese da impenhorabilidade do salário, sempre e em qualquer situação, pois, em cada caso concreto, há de existir um exame dos interesses postos em posição antagônica, para se ver qual deles é o protegido pelo sistema jurídico, lembrando que o pós-positivismo, entre suas ideias, trouxe a de que os princípios são uma espécie do gênero norma, sendo a outra espécie a regra, como já acima exposto, tendo ambos, portanto, vocação para embasar uma decisão judicial, pois que, em sendo assim, como de fato é, os princípios podem (*rectius*: devem) ser tidos em conta na magna hora em que se vai definir qual norma a que compete regular o caso concreto, no trabalho e na busca de se definir qual direito deve prevalecer.

Destarte, quando parte do salário é penhorado para a satisfação de crédito de natureza salarial, prestigiado resta, como deve ser, atento aos ensinamentos de renomados juristas, citados no transcorrer deste, o princípio da proporcionalidade, o que somente pode deixar de ocorrer em situações especialíssimas, nas quais outro princípio possa ser magoado, o que apenas o exame do caso concreto poderá determinar.

Enfim, existindo uma questão de impenhorabilidade de salário reclamando solução, a mesma não pode ser encontrada apenas nos horizontes, hoje estreitos e/ou insuficientes, do quanto disposto no art. 649, IV, do CPC, a não ser assim, de acrescentar, a própria Constituição Federal será atropelada.

Volto a socorrer-me dos grandes mestres.

Com esse escopo, de vir à tona o quanto, a respeito do assunto, afirmou o afamado José Martins Catharino, referindo, inclusive, posicionamentos e lei bem anteriores ao que então manifestou:

> Como criticamos no nosso tratado jurídico do salário (n. 554, 555, 558 e 559), a impenhorabilidade total e ilimitada é demasiada, produzindo efeitos contraproducentes. O ideal seria a impenhorabilidade parcial e limitada. Impenhorabilidade total e ilimitada até certo valor do salário, e, daí para cima, penhorabilidade progressiva. Não é justa ausência de distinção, por força do princípio constitucional da igualdade. O caráter alimentar da remuneração — fundamento da impenhorabilidade — decresce em proporção inversa do seu valor. Por consequência, impenhorabilidade total e ilimitada, impenhorabilidade regressiva e penhorabilidade progressiva deveriam ser coordenadas (no mesmo sentido: MARIANI, José Bonifácio de Abreu. *Da penhora*. Tese, Salvador, 1949. n. 4, p. 90 e 91; na França, penhorabilidade e impenhorabilidade parciais existem desde 1895, por Lei de 12 de janeiro, datando sua última modificação de 2.8.49, sendo que a Loi de Finances, de 20.12.1972, estabeleceu regras relativas às conas bancárias)[65].

Dessa orientação não destoam os notáveis Orlando Gomes e Elson Gottschalk, como se percebe da leitura atenta de seus ensinamentos:

> As divergências entre os autores surgem quando se trata de determinar a extensão que deve ser dada à medida protetora. Sustentam alguns que a proteção deve ser absoluta, cobrindo todo o salário do empregado, qualquer que seja a sua importância, origem ou forma. Entendem outros que só se justifica parcialmente, quer em relação ao montante da remuneração, quer em relação à forma do pagamento. Para os adeptos dessa corrente doutrinária, a impenhorabilidade somente deve existir em relação à determinada parte do salário, podendo a outra ser objeto de penhora. Outros se inclinam para um sistema de penhorabilidade progressiva pelo qual a percentagem penhorável será tanto maior quanto maior for o salário que o empregado percebe. Finalmente, há quem pense que certas formas de remuneração, como, por exemplo, a participação nos lucros da empresa, posto que tenham natureza de salário, não devem estar isentas de penhora. A impenhorabilidade absoluta não se justifica para empregados que percebem salário de alto padrão, muito superior ao necessário para atender à sua subsistência. Por isso, é vitoriosa na doutrina a tendência para admitir a penhorabilidade parcial ou progressiva[66].

Como se disse em linhas anteriores, não é recente a preocupação com o tema, sentindo a doutrina, de há tempos, que a impenhorabilidade absoluta podia gerar

---

(65) *Compêndio de direito do trabalho*. 3. ed. São Paulo: Saraiva, 1982. v. 2, p. 111.
(66) *Curso de direito do trabalho*. 15. ed. Rio de Janeiro: Forense, 1998. p. 269.

injustiças — e aqui, peço vênia para, numa meteórica digressão, perguntar: o que quer que seja que diga respeito à vida, ao viver em sociedade, que o seja em termos absolutos, não pode, se levado às últimas consequências, gerar alguma(s) injustiça(s)? —; ora, em sendo assim, como de fato é, cumpre evitar se concretize aludida injustiça, se não tiver em vista esse fim — o de obstar conheça êxito uma injustiça —, que objetivo restará à ciência jurídica?

Na Justiça do Trabalho, para citar uma possibilidade, em inúmeras situações se dá o caso de que, não existindo mais a empresa executada, o que acontece, como é fácil de imaginar, pelos motivos os mais diversos, se volte a execução contra a figura de um sócio, agora empregado, que tem, então, seus estipêndios, depositados em uma conta-corrente, penhorados; esse sócio vem a juízo, sustentar a ilegalidade/abusividade da determinação judicial, sustentando, vigorosamente, a impenhorabilidade de seus salários, sendo que, mantida referida constrição judicial, não terá com que manter-se, nem aos seus, restando magoada sua dignidade de pessoa humana.

Indiscutível a necessidade de se respeitar à dignidade da pessoa humana do executado, mas do outro lado, o do credor, há uma pessoa que também precisa se sustentar e aos seus; que tem sua dignidade e que, para mantê-la, vê-la respeitada, necessita e tem o direito de receber o que já foi reconhecido judicialmente como lhe sendo devido, e mais: uma pessoa à qual não pode ser jogado o peso de uma iniciativa empresarial que não logrou êxito, porquanto, claro é, se todos podem tentar vencer na vida, os escolhos que então se apresentarem, não podem ser contornados, colocando-se os mesmos no caminho de quem, útil quando se tentou uma atividade empresarial, incomoda quando o prosseguimento da mesma não se afigurou mais como possível, isso me parece óbvio!

Sinto que essa tela não pode receber cores de aprovação da Justiça do Trabalho, o que caminharia para a própria negação de sua razão de ser, e para obstar seja emoldurada, reproduzindo a triste cena de um trabalhador desesperado, que teve seus direitos reconhecidos, mas frustrados por ulterior falta de quitação, pelos motivos aqui expostos, com seus filhos, chorando, esfomeados, e sua mulher, amargurada, decepcionada e já sem forças, há de ser aplicado o princípio da proporcionalidade, por meio do qual, sem agredir o art. 649, IV, do Estatuto processual, dar-se-á resposta ao direito e à necessidade do credor/ trabalhador/ certamente desempregado.

Em artigo no qual discorreu sobre a "Efetividade do Processo e Técnica Processual", observou o célebre José Carlos Barbosa Moreira, observação que, atendidas as peculiaridades da questão que aqui se enfrenta, serve-lhe muito adequadamente:

> Consiste o primeiro na tentação de arvorar a efetividade em valor absoluto: nada importaria senão tornar mais efetivo o processo, e nenhum preço seria excessivo para garantir o acesso a tal meta. *É esquecer que no direito, como na vida, a suma sabedoria reside em conciliar, tanto quanto possível, solicitações contraditórias, inspiradas em interesses opostos e igualmente valiosos, de forma a que a satisfação de um deles não implique o sacrifício total de outro* (sublinhei)[67].

É o que se dá em situações como a que é objeto de nossa atenção, nesse momento: é necessário procurar conciliar os interesses contrapostos, o do credor, que tem o

---

(67) *Repro*, n. 77, p. 171, jan./mar. 1995.

direito de receber o que lhe é devido, e o do devedor, que se defende com base na impenhorabilidade de seus salários. Como venho afirmando, é o princípio da proporcionalidade que permitirá equacionar o problema, e em vários julgados o mesmo vem sendo chamado a sustentar as respeitantes decisões, entendendo-se que a fixação/limite da penhora, nesses casos, em 30% dos salários, é razoável e permite atender aos interesses do credor, sem ignorar os do devedor. Presumivelmente, o devedor se rebelará, dizendo que não conseguirá manter-se com essa redução de seus já parcos vencimentos; essa argumentação soçobrará, entretanto, com a observação de que o credor, certamente por um bom período, ficou sem vencimento algum e, ainda agora, terá que se virar com bem menos do que a metade que ficará — e justamente, frise-se — com ele, devedor. *Logicamente, em situações muito extremas, em que, efetivamente, os estipêndios recebidos sejam muito reduzidos — até para a realidade brasileira, é importante realçar —*, e que, se efetivada a constrição judicial, o devedor ficará com sua dignidade ferida, por absolutamente inviável o manter-se, aí sim, poderá haver um choque entre os princípios da proporcionalidade e da dignidade da pessoa humana, levando a que, nesse caso específico, não se efetue a penhora, mas, importa insistir — e muito —, isso só poderá ter lugar se o executado receber salários em valor que, mesmo para o padrão brasileiro, sejam tidos como manifestamente reduzidos, o que, força é convir, reduz, acentuadamente, as possibilidades de que tal se verifique. Para reforçar a ideia de que o recurso ao princípio da proporcionalidade é que permitirá a melhor, por mais justa, solução do impasse, de lembrar importante colocação de Luiz Roberto Barroso e Ana Paula de Barcellos, a saber:

> O princípio pode operar, também, no sentido de permitir que o juiz gradue o peso da norma, em uma determinada incidência, de modo a não permitir que ela produza resultado indesejado pelo sistema, fazendo a justiça do caso concreto[68].

Creio em que, com essa linha de conduta, o legal se adaptará e entenderá com o justo, o que dará uma nova dimensão ao Judiciário, livrando-o, do que pode ter de excessivo o apego à técnica, ao essencial e exclusivamente legal, permitindo-lhe rumos mais elevados, que o aproximem da Justiça, com todas as limitações que a possibilidade dessa aproximação contenha; diga-se mais, eis que esse modo de agir evitará o automatismo na análise do caso concreto, não mais se decidirá: foi penhorado salário, não pode, é ilegal e pronto e ponto; não, agora haverá o exame mais detido da situação específica colocada à apreciação e se decidirá de acordo com o que a mesma apresentar, suas particularidades. Assim, não mais se ignorará "o justo para fazer valer o legal, o instrumental", o que, afirma o culto Felipe Vasconcellos Cavalcante, deve ser evitado, por "reduzir a função jurisdicional à estrita aplicação impessoal e literal das leis, sem o comprometimento com o tempo em que vive (o juiz) e com o povo a quem deve servir"[69].

O ilustrado Procurador Max Möller, em substancioso artigo intitulado "O Direito à Impenhorabilidade e a Nova Interpretação Constitucional", assevera que a regra da impenhorabilidade do art. 649 do Estatuto Processual deve ter "afastada a sua aplicação em razão das peculiaridades do caso concreto"[70], asserto esse que vem ao encontro do quanto ao longo deste vem sendo dito.

---

(68) *O começo da história...*, cit., p. 165/6.
(69) A crise dos direitos fundamentais e a participação do poder judiciário no Brasil. *Revista da Esmal — Escola Superior da Magistratura do Estado de Alagoas*, ano II, n. 1, p. 145, jan./jun. 2003.
(70) GORCZEVSKI, Clovis; REIS, Jorge Renato dos (coords.). *Direito constitucional* — constitucionalismo contemporâneo. Porto Alegre: Norton, 2005. p. 208.

Francisco Fernandes de Araújo, ao cuidar da impenhorabilidade de vencimentos estabelecida no art. 649, IV, da CPC, muito lucidamente, dilucida que, os respectivos devedores:

> [...] não podem gozar da situação de forma absoluta, a ponto de ofender princípios da isonomia e da efetividade da justiça, e igualmente o princípio da dignidade da pessoa humana, no caso de o credor estar necessitado, também previstos como direitos fundamentais (art. 5º e XXXV da CF), em detrimento do credor[71].

Finalizando, reitero que não há mais espaço para a aplicação praticamente mecânica do art. 649, IV, do CPC, devendo ser feito o exame do caso concreto, tendo bem presente as agruras do trabalhador/credor/necessitado, pena de desrespeito ao direito que lhe foi reconhecido, o que pode representar uma agressão à própria Constituição Federal e a princípios a ela muito caros.

---

(71) *Princípio da proporcionalidade,* cit., p. 90/1.

Os Trabalhadores Rurais, o Trabalho a Céu Aberto e o Adicional de Insalubridade

Francisco Alberto da Motta Peixoto Giordani[(*)]

1. Apresentação do tema

Quanto a ser ou não devido o adicional de insalubridade, a trabalhador rural, em decorrência do trabalho a céu aberto, como bem se sabe, muito se fala e sustenta, com amparo em forte argumento, de que indevido o respectivo pagamento, à míngua de previsão legal; todavia, o tema comporta ou mesmo reclama um debate mais amplo, para se definir se não há mesmo base, no ordenamento jurídico, visto em seu todo, para sua concessão, o que passa pela apreciação da dignidade da pessoa humana do trabalhador, pela consideração dos arts. 1º, III, 3º, III e IV, e 7º, XXII, da Constituição Federal, e pelas possibilidades de atuação e mesmo responsabilidade da Justiça do Trabalho, no particular. No que a mim me toca, gostaria de reafirmar, trazendo, já agora, alguns novos enfoques, o que disse, em outra e anterior oportunidade, pois estou em que: "a simples exposição do trabalhador rural às mais variadas condições de tempo e temperatura justifica a percepção do adicional de insalubridade, quando não observadas as medidas especiais que protejam o trabalhador contra os efeitos agressivos a sua saúde, que essa situação pode provocar porque, nesse campo, da segurança e medicina do trabalho, deve-se sempre e cada vez mais avançar, em busca da efetiva proteção da saúde do trabalhador, porque isso é um mandamento constitucional, art. 7º, inciso XXII, CF/88, no sentido de que é direito do trabalhador a redução dos riscos inerentes ao trabalho, por meio de normas de saúde, higiene e segurança".[(1)]

(*) Desembargador Federal do Trabalho.
(1) *Suplemento Trabalhista LTr*, 124/98. p. 569; ou *Revista do Tribunal Regional do Trabalho da 24ª Região*. p. 171- 172, 1998.

Porém, antes de prosseguir, quero deixar claro que, conquanto firme nesse sentir, tenho em alta conta o modo de pensar diverso, e acho mesmo que, para que se chegue a uma consistente conclusão, sempre útil a existência de modos de ver diferentes, o que vale para as mais variadas situações que a vida ofereça, máxime em sede jurídica, em que a possibilidade de se chegar a conclusões opostas, mas nem por isso qualquer delas balofa, é muito acentuada; vem a talho citar-se aqui, valiosa observação do professor Ovídio Baptista da Silva, *in verbis*:

> A possibilidade de contraste entre proposições jurídicas, ou soluções hermenêuticas antagônicas mas que, apesar disso, possuam um elevado grau de razoabilidade, capaz de permitir que elas convivam, apesar de reciprocamente se negarem, é uma contingência natural ao fenômeno jurídico que não se verifica, a não ser em grau reduzidíssimo, nas ciências empíricas, sejam elas ciências ditas da natureza ou ciências sociais (AARNIO, Aulis. *Lo racional como razonable*. Trad. da ed. inglesa de 1987. Madrid, 1991. p. 116); e que obriga o jurista a ser humilde em suas concepções e modesto com suas verdades.[2]

Aliás, na busca de maior aproximação da Justiça — ainda que sem olvidar as dificuldades e limitações então decorrentes —, há de se estar com o espírito aberto a outras maneiras de se examinar um fato e seus desdobramentos, pois, sob esse aspecto, a arte e o direito encontram-se em situação muito semelhante, e quanto a esta última já se observou que: "A arte é aberta, não se fecha em uma única interpretação, está sempre pronta para uma nova leitura"[3], ou como diz Tzvetan Todorov: "O campo do interpretável corre sempre o risco de se expandir"[4], felizmente, acredito.

E por falar em interpretação e justiça, oportuno o fixar que, ao se examinar/interpretar um fato e seu enquadramento jurídico, não se pode esquecer que é o homem — seu bem-estar, as condições necessárias à sua realização, as garantias ao respeito à sua dignidade de pessoa humana — que há de se ter em vista, que há de ser o fim visado por qualquer norma jurídica, ou que deveria ser, ou que se deve lutar para ser; assim como Georges Duby, em livro de sua autoria, em dado momento, asseverou que "[...] evoco com reconhecimento e respeito a memória de Marc Bloch a quem devo a descoberta de que era o homem vivo que importava descobrir sob a poeira dos arquivos e no silêncio dos museus"[5], assim para o Direito há de ser: quando da análise, como dito, de um fato e suas consequências, há buscar, incessantemente, a realização dos objetivos mencionados, sem jamais perder de vista, sob os textos legais, o homem, sua razão de ser e que, por isso mesmo, não pode ser esquecido e/ou colocado em posição de inferioridade, perante outro interesse, se com isso tiver magoada sua dignidade enquanto pessoa humana. Nesse passo, acredito de extrema valia a transcrição de excerto, transbordante de ensinamento, do Prof. Gustavo Tepedino, *verbis*:

> [...] o Direito é produto do homem e feito para o homem. A primeira e principal tarefa do jurista é reconhecer e descrever os direitos da pessoa. A

---

(2) Execução em face do executado inserto. In: Obra coletiva. *O processo de execução* — estudos em homenagem ao professor Alcides de Mendonça Lima. Porto Alegre: Sergio Antonio Fabris, 1995. p. 314.
(3) AGUIAR, Vera Teixeira de. *O verbal e o não verbal*. São Paulo: Unesp, 2004. p. 38.
(4) *Simbolismo e interpretação*. Lisboa: Edições 70, s/d. p. 27.
(5) *Sociedades medievais*. Lisboa: Terramar, p. 6.

pessoa humana 'anterior' e superior à sociedade. Impõe-se, portanto, ao Direito.[6]

Assim, efetivamente, há de ser, mesmo porque não podemos e "Não encaramos as pessoas como espaços moral e psicologicamente em branco, portadores neutros de qualidades acidentais"[7]; lógico que essa alusão vale para o homem livre e de princípios, não para aqueles que, infelizmente comprometidos com interesses outros, ignoram e/ou não vêem no outro a mesma "porção", passe a singeleza do vocábulo, humana que possuem; para estes, quiçá útil (ingenuidade?) as penetrantes palavras do grande constitucionalista José Afonso da Silva: "Todo ser humano, sem distinção, é pessoa, ou seja, um ser espiritual, que é, ao mesmo tempo, fonte e imputação de todos os valores"[8], para, na sequência, coroar a ideia contida na assertiva aqui reproduzida, afirmando: "DESCONSIDERAR UMA PESSOA SIGNIFICA EM ÚLTIMA ANÁLISE DESCONSIDERAR A SI PRÓPRIO"[9] (grifei, negritei, queria mesmo dar som a essa colocação, para que ela, quem sabe, fosse ouvida pelos corações daqueles que deveriam regular a questão ora enfocada, mas não o fazem, com a presteza devida e que se observa em e para outras situações...); diga-se mais, agora em uníssono com Gláucia Correa Retamozo Barcelos Alves, o que urge é reconhecer "o outro como uma pessoa dotada de dignidade, não pelo seu nascimento, pelo seu *status*, e nem pela sua riqueza (a moderna forma de estratificação social), mas apenas pela sua condição de pessoa — ainda que muito diferente".[10]

2. A DIGNIDADE DA PESSOA HUMANA. RÁPIDA ABORDAGEM

Com certeza, a questão aqui tratada tem ligação estreita, estreitíssima, com a dignidade da pessoa humana, com o respeitante princípio, como, de resto, não poderia mesmo deixar de ser, de vez que, o que é de suma importância e não deve ser esquecido: "(...) o valor supremo, o fundamento primeiro e o fim último da vida humana politicamente associada é a dignidade da pessoa, que diz respeito a todos os homens e não apenas a alguns, porque é condição da própria humanidade, e qual nobreza inviolável deve ser respeitada por todos; sua promoção é dever do Estado, quanto de cada um dos homens. Nesta quadra do tempo, assim, mais do que em qualquer outra, aos detentores do poder cumpre tenham lúcida visão do destino fundamental do Direito, que há de ser — nos comandos, na sua exegese e aplicação, na consciência que dele se guarde — instrumento de verdadeira 'ordem de justiça' entre os homens".[11]

Que trecho! Bom seria — e como! — se aqueles que tenham por ofício, voluntariamente escolhido, a feitura de leis, tivessem presente na memória, mais, na alma, o que está contido no excerto logo acima reproduzido, fosse assim (utopia?), certamente, com vistas, agora, ao assunto que nos ocupa, estariam os trabalhadores rurais recebendo pelo adicional de insalubridade, quando labutando sujeitos à ação do tempo e de temperatura. Por que não é assim?

---
(6) *Temas de direito civil*. 3. ed. Rio de Janeiro: Renovar, 2004. p. 39.
(7) WALZER, Michael. *As esferas da justiça*. Lisboa: Presença, 1999. p. 251.
(8) A dignidade da pessoa humana como valor supremo da democracia. *Revista de Direito Administrativo*, v. 212, p. 90, abr./jun. 1998.
(9) *A dignidade da pessoa humana como valor supremo da democracia*, cit., p. 90.
(10) Sobre A Dignidade da Pessoa. In: MARTINS-COSTA, Judith (org.) *et al. A reconstrução do direito privado*. São Paulo: RT, 2002. p. 27.
(11) SILVEIRA, José Néri da. Reflexão sobre uma ordem de liberdade e justiça. *Revista de Direito Público*, n. 74, p. 36.

De todo modo, e aqui já estou me encaminhando mais diretamente para o modo em que possível, ao menos para o momento, resolver a questão, o que passa, está visto, pelo respeito ao princípio da dignidade humana, que deve ser observado por todos os "órgãos e agentes do Estado" e jamais descurado pelo operador e aplicador do direito.

Com efeito, porquanto como dilucidado pelo eminente Prof. Carlos Roberto Siqueira Castro, ao tratar do princípio da dignidade da pessoa humana, para ele, "globalizante e emblemático do conjunto das virtualidades humanas, tornou-se o epicentro do extenso catálogo de direitos civis, políticos, econômicos e sociais, culturais, humanitários e personalíssimos"[12], com amparo no referido princípio: "Por sua indisputável proeminência no conjunto de valores constitucionais, deve o Estado, por intermédio de todos os seus órgãos e agentes, prestigiá-lo e impedir quaisquer ameaças e ações que debilitem a dignidade da pessoa humana"[13], até porque, como bem observado pelo notável processualista João Batista Lopes: "Num sistema como o nosso, em que o direito à vida e à dignidade constituem pilares do sistema, deverá o intérprete e aplicador guiar-se por tais princípios, dando-lhes prevalência na solução dos conflitos".[14]

3. A SAÚDE E O TRABALHO EM CONDIÇÕES DE INSALUBRIDADE

Prosseguindo, é de se estabelecer a íntima relação entre o princípio da dignidade de pessoa humana e a saúde, que deve ser uma das preocupações do Estado; da pena da preclara Juíza Marga Inge Barth Tessler as seguintes e lúcidas assertivas: "[...] a saúde é, sem dúvida, um direito fundamental, pois intimamente vinculada ao direito à vida (art. 5º) e princípio fundamental, pois integra o conceito de 'dignidade humana', princípio fundante da República (art. 1º, III, CF/88). A dignidade humana é elevada com o valor 'saúde. O § 1º do art. 5º inscreve como sendo de aplicação imediata as normas definidoras de direitos e garantias fundamentais"[15]; em continuação, disse ainda: "Garantiu, também, a CF/88, no art. 7º, XXIII, a redução dos agravos à saúde por ocasião do trabalho, bem como assegurou que o exercício de atividades laborativas em locais insalutíferos fossem remunerados com um adicional (art. 7º, XXIII)"[16] daí haver, anteriormente, lembrado ensinamento do ilustre Prof. Wagner Balera, para quem o direito à saúde é um direito subjetivo público "que não pode ser negado a nenhuma pessoa sob pretexto algum"[17], entretanto, como se sabe, e a realidade brasileira o demonstra de várias maneiras, há vários meios de se tentar negar às pessoas, principalmente às mais necessitadas, mas com menos força na voz para se fazerem ouvidas, o indeclinável direito à saúde, no que mais de perto nos interessa, de momento, ignorando as condições agressivas a que ficam sujeitos e indefesos os trabalhadores rurais que trabalham expostos às variações de tempo e de temperatura.

---

(12) *A constituição aberta e os direitos fundamentais*. Rio de Janeiro: Forense, 2003. p. 13.
(13) *A constituição aberta e os direitos fundamentais*, cit., p. 13.
(14) Princípio da proporcionalidade e efetividade do processo civil. In: MARINONI, Luiz Guilherme (coord.) *et al*. *Estudos de direito processual civil* — homenagem ao professor Egas Dirceu Moniz de Aragão. São Paulo: RT, 2005. p. 137.
(15) O direito à saúde. A saúde como direito e como dever na Constituição Federal de 1988. *Revista da AJUFE — Associação dos Juízes Federais do Brasil*, ano 20, n. 67, p. 192.
(16) *O direito à saúde...*, cit., p. 193.
(17) *O direito à saúde...*, cit., p. 190.

Porém, essa situação não pode ser aceita, sem mais, eis que, como já se fez notar, pela força da palavra da insigne Prof.ª Yara Maria Pereira Gurgel, em harmonia, de frisar, com o entendimento já antes exposto: "A Carta Magna, fruto de todo um movimento de democratização do país, consagrou o direito à saúde do trabalhador como direito fundamental quando o inseriu nos direitos sociais".[18]

Disse, outrossim, a preclara juslaborista Yara Maria Pereira Gurgel que, no "Brasil, contrariamente à tendência dos países industrializados, o trabalhador continua se submetendo a regime de sobrejornadas e baixos salários para garantir a sua sobrevivência e de sua família, não se importando o empregador com a saúde daquele; muito embora o direito à saúde do trabalhador tenha sido alçado à matéria de direito Constitucional, consubstanciando em direito indisponível, de ordem pública e sua inobservância deve ensejar responsabilidade"[19]; embora se referindo a ilustre professora ao trabalho em regime extraordinário, de pronto se infere que as suas conclusões são inteiramente válidas quanto ao tema ora enfocado. De salientar que, evidentemente, quando se diz que o dador de serviço não se preocupa com a saúde do obreiro, a alusão tem um certo grau de generalização, mas não significa que não se saiba que há os que se preocupam com a saúde dos seus empregados, uns procurando, efetivamente, resolver o problema, na medida do seu alcance, outros pensando ainda em como resolvê-lo, mas dispostos a tanto, o que já é um bom sinal.

Certamente terrível o peso da indagação do respeitável médico Francisco Antonio de Castro Lacaz, formulada na apresentação de livro do qual é um dos autores: "Quantos trabalhadores morrem a cada dia por causa das condições insalubres de trabalho, muitas vezes tempos depois de deixar aqueles ambientes?"[20], ainda que a aludida obra tenha vindo a lume no ano de 1989, não perdeu nem em atualidade, nem em importância, daí havê-la reproduzido, e faço-o assestando para os corações sensíveis daqueles que consideram que, se na lei, não se encontra, de imediato, uma resposta ao direito à percepção do adicional de insalubridade pelos trabalhadores rurais que labutam nas condições neste mencionadas, não há desistir e aceitar essa realidade (realidade?), mas sim procurar uma solução no ordenamento jurídico para resolver a questão da melhor maneira, não digo já com a suspensão do mourejar em tão difícil situação, o que, bem se sabe, não é viável — por múltiplos fatores, de ordem técnica inclusive —, já que o direito não tem força, tampouco meios para tanto, mas ao menos para que o trabalhador que se vê na contingência de trabalhar em tão adversas condições, ao menos receba o adicional de insalubridade, ao menos isso!

Aliás, na referida obra, encontra-se, ainda, específica referência aos rurais, alusão essa que, lida não apenas com vistas ao aspecto técnico, mas com o interesse que um ser humano sempre deve inspirar, já agitará a mente e a alma de quem assim o fizer, na busca por soluções, assim nela se diz: "A injustiça no campo é tão séria em nosso país, que pouco se tem falado em condições de trabalho [...] O trabalho é realizado permanentemente no tempo; sob o sol causticante e ao sabor das intempéries. A exposição prolongada ao sol significa exposição a radiações ultravioletas

---

(18) Limites à duração do tempo de trabalho: direito fundamental do trabalhador. In: *Estudos em direito público*. Rio Grande do Norte: ESMARN — Escola da Magistratura do Rio Grande do Norte, nov. 2002. p. 203.
(19) *Limites à duração do tempo de trabalho*, cit., p. 205.
(20) DIESAT (org. e pesquisa) *et al. Insalubridade* — morte lenta no trabalho. São Paulo: Oboré, 1989. p. 10.

e infravermelhas, que podem provocar câncer de pele e cataratas. Estão ainda sujeitos à chuva..."[21]; quiçá por isso: "Não existem no Brasil registros que permitam uma avaliação precisa de quantos acidentes e doenças do trabalho ocorrem por ano no meio rural. Sabe-se, no entanto, que traz riscos e danos à saúde, em certas circunstâncias, comparáveis à construção civil e à indústria petroquímica"[22], o que, força é convir, é preocupante.

4. A JUSTIÇA DO TRABALHO E SUAS POSSIBILIDADES DE ATUAÇÃO NO CASO SUB EXAMEN

Cumpre não olvidar de que, como com muita sensibilidade já foi percebido: "as reclamatórias trabalhistas bem exemplificam ações de interesses individuais mas que buscam, ainda que particularmente, a dignidade humana".[23]

Atento a essa realidade, de inferir que a Justiça do Trabalho não pode, sabendo que um mal existe, agredindo a saúde de algum trabalhador, simplesmente ignorá-lo, uma vez ajuizada a correspondente reclamação trabalhista, o que seria trair a sua razão de ser!

A Justiça Especializada do Trabalho, não pode existir — ah! Não pode mesmo! — apenas para tranquilizar e/ou entorpecer certos segmentos da sociedade, antes, deve atuar, respeitando e nos limites, por óbvio, da Magna Carta, mas atuar, firmemente, assumindo, por inteiro, as responsabilidades que lhe cabem, na tutela dos direitos dos trabalhadores, o que não significa, de modo algum, deferir-lhes algo que não lhes seja devido, longe disso, mas não permitir que o que cumpre seja reconhecido como um direito, que o ordenamento jurídico assim lhes assegura, deixe de sê-lo, ainda mais quando, como na situação que ora se examina, esteja em tela o sagrado direito à saúde e à vida, vida essa tão cara para mim, como para os que estiverem tendo contato com essas linhas e que não pode ser menos cara para os trabalhadores rurais.

Há evitar que com o princípio da dignidade da pessoa humana se tente fazer o mesmo que já se tentou com o também valioso princípio da igualdade, qual seja, confiná-lo em um aspecto formal, absolutamente insuficiente. A advertência é do Prof. Maurício Antonio Ribeiro Lopes: "Se o direito à igualdade já foi reduzido para um direito de igualdade formal, pela simples isonomia diante da lei, é imperioso impedir que o mesmo venha a ocorrer com a dignidade da pessoa humana. Evitar que venha a tornar-se o miserável formalmente digno diante do abastado, conferindo-lhe apenas a titularidade de um direito subjetivo à dignidade... a dignidade da pessoa não é um valor futuro, mas presente desde a vigência da Constituição. Todos têm acesso ao direito de dignidade material"[24], e assim há mesmo de ser pois, ensina o já citado lente José Afonso da Silva: "a dignidade acompanha o homem até sua morte, por ser da essência da natureza humana, é que ela não admite discriminação alguma e não

---

(21) *Insalubridade* — morte lenta no trabalho, cit., p. 55.
(22) RIBEIRO, Herval Pina; LACAZ, Francisco Antonio de Castro (orgs.) *et al.* Do que adoecem e morrem os trabalhadores. Rio de Janeiro: DIESAT — IMESP, 1984. p. 169.
(23) PAULA, Jônatas Luiz Moreira de. *Visão crítica da jurisdição civil*. Porto Alegre: LED, 1999. p. 116.
(24) A dignidade da pessoa humana: estudo de um caso. *Revista dos Tribunais,* ano 87, v. 758, p. 115, dez. 1998.

estará assegurada se o indivíduo é humilhado, discriminado, perseguido ou depreciado".[25]

Logo, cumpre não permitir que situações como a que se analisa venham a agredir a dignidade da pessoa humana dos trabalhadores rurais que mourejem sujeitos aos efeitos do tempo e de temperatura sem, nem ao menos, terem reconhecido o direito ao recebimento do adicional de insalubridade, abstração feita de outras discussões, que aqui não cabem; a falta de reconhecimento do direito à percepção do adicional de insalubridade, na espécie, deságua numa brutal falta de proteção, que magoa, inegavelmente, a dignidade do trabalhador, como já foi dito, superiormente, por Kátia Magalhães Arruda: "Avulta a dignidade humana, de modo especial, a falta de proteção do trabalho".[26]

Tem-se, por conseguinte, que não há outra senda a seguir, que não a percorrida por Nelson Rosenvald, para quem: "Percebe-se que a dignidade é noção da mais alta relevância axiológica, pois jamais o ser humano poderá servir de meio para os outros"[27]; como corolário, na situação sub examen, labutando para algum dador de serviço em condições de insalubridade, por trabalho a céu aberto, de rigor o pagamento, por este, do respeitante adicional, o que tem de acontecer já, e não em um momento futuro, sabe-se lá quando. Há obstar a que alguns, em seu exclusivo interesse, impeçam e/ou retardem, indefinidamente, que os direitos dos demais segmentos da sociedade sejam efetivamente reconhecidos. Há de ter cuidado para que não perdure o quadro já vivamente desenhado pelo brilhante constitucionalista Luis Roberto Barroso, veja--se o que ele retrata: "O Estado, apropriado pelo estamento dominante, é o provedor de garantias múltiplas para os ricos e de promessas para os pobres. Em um País sem tradição de respeito aos direitos, a constituinte termina sendo uma caça aos privilégios. Criam-se diferentes castas dos que são mais iguais. Alguns conseguem um lugar sob o sol da proteção constitucional direta. Outros ficam no mormaço das normas que sinalizam o status, mas precisarão ser integradas pelo legislador infraconstitucional. A maioria fica sob o sereno das normas programáticas, as que prometem saúde, cultura e terceira idade tranquila. Mas só quando for possível".[28] É isso o que vai acontecer, também, com os trabalhadores rurais que trabalham a céu aberto, em condições de insalubridade? Vamos todos esperar por uma lei que regule a situação, sabe-se lá quando, isso se um dia, realmente, regulá-la? Estamos irremediavelmente condenados a essa postura de passividade?

Será que nada poderá ser feito para remediar a verdade contida nas palavras de Fernanda Pereira Amaro (?): "a que o Poder deve servir? Há críticas bastante contundentes afetas à sua resposta: 'A Constituição Brasileira, apesar de ter sido elaborada por um Órgão Constituinte, que seria, teoricamente, capaz de representar o povo, e que aliás é a nossa sétima Constituição, não passa de uma folha de papel, desvinculada da realidade e incapaz de garantir os direitos e deveres que teoricamente assegura'".[29]

---

(25) A dignidade da pessoa humana como valor supremo da democracia, cit., p. 93.
(26) A proteção do trabalho, a proteção no trabalho e os direitos constitucionais trabalhistas. In: SOARES, José Ronald Cavalcante (coord.). *Estudos de direito constitucional* — homenagem a Paulo Bonavides. São Paulo: LTr, 2001. p. 306.
(27) *Dignidade humana e boa-fé no código civil*. São Paulo: Saraiva, 2005. p. 2.
(28) Dez anos da Constituição de 1988 (foi bom pra você também?). *Revista de Direito Administrativo*, n. 214, p. 23, out./dez. 1998.
(29) O serviço público sob a perspectiva da garantia constitucional de direitos humanos fundamentais. *Revista de Direito Constitucional e Internacional*, n. 50, p. 124.

5. O PROCESSO E A CONSTITUIÇÃO COMO SUSTENTÁCULOS AO PROCEDIMENTO ADOTADO

O operador do direito, vendo o inusitado da situação, entendendo que a NR-15, ou ainda alguma outra, da Portaria n. 3.218, não regula o caso, ou ainda que entenda que na mencionada Portaria já se encontra regulamentada a questão, mas ciente de não ser esse o posicionamento prevalecente, terá de quedar-se, conformado, com essa conclusão? Isso não frustraria a Constituição Federal, designadamente os artigos apontados nas linhas transatas? E a obrigação que pesa sobre os operadores do direito, no sentido de realizar, plenamente, a Lei Fundamental? A essa altura, válida a transcrição do quanto afirmado por Anderson Sant'Ana Pedra, para quem: "A atividade do jurista não pode se cingir à leitura (exegese) do direito positivo. É imprescindível a concretização do direito aplicável à luz da Constituição e com o compromisso de realizá-la, efetivá-la".[30]

Obviamente, o realizar, o concretizar a Constituição Federal não pode ficar, sempre e necessariamente, e pior ainda, indefinidamente, na dependência de uma lei infraconstitucional, máxime em se cuidando de observância/respeito a um direito fundamental, situação que, se verificada, torna impostergável, interpretando-o, vendo o que ele espera e quer, dar vida ao texto constitucional. O processualista Luiz Guilherme Marinoni, percucientemente nota que "o juiz não só deve interpretar a lei processual em conformidade com o direito fundamental à tutela jurisdicional efetiva, como ainda deve concretizá-lo, por meio da via interpretativa, no caso de omissão ou de insuficiência de lei"[31], observação essa que se aplica, com todo vigor, à questão para a qual voltamos nossa atenção.

Vale repisar esse ponto: o legislador não pode mais ser tido como aquele que, com exclusividade, pode, com seu sopro, dar vida à Constituição Federal, embora lhe caiba fazê-lo de maneira preponderante, de maneira que cabe também ao Judiciário uma boa parcela de responsabilidade nesse momento mágico de dar vida à Lei Fundamental, para o que precisa ser compreendido que "o juiz, que não é um serviçal do legislador, torna os códigos socialmente relevantes".[32]

Assim, o que se espera, dentro de uma normalidade, é que o legislador cumpra a parte que lhe cabe, editando as leis que a Constituição Federal reclama, para melhor e/ou adequadamente respirar; entretanto, em não o fazendo, não se poderá, por isso, sufocar o quanto estabelece a Lei Maior — do contrário, muito fácil mantê-la "respirando artificialmente". Como bem faz notar Jônatas Luiz Moreira de Paula, "o Estado deve retornar aos fins sociais ora descritos no preceito constitucional (art. 3º). E o Poder Judiciário, que exerce a jurisdição como função típica e instrumentalizado pelo direito processual, deve exercer esse mister como essência de sua existência. A jurisdição deixou de ser mera pacificadora. Hoje, para pacificar, ela deve efetivar as diretrizes do art. 3º da CF".[33] Para tanto, "importa deixar de lado a opinião de que o

---

(30) Interpretação e aplicabilidade da constituição: em busca de um direito constitucional. *Revista de Direito Administrativo*, n. 232, p. 194, abr./jun. 2003.
(31) *Técnica processual e tutela dos direitos*. São Paulo: RT, 2004. p. 220 e 221.
(32) MENDONÇA, Paulo Roberto Soares. *A argumentação nas decisões judiciais*. Rio de Janeiro: Renovar, 1997. p. 14.
(33) A ideologia do processo civil. *Revista de Ciências Jurídicas e Sociais da UNIPAR — Universidade Paranaense*, n. 1, v. II, p. 46, jan./jun. 1999.

Poder Judiciário só exerce a função de legislador negativo, para compreender que ele concretiza o ordenamento jurídico diante do caso concreto".[34]

Nos dias que correm, não parece mais aceitável que se separe o processo do homem, de suas necessidades, pois, como já antes dito, ao Poder Judiciário também cabe, e isso lhe deve ser cobrado, atuar para a mais completa realização dos fins almejados pela Carta Fundamental, e que, em última instância, tem a legitimá-la a preocupação com o homem, o que, em um processo, repita-se, não se pode obnubilar; valiosa, no particular, a lembrança de L. A. Becker: "Como bem observou Marinoni, é preciso quebrar o 'encanto' de que o direito processual poderia ser tratado como ciência pura, 'que se mantivesse eternamente distante do direito material e das vicissitudes dos homens de carne e osso'"[35]; diga-se mais, eis que não se deve ignorar que, como salientado por Francisco José Rodrigues de Oliveira, a "função jurisdicional é uma função própria de um poder do Estado, sendo uma função política por antonomásia e tem a seu cargo, como as funções executiva e legislativa, a realização do sistema republicano e democrático adotado pela Constituição"[36], e ainda, de acrescentar, cabendo-lhe observar e fazer observar, quando de sua atuação, o elevado princípio da dignidade da pessoa humana, sem o que resta, inegavelmente, diminuída a utilidade de se realizar aqueles fins; de fixar, portanto que: "A jurisdição, como expressão do poder estatal que é, destina-se à realização dos fins do próprio Estado"[37], entre os quais, como se não desconhece, sobressai o de valorizar a dignidade da pessoa humana.

Aqui, certamente, é o momento de recordar, com Luiz Edmundo Appel Bojunga, que o "eminente Scialoja expressou em frase sintética, porém, de enorme profundidade que a missão do jurista é fazer ciência processual útil"[38], e que utilidade maior poderá ter o processo que não a de fazer observar a Constituição e os princípios maiores nela abrigados?

Imprescindível caminhe nesse rumo a atividade jurisdicional, já que, em assim "ocorrendo, em perfeita sintonia com os fins do art. 3º da CF, realmente far-se-á justiça ao ditado: o direito material é o direito do povo, enquanto o direito processual é o direito para o povo"[39], pois que, nele, também se contém o sofrimento, as dores, as esperanças daqueles que batem às portas do Judiciário, o que não pode ser esquecido, como não o foi pelo ilustre João Baptista Herkenhoff, que assim se expressou: "Não são apenas pleitos, demandas, requerimentos que chegam à presença do juiz. São vidas e são dores, são esperanças e desesperanças, são gritos e são choros"[40], peço vênia para acrescentar que essas manifestações chegam também aos dedicados advogados, atingindo, assim, os operadores do direito em geral, os quais, então, hão de buscar respostas para resolvê-las, segundo o ordenamento jurídico, talvez mais humano do que as leis, caminhar esse que não é de um percurso só, chegar ao texto legal que trate da questão, mesmo porque essa senda pode, para

---

(34) ÁVILA, Humberto. *Teoria dos princípios* — da definição à aplicação dos princípios jurídicos. São Paulo: Malheiros, 2003. p. 25 e 26.
(35) *Contratos bancários* — execuções especiais. São Paulo: Malheiros, 2002. p. 185 e 186.
(36) *Atividade jurisdicional sob o enfoque garantista*. Curitiba: Juruá, 2002. p. 67.
(37) PASETTI, Babyton. *A tempestividade da tutela jurisdicional e a função social do processo*. Porto Alegre: Sergio Antonio Fabris, 2002. p. 54.
(38) A exceção de pré-executividade. In: *Repro*, n. 55. p. 62.
(39) PAULA, Jônatas Luiz Moreira de. *A jurisdição como elemento de inclusão social*. Barueri: Manole, 2002. p. 47.
(40) *O direito processual e o resgate do humanismo*. Rio de Janeiro: Thex, 1997. p. 30.

além de não ser mais possível de ser percorrida, por abandonada, não ser nem sequer uma trilha ou, sendo-o, não passar de uma pequena vereda que leve a um caminho maior, mais movimentado e com paisagem mais bela e variada — a Constituição —, de todo modo, o caminho não o vence sozinho o operador do direito, leva consigo as referidas manifestações/aflições/esperanças, que aguardam chegar também ao seu destino, aquele que o ordenamento jurídico lhes reserva, com justiça!

Lembremo-nos todos, nesse momento, das palavras do ilustre processualista José Carlos Barbosa Moreira, que, lidas e assimiladas com a atenção devida, por certo ajudarão na busca do melhor caminho, disse o afamado professor: "a rigor, não há processo que interesse exclusivamente às partes e não ecoe na paisagem da sociedade"[41], e no caso vertente, deve ecoar em todos os homens de bem, as manifestações de angústia dos trabalhadores rurais, que, labutando em condições de insalubridade, sujeitos à ação do tempo e de temperatura, quando chegam ao Judiciário, não raro, deixaram para trás um pedaço de sua saúde, um significativo pedaço, o que não pode ser apagado.

Talvez se possa concluir que não contribua para a honra da cultura jurídica pátria, designadamente quanto ao direito constitucional e ao direito processual, nem sirva para elevar o respeito devido à pessoa humana do trabalhador, recusar a possibilidade de, via processo, se reconhecer, em casos como o ora *sub examen*, em que há um direito que o ordenamento jurídico lhe confere, simplesmente porque não há uma lei dispondo a respeito, expressamente reconhecendo o respeitante direito: isso é reduzir todo o direito à lei, posicionamento esse, *permissa venia* dos que entendem de modo diverso, já superado; cai como luva ao ponto nesse comenos abordado a seguinte observação do culto Galeno Lacerda, ao observar que o "processo, na verdade, espelha uma cultura, serve de índice de uma civilização".[42]

Tenho em que o dito por Luiz Guilherme Marinoni, eminente processualista ao qual novamente recorro, pelo alto valor e consistência de sua palavra, no sentido de que o processo não pode "ficar limitado à legislação processual ou, melhor dizendo, tiver a sua feição escravizada à lei, muitas vezes ele poderá ficar distante das necessidades dos direitos e da vida"[43], é uma verdade que vale para os mais diversos ramos do direito, mormente o direito do trabalho e o constitucional, frente à dinâmica da vida contemporânea, e atento a que o ordenamento jurídico há de ser visto como um todo, abarcando, como deve ser, os princípios albergados pela Constituição Federal, e também os próprios ao direito do trabalho, o que significa dizer que a lei é um dos elementos a ser observado, quando da apreciação de um conflito de interesses, mas não o único, embora importante, quando regularmente editada; parece claro que esse posicionamento apenas reforça o desenho de um autêntico Estado Democrático de Direito, para cuja existência — mais, portanto, do que a mera criação e/ou denominação —, necessário se faz a soma de esforços, da sociedade e de todos os Poderes e agentes do Estado, sem exceção, frise-se, por relevante. Acerca do atual lugar que uma lei deve ocupar, como elemento para a solução de uma pendência, interessante a seguinte colocação de Daniela Lacerda Saraiva Santos, para quem: "visando reforçar um novo Estado Democrático de Direto, na medida que o direito vem sendo distinguido da lei e o primeiro vem se sobressaindo ao segundo, formando

---

(41) O processo, as partes e a sociedade. *Revista de Processo*, ano 30, n. 125, p. 124, jul. 2005.
(42) Processo e cultura. *Tribuna da Magistratura*, p. 58, abr. 1999.
(43) *Técnica processual e tutela dos direitos*. São Paulo: RT, 2004. p. 28.

uma ordem jurídica que se constitui de valores e princípios onde a lei é apenas um dos componentes integradores da decisão judicial".[44]

Esse recurso ao texto constitucional para resolver a questão dos trabalhadores rurais que trabalham a céu aberto, em condições de insalubridade, pode ser, por alguns espíritos, visto com reservas, o que não passou despercebido ao grande constitucionalista Paulo Bonavides que, com muita visão, já observou que: "A Nova Hermenêutica levou a cabo a revolução do constitucionalismo contemporâneo. Nem todos os juristas — designadamente os mais conservadores — percebem o sentido e a extensão das transformações por derradeiro havidas"[45], a consequência disso, porém, é tornar o operador do direito refém do legislador, o que, como já se vem afirmando, é situação que não mais se justifica — se é que algum dia se justificou —; conquanto se referindo ao operador do direito mais voltado ao direito civil, semelhante situação, com algumas variações, se vive no mundo do direito do trabalho, o que autoriza, mesmo recomenda, a transcrição das agudas observações do Prof. Gustavo Tepedino, *verbis*: "O civilista, em regra, imagina como destinatário do texto constitucional o legislador ordinário, fixando os limites da reserva legal, de tal sorte que não se sente diretamente vinculado aos preceitos constitucionais, com os quais só se preocuparia nas hipóteses — patológicas e extremas — de controle de constitucionalidade. Tal preconceito o faz refém do legislador ordinário, sem cuja atuação não poderia reinterpretar e revisitar os institutos de direito privado, mesmo quando expressamente mencionados, tutelados e redimensionados pela Constituição".[46] Hodiernamente, insista-se, a realidade é a de se enxergar os diplomas legais "à luz" da Lei Fundamental; para completar a referência acima, quanto ao direito civil, e igualmente, estendendo o quanto é dito ao direito do trabalho, cabe citar o ilustre Luiz Edson Fachin, para quem: "Numa expressão, é mais o Código Civil brasileiro que deve ser visto à luz da Constituição Federal de 1988 e menos a Constituição que deve içar à sombra do Código".[47]

Oferecendo o texto constitucional o que for necessário para o reconhecimento e a observância de um direito, cumpre reconhecê-lo, aplicá-lo, eis que, nessas condições, não há porque se deixar de reconhecê-lo, de aplicá-lo; veja-se o que diz o preclaro e já citado mestre José Carlos Barbosa Moreira: "Acerca das disposições que remetem a normas infraconstitucionais, a diretriz básica deve consistir em reconhecer-lhes, desde já, toda a eficácia praticamente possível. Se, apesar da remissão, o texto da Carta permite identificar os pressupostos da incidência da regra e os respectivos efeitos, ela satisfaz os requisitos essenciais de aplicabilidade, e inexiste razão para que não se aplique de imediato. Isso vale inclusive para as hipóteses em que a Constituição formula, a título de 'princípios', determinações a serem obedecidas pelo legislador"[48], segue daí que: "O juiz não é escravo da lei, mas submisso à Constituição"[49], o que reforça o que vem sendo asseverado, no sentido de que, permitindo a Lei Fundamental, se reconheça o direito correspondente, não havendo

---

(44) O princípio da proporcionalidade. In: PEIXINHO, Manoel Messias; GUERRA, Isabella Franco; NASCIMENTO FILHO, Firly (orgs.) *et al*. *Os princípios da Constituição de 1988*. Rio de Janeiro: Lumen Juris, 2001. p. 360.
(45) Prefácio. In: CASTRO, Carlos Roberto Siqueira. *A constituição aberta e os direitos fundamentais*. Rio de Janeiro: Forense, 2003. p. XV.
(46) *Temas de direito civil*, cit., p. 18.
(47) A cidade nuclear e o direito periférico. *RT/Fascículo Civil*, ano 85, v. 723, p. 108, jan. 1996.
(48) O poder judiciário e a efetividade da nova constituição. *Revista Forense*, ano 84, v. 304, p. 153.
(49) CAMPOS, Amini Haddad. *O devido processo proporcional*. São Paulo: Lejus, 2001. p. 5.

necessidade de se aguardar a edição de uma lei que nem se sabe se um dia virá, o que encontra amplo respaldo no fato de que: "[...] as Constituições não podem ter sua legitimidade limitada à sua positividade legal"[50], até porque, como se não desconhece, e foi taxativamente afirmado pelo Prof. Jônatas Luiz Moreira de Paula: "Uma Constituição não deve ser uma engabelação".[51]

CONCLUSÃO

A ideia que neste se procurou desenvolver foi a de que o homem deve estar no centro das preocupações do direito e de sua interpretação, mesmo porque, nas palavras do grande Evandro Lins e Silva, "o direito deve servir à vida"[52], logicamente, à vida de todos e com saúde, consequentemente, respeitando sempre a dignidade humana de cada um, valor maior da vigente Constituição Federal.

Ainda, que a lei não contém todo o direito, de modo que não se pode impedir o reconhecimento de um direito, previsto na Constituição Federal, sob o fundamento de ausência de previsão/regulação legal, quando a Lei Maior contiver o que for preciso para seu mais completo respeito e observância, uma vez que a vinculação do operador do direito é com o ordenamento jurídico visto em sua totalidade, e não apenas e tão somente sob o enfoque legal, absolutamente insuficiente, por uma série de razões, o que não traduz invasão alguma, por parte do Poder Judiciário, das atribuições próprias do Poder Legislativo, porquanto, para além da circunstância que este Poder ter atribuições sim, mas que devem ser atendidas com vistas ao que espera e quer a Magna Carta, e não ficar em estado de hibernação indefinido, principalmente direitos como o de que ora se trata, esse esperar e esse querer devem ser perseguidos por todos os Poderes e agentes do Estado, como também pela sociedade; como observa o grande constitucionalista português A. Castanheira Neves, "o poder legislativo não tem o 'monopólio da constituição', mas apenas uma 'prerrogativa de constituição' do direito".[53]

Tudo considerado e atento a que os arts. 1º, III, 3º, III e IV, e 7º, XXII, da CF permitem e contêm o necessário para que seja reconhecido e determinado o pagamento do adicional respectivo, uma vez demonstrado o labor em condições de insalubridade, pelo trabalho sujeito à ação do tempo e de temperatura, não há mais o que esperar, cumpre respeitar e observar o que espera e quer a Magna Carta!

---

(50) PEDRA, Anderson Sant'Ana. Interpretação e aplicabilidade da constituição: em busca de um direito civil constitucional. *Revista de Direito Administrativo*, n. 232, p. 186, abr./jun. 2003.
(51) *A jurisdição como elemento de inclusão social*. Barueri: Manole, 2002. p. 32.
(52) Estudos criminais em homenagem a Evandro Lins e Silva, palavras do homenageado em um dos discursos que proferiu e foi reproduzido no livro. São Paulo: Método, 2001. p. 18.
(53) *O instituto dos "assentos" e a função jurídica dos supremos tribunais*. Coimbra: Coimbra, 1983. p. 128.

O Princípio Protetor no Direito do Trabalho: Ainda Necessário, nos Dias que Correm, como foi Outrora?

Francisco Alberto da Motta
Peixoto Giordani[(*)]

Sempre, quando se fala dos princípios e do próprio Direito do Trabalho, ao princípio protetor são dirigidas e/ou dedicadas as linhas mais vivas, mais relevantes e mesmo emocionantes, ligando-o, da maneira a mais estreita possível, ao surgimento e mesmo à razão de ser desse ramo, tão sensível ao social, do Direito.

A ilustre juslaborista Eneida Melo Correia de Araújo, de maneira muito feliz, soube sintetizar, de maneira superior, o que vem de ser dito, ao afirmar que "O Princípio da Proteção ao Trabalhador é o mais importante dos princípios do Direito do Trabalho. Configura-se em um postulado universal de natureza trabalhista, posto que orientou a criação desse ramo jurídico em todos os países democráticos"[(1)].

O preclaro Mozart Victor Russomano, em uma de suas obras, após discorrer sobre os "conceitos propostos para o Direito do Trabalho"[(2)], cuidou de "articular uma definição: Direito do Trabalho é um conjunto de princípios e normas tutelares que disciplinam as relações entre empresários e trabalhadores ou entre entidades sindicais que os representam assim como outros fatos jurídicos resultantes do trabalho", dilucidando, a seguir, de maneira muito objetiva, que "o uso do vocábulo 'tutelares' serve para assinalar, de um lado, a natureza íntima do Direito do Trabalho e, por outro lado, o alvo a que ele se destina: a ideia de Justiça. No caso, a ideia de Justiça

---

(*) Juiz Titular da Vara do Trabalho de Campo Limpo Paulista — SP. Associado do Instituto Brasileiro de Direito Social Cesarino Júnior. Integrante do Conselho Consultivo e de Programas da Escola da Magistratura do Tribunal Regional do Trabalho da 15ª Região. Autor de livro sobre interpretação das leis e de diversos artigos jurídicos publicados em revistas especializadas. Presidente da Associação dos Magistrados do Trabalho da 15ª região por duas gestões, 1997/1999 e 1999/2001. Diretor financeiro da Associação Nacional dos Magistrados do Trabalho na gestão 2001/2003.
(1) ARAÚJO, Eneida Melo Correia de. *As relações de trabalho* — uma perspectiva democrática. São Paulo: LTr, 2003. p. 182.
(2) RUSSOMANO, Mozart Victor. *Curso de direito do trabalho*. 4. ed. 3. tir. Curitiba: Juruá, 1993. p. 18.

conduz à necessidade de se proteger o trabalhador, assegurando-lhe, na ordem social contemporânea, um regime de defesa contra a prepotência ou o desmando do empresário, que detém os meios de produção e, por isso, conserva o controle da vida econômica nacional"[3].

Por seu turno, Antonio Lamarca asseverou que "esta matéria (o Direito do Trabalho) formou-se, sem dúvida alguma, a princípio hesitantemente e depois intensivamente, tendo em vista a proteção dos trabalhadores, em face da prepotência dos detentores dos bens de produção"[4].

Como é bem de ver, patente que foi a necessidade de proteger aquele que nada dispõe a não ser a sua força de trabalho, contra os que pela mesma se interessaram, interesse esse que levou, no curso da história, que se escrevessem tristes páginas, cujas cores jamais pintaram (*rectius*: pintam), com toda a extensão o sofrimento, os abusos, a indiferença (esse, quiçá, um dos sentimentos que mais dor provoque!) e que se não forem impostos limites sempre poderá levar a uma exploração inaceitável de um trabalhador por quem detém os meios de produção, que levou ao surgimento do Direito do Trabalho, daí fácil se entender o porquê de:

> "O direito do trabalho eleva ao ápice o princípio da proteção, não a proteção da pessoa em função de seus bens, e sim pela valorização de seu trabalho. Procura assegurar o direito ao trabalho e do trabalho; ordena a segurança no emprego e do emprego; protege não os fracos, como na lei civil, mas os economicamente fracos que, em regra, não possuem bens"[5], e porque o princípio que se vem de referir é, "Sem dúvida nenhuma um dos mais importantes e sobre o qual repousa toda a estrutura do Direito do Trabalho"[6].

Possível não é, ao cuidar de algum princípio do Direito do Trabalho, deixar de mencionar o impoluto juslaborista uruguaio Américo Plá Rodriguez, que, com todo o peso de sua inexcedível autoridade, ao cuidar do princípio ora objeto de análise, em determinada passagem[7], esclarece que:

> O fundamento deste princípio está ligado à própria razão de ser do Direito do Trabalho.
>
> Historicamente, o Direito do Trabalho surgiu como consequência de que a liberdade de contrato entre pessoas com poder e capacidade econômicas desiguais conduzia a diferentes formas de exploração. Inclusive, às mais abusivas e iníquas.
>
> O legislador não pode mais manter a ficção de igualdade existente entre as partes do contrato de trabalho e inclinou-se para uma compensação dessa desigualdade econômica desfavorável ao trabalhador com uma proteção a ele favorável.
>
> O Direito do Trabalho responde fundamentalmente ao propósito de nivelar desigualdades.

---

(3) RUSSOMANO, Mozart Victor. *Curso de direito do trabalho*, cit., p. 19.
(4) LAMARCA, Antonio. *Curso expositivo de direito do trabalho*. São Paulo: RT, 1972. p. 39.
(5) DONATO, Messias Pereira. *Curso de direito do trabalho*. 2. ed. São Paulo: Saraiva, 1977. p. 124.
(6) FERRARI, Irany; MARTINS, Melchíades Rodrigues. *CLT — doutrina — jurisprudência predominante e procedimentos administrativos*. São Paulo: LTr, 2006. v. 1, p. 92.
(7) RODRIGUEZ, Américo Plá. *Princípios de direito do trabalho*. São Paulo: LTr e Universidade de São Paulo, 1978. p. 28/9.

Importante notar que a função do princípio em tela não se resume, embora exista para isso, na proteção do hipossuficiente, do trabalhador, mas possui, também, a relevantíssima função de promover a paz social, o interesse geral e a paz comum; para dar consistência ao que se vem de afirmar, nada melhor do que reproduzir irrespondível observação do inesquecível lente A. F. Cesarino Júnior[8],"O fim imediato das leis sociais é a proteção aos fracos — concordamos. Mas, não é o único. Por intermédio dessa proteção o que o Estado realmente visa é assegurar a paz social, o interesse geral, o bem comum".

Mais ainda, pois, a meu sentir, se pode — e se deve — observar que o princípio protetor, embora tenha em vista, realmente, a figura do empregado, não pode ser visto como prejudicial ao empregador, antes, ao reverso, estende-lhe também o seu manto protetor, e permite a este saber quais os caminhos que poderá percorrer, sem transbordar para a prática de algum ato reprovável.

Observe-se que o princípio protetor não impede que um empregador promova a resolução contratual, quando um seu empregado tenha praticado um ato e/ou assuma uma conduta com gravidade suficiente para justificar a ruptura do vínculo de emprego; cabe notar, ainda nessa linha, que é o empregador que determina, salvo algumas situações especiais, quando o obreiro deve, no curso do período concessivo, usufruir suas férias; ainda que sofra alguma contestação, mesmo assim vale referir o quanto estatuído no capítulo relativo à duração do trabalho, do Diploma Consolidado, quanto às possibilidades de compensação/prorrogação da jornada de trabalho, que não deixam o dador de serviço desamparado, porquanto irrecusável que visam atender aos seus interesses; o que não dizer, ainda, da flexibilização das normas trabalhistas, bem retratada nas diversas modalidades de contratos por prazo determinado e em condições que, numa visão mais tradicional, pouco se ajustam ao Direito do Trabalho? Também de referir, nesse passo, a flexibilização autorizada pelos incisos VI, XIII e XIV, do art. 7º, da magna Carta; e a possibilidade, que entre nós já existe há décadas, de promover o empregador a rescisão contratual quando e como bem lhe aprouver, salvo algumas exceções legais.

Pode-se, diante desse quadro, ao qual, outras cores mais poderiam ser acrescentadas, falar de uma positivação/manifestação de um princípio protetor do empregador, ou seja, o Direito do Trabalho também cuida da parte economicamente mais forte na relação de emprego, é dizer: a proteção dispensada ao empregado, não levou, nem leva, a que se ignore os cuidados que se deve ter com a entidade patronal, o que, em derradeira análise, interessa/propicia maiores e mais consistentes condições à manutenção da relação de emprego. Curioso que essa faceta do princípio protetor não é tão comentada, aliás, quase não o é, assim encarada, ou seja, como a outra face do princípio protetor, próprio do Direito do Trabalho, a qual, entretanto, quanto a sua existência, não merece críticas, pois também se justifica que assim seja, o que equivale a dizer que há, realmente, de existir séria preocupação com a saúde das empresas, apenas entendo que esse aspecto do princípio protetor deve iluminar qualquer discussão acerca de sua outra parte, a proteção devida ao empregado, a par de não se prestar, sob o pretexto de cuidar da preservação da empresa, invadir o quinhão de proteção, que deve ser maior mesmo — e bem maior —, diante de sua acentuadíssima posição de inferioridade na relação de emprego, do empregado.

---

(8) CESARINO JÚNIOR, A. F. *Direito social*. São Paulo: LTr e Universidade de São Paulo, 1980. p. 46.

Com a autoridade que seu saber jurídico lhe confere, Maria do Rosário Palma Ramalho, conquanto fazendo brotar o princípio da proteção do princípio da compensação, do mesmo faz gerar, também, o princípio da salvaguarda dos interesses de gestão, lição essa que, adaptações feitas às peculiaridades de cada sistema, a portuguesa, baseada numa realidade diversa da nossa, bem pode dilucidar melhor a ideia que aqui externo, embora não veja maior necessidade em invocar/explorar um princípio da compensação, por entender que o princípio protetor cobre ambas as situações, superada uma fase inicial em que se queira negar essa outra função do princípio protetor, rejeição essa que, conforme o caso, pode derivar do receio de que, se admitida, o Direito do Trabalho sairá fortalecido, protegido seus flancos contra as agressões dos que, em realidade, querem mesmo é contê-lo, em prol de interesses outros; assevera a ilustre professora:

> O primeiro princípio geral do Direito do Trabalho, que emerge [sic] sistema normativo, é um princípio de compensação das partes pelo débito alargado que assumem no contrato de trabalho.
>
> Como decorre deste enunciado, o princípio da compensação tem uma estrutura bipolar. Efetivamente, entende-se que ao Direito do Trabalho subjaz, como é de tradição, um princípio geral de proteção, mas considera-se que tal desígnio protetivo não é apenas em favor do trabalhador subordinado mas também em favor do empregador. Este princípio prossegue um duplo objetivo: relativamente ao trabalhador, o objetivo o é compensar a sua inferioridade negocial no contrato de trabalho; relativamente ao empregador, o objetivo é assegurar o cumprimento dos deveres amplos que lhe incumbem no contrato de trabalho e, indiretamente, viabilizar o próprio contrato.
>
> Em consonância com este duplo objetivo, reconhecem-se duas vertentes no princípio da compensação: uma vertente de proteção dos interesses do trabalhador e uma vertente de salvaguarda dos interesses de gestão do empregador.[9]

Como disse, então, o princípio protetor não tem atuação apenas em prol do empregado, projetando-se, também, para e em benefício do empregador; entretanto, como o objetivo deste singelo estudo é a sua observância em função do hipossuficiente, não cabe aprofundar o debate deste seu outro aspecto, neste ensejo, de maneira que, doravante, a atenção voltar-se-á para o sentido de proteção ao obreiro, que é, efetivamente, o escopo maior do princípio protetor.

Há fixar, outrossim, que, em sua esfera de atuação, íntima a ligação do princípio protetor com a dignidade da pessoa humana, base e fundamento dos direitos fundamentais, ou, como superiormente dito pelo grande jurista argentino Roberto Dromi:

> Os direitos fundamentais derivam da dignidade do ser humano, destinatário último e principal da proteção do Estado.[10]

A pessoa humana e a dignidade que ela ostenta, pelo simples fato de existir, deve ser o centro das atenções de um Estado, que se intitule democrático, o qual, então, há de respeitá-la e protegê-la:

---

(9) RAMALHO, Maria do Rosário Palma. *Direito do trabalho*. Coimbra: Almedina, 2005. p. 490. Parte I: dogmática geral.
(10) DROMI, Roberto. *Sistema jurídico e valores administrativos*. Porto Alegre: Sergio Antonio Fabris, 2007. p. 73.

No Estado Democrático de Direito, tal como se enuncia no frontispício de sua Carta paradigmal, a Lei Básica de Bonn de 1949, a pessoa humana é o centro ético do Estado e do Direito, que existem para respeitá-la e protegê-la.[11]

Inegável que a dignidade da pessoa humana do trabalhador, enquanto tal, fica mais exposta (*rectius*: fragilizada) pelo que irrecusável, como acima mencionado, a ligação profunda do princípio protetor com a mesma, cabendo-lhe, além de procurar reduzir as desigualdades entre empregado e empregador, e também por isso, fazer respeitar, na seara do Direito do Trabalho, a dignidade da pessoa humana que todo empregado possui e não a tem menor só por ser empregado.

Miguel Rodriguez-Piñero, com aquele poder de síntese que apenas os espíritos mais preparados possuem, assim se expressou[12], a respeito do tema ora em questão: "A nossa matéria é, por definição, protetora. Tutela o indivíduo enquanto produtor juridicamente subordinado a um outro indivíduo ou grupo de indivíduos que contratam e dirigem seu trabalho. É este aspecto que diz respeito à personalidade e à dignidade humana que atrai a atenção das leis, da jurisprudência e da doutrina".

A ilustre juíza Cinthia Maria da Fonseca Espada, bem desenvolve o ponto que venho de referir, valendo, pois, reproduzir seus valiosos ensinamentos, os quais se iniciam com a autora citando Sarlet, que "define dignidade da pessoa humana como sendo:

> [...] a qualidade intrínseca e distintiva de cada ser humano que o faz merecedor do mesmo respeito e consideração por parte do Estado e da comunidade, implicando, neste sentido, um complexo de direitos e deveres fundamentais que asseguram a pessoa tanto contra todo e qualquer ato de cunho degradante e desumano, como venham a lhe garantir as condições existenciais mínimas para uma vida saudável, além de propiciar e promover sua participação ativa e corresponsável nos destinos da própria existência e da vida em comunhão com os demais seres humanos.
>
> [...]
>
> Com base nessa definição pode-se afirmar que a incidência do princípio da dignidade da pessoa humana no âmbito do trabalho implica a necessidade de se proteger o trabalhador contra qualquer ato atentatório à sua dignidade, de lhe garantir condições de labor saudáveis e dignas, e também de propiciar e promover a inclusão social.
>
> Constata-se, desta forma, que o núcleo do princípio protetor do empregado encontra seu fundamento no princípio da dignidade da pessoa humana, considerando-se que a principal finalidade da proteção ao trabalhador é promover a sua dignidade.
>
> Nesse passo, embora o propósito do princípio protetor do empregado também seja o de tratar desigualmente os desiguais para promover a igualdade real/substancial entre partes que se encontram em desigualdade de fato (princípio

---

(11) MOREIRA NETO, Diogo de Figueiredo. Princípios do direito público. In: ÁVILA, Humberto (org.) *et al. Fundamentos do estado de direito* – estudos em homenagem ao professor Almiro do Couto e Silva. São Paulo: Malheiros, 2005. p. 112.
(12) RODRIGUEZ-PIÑERO, Miguel. Constituição, direitos fundamentais e contratos de trabalho. *Revista Trabalho & Doutrina*, n. 15, São Paulo: Saraiva, p. 25, dez. 1997.

isonômico) em seu núcleo, a principal finalidade do princípio é promover a dignidade do trabalhador.[13]

Na mesma linha, em obra de elevado interesse, Ricardo Tenório Cavalcante[14] se posiciona no sentido de que: "Parece claro que o fundamento dogmático primeiro da proteção do trabalhador repousa no princípio da dignidade da pessoa humana, insculpido no art. 1º, inciso III, que tem qualidade de direito fundamental por ostentar inclusive o valor de princípio fundamental da República Federativa do Brasil".

Pode-se, destarte, inferir que, após a entrada em vigor da Constituição Federal de 1988, com a importância e a centralidade reconhecida à dignidade da pessoa humana, o princípio protetor conheceu uma, passe a singeleza do vocábulo, "revigorada", daquele princípio maior recebendo nova força, suficiente para fazê-lo capaz de enfrentar possíveis investidas contra a sua observância; é dizer, enfim: o princípio protetor, no campo de atuação que lhe é próprio, tem por finalidade o respeito e o fazer respeitar a dignidade da pessoa humana!

> "Tudo isso conduz à conclusão", como foi muito bem colocado por Ana Cristina Costa Meireles e Edilton Meireles[15], "de que o novo texto constitucional, ao valorizar o trabalho humano, como consequência lógica, aliás, da aplicação do princípio de proteção à dignidade da pessoa humana, estabeleceu um amplo arcabouço jurídico tendente à proteção do trabalhador".

O insigne Ministro Augusto César Leite de Carvalho, do C. TST, faz uma indagação e depois responde-a; Pela excelência de ambas, permito-me reproduzi-las: "que importância há em se afirmar que o princípio da proteção está consagrado na Constituição? A resposta beira a obviedade: o caráter normativo de um princípio constitucional impede que norma inconstitucional, que o desconsidere, revele-se válida"[16].

Vale, a essa altura, recordar que, como fez observar o ilustre Washington Luiz da Trindade[17]: "A Constituição brasileira de 1988 elencou, com extrema minúcia, todas as aspirações da classe operária, visando à proteção de valores humanos indispensáveis ao bem-estar de todos, na proteção da saúde, da vida, da segurança dos trabalhadores. O legislador constitucional pensou até mesmo em reduzir os desníveis notórios entre campo-cidade, operário-camponês, direito escrito-costumes, balizando, como um aviso ao legislador ordinário, os direitos irrecusáveis ao trabalhador, compensatórios daquele fatal desequilíbrio entre capital e trabalho".

Aqui, de ceder o passo ao festejado juslaborista Mario Garmendia Arigón, certamente, orgulho das letras jurídicas uruguaias, e que honra a pátria do já citado e afamado Américo Plá Rodriguez, deixando firme que o que este plantou em seu País, relativamente ao estudo do Direito do Trabalho, foi frutuoso, gerando operadores do direito de escol; diz o eminente Mario Garmendia Arigón[18], em lição que bem se aplica ao nosso ordenamento jurídico:

---

(13) ESPADA, Cinthia Maria da Fonseca. *O princípio protetor do empregado e a efetividade da dignidade da pessoa humana*. São Paulo: LTr, 2008. p. 96.
(14) CAVALCANTE, Ricardo Tenório. *Jurisdição, direitos sociais e proteção do trabalhador*. Porto Alegre: Livraria do Advogado, 2008. p. 52.
(15) MEIRELES, Ana Cristina Costa; MEIRELES, Edilton. *A intangibilidade dos direitos trabalhistas*. São Paulo: LTr, 2009. p. 77.
(16) CARVALHO, Augusto César Leite de. *Direito individual do trabalho*. 2. ed. Rio de Janeiro: Forense, 2007. p. 93.
(17) TRINDADE, Washington Luiz da. As normas laborais nas constituições modernas. *Revista Trabalho & Doutrina*, n. 15, São Paulo: Saraiva, p. 31, dez. 1997.
(18) ARIGÓN, Mario Garmendia. *Ordem pública e direito do trabalho*. São Paulo: LTr, 2004. p. 101.

A proteção do ser humano que trabalha, que se centraliza no núcleo principal do Direito do Trabalho, situa a finalidade da disciplina no próprio coração dos direitos humanos fundamentais e lhe reconhece o mérito de uma tutela jurídica privilegiada.

Esse amparo jurídico do trabalhador não pode ser considerado como simples valor pertencente ao Direito do Trabalho, mas faz parte do acervo geral da ordem pública como expressão de bens jurídicos inerentes à condição humana [...].

As bases e fundamentos essenciais do Direito do Trabalho constituem um dos aspectos sobre os quais se sustenta a estrutura da sociedade, na medida em que fazem parte dos direitos do homem, fim último de toda a vida social.

Esse mesmo e brilhante juslaborista, em outro trabalho seu, bem observou que: "La protección del trabajo humano, aparece, así, como una expresión específica del más amplio amparo jurídico de la dignidad del hombre"[19], acrescentando, mais adiante[20], que:

La protección del ser humano que trabaja, que se encuentra centrada en el núcleo principal del Derecho del Trabajo, sitúa a la finalidad de la disciplina en el corazón mismo de los derechos humanos fundamentales, y le reconoce el merecimiento de una tutela jurídica privilegiada [...] Las bases y fundamentos esenciales del Derecho del Trabajo constituyen uno de los aspectos sobre los que se sustenta la estructura de la sociedad, en la medida que forman parte de los derechos del hombre, fin último de toda vida social.

Outrossim, pelo entusiasmo e pela forma incisiva e consistente com que se manifesta, interessante a transcrição do sentir do insigne Manoel Jorge e Silva Neto[21], para quem: "Inegavelmente, o princípio protetor tem residência constitucional. Não fosse pela forma incisiva como dispôs o legislador constituinte originário, ao determinar direitos aos trabalhadores, mas ressalvando que tantos outros podem ser criados para melhoria das suas condições de existência, os fundamentos do Estado brasileiro pertinentes à dignidade da pessoa humana e à valorização social do trabalho seriam suficientes para admitir-se a inserção em nível constitucional do postulado tuitivo.

E, como palmar, a Magna Carta tem que ser levada a sério, por inteiro e para todos os segmentos da sociedade, aqui, designadamente, os trabalhadores, e não apenas quando interesse aos que tem força/poder bastante para fazê-la respeitada; conquanto acredite deva ser de conhecimento geral, por certo não será despiciendo recordar que importa muito "a maneira como se manuseia o texto constitucional. Ou ela não passa de carta programática, de boas e belas intenções — e se poderia concluir por aqui e não mais tomar o tempo do leitor, ou então ela contém força normativa, i.e., é norma jurídica, e como tal incide nas relações sociais"[22].

---

(19) ARIGÓN, Mario Garmendia. Valores y principios fundamentales del derecho del trabajo: vigencia actual y perspectivas de futuro. *Revista do Tribunal Regional do Trabalho da 15ª Região*, n. 29, p. 153/4, 2006.
(20) ARIGÓN, Mario Garmendia. *Valores y principios fundamentales del derecho del trabajo:* vigencia actual y perspectivas de futuro, cit., p. 154.
(21) SILVA NETO, Manoel Jorge e. *Direito constitucional.* 4. ed. Rio de Janeiro: Lumen Juris, 2009. p. 738.
(22) GEHELEN, Gabriel Menna Barreto Von. O chamado direito civil constitucional. In: MARTINS-COSTA, Judith (org.). *A reconstrução do direito privado.* São Paulo: RT, 2002. p. 179.

Aqui, de evocar ensinamento do culto Miguel Rodriguez-Piñero[23], no sentido de que, "No direito do trabalho, a influência da Constituição sobre as normas infraconstitucionais é facilmente reconhecida, dada a constitucionalização de diversos institutos jurídicos do trabalho. Há uma Constituição social que se refere à situação do cidadão como trabalhador e como destinatário de proteção social".

Olvidar não se pode que o princípio protetor procura, no espaço em que pode atuar, atender ao princípio da igualdade, também de envergadura constitucional, ou, como dito por Dânia Fiorin Longhi[24]: "O Direito do Trabalho, diferentemente do Direito Comum, não tem como propósito tratar as partes de forma igual, mas sim alcançar a igualdade substancial entre elas. O princípio da proteção é inspirado no propósito de igualdade, pois visa estabelecer um amparo preferencial à parte menos favorecida, ou seja, o trabalhador".

Apesar de tudo isso, hoje se questiona, pela pena de renomados doutrinadores, a força e o vigor do princípio protetor do empregado!

Com todo o respeito que sempre merecem as posições contrárias, a observância desse princípio, nos dias que correm, é ainda fundamental, talvez mais ainda que em tempos mais recuados, em algumas décadas; aliás, o sentido de proteção aos mais fracos, nos mais variados ramos do Direito, vem adquirindo densidade maior nos dias que correm, servindo como um vivo exemplo o moderno Direito Civil, com as disposições contidas no vigente Código Civil, que, com seus novos paradigmas, a eticidade, a socialidade e a operabilidade, não tolera que alguém, por ter mais e melhores condições de impor sua vontade a outro, apenas por ser mais forte, possa vergá-lo aos seus interesses, ou, como consistentemente dito por Lauro Augusto Moreira Maia[25]:

> Se por um lado a eticidade convoca os atores sociais para a luta em nome da lealdade, da probidade e da honestidade, por outro, a socialidade busca evitar que o mais forte — apenas por ser mais forte — faça prevalecer os seus interesses sobre os do mais fraco. A eticidade diz: seja leal; a socialidade diz; seja justo. São valores complementares na formação de um novo paradigma jurídico.

E por que os ventos trazem mais proteção aos que menos têm como valer-se por seus próprios meios? Acredito que tal esteja ocorrendo porque, sem sair do sistema e sem arranhar em demasia o querer das classes dominantes e até para melhor preservá-las, se está passando para um estágio em que se procura uma sociedade mais razoável, com maior dignidade para todos, pois uma maior dignidade para todos, garante, de certo modo, que o sistema não sofra rachaduras, e não se pode dizer que não cabe ao direito proteger certas pessoas e/ou situações, ao reverso, para preservar o equilíbrio das relações sociais, natural que assim se faça, por meio do direito, do contrário, ter-se-ia um ordenamento artificial e como tal, seria, como já se disse, ignorado pelos fatos; entretanto, para isso, o que se estabeleceu na Lei Maior, precisa sair dos textos e respirar o ar que circula pela sociedade, ou, como asseverado, de maneira mais elegante, por José Camacho Santos[26]:

---

(23) RODRIGUEZ-PIÑERO, Miguel. Constituição, direitos fundamentais e contratos de trabalho. *Revista Trabalho & Doutrina*, n. 15, São Paulo: Saraiva, p. 24, dez. 1997.
(24) LONGHI, Dânia Fiorin. *Teoria do conglobamento — conflito de normas no contrato de trabalho*. São Paulo: LTr, 2009. p. 63.
(25) MAIA, Lauro Augusto Moreira. *Novos paradigmas do direito civil*. Curitiba: Juruá, 2007. p. 45.
(26) SANTOS, José Camacho. O novo código civil brasileiro em suas coordenadas axiológicas: do liberalismo à socialidade. *Revista da Ajuris*, ano XXIX, n. 88, t. I, p. 197, dez. 2002.

a consciência das transformações havidas em nossa sociedade impõe a releitura dos institutos e categorias jurídicas, hodiernamente, não mais sob os ares do individualismo e patrimonialismo de antão, mas segundo o compromisso ético a que todos estão submetidos, que é o de construir uma sociedade mais digna e justa, fazendo com que os fundamentos e princípios básicos da República saiam do papel.

Em verdade, o sentido de proteção está por todos os lados, respeitados, sempre, os limites do sistema!

E é essa realidade que determina que (*rectius*: justifica, faz com que) "Nas relações jurídicas contratuais, deve-se privilegiar o economicamente mais débil e aqueles a quem a lei presume maior fragilidade. É o que sucede, por exemplo, com a proteção do empregado e do consumidor"[27].

Percucientemente, observa Paulo Lôbo, que[28] "Impõe-se a materialização dos sujeitos de direitos, que são mais que apenas titulares de bens e de consumo. A restauração da primazia da pessoa humana nas relações civis é a condição primeira de adequação do direito aos fundamentos e valores constitucionais. Por isso, como bem assevera Maria Celina Bodin de Moraes, nesse cenário de renovado humanismo passaram a ser tuteladas, com prioridade, as pessoas das crianças, dos adolescentes, dos idosos, dos portadores de deficiências físicas e mentais, dos consumidores, dos contratantes em situação de inferioridade, das vítimas de acidentes anônimos etc. O homem abstrato do liberalismo econômico cede espaço para o homem concreto da sociedade contemporânea, na busca de um humanismo socialmente comprometido". O que é isso, que não um sentido de proteção, dê-se o nome que se dê?!

Os fins de proteção se deixam perceber, com muita clareza, nos contratos, de uma maneira geral, e muito nitidamente nos contratos em que uma das partes seja um consumidor; a insigne jurista Cláudia Lima Marques[29] bem retrata esse novo quadro, no âmbito dos contratos: "No novo modelo contratual há uma revalorização da palavra empregada e do risco profissional, aliada a uma grande censura intervencionista do Estado quanto ao conteúdo do contrato. É um acompanhar mais atento para o desenvolvimento da prestação, um valorizar da informação e da confiança despertada. Alguns denominam de renascimento da autonomia da vontade protegida. O esforço deve ser agora para garantir uma proteção da vontade dos mais fracos, como os consumidores. Garantir uma autonomia real da vontade do contratante mais fraco, uma vontade protegida pelo direito, vontade liberta das pressões e dos desejos impostos pela publicidade e por outros métodos agressivos de venda, é o objetivo".

Diz, ainda, a jurista retromencionada que, "Segundo o emérito professor de Filosofia do Direito da Universidade de Erlangen-Nürnberg, Reinhold Zippelius, o Direito deve ser um instrumento para uma organização social justa e equilibrada [...] Nesta visão, as normas jurídicas são, portanto, instrumentos que ajudam a determinar a realidade social, conforme os objetivos considerados justos e desejáveis para aquela sociedade. O direito pode ser, portanto, um instrumento de justiça e inclusão social na sociedade atual, instrumento de proteção de determinados grupos na sociedade, de realização dos novos direitos fundamentais, de combate ao abuso do poder

---

(27) LISBOA, Roberto Senise. *Manual de direito civil*. 3. ed. São Paulo: RT, 2003. v. 3, p. 133/4.
(28) LÔBO, Paulo. *Direito civil* — parte geral. São Paulo: Saraiva, 2009. p. 48.
(29) MARQUES, Cláudia Lima. *Contratos no código de defesa do consumidor*. 3. ed. 2. tir. São Paulo: RT, 1999. p. 96.

econômico e a toda atuação dos profissionais que seja contrária a boa-fé no tráfico entre consumidores e fornecedores no mercado"[30]. Pergunto: esse mesmo raciocínio, tão consistentemente apresentado, não é válido para se dispensar a proteção — ainda absolutamente necessária — ao empregado? Tomo a liberdade de responder: sim!

Enfim, estou em que não se deva "jogar" com a proteção conferida pelo direito do trabalho, para desmerecê-la e a esse ramo do Direito, à uma, porque, como já demonstrado, a proteção não é uma preocupação apenas sua — e não se volta apenas para o empregado, embora, maior e mais transparente para este, enquanto menor e muito mais discreta para o empregador —, mas que está se instalando e/ou penetrando, fincando raízes nos mais variados ramos do Direito, e a duas, porque se sabe das suas naturais dificuldades de enfrentamento das classes mais favorecidas, que tentam mantê-lo na UTI, apenas respirando e com dificuldades, de modo que, quando há uma maior pressão da classe trabalhadora, nos raríssimos, mas raríssimos mesmos, momentos em que a mesma tem como se fazer ouvir, se lhe permite uma respiração mais regular, quando não, tornam sua respiração mais difícil, truncada e irregular, como que advertindo-lhe de que, qualquer insistência a mais, trará como consequência seja-lhe retirado o ar e com isso ele (o Direito do Trabalho) não mais terá como sobreviver!

Para melhor justificar o que se vem de referir, útil recordar ensinamento de João Del Nero[31], no sentido de que "o direito não é a arte das sutilezas, nem mero aparato convencional, mas ciência do justo e do honesto. O apego a filigranas e o culto da letra da lei constituem o privilégio do sistema vigente para os membros econômica e socialmente mais fortes — sempre os mais favorecidos".

Interessante e irrespondível observação parte da autorizada pena de Ana Virginia Moreira Gomes[32], a saber: "Algumas práticas, ainda que ora inadequadas para o Direito do Trabalho, continuam vigentes e são mesmo apresentadas como saudáveis em outros ramos jurídicos. Hoje, o trabalhador não pode ser protegido, mas o consumidor deve sê-lo — exemplo interessante da desvalorização do trabalho. Discute-se o desmonte do núcleo de direitos fundamentais dos trabalhadores, enquanto a interferência estatal na relação de consumo tende a crescer".

Há, então, hodiernamente, quem sustente que o princípio protetor do e/ou para o empregado, já não se compatibiliza com a realidade, e que perseverar em sua observância, antes de demonstrar domínio do que se passa no mundo do trabalho, traduz espírito impermeável ao progresso, desconhecendo a presença de fenômenos, que não se pode ignorar, como, *verbi gratia*, a flexibilização; pela autoridade que lhe é reconhecida, vale a transcrição do posicionamento do preclaro juslaborista Arion Sayão Romita[33], *verbis*:

> "A visão conservadora e resistente às mudanças se esmera na supervalorização do princípio de proteção, opondo-se à tendência renovadora, pregoeira de novidades como flexibilização e noções afins"; e ainda que: "Surgem oposições como princípio da proteção x princípio da flexibilização".

---
(30) MARQUES, Cláudia Lima. *Contratos no código de defesa do consumidor*, cit., p. 100/1.
(31) NERO, João Del. *Interpretação realista do direito* — e seus reflexos na sentença. São Paulo: RT, 1987. p. 9.
(32) GOMES, Ana Virginia Moreira. *A aplicação do princípio protetor no direito do trabalho*. São Paulo: LTr, 2001. p. 132/3.
(33) ROMITA, Arion Sayão. O princípio da proteção em xeque. *Revista LTr* 66-06/655.

Assevera, ainda, o festejado professor que: "Dito princípio de proteção, na realidade, não existe nem pode ser afirmado sem desconhecer os fundamentos históricos e sóciopolíticos do ordenamento trabalhista brasileiro. Em regime político autoritário e corporativista, não há como aceitar a tese de uma suposta proteção que o Estado dispensaria aos trabalhadores. O ordenamento corporativo, longe de proclamar o primado de qualquer dos fatores da produção, cuida de preservar, privilegiar e proteger os 'superiores interesses da produção nacional', tarefa que incumbe ao Estado. A própria índole do ordenamento repele a noção de proteção dos trabalhadores, pois estes atuam no espaço político a serviço daqueles 'superiores interesses', de sorte que os destinatários da 'proteção' vêm a ser, em última análise, os detentores do poder estatal, econômico e sindical"[34].

À partida, de registrar que não se pode ter a legislação trabalhista atualmente em vigor, como sendo a outorgada quando da entrada em vigor da CLT, pois, como demonstrado, em valiosa e minuciosa análise, pelo já antes citado Ministro do C. TST. Augusto César Leite de Carvalho[35], diversos artigos e novas leis foram sendo modificados e editados, com o passar dos tempos, o que demonstra que não são as leis trabalhistas que atravancam o progresso, antes, amoldam-se às necessidades de cada momento, o que torna imprescindível a reprodução dos seus ensinamentos:

> É inverídica, a propósito, a afirmação de que a proteção celetista está esclerosada, porque remonta a 1943. Em vez disso, o que se tem é um conjunto de normas que se veio formando ao longo do processo de automação agrícola, industrialização, informatização e mesmo terciarização, vivenciado pelo Brasil em décadas bem mais recentes.

A regência das férias individuais e coletivas, como está na atual CLT, é de 1977, desse mesmo ano sendo as prescrições sobre os adicionais de insalubridade e periculosidade; a norma excludente dos que exercem cargo de confiança (art. 62), no tocante à duração do trabalho, é de 1994; a proteção contra a supressão do intervalo intrajornada é também de 1994; a proteção do trabalho da mulher sofreu alterações em 1989 e 2001; os artigos da CLT que regulam a duração dos contratos sofreram alterações em 1967, em 1977, em 1989 e em 2001; o capítulo que trata da rescisão contratual também sofreu várias alterações, sobretudo em 1970 e em 1989; o título pertinente ao contrato individual do trabalho foi modificado em 1967, 1994 e 1997.

Ainda inicialmente, consigno que, a meu aviso, não se pode analisar o princípio protetor, tampouco cuidar de Direito do Trabalho e dos outros princípios que informam-no, sem considerar presente na memória, o papel que a necessidade exerce sobre o agir dos homens, no caso que nos interessa, do homem trabalhador, do homem que precisa de um trabalho e se coloca a serviço de outrem, de maneira subordinada, silenciosamente subordinada, e que obrigam-no, quando a tanto exigido, mormente em tempos bicudos, como os que estamos todos atravessando, a aceitar o que se lhe oferece, para ter uma ocupação, até, *verbi gratia,* dizer que não é empregado, quando em realidade o é.

Como já observei em outro trabalho, feito juntamente com a eminente Juíza Ana Paula Pellegrina Lockmann:

---

(34) ROMITA, Arion Sayão. *O princípio da proteção em xeque,* cit.
(35) CARVALHO, Augusto César Leite de. *Direito individual do trabalho.* 2. ed. Rio de Janeiro: Forense, 2007. p. 92.

"A influência que a necessidade exerce sobre o comportamento dos homens é algo que não deve, não pode, em absoluto, ser ignorado, sob pena de chegar, quem assim procede, a conclusões divorciadas da realidade, logo, de todo em todo equivocadas e imprestáveis para sustentar alguma ideia e/ou posicionamento, relativo a qualquer comportamento humano, que dependa, para uma válida manifestação, de uma liberdade que a necessidade não permite.

Eurípedes, em sua bela tragédia *Alceste* uma das que contribuiu para imortalizar o teatro grego, agudamente fez observar, por um de seus personagens, a força irresistível da necessidade, ao fazê-lo declarar:

Alçou-me um dia a Musa, em suas asas, à região celeste, e de lá, depois de observar todas as coisas que existem, nada vi mais poderoso do que a Necessidade! Nem as fórmulas sagradas de Orfeu, inscritas nos estélios da Trácia, nem os violentos remédios que Apolo ensinou aos filhos de Esculápio, para que minorassem os sofrimentos dos mortais!

Só ela, entre as deusas, não tem altares, nem imagens, a que possamos levar nossos tributos: nem recebe vítimas em holocausto. Ó temerosa divindade! Não seja mais cruel para comigo, do que já tens sido até hoje! Tudo o que Júpiter ordena, és tu que executas sem demora; até o ferro dos calíbios tu vergas e dominas; e nada conseguirá abrandar teu coração inflexível.

As palavras retroreproduzidas, que atravessaram os séculos, bem demonstram a força que a necessidade possui sobre o comportamento dos seres humanos"[36][37].

Prosseguindo, com a devida vênia, e com abstração da natureza/ligação do regime com a legislação trabalhista outorgada, bem é de ver que o respeitante argumento, de toda sorte, desconsidera a estratégia, a que não fogem os sistemas autoritários e corporativistas, como referido pelo eminente mestre, de apresentar suas determinações como visando o bem da coletividade; de maneira que, a ideia de proteção, não prejudicando — e não há base para se inferir que prejudicou — os desígnios dos dirigentes, por tornar de aspecto mais palatável as regras então impostas, servindo mesmo para uma apologia do sistema, seria adotada, pois, repita-se, qualquer regime, mesmo um autoritário e corporativista, que apresentar-se com cores que o tornem simpático aos que pretende sujeitar — e sujeita.

Os outros argumentos mencionados não levam na devida conta a dignidade da pessoa humana, a qual, nos dias que correm, fornece ao princípio da proteção sua maior justificativa, como resulta do exposto nas linhas transatas.

Apenas para que não fique sem menção, de registrar que esgrimir com interesse público, na espécie, não empolga, porquanto, há fixar que não há melhor maneira de se atendê-lo que não a de respeitar e fazer cumprir os direitos fundamentais, sob a ótica que de momento releva, dos trabalhadores, como brilhante e percucientemente observado pelo já mencionado juslaborista Miguel Rodriguez-Piñero[38], "O respeito aos direitos fundamentais constitui atualmente o principal interesse público".

---

(36) LOCKMANN Ana Paula Pellegrina; GIORDANI, Francisco Alberto da Motta Peixoto. A influência da necessidade na atuação sindical. In: VIDOTTI, Tárcio José; GIORDANI, Francisco Alberto da Motta Peixoto (coords.). *Direito coletivo do trabalho em uma sociedade pós-industrial* — estudos em homenagem ao ministro Antonio José de Barros Levenhagen. São Paulo: LTr, 2003, p. 295/6.
(37) A citação de Eurípedes foi retirada do v. XXII, Teatro Grego, Clássicos Jackson. W. M. Jackson, 1970. p. 216.
(38) RODRIGUEZ-PIÑERO, Miguel. Constituição, direitos fundamentais e contratos de trabalho. *Revista Trabalho & Doutrina*, n. 15, São Paulo: Saraiva, p. 24/5, dez. 1997.

Para contrapor argumentos aos desfiados pelo professor Arion Sayão Romita, em atenção ao seu elevado saber jurídico, há procurá-los entre os mais conceituados juslaboristas, com renome internacional, como é o caso do inesquecível Américo Plá Rodriguez, já citado, e de quem me socorro novamente, transcrevendo excerto de valioso ensinamento seu, extraído de outro trabalho com o qual o inexcedível professor brindou a comunidade jurídico-trabalhista, em cujo desenvolvimento, fez brilhar a luz de seu saber, esclarecendo que[39]:

> [...] el derecho del trabajo se encuentra en este período histórico con dos grandes fuerzas en su contra que se suman a la resistencia que tradicionalmente ofrece el sector patronal.
>
> Una de ellas es la prevalencia del factor económico sobre el social. La preocupación económica há irrumpido en el proceso de formación del derecho laboral, adquiriendo un papel preponderante. En todos los gobiernos, el ministro de economía asume un papel protagónico que lo coloca en la práctica como más influyente que el propio ministro de trabajo, incluso en los asuntos laborales. Pero más allá de la gravitación e influencia de los puntos de vista de cada ministerio, lo cierto es que este ascenso de los criterios económicos opera como obstáculo en el desarrollo de las normas laborales.
>
> La otra es la constituida por el impulso hacia la flexibilización. Difundida por todas partes con la atractiva bandera de facilitar la inversión para combatir el desempleo, adquiere la fuerza de un movimiento que avanza por todos los caminos del mundo laboral. Procura suprimir las rigideces del mercado de trabajo, pero debe recordarse que detrás de cada rigidez — o limitación a la libertad del empleador —, hay una norma laboral establecida para asegurar un benefício o defender un valor.
>
> Esas dos fuerzas no sólo impiden — o dificultan — avanzar al derecho laboral, sino que se han lanzado a la ofensiva, procurando reducirlo, mutilarlo o paralizarlo; quitarle la savia vital que deriva de su principio protector.

Mais adiante, no mesmo e substancioso artigo, o festejado mestre pontua que: "Más allá de los resultados concretos de la tendencia flexibilizadora, hay que tomar conciencia de que el propósito que la alienta es restringir y detener el derecho del trabajo"[40].

Como consequência desse processo de contenção (pulverização?) do Direito do Trabalho, restam precarizadas as relações de emprego, dividida a classe dos trabalhadores, com as diferentes aspirações entre empregados e desempregados, enfraquecidos os sindicatos, que ficam sem poder de negociação e com isso aceitam até o que não poderia ser aceito, mas tudo inutilmente, pois a flexibilização não deu — não dá — os resultados que dela se esperou e alguns ainda esperam; o quadro pintado por Félix F. Morales Luna bem retrata esse percurso e o resultado a que se chegou trilhando-o[41], é conferir:

> Un segundo factor de crisis del Derecho Laboral está constituido, tanto por la precarización del mercado de trabajo como por la segmentación de la clase

---

(39) RODRÍGUEZ, Américo Plá. *Tendencias actuales del derecho laboral, tendencias actuales del derecho*. José Luis Soberanes Fernández (org.). México: Universidad Nacional Autónoma de México-Fondo de Cultura Económica, 2001. p. 163/4.
(40) RODRÍGUEZ, Américo Plá. *Tendencias actuales del derecho laboral, tendencias actuales del derecho*, cit., p. 164.
(41) LUNA, Félix F. Morales. La protección de los derechos laborales en el nuevo escenário social. In: GONZÁLEZ, Felipe (org.). *Litigio y políticas públicas em derechos humanos*. Faculdade de Direito da Universidade Diego Portalis, nov. 2002. p. 306.

trabajadora asalariada. En efecto, debe advertirse una estructural instalación del desempleo en el mercado de trabajo, atomizando los intereses de la clase trabajadora, cuyos objetivos e intereses son muy disímiles, lo que se demuestra en un inicial enfrentamiento entre las necesidades y reivindicaciones de los empleados respecto de los desempleados. Esto, además, incide directamente en la uniformización de los intereses de la clase trabajadora y, con ello, en la eficacia de las instituiciones de la autonomía colectiva traduciendo una menor base representativa de los sindicatos.

Este aspecto, además, supone la reformulación de políticas sociales orientadas a la generación de puestos de trabajo y fomento del empleo. En esta línea, muchos ordenamientos — como el peruano — han asumido la necesidad de flexibilizar los niveles de protección de los trabajadores en la errónea convicción que com ello se fomentaría el empleo y la ocupación formal, dogma desmentido con las elocuentes cifras verificadas desde el inicio del mencionado proceso de desregulamentación.

Todavia, o que não pode ser, simples e olimpicamente, ignorado é que: "O que é mais grave, contudo, quando se fala em flexibilizar preceitos trabalhistas, contudo, é que nesta esfera — a do Direito do Trabalho — o princípio mais caro é justamente o da proteção jurídica dispensado a um empregado. Registre-se que o Direito do Trabalho, como ramo autônomo da ciência jurídica, ostenta princípios peculiares que lhe atribuem uma fisionomia especial. O princípio mencionado tem como finalidade básica o amparo, a tutela, enfim, a proteção do trabalhador. Diante da superioridade econômica do empregador e o risco da dominação abusiva, consagrou-se uma superioridade jurídica do empregado para permitir um melhor equilíbrio no relacionamento jurídico"[42].

Aliás, a não se conter essa onda que pretende tragar o Direito do Trabalho, corre-se o risco de que o mesmo não mais tutele o trabalhador, razão de seu surgimento e existência, mas passe a tutelar o empregador (além do que já tutela e foi apontado linhas acima) o que já é afirmado por alguns, dentre os quais o renomado juslaborista mexicano Nestor de Buen Lozano[43], que, após asseverar que: "Pero algunos otros, un poco más pesimistas, yo entre ellos, afirman que el derecho del trabajo es incompatible con un sistema que no tutela al trabajador sino al empresario. Y eso es, precisamente, lo que está ocurriendo ahora", acrescentou, sem refolhos: "Difícilmente se podrá denominar derecho del trabajo al producto de las reformas en trámite. Su perfil es netamente neoliberal, lo que supone sustituir la protección al trabajador por la que exige el empresario, dador de trabajo y salarios, de impuestos, de intereses y dividendos para el capitalista, de beneficios para él mismo"[44].

Não destoa desse sentir o juslaborista Ramírez Bosco[45], ao observar que " un derecho que no diese a los trabajadores uma protección distinta e mayor que la del derecho común no sería derecho del trabajo, sino otra cosa com otra función".

Em realidade, muito já se disse acerca dos males que a flexibilização sem peias trouxe ao mundo do trabalho, pelo que desnecessário enumerá-los nesse comenos, e

---

(42) ROCHA, Paulo Roberto Vieira. Dignidade x flexibilização de direitos: binômio da nova desordem mundial. *Revista do Tribunal Regional do Trabalho da 13ª Região*, v. 11, n. 8, p. 58.
(43) LOZANO, Nestor de Buen. *El futuro del derecho del trabajo, tendencias actuales del derecho.* José Luis Soberanes Fernández (org.). México: Fondo de Cultura Económica, 2001. p. 90.
(44) LOZANO, Nestor de Buen. *El futuro del derecho del trabajo, tendencias actuales del derecho,* cit., p. 93.
(45) BOSCO, Ramírez. *Para una introdución al derecho del trabajo.* Buenos Aires, 2000. p. 21/2 *apud* VÁZQUEZ, Gabriela Alejandra. *El regreso al derecho civil para la protección del trabajador.* Buenos Aires: Universidad Católica Argentina, 2004. p. 22.

apenas fico com a observação de Sérgio Alberto de Souza, assim feita[46]: "[...] depois, pelo que John Williamson denominou de Washington Consensus, um programa de 'reformas estruturais' que codifica, em linguagem da comunidade financeira internacional aquilo que ficou conhecido como o projeto neoconservador do 'Estado mínimo'".

E o resultado é a depreciação do trabalho, com geométricos e multiformes coloridos em preto e branco, de precarização, de exclusão e de desemprego... com a globalização, a fome... com a flexibilização da dignidade, da honra e da personalidade dos trabalhadores... e seus direitos sociais.

Perplexidade.

Por óbvio que não estou defendendo a cristalização da legislação do trabalho, querendo que permaneça inalterada *ad eternum*, não, de maneira alguma, pois acredito que tudo na vida sempre pode evoluir e que o progresso obriga a que se tenha o espírito aberto para novos tempos, novas ideias, novas tecnologias; apenas monto praça no sentir de que não se pode, em nome de novos tempos e ideias não tão novas assim, fingir que a realidade é outra, diversa da que se apresenta a nossos olhos, realidade essa que não autoriza, nem em sonho, para uns, e pesadelo para outros, afirmar-se que o princípio protetor não tem mais a relevância que teve em tempos passados; pelo contrário, com a crescente ameaça do desemprego, não passageira, mas duradoura, a ponto de se poder afirmar que não é apenas uma ameaça, mas, infelizmente, bem mais do que isso, ainda proeminente a posição e relevantíssima a função a ser desempenhada pelo princípio protetor.

A história do Direito do Trabalho foi construída — e permanece assim— de lutas e adversidades, aliás, não fossem estas, por certo ele nem teria conseguido se firmar como um ramo do Direito, lutas e adversidades que se renovam, de tempos em tempos, de maneira que não se pode esmorecer, tê-lo por superado, o que não corresponde à realidade, pois sua razão de existir permanece, ou já não há mais exploração do trabalho humano? O que talvez tenha mudado é o discurso (se é que realmente mudou), procurando satanizá-lo, de forma antes não feita, de modo tão aberto, como o causador de todos os males, o que emperra, entrava o progresso e a criação de empregos, mas... que empregos? O trabalho subordinado, hoje, talvez tenha se reduzido, ou o que se reduziu foi a necessidade de ser manifesta a subordinação, de maneira que, uma maneira de se adequar, modernizar o Direito do Trabalho, é trazer para o seu regaço outras formas de prestação de trabalho, como o desenvolvido pelos trabalhadores autônomos e pelos trabalhadores que estão no campo da informalidade, a eles estendendo o manto do princípio protetor; ter-se-ia, então, uma adequação do Direito do Trabalho aos novos tempos, às novas tecnologias. Esquecer não podemos, da força expansionista do Direito do Trabalho, pois como lembra o multicitado Américo Plá Rodríguez[47]:

> Toda la historia del derecho laboral es la historia de su fuerza expansiva. Empezó con los obreros de la industria, que eran los más explotados, siguió con los obreros del comercio, con los empleados de ambas actividades, con los trabajadores a domicilio, con los trabajadores rurales, con los trabajadores marítimos, con los vendedores y viajantes de comercio, con los trabajadores intelectuales, con los deportistas profesionales, con los artistas, con los

---

(46) SOUZA, Sérgio Alberto de. Reengenharia social e depreciação do trabalho: como e por quê? *Revista Trabalho & Doutrina*, n. 15, São Paulo: Saraiva, p. 119/120, dez. 1997.
(47) RODRÍGUEZ, Américo Plá. *Tendencias actuales del derecho laboral, tendencias actuales del derecho*, cit., p. 161.

trabajadores de las personas públicas non estatales, en fin, con todos aquellos que ponen su actividad al servicio de otro, en forma subordinada, a cambio de una retribuición. Y bien, pese a las características especiales que tiene la época que estamos atravesando, comprobamos que esse proceso sigue y continúa afirmándose.

Colhe-se de um dos maiores civilistas da atualidade a penetrante observação de que, "Na democracia capitalista globalizada, de pouca serventia mostram-se os refinados instrumentos de proteção dos direitos humanos, postos à disposição pelo direito público, se as políticas públicas e a atividade econômica privada escaparem aos mecanismos de controle jurídico, incrementando a exclusão social e o desrespeito à dignidade da pessoa humana"[48]; aludida observação, no assunto que ora nos ocupa, deixa bem evidente a relevância do princípio protetor, insubstituível em sede de Direito do Trabalho, mesmo porque não satisfaz um desenvolvimento que não reverta em prol do homem, como já dito por Carlos E. Pittamiglio[49]; "el desarrollo no es un fin en sí mismo sino un medio para la promoción del hombre, que debe tomarse como eje y fin de todo el proceso y no sólo como uno de los factores que intervienen".

Ainda que isso desagrade a certos setores, há considerar que "A progressiva tomada de consciência dos direitos e dos valores constitucionais, inerentes à dignidade do ser humano, obriga a reconsiderar a orientação economicista"[50].

Devo finalizar, e faço-o declarando minha firme convicção de que o princípio protetor não faz parte de um momento já vencido do Direito do Trabalho, muito pelo contrário, sua observância não pode ser afrouxada, de maneira alguma, até porque, como colocado, com argúcia, pela culta professora Aldacy Rachid Coutinho[51], "Nunca foi tão imprescindível manter a proteção, pois jamais a relação de poder traduz o vínculo de emprego, no qual ao trabalhador é assegurado um espaço de não poder e ao empregador o detentor do poder, diretivo, fiscalizador, punitivo, sancionador foi tão fortalecida por mecanismos de dissimulação na tomada da alma, apropriação do zelo e na captura da subjetividade".

Aliás, do retrato desenhado pelo festejado Luís Manuel Teles de Menezes Leitão, fica patente, em cores vivíssimas, a imprescindibilidade da observância do princípio protetor na quadra que hoje atravessamos, uma vez que:

> A existência de poderes do empregador sobre o trabalhador (a subordinação jurídica) constituiu desde sempre o traço distintivo da relação de trabalho. Os novos métodos de gestão e as novas tecnologias introduziram, porém, diversos cambiantes, reforçando a sua capacidade fática de controle sobre os trabalhadores. Surgiu, por isso, a necessidade de estabelecer regulações nalgumas áreas delicadas de intervenção, como a proteção de dados pessoais dos trabalhadores, os meios de vigilância a distância, etc. Por outro lado, a evolução da sociedade e a maior concorrência entre as empresas levou ao surgimento das flexibilidades funcional, temporal, geográfica e salarial, as quais reforçaram consideravelmente os poderes do empregador na definição

---

(48) TEPEDINO, Gustavo. *Temas de direito civil*. 3. ed. Rio de Janeiro: Renovar, 2004. p. 61.
(49) PITTAMIGLIO, Carlos E. El derecho del desarrollo social, tendencias actuales del derecho. José Luis Soberanes Fernández (org.). México: Universidad Nacional Autónoma de México-Fondo de Cultura Económica, 2001. p. 149.
(50) RODRIGUEZ-PIÑERO, Miguel. *Constituição, direitos fundamentais e contratos de trabalho*, cit., p. 25.
(51) COUTINHO, Aldacy Rachid. Prefácio. In: HOFFMANN, Fernando. *O princípio da proteção ao trabalhador e a atualidade brasileira*. São Paulo: LTr, 2003. p. 16.

unilateral das condições de trabalho. Esse reforço dos poderes do empregador levou mesmo a que cada vez mais se tenha posto em causa a configuração tradicional da prestação de trabalho como uma prestação de atividade ou de meios, uma vez que a avaliação dos resultados do trabalho passa a ser constante na empresa moderna. Ora, esta situação, se por um lado libera a iniciativa do trabalhador, que deixa de estar mecanicamente vinculado às instruções do empregador, por outro lado, estabelece um maior constrangimento interno da sua prestação, sujeita a uma avaliação constante, com inevitáveis repercussões na sua situação laboral.

O reforço dos poderes do empregador tem sido ainda acentuado, não apenas pelo volume de desemprego existente e a possibilidade de deslocalização das empresas, que leva os trabalhadores a aceitarem piores condições de trabalho, mas também pela cada vez menor dimensão das empresas em resultado do recurso ao *outsourcing* e criação de redes de empresas, o que leva a que o empregador passe a beneficiar de um tratamento juslaboral mais favorável, bem como reforce os poderes fáticos de controle sobre os seus empregados.[52]

A pergunta que explode no peito, se não formulada: como dispensar o princípio protetor, para o empregado, num quadro desses?

No mais, valho-me, ainda uma outra vez, do célebre Américo Plá Rodríguez[53], que, com a seriedade de quem conhece muito, sugere: "El futuro del derecho del trabajo dependerá de la constancia, la inteligencia y la firmeza con las que los laboristas — y los sectores que se benefician con sus normas — sepan defender sus principios y compatibilizarlos con realidades económicas cada vez más complejas y dinámicas. Tenemos fe en esse futuro".

Por derradeiro, faço coro ao grande Mario Garmendia Arigón[54], de quem também já me socorri no curso deste singelo trabalho, tendo como firme que "[...] no parece correcto apresurarse a presagiar la desaparición del Derecho del Trabajo. Al respecto, debe tenerse en cuenta que los valores fundamentales que forman parte del núcleo central de la disciplina representan los ideales del colectivo social, conformando la conciencia jurídica universal o global".

---

(52) LEITÃO, Luís Manuel Teles de Menezes. *Direito do trabalho*. Coimbra: Almedina, 2008. p. 18.
(53) RODRÍGUEZ, Américo Plá. *Tendencias actuales del derecho laboral, tendencias actuales del derecho*, cit., p. 164.
(54) ARIGÓN, Mario Garmendia. Valores y principios fundamentales del derecho del trabajo: vigencia actual y perspectivas de futuro. *Revista do Tribunal Regional do Trabalho da 15ª Região*, n. 29, p. 153, 2006.

O Princípio da Proporcionalidade e a Penhora de Salário — Novas Ponderações (Água Mole em Pedra Dura Tanto Bate até que Fura...)

Francisco Alberto M. P. Giordani[(*)]

Tive já oportunidade de realizar alguns estudos acerca da possibilidade da penhora de salário[(1)(2)], mas como o assunto é muito controvertido, havendo quem entenda ser possível e os que acham que cuida-se de posição insustentável, ambos os lados com ponderações de peso e respeitáveis, torna-se necessário continuar pesquisando, raciocinando, com o escopo de procurar dar cada vez maior consistência ao posicionamento adotado, com novos argumentos, úteis ao fim pretendido.

Para tanto, gostaria de começar dizendo que estamos envolvidos pela proporcionalidade — somos uma ilha, cercados de proporcionalidade por todos lados —, quando um jovem tenta um galanteio, uma paquera, não cuida de ver se o que vai dizer não é proporcional, ao menos para o meio social em que vive, para não passar da medida e prejudicar a tentativa de aproximação? E quando os pais precisam dar uma dura nos filhos, também não cuidam da proporção do feito com a dura? A velocidade que alguém imprime ao seu automóvel não tem de ser proporcional à quantidade de carros que está na rua pela qual ele transita? Os exemplos não acabam..., pelo menos assim é que vejo; aliás, a proporcionalidade só não funciona, às vezes, para mim, quando estou frente a um bom prato de comida, pois aí, não raro, o prazer de saboreá-lo supera as necessidades do meu organismo, de maneira desproporcional.

(*) Juiz do TRT da 15ª Região — Campinas — SP.
(1) GIORDANI, Francisco A. M. P. O princípio da proporcionalidade e a penhora de salário. *Revista LTr*, 70-05, p. 563 à 573.
(2) GIORDANI, Francisco A. M. P. O princípio da proporcionalidade e a penhora de salário — algumas outras considerações. *Revista LTr* 71-02, p. 154 à 161.

Então, se a proporcionalidade nos rodeia, não estará ela, a proporcionalidade, por meio de seu respectivo princípio, presente no direito, em seus mais variados ramos? E se tiver, qual o peso dessa presença? Temos que chegar a uma conclusão sobre isso, para, então, examinar a possibilidade de aplicação do princípio da proporcionalidade quando se trata da penhora de salários.

Hoje em dia, parece assente que uma ciência só se desenvolve a partir de princípios.

E com o Direito, não acontece de forma diversa, sendo decisiva a influência dos princípios no mundo do direito, tanto que há autores afirmando, como o fez o preclaro Sebástian Borges de Albuquerque Mello, com todas as letras, que: "O Direito vive hoje a era dos princípios. Nunca se gastou tanta tinta para discutir o conceito, a função, a força normativa e a função sistemática dos princípios na ordem jurídica. Isso porque, atualmente, o pensamento principiológico se coloca como uma forma de equilibrar, de um lado, a rigidez do positivismo axiomático, e, de outro, a abertura e a incerteza do decisionismo arbitrário"[3].

Vale frisar que os princípios jurídicos contidos em uma Constituição sejam eles expressos ou implícitos, traduzem os altos valores de uma sociedade, razão mais do que suficiente para que sejam fielmente respeitados e observados[4][5].

Aliás, numa quadra em que se percebe, nitidamente, que a lei não dá resposta a todas as necessidades de uma sociedade altamente complexa, pois o legislador, por mais que queira e tenha boa vontade (*supondo-se que efetivamente queira e tenha boa vontade!*), não consegue a tudo prever, nada mais recomendável, o apelo aos princípios, ou, como superiormente dito pelo insigne professor Carlos Alberto Carmona:

> Em tempos de crise, nada melhor do que uma prolongada visita crítica aos princípios.[6]

E que os princípios são normas também, não parece mais ser lícito questionar; e, nesse ponto, geralmente se invoca a linha de raciocínio desenvolvida pelo grande mestre Norberto Bobbio, por sua simplicidade, consistência e irrecusabilidade. Dele lembrou a culta Gisele Santos Fernandes Góes, em sua preciosa monografia sobre a aplicação do princípio da proporcionalidade no processo civil, tendo assim se expressado:

> Norberto Bobbio esclarece que 'os princípios gerais são apenas, a meu ver, normas fundamentais ou generalíssimas do sistema, as normas mais gerais. A palavra princípios leva a engano, tanto que é velha a questão entre os

---

(3) MELLO, Sebástian Borges de Albuquerque. O princípio da proporcionalidade no direito penal. In: SCHMITT, Ricardo Augusto (org.) *et al. Princípios penais constitucionais* — direito e processo penal à luz da constituição federal. Salvador: JusPodivm, 2007. p. 191.

(4) Em parágrafo que prima pela clareza, daí se justificar sua transcrição, diz Gisele Santos Fernandes Góes, "A função essencial dos princípios, em razão da sua generalidade e vagueza, é abrir caminho para o intérprete judicial incluir todas as situações e acompanhar a transformação da sociedade e os novos valores". *Princípio da proporcionalidade no processo civil*. São Paulo: Saraiva, 2004. p. 23.

(5) Eduardo Melo de Mesquita, em obra de importante leitura, também realça esse aspecto dos princípios, qual seja, a sua ligação com os superiores valores de uma dada sociedade; com efeito, afirmou ele que: "Os princípios jurídicos consagrados na Constituição, sejam eles expressos ou implícitos, estes não formulados em enunciados linguísticos conclusivos, porém decorrentes daqueles princípios expressamente consagrados, veiculam os valores essenciais da sociedade". *As tutelas cautelar e antecipada*. São Paulo: RT, 2002. p. 328.

(6) Apresentação do Prof. Carlos Alberto Carmona ao livro de GÓES, Gisele Santos Fernandes. *Princípio da proporcionalidade no processo civil*, cit., p. XV.

juristas se os princípios gerais são normas. Para mim não há dúvida: os princípios gerais são normas como todas as outras. E esta é também a tese sustentada por Crisafulli. Para sustentar que os princípios gerais são normas, os argumentos são dois, e ambos válidos: antes de mais nada, se são normas aquelas das quais os princípios gerais são extraídos, através de um procedimento de generalização sucessiva, não se vê por que não devam ser normas também eles: se abstraio da espécie animal obtenho sempre animais, e não flores ou estrelas. Em segundo lugar, a função para a qual são extraídos e empregados é a mesma cumprida por todas as normas, isto é, a função de regular um caso. E com que finalidade são extraídos em caso de lacuna? Para regular um comportamento não regulamentado: mas então servem ao mesmo escopo a que servem as normas expressas. E por que não deveriam ser normas?[7]

Fica claro, destarte, que quando se fala em princípio, não se está procurando uma solução para fugir de um comando legal desfavorável, ou procurando uma solução que a lei não autoriza, ou discutindo pelo prazer de discutir — *o que muitos adoram fazer* — mas sim perseguindo a solução que mais se conforme aos valores que a sociedade tem e preza, em determinada época e determinado momento, os quais adquirem concreção via princípios e se refletem sobre as regras. Sebástian Borges de Albuquerque Mello, jurista de valor e já citado nas linhas transatas, de maneira muito lúcida, asseverou, *verbis*:

> Um princípio, por conseguinte, não é mera tertúlia acadêmica nem refúgio de descontentes com a lei. É na verdade, a *prima ratio*, a primeira concretização normativa de um valor, é um fundamento das regras, com força prospectiva, revelando o conteúdo e o limite das demais normas, como seus alicerces.[8]

A importância que, hodiernamente, se atribui aos princípios, leva a que se reconheça que a antiga primazia da lei não existe mais, e só existiu porque interessava a certos segmentos da sociedade que assim fosse, cabendo hoje a proeminência aos princípios, que hão de ser considerados uma espécie de norma, a outra representada pelas regras, leis, ou seja, há o gênero norma, que tem como espécies os princípios e as regras, e, havendo colisão entre princípios e regras, aqueles hão de prevalecer, por materializarem, como já asseverado, valores caros à sociedade.

Por isso que se diz que "O direito do estado constitucional democrático e de direito não é então mais um direito das regras dos códigos, mas um direito que leva a sério os princípios, é um direito de princípios, na feliz expressão cunhada pelo gênio de Canotilho"[9].

Até me parece que pode ser dito que, enquanto a lei atende aos interesses do homem — ou dos homens que compõem as classes dominantes — um princípio atende mais a natureza do homem, daí o seu peso maior, já que mais conforme com os seus — nossos — valores.

---

(7) GÓES, Gisele Santos Fernandes. *Princípio da proporcionalidade no processo civil*, cit., p. 22.
(8) MELLO, Sebástian Borges de Albuquerque. *O princípio da proporcionalidade no direito penal*, cit., p. 193.
(9) LIMA, Márcio Kammer de. O princípio da proporcionalidade na execução civil. *Revista dos Tribunais,* ano 95, v. 848, p. 72, jun. 2006.

Quanto ao princípio da proporcionalidade, sabemos que teve, de início, a missão de conter ou controlar a atividade do Estado, e, a partir daí, apresentando-se, de maneira firme, sólida e segura, como o meio adequado para resolver conflitos entre princípios, nos mais diversos ramos do direito.

Ideia também bem aceita nos dias que correm, é a de que o princípio da proporcionalidade está umbilicalmente ligado à ideia de justiça, de equilíbrio.

Note-se que, o que se busca com o princípio da proporcionalidade, não é novidade dos tempos atuais, mas algo já conhecido ou ao menos procurado pelos homens, desde épocas bem recuadas da história da humanidade, não sendo desconhecido, por exemplo, dos antigos filósofos gregos; mais adiante, podendo ser encontrado na Magna Carta do Rei João Sem-Terra, de 1215, e posteriormente, sendo objeto de reflexão, por parte de Montesquieu (*O Espírito das Leis*, 1747) e Beccaria (*Dos Delitos e das Penas*, 1764)[10].

Vale notar que o princípio da proporcionalidade é composto de 3 subprincípios, a saber: subprincípio da adequação, subprincípio da necessidade e subprincípio da proporcionalidade em sentido estrito, os quais, numa rápida síntese podem ser assim descritos: o da adequação, *indaga se o meio adotado contribui para a realização do fim perseguido*, o da necessidade, *por meio do qual se procura ver se esse fim não poderia ser alcançado por um outro meio mais suave ou menos restritivo* e o da proporcionalidade em sentido estrito, *quando se vê se as vantagens obtidas como resultado do meio adotado, do meio eleito, superam as desvantagens decorrentes de sua utilização*[11].

---

(10) O princípio da proporcionalidade irrompeu para o Direito público, acoplado à gestação dos primeiros controles jurídicos da atividade do Estado, e, desde então, não deixou de evoluir e espraiar-se por todos os ambientes jurídicos que regulam as relações entre os particulares e o poder público. MESQUITA, Eduardo Melo de. *O princípio da proporcionalidade e as tutelas de urgência*. Curitiba: Juruá, 2006. p. 62. Esse mesmo e brilhante jurista, em outra obra, de idêntica importância, ensina que: O reconhecimento do 'princípio da proporcionalidade' pode ser buscado na Magna Charta Inglesa, do Rei João Sem Terra, de 1215, depois ratificada por Eduardo III, em 1356, na qual consta inequivocamente delineado pelos seguintes termos: 'O homem livre não deve ser punido por um delito menor, senão na medida desse delito, e por um grave delito ele deve ser punido de acordo com a gravidade do delito. MESQUITA, Eduardo Melo de. *As tutelas cautelar e antecipada*. São Paulo: RT, 2002. p. 312-313. Por seu turno, diz Luciano Feldens que: Embora sua problematização inaugural remonte à Antiguidade, um desenvolvimento mais intenso da proporcionalidade faz-se verdadeiramente visualizável na época da Ilustração, mais precisamente nos clássicos de Montesquieu (*O Espírito das Leis*, 1747) e Beccaria (*Dos Delitos e das Penas*, 1764). *A constituição penal*: a dupla face da proporcionalidade no controle das normas penais. Porto Alegre: Livraria do Advogado, 2005. p. 157.

(11) A ideia de proporcionalidade tem como base três subideias, que são princípios formadores da ideia central, portanto, que integram e formam a ideologia proporcional, sendo que os subprincípios, ou as ideias formadoras do princípio da proporcionalidade são: o subprincípio da adequação, o subprincípio da necessidade e o subprincípio da proporcionalidade em sentido estrito.

O primeiro subprincípio, a adequação, estabelece que para se atingir um resultado objetivado deverá se escolher um meio absolutamente adequado, devendo esse meio escolhido ser completamente útil.

O elemento adequação deverá ser pertinente entre o meio e o fim do ato (legislativo ou administrativo) significando que medida deve ser apta ao fim pretendido ou estabelecido e ser o essencial ao objeto escolhido, sendo necessário um prévio questionamento: Por quê? E para quê?

O segundo subprincípio a ser estudado é o elemento necessidade. Este princípio estabelece que será realizada uma escolha voltada a um meio mais suave e que não seja admitido o excesso, ou seja, que em uma dada situação deverá ser escolhida uma solução que seja a menos gravosa.

Segundo preleciona Luís Roberto Barroso, este princípio também é conhecido como 'princípio da menor ingerência possível', azo que vem significar que os meios utilizados para o atingimento dos fins visados sejam os menos onerosos para o cidadão, eis que uma lei será inconstitucional, por infringência ao princípio da proporcionalidade, 'se se puder constatar, inequivocamente, a existência de outras medidas menos lesivas'.

O terceiro elemento é o critério da proporcionalidade em sentido estrito, que leva em consideração uma mensuração de valores objetivando a proporcionalidade.

Este subprincípio realiza um sopesamento de valores no sentido de realizar a ideia de proporcionalidade, questionando se a medida trará mais prejuízos ou trará mais vantagens, mais benefícios. LIMA, Marcelo Pires. O princípio da proporcionalidade na penhora e na execução civil como instrumento de alcance de efetividade. *Revista Jurídica da Universidade de Franca*, ano 6, n. 10, p. 159, 1º sem. 2003.

Como ensina Jane Reis Gonçalves Pereira[12], "O conceito de necessidade traz ínsito uma ideia negativa, de que a medida há de ser entendida como necessária sempre que não houver outro meio menos oneroso que viabilize a consecução do fim. A noção contida nessa fórmula é expressa pela célebre imagem de Jellinek: não se abatem pardais com canhões".

Como consequência do valor dado aos princípios, nos dias que correm, como retroenfatizado, imprescindível o apelo e a valorização do princípio da proporcionalidade, pois não podemos esquecer que a existência dos princípios é conflituosa.

Conquanto não expressamente previsto em nossa Lei Maior, irrecusável que o princípio da proporcionalidade é princípio implícito no Texto Maior, e decorre, para uns, do Estado Democrático de Direito, para outros, do Devido Processo Legal, havendo os que o liguem ao princípio da dignidade da pessoa humana e, ainda, os que o têm como princípio autônomo, que não deriva de qualquer outro.

O princípio da proporcionalidade, como disse, é uma realidade nos diversos ramos do direito, utilizado num sem-número de situações, e, vale notar, sem maiores traumas, ou seja, está, diariamente, no centro da solução de inúmeros casos e nem por isso provoca alguma surpresa ou crítica, nem é acusado de heresia quem dele se vale, e que se fosse em outros tempos, haveria de ser entregue ao fogo — insaciável — da Inquisição.

Quantas não são as obras que cuidam da aplicação do princípio da proporcionalidade, por exemplo, no direito administrativo, principalmente agora, nessa quadra em que se considera, como ensina o professor Juarez Freitas[13], que "O Estado apenas se legitima como defensor máximo do Direito, fora do qual seria uma simples e tentacular máquina de domínio ou repressão".

Num momento, vale salientar, em que o princípio da legalidade não pode ser mais visto como o princípio-mor, no campo do direito administrativo, mas, antes, devendo ser ponderado (aplicação do princípio da proporcionalidade) com os demais princípios existentes e que porventura também reclamem observância num determinado caso concreto, como, por exemplo, o princípio da confiança, que decorre do Estado de Direito, fica irrecusável, em tais situações, a imperiosa necessidade da observância do princípio da proporcionalidade.

E no Direito Penal, no qual é expressiva, no entender dos especialistas, a aplicação do princípio da proporcionalidade, a ponto de se afirmar, como o faz o festejado Paulo Queiroz, no sentido de que:

> O princípio da proporcionalidade é hoje, seguramente, o mais importante princípio de todo o direito e, em particular, do direito penal. Pode-se mesmo dizer que tudo em direito penal é uma questão de proporcionalidade, desde a sua existência mesma, passando pelos conceitos de erro de tipo, de legítima defesa, de coação irresistível, incluindo toda a controvérsia em derredor da responsabilidade penal da pessoa jurídica, até chegar às causas de extinção de punibilidade (*v.g.*, prescrição), pois o que se discute é, em última análise,

---
(12) Os imperativos de razoabilidade e de proporcionalidade. In: BARROSO, Luís Roberto (org.) *et al. A reconstrução democrática do direito público no Brasil*. Rio de Janeiro: Renovar, 2007. p. 185.
(13) FREITAS, Juarez. *O controle dos atos administrativos e os princípios fundamentais*. 3. ed. São Paulo: Malheiros, 2004. p. 37.

em todos esses casos, a necessidade, adequação, proporcionalidade, enfim, da intervenção jurídico-penal.[14]

Por outras águas não singra a doutrina de Sebástian Borges de Albuquerque Mello[15]: "O princípio da proporcionalidade inegavelmente se densifica no Direito Penal. Não se trata de princípio expresso no texto constitucional, mas não se pode deixar de reconhecer sua existência na ordem jurídica...".

Cita-se, como exemplo da aplicação do princípio da proporcionalidade na seara penal, a não incidência do direito penal quanto a comportamentos insignificantes, o que se dá com a observância do princípio da insignificância, não se permitindo maiores consequências a comportamentos que, conquanto previstos como delituosos, não tenham maior expressão e/ou consequência; o já citado Paulo Queiroz, com pena de mestre, feriu a questão:

> Da mesma forma, em razão do princípio da proporcionalidade, não se justifica que o direito penal incida sobre comportamentos insignificantes. Ocorre que, ainda quando o legislador pretenda reprimir apenas condutas graves, isso não impede, todavia, que a norma penal, em face de seu caráter geral e abstrato, alcance fatos concretamente irrelevantes.
>
> Por meio do princípio da insignificância, cuja sistematização coube a Claus Roxin, o juiz, à vista de desproporção entre a ação (crime) e a reação (castigo), fará um juízo (valorativo) acerca da tipicidade material da conduta, recusando curso a comportamentos que, embora formalmente típicos (criminalizados), não o sejam materialmente, dada a sua irrelevância. E realmente é preciso ir além do convencional automatismo judicial, que, alheio à realidade, à gravidade do fato, à intensidade da lesão, se perde e se desacredita na persecução de condutas de mínima ou nenhuma importância social...[16]

Ainda no âmbito penal, encontra-se referência ao princípio da adequação social, como demonstração da aplicação do princípio da proporcionalidade no direito penal; por meio do aludido princípio, se o comportamento de alguém, ainda que previsto como crime, estiver de acordo e for considerado como adequado e/ou não recebe reprovação da respectiva ordem social, não deve ser tido como criminoso[17].

Nesse passo, útil o evocar ensinamento do professor Miguel Reale Jr.[18], para quem:

---

(14) QUEIROZ, Paulo. *Direito penal* — parte geral. 3. ed. São Paulo: Saraiva, 2006. p. 44-45, nota de rodapé n. 89.
(15) MELLO, Sebástian Borges de Albuquerque. *O princípio da proporcionalidade no direito penal,* cit., p. 206.
(16) QUEIROZ, Paulo. *Direito penal* — parte geral, cit., p. 50. Por seu turno, Luciano Feldens assevera que: Exemplificativamente, o exame da proporcionalidade em sentido estrito entra em ação no Direito Penal quando invocado aquilo que costumeiramente se designa princípio da insignificância, que nada mais é do que a transposição, ao direito punitivo, dos postulados inerentes ao princípio da proporcionalidade. *A constituição penal* — a dupla face da proporcionalidade no controle das normas penais, cit., p. 166.
(17) O princípio penal da adequação social pode ser visto como um corolário do princípio da proporcionalidade-adequação. Com efeito, uma conduta, ainda que formalmente subsumida ao tipo legal de crime, não será criminosa se estiver de acordo com a ordem social da vida historicamente condicionada, justamente porque a intervenção penal não se presta a atingir o fim de proteção ao bem jurídico. Nas palavras de Welzel, a adequação social representa o âmbito "normal" de liberdade de ação social, de tal maneira que restam excluídos dos tipos penais as ações socialmente adequadas ainda que possam subsumir--se ao teor literal dos tipos. Assim, se a conduta, em determinadas circunstâncias, não recebe juízo de reprovação social, não pode constituir um crime. Evidente que a medida penal é inadequada para coibir comportamentos que, além de repetidos, são aceitos socialmente como lícitos. MELLO, Sebástian Borges de Albuquerque. *O princípio da proporcionalidade no direito penal...,* cit., p. 212.
(18) REALE JR., Miguel. A inconstitucionalidade da lei dos remédios. *Revista dos Tribunais,* ano 88, v. 763, p. 415, maio 1999.

O legislador, mormente no âmbito penal, não é nem pode ser onipotente, pois as incriminações que cria e as penas que comina devem guardar relação obrigatória com a defesa de interesses relevantes. Os fatos incriminados devem, pois, efetivamente, ameaçar, colocar em risco ou lesar esses interesses relevantes.

Isto porque a ação do legislador penal está sujeita ao princípio constitucional da proporcionalidade, também dito princípio da razoabilidade, e ao princípio da ofensividade. Estes princípios, verdadeiras pautas de conduta...

À guisa de despedida, neste estudo, do direito penal, vale um último registro, para colher a força do ensinamento de André Luis Callegari, que bem demonstra a aplicação do princípio da proporcionalidade e seus subprincípios, em tão relevante ramo da árvore jurídica, afirma o culto jurista que:

> O princípio da proporcionalidade, em sentido estrito, obriga a ponderar a gravidade da conduta, o objeto de tutela e a consequência jurídica. Assim, trata-se de não aplicar um preço excessivo para obter um benefício inferior: se se trata de obter o máximo de liberdade, não poderão prever-se penas que resultem desproporcionais com a gravidade da conduta.[19]

No Direito Civil também não há dúvida acerca da aplicação do princípio da proporcionalidade; aliás, seria até mesmo inviável a um sistema que contém conceitos indeterminados e cláusulas gerais, para flexibilizá-lo, tornar-se viável sem recorrer ao princípio da proporcionalidade[20].

Inúmeras, também, as manifestações do princípio da proporcionalidade no direito processual; há mesmo quem o tenha como "verdadeira fonte e moldura de justiça"[21], imprescindível, portanto, para os operadores do direito, e, volto a insistir, não há espanto, nem críticas a isso.

Tanto na fase de conhecimento, como de execução, e em processo cautelar ou quando se pretende tutela antecipada, havendo colisão de princípios, há de ser chamado o princípio da proporcionalidade para resolvê-lo, o que, como vimos, é já algo rotineiro, nesse e nos demais ramos do direito, sem traumas, vale repisar.

Quando se cuida de antecipação de tutela, assoma a relevância do princípio da proporcionalidade, pois nesse ensejo hão de ser cuidadosamente ponderados os valores em causa, para que se conclua qual deve prevalecer, se sua concessão não importará em benefício excessivo a quem aproveita, se comparado com o prejuízo daquele que a suportará[22].

---

(19) CALLEGARI, André Luis. Os princípios da proporcionalidade e da ofensividade no direito penal como legitimadores da sanção penal. Análise crítica em relação às penas nos crimes contra os costumes. *Revista da Ajuris — Associação dos Juízes do Rio Grande do Sul*, ano XXXIII, n. 102, p. 40-41, jun. 2006.
(20) Ver a respeito da técnica legislativa, por meio de conceitos indeterminados e cláusulas gerais, com a mobilidade que emprestam ao sistema que delas se utiliza, nota de rodapé n. 43. p. 46. MESQUITA, Eduardo Melo de. *O princípio da proporcionalidade e as tutelas de urgência*. Curitiba: Juruá, 2006.
(21) GÓES, Gisele Santos Fernandes. *Princípio da proporcionalidade no processo civil*. São Paulo: Saraiva, 2004. p. XX (apresentação).
(22) Não existe campo mais propício à aplicação do princípio da proporcionalidade que o processo cautelar e a antecipação de tutela, mais especificamente na concessão de liminar cautelar, com espeque no poder geral de cautela, encartado no art. 798 c.c o art. 804, ambos do CPC. São inúmeras as considerações que devem ser feitas pelo intérprete para que alcance a melhor solução à espécie ocorrente em concreto, vários são os valores a serem sopesados para que possa ser vislumbrado aquele que deva prevalecer. Notadamente, em se tratando de medida constritiva, em que haja imediato e inafastável prejuízo à parte afetada, deve o aplicador da lei ponderar com depurada prudência se o benefício a ser alcançado com a adoção da medida urgente justifica-se relativamente à monta de prejuízo a ser suportado pela parte. MESQUITA, Eduardo Melo de. *As tutelas cautelar e antecipada*. São Paulo: RT, 2002. p. 329.

No campo da prova, seja quando da admissão, da realização e da valoração das provas, o princípio da proporcionalidade é, também, de larga aplicação, sendo mesmo, como afirma Gisele Santos Fernandes Góes[23], "o diretor para a iniciativa do juiz no campo probatório e para o deferimento ou não dos meios de prova pleiteados pelas partes ou até por terceiros".

Exemplo forte dessa aplicação encontramos no art. 130, CPC, que dispõe: "Caberá ao juiz, de ofício ou a requerimento da parte, determinar as provas necessárias à instrução do processo, indeferindo as diligências inúteis ou meramente protelatórias", decompondo aludido dispositivo legal, tem-se que:

> Necessárias, a dizer que, no processo que se tem em mira, hão de ser utilizados certos e determinados meios de prova, e não outros.

Diligências Inúteis, a dizer que deve ser pertinente o meio de prova pretendido.

Protelatórias, as que, se realizadas, serão mais inconvenientes do que proveitosas, provocando distorções perfeitamente dispensáveis, ou, como superiormente esclarecido pela competente e já mencionada processualista Gisele Santos Fernandes Góes[24]:

> A expressão provas necessárias denota o critério da necessidade, ou seja, da exigência que, para aquele processo, deve ser utilizado aquele meio de prova e não outro.

O adjetivo inúteis na expressão diligências inúteis leva ao entendimento de que deve haver adequação, *com isso, a propriedade do meio de prova escolhido, revelando-se a sua pertinência no contexto processual.*

E, por último, o qualificativo protelatórias também para as diligências aponta para a realidade de que o juiz deve indeferir qualquer meio de prova que leve ao excesso, ao desequilíbrio da relação jurídica processual e violente o devido processo legal, promovendo a cisão na isonomia e na prestação de uma tutela jurisdicional delimitada, acertada e apropriada.

O art. 332 do CPC dispõe que "Todos os meios legais, bem como os moralmente legítimos, ainda que não especificados neste Código, são hábeis para provar a verdade dos fatos, em que se funda a ação ou a defesa", trata-se, à evidência, de comando legal que não teria maior relevância, na prática, não fosse o princípio da proporcionalidade, para ponderar, do valor de determinado meio para a prova da verdade de algum fato.

No que tange à prova, ainda podem ser citados os arts. 342, 405, § 4º, 418, 427, 437, 440 do CPC[25].

E o que falar do princípio da proporcionalidade na execução, pode-se negar sua imensa incidência na fase de execução? Parece claro que a resposta tem que ser negativa.

Considerando, por um lado, que o devedor normalmente sente que os meios empregados para que cumpra o comando judicial que o condenou a pagar determinado

---

(23) GÓES, Gisele Santos Fernandes. *Teoria geral da prova*. Salvador: JusPodivm, 2005. p. 146.
(24) GÓES, Gisele Santos Fernandes. *Teoria geral da prova,* cit., p. 146-147.
(25) O que está com clareza demonstrado no livro GÓES, Gisele Santos Fernandes. *Princípio da proporcionalidade no processo civil*, cit., p. 166-167.

valor ao credor, invadem e magoam sua dignidade de pessoa humana, que há de ser sempre respeitada, mas havendo, de outra parte, o legítimo e irrecusável direito do credor, titular do direito fundamental à tutela executiva, que se extrai do devido processo legal, em que existam meios eficazes para garantir e tornar efetivo o que lhe foi reconhecido como de direito, resta indiscutível a importância do princípio da proporcionalidade na execução.

Por ser de muita proficuidade, de transcrever o seguinte excerto da lavra de Márcio Kammer de Lima, pela elevada consistência:

> Vimos a proporcionalidade como "princípio dos princípios", informadora de todo o tecido normativo e assim alojada na plenitude das várias ramificações do direito. Sem embargo, parece legítimo afirmar que a pujança do princípio mais avulta na seara da atividade executiva, quando o plano do dever ser tangencia o do ser e busca-se a subordinação dos fatos da vida ao imperativo das proposições prescritivas de direito. Neste plano é que se concretiza o acesso à ordem jurídica justa e efetiva-se o direito subjetivo do credor através de atos materiais agressivos à esfera de interesses do devedor.
>
> Ambiente saturado de projeções de direitos fundamentais colidentes, na atividade executiva basicamente dois interesses estão em jogo: o do credor — titular do direito fundamental à tutela executiva, corolário do devido processo legal, e que se traduz na exigência de que existam meios executivos capazes de proporcionar a satisfação integral de qualquer direito consagrado em título executivo — e o do devedor — a quem se reserva o direito à preservação da dignidade da pessoa humana.
>
> E nessa contextura o princípio da proporcionalidade irá aparecer como norma de calibragem, pois pode e deve ser empregado como critério para solucionar da melhor forma as colisões de direitos fundamentais e os choques de princípios instalados, harmonizando na medida em que se prestigia um e desatende o mínimo possível o outro princípio.[26]

Processualistas de nomeada apontam o art. 620 do CPC, que estabelece que "Quando por vários meios o credor puder promover a execução, o juiz mandará que se faça pelo modo menos gravoso para o devedor", como aquele que materializa e — ou traduz a aplicação do princípio da proporcionalidade na execução[27].

Aqui, cabe abrir um parênteses, para fixar que estou com aqueles que entendem que o tratamento mais suave para o devedor tem de receber algum tempero, pois não se pode perder de vista que a execução se processa no interesse do credor, segundo comando do art. 612 do CPC, até para não premiar os maus pagadores.

Outro exemplo citado, da aplicação do princípio da proporcionalidade na execução, é a quebra do sigilo bancário, quando se dá a colisão do direito fundamental do devedor ao sigilo de dados seus pessoais, seu direito mesmo à intimidade e à vida

---

(26) LIMA, Márcio Kammer de. O princípio da proporcionalidade na execução civil. *Revista dos Tribunais*, ano 95, v. 848, p. 78-79, jun. 2006.

(27) O preclaro Milton Paulo de Carvalho Filho, em substancioso artigo, afirma que "Buscar-se-á demonstrar que na execução o princípio da proporcionalidade, que já está sendo aplicado em institutos do direito processual civil, como na antecipação de tutela (reversibilidade) e na produção de provas (prova ilícita), o fundamento essencial da incidência do princípio está no disposto no art. 620 do Código de Processo Civil, que estabelece a menor onerosidade para o devedor. Aplicação do princípio da proporcionalidade à execução, à luz das Leis ns. 11.232/2005 e 11.382/2006". In: CARVALHO, Milton Paulo de (coord.) *et al. Direito processual civil*. São Paulo: Quartier Latin, 2007. p. 474.

privada, com o direito fundamental à tutela executiva, por parte do credor, cabendo, para definir se é o caso de quebra do sigilo, o recurso ao princípio da proporcionalidade e seus subprincípios (adequação, necessidade e proporcionalidade em sentido estrito).

Ainda podem ser referidos — e efetivamente o são, por processualistas de escola — os casos de penhora de faturamento da empresa, de fraude de execução e preço vil, como momentos de aplicação do princípio da proporcionalidade[28].

Como é bem de ver, o princípio da proporcionalidade marca presença, e que presença, em nosso mundo, o mundo do direito; e não causa, como dito, maiores surpresas, arrepio algum, ao reverso, sua não observância é que pode provocar alguma reação desfavorável! Então, cabe perguntar, justifica-se sua observância, para autorizar penhora de salário ou não?

Como se sabe, com o art. 649, IV, do CPC, pretende-se a preservação daquele mínimo patrimonial que se entende necessário à que o devedor possa manter sua dignidade, mas, como já mencionado, do outro lado, está o direito fundamental do credor à tutela executiva, e para não desequilibrar um, exageradamente, em prol do outro, só com a utilização do princípio da proporcionalidade, mesmo porque, a proibição de penhora, a pretexto de preservar a dignidade do devedor, sem quaisquer outras considerações, não é adequada, podendo tornar a prestação jurisdicional ineficaz, o que, força é convir, deve ser evitado.

Indiscutível a necessidade de se respeitar a dignidade da pessoa humana do devedor, mas não podemos esquecer que, do outro lado, o do credor, há também uma pessoa, que precisa se sustentar e aos seus, e que tem também a sua dignidade, e que, para mantê-la, necessita e tem o direito de receber o que lhe foi reconhecido judicialmente como devido.

Ainda: trata-se de uma pessoa sobre a qual não pode ser jogado o peso de uma iniciativa empresarial que não logrou êxito, mesmo porque, se todos podem e devem tentar vencer na vida, tem de assumir os riscos de suas opções, não esquecendo jamais daquele provérbio que diz que "a vida não oferece certezas, mas apenas possibilidades", ou seja, cada um que se arrisque no que pretender, mas se a sorte não lhe sorrir, assuma as consequências de seus atos e de suas escolhas, sendo inegável tentar com base no direito, transferir aos que para ele trabalharam, as consequências de seu insucesso. Isso é que não é possível!

Aliás, como superiormente dito pela brilhante juíza Tereza Aparecida Asta Gemignani, que torna o TRT — 15ª Região com seus votos[29]: "Todo empregador é muito cioso de seu poder exclusivo de dirigir a atividade empresarial e, via de regra, não aceita que haja qualquer participação dos empregados. Por esse motivo, o direito do trabalho também deve ser vigilante para impedir que sejam imputados aos empregados os efeitos decorrentes do insucesso patronal nos negócios".

Muitos operadores do direito entendem que há de ser flexibilizada a disposição do art. 649, IV, do CPC, posição que pode ser muito bem sintetizada pela voz de Milton Paulo de Carvalho Filho, para quem "[...] não se vislumbra impedimento para que, com fundamento no princípio da proporcionalidade, nossos tribunais relativizem

---

(28) No artigo já mencionado, Milton Paulo de Carvalho Filho dá belo desenvolvimento a essas questões, citando o sentir de outros processualistas inclusive *Aplicação do princípio da proporcionalidade à execução, à luz das Leis ns. 11.232/2005 e 11.382/2006*, cit., p. 488-489.

(29) *Revista do Tribunal Regional do Trabalho da 15ª Região*, n. 30, p. 20.

a regra da impenhorabilidade absoluta dos vencimentos e salários, mantendo-se as necessidades básicas do devedor, em busca da efetividade da jurisdição assegurada pela Constituição ao credor"[30].

Aliás, logicamente quem não recebe aquilo que lhe foi judicialmente reconhecido como devido deixa de ter acesso à ordem jurídica justa, atento a que o acesso à justiça não se limita à propositura da ação, mas reclama o cumprimento das decisões judiciais, do contrário, qual o resultado prático do ingresso em juízo? Resumir-se-á a alardear que ganhou a ação? Isso é suficiente?

Em diversos países se restringe a irresponsabilidade patrimonial, permitindo-se a penhora de salário, atendidas certas condições, normalmente ligadas ao valor do salário recebido, a título de exemplo, podemos citar a Alemanha, a França, os EUA, Portugal, Espanha e El Salvador, mas entre nós não...

Claro, então, que a tendência que se verifica nas diversas legislações é a de permitir a penhora de salário, respeitados certos limites que, se invadidos, acarretariam agressão à dignidade da pessoa humana do devedor, mas não ignorando ou passando por cima da dignidade da pessoa não menos humana do devedor, e, claro também, que a nossa legislação não está em harmonia com essa tendência, ao contrário, está em plena contramão.

O sentir de que é preciso flexibilizar a proibição legal acerca da penhora de salário, tanto existe que se materializou no Projeto de Lei n. 51-06 que originou a Lei n. 11.382/2006, com a inclusão de um parágrafo, o 3º, ao art. 649, que permitia, satisfeitos os requisitos que continha, a penhora de salário, mas esse sentir não sensibilizou a Presidência da República, que o vetou, quando da sanção da Lei n. 11.382/2006.

As razões do veto, que me parecem de duvidosa consistência, foram as seguintes: "O projeto de lei quebra o dogma da impenhorabilidade absoluta de todas as verbas de natureza alimentar, ao mesmo tempo em que corrige discriminação contra os trabalhadores não empregados ao instituir a impenhorabilidade dos ganhos de autônomos e de profissionais liberais. Na sistemática do projeto de lei, a impenhorabilidade é absoluta apenas até vinte salários mínimos líquidos. Acima desse valor, quarenta por cento poderá ser penhorado.

A proposta parece ser razoável porque é difícil defender que um rendimento líquido de vinte vezes o salário mínimo vigente no País seja considerado como integralmente de natureza alimentar. Contudo, pode ser contraposto que a tradição jurídica brasileira é no sentido da impenhorabilidade, absoluta e ilimitada, de remuneração. Dentro desse quadro, entendeu-se pela conveniência de opor veto ao dispositivo para que a questão volte a ser debatida pela comunidade jurídica e pela sociedade em geral"[31].

Não me lembro do autor da frase, mas me recordo bem de haver lido, em algum momento, que há pessoas que choram em um velório, não pela alma do falecido, mas por saberem que um dia estarão na mesma situação, o que se dá até de forma inconsciente; será que com a penhora do salário, *mutatis mutandis*, se dá o mesmo? Ou é a formação positivista que leva a tal conclusão, no sentido de sua impossibilidade?

---

(30) *Aplicação do princípio da proporcionalidade à execução, à luz das Leis ns. 11.232/2005 e 11.382/2006*, cit., p. 487.
(31) REDONDO, Bruno Garcia; LOJO, Mário Vitor Suarez. *Da penhora*. São Paulo: Método, 2007. p. 96, nota de rodapé n. 49

Qualquer que seja a fonte de inspiração, respeitando a ambas, particularmente acho que há proceder à penhora de salário, quando não houver outro meio de dar cumprimento ao comando judicial que reconheceu o direito a um crédito, quanto ao primeiro motivo, por tratar-se de um motivo que escapa ao direito, quanto ao segundo, por acreditar que o positivismo já não pode mais dar resposta a todos os problemas que ao direito cumpre resolver, se é que alguma vez deu resposta.

O limite deve ser a preservação da dignidade da pessoa humana do devedor, dignidade essa que há de levar em linha de consideração a realidade nacional, e não pode ter por base manter o devedor seu anterior padrão de vida, quando o credor padrão algum possui mais, pois essa é a situação em que muitos credores se encontram!

Nessas situações, é necessário procurar conciliar os interesses contrapostos, o do credor, que tem o direito de receber o que lhe é devido, e o do devedor, que pretende a impenhorabilidade de seus salários; e aqui é que aparece a importância do princípio da proporcionalidade, pois só por seu intermédio a questão poderá ser resolvida.

A proibição contida no art. 649, IV, do CPC, não pode ser cega e/ou automática e/ou mecanicamente imposta, mas há de ser examinada, vale insistir, sopesando todos os interesses em jogo, não apenas os do devedor, mesmo porque não há olvidar que não apenas seus salários são dignos de proteção, eis que os do credor — ex-empregado — hoje certamente necessitado, merecem não menor proteção!

De notar que, a não ser assim, o credor acaba sendo penalizado duas vezes, e o devedor, em contrapartida, acaba sendo favorecido 2 vezes: o credor, por não receber o que lhe era devido, nem na época própria, nem depois de ter seu direito reconhecido, e o devedor, por não ter pagado o que devia, nem na época própria, nem depois, quando a obrigação decorre já de um comando judicial. O direito pode referendar uma situação dessas?

Tenho por inteiramente válidas as ponderações de Bruno Garcia Redondo e Mário Vitor Suarez Lojo, no sentido de que "Aos fervorosos defensores do positivismo, na busca incessante de uma legislação de resultados, contrapõe-se, como solução de Justiça — enquanto não seja expressamente mitigado o rigor da redação do inciso IV — aquela que talvez seja a única alternativa plausível, consistente no reconhecimento, pelo Judiciário, de que o sistema normativo é composto de regras e princípios, com obediência aos deveres de proporcionalidade, razoabilidade e proibição do excesso"[32].

Finalizo mais este estudo sobre a possibilidade da penhora de salário confessando que estou, cada vez mais, convencido de que nada justifica que o princípio da proporcionalidade, tão presente nas mais variadas situações e nos mais diversos ramos do direito, mesmo no penal que cuida da liberdade de um indivíduo, como vimos, não se faça também presente, intensamente presente, naquelas situações em que possível, aliás, mais do que possível, necessária, pelas razões acima desfiadas, a penhora de salário.

---

(32) REDONDO, Bruno Garcia; LOJO, Mário Vitor Suarez. *Da penhora*. São Paulo: Método, 2007. p. 98-99.

O Princípio da Proporcionalidade e a Penhora de Salário — Algumas outras Considerações

Francisco Alberto da Motta Peixoto Giordani[*]

Há tempos atrás, apresentei algumas reflexões[1] acerca da possibilidade da penhora de salário, o que encontraria sustentação no princípio da proporcionalidade, de envergadura constitucional, logo, com base na própria Lei Maior.

Continuei estudando a questão e fui me convencendo, mais e mais, de que, realmente, é plenamente possível a penhora de salário, o que me motivou a apresentar mais alguns adminículos com esse objetivo, os quais devem ser vistos a partir do que, sobre essa *quaestio*, foi desenvolvido no artigo anterior referido nas linhas transatas.

A dificuldade, para quem a sente, em admitir a penhora de salário pode decorrer de uma insuficiente compreensão de que está tendo lugar uma nova mudança de paradigma, por meio da qual se está saindo daquela visão que confere uma absoluta proeminência ao texto legal, para realçar mais a Constituição.

Como diz Thomas S. Kuhn, "no seu uso estabelecido, um paradigma é um modelo ou padrão aceitos"[2]; desenvolvendo as ideias do citado autor, José Jorge da Costa Jacintho esclareceu que:

> O termo paradigma surgiu com Thomas S. Kuhn, na epistemologia pós-popperiana, para designar as conquistas feitas pela ciência e universalmente aceitas. Cumprem a função dos paradigmas os manuais científicos passados nos bancos escolares. Para ele, o conceito de ciência não é unívoco na história.

---

[*] Juiz do TRT da 15ª Região — Campinas — SP.
[1] GIORDANI, Francisco Alberto da Motta Peixoto. O princípio da proporcionalidade e a penhora de salário. *Revista LTr*, 70-05/563-573.
[2] KUHN, Thomas S. *A estrutura das revoluções científicas*. São Paulo: Perspectiva, 1975. p. 43.

Em cada época, houve sempre um esforço de um grupo de pensadores para construir o que se denomina ciência, segundo o contexto histórico em que ele estava inserido e o consenso sobre o que é ciência, que se instaura quando os cientistas desenvolvem suas pesquisas a partir de um mesmo paradigma. Ou seja, falar de mudança de paradigma, significa referir-se a determinados momentos históricos em que ocorrem profundas rupturas no processo cumulativo da cultura humana.[3]

Realmente, não é fácil aprender nos bancos da Faculdade que os estipêndios são impenhoráveis, formar-se e sustentar esse posicionamento na vida profissional, que correspondia ao paradigma então vigente, da observância, sem maiores temperos, do texto legal, próprio do positivismo, e depois ouvir que, com base em um princípio constitucional — não mais uma lei —, há a possibilidade de se penhorar salário; entretanto, para que o quadro hodierno não provoque tanta hesitação, útil o evocar a leitura feita pelo preclaro professor Antonio Junqueira de Azevedo, para quem, "atualmente, se o mundo jurídico, ao invés de se alarmar com o que se passa, procurasse entender que estamos, outra vez, simplesmente, a mudar de paradigma, talvez não se revoltasse tanto e passasse, singelamente, a perguntar: e hoje, qual é a situação?"[4].

Talvez parte da dificuldade esteja também no fato de que a Constituição e seu estudo, entre nós, não esteja no mesmo patamar, em termos de importância, do que a atenção dedicada a outros ramos da ciência jurídica; como superiormente dito por André Karam Trindade e Roberta Magalhães Gubert: "resta indiscutível que o Direito Constitucional ainda não assumiu o papel de destaque que merece perante o ensino jurídico e a prática dos foros e tribunais"[5].

Por seu turno, observou Lenio Luiz Streck que: "[...] acostumados com a resolução de problemas de índole liberal-individualistas, e com posturas privatísticas que ainda comandam os currículos dos cursos jurídicos (e os manuais jurídicos), os operadores do Direito não conseguiram, ainda, despertar para o novo. O novo continua obscurecido pelo velho paradigma, sustentado por uma dogmática jurídica entificadora. Dizendo de outro modo: a revolução copernicana ocorrida no direito constitucional e na ciência política ainda não foi suficientemente compreendida/recepcionada pelos juristas brasileiros"[6].

No que atine a revolução "copernicana" do direito constitucional, no respeitante estudo grafada como "coperniciana", o grande constitucionalista lusitano professor Jorge Miranda, dilucidou tratar-se da "passagem de uma fase em que as normas constitucionais dependiam da *interpositio legislatoris* a uma fase em que se aplicam (ou são susceptíveis de se aplicar) diretamente nas situações da vida [...]"[7]

---

(3) JACINTHO, José Jorge da Costa. A crise dos paradigmas e as ciências sociais. *Revista do Instituto de Pesquisas e Estudos — Divisão Jurídica*, Bauru: Instituição Toledo de Ensino, p. 322, abr./jul. 2000.
(4) AZEVEDO, Antonio Junqueira de. *Estudos e pareceres de direito privado*. São Paulo: Saraiva, 2004. p. 59.
(5) (Neo)constitucionalismo — ontem, os códigos, hoje, as constituições. *Revista do Instituto Hermenêutica Jurídica*, Porto Alegre, 2004, p. 7.
(6) STRECK, Lenio Luiz. A revolução copernicana do (neo)constitucionalismo e a (baixa) compreensão do fenômeno no Brasil — uma abordagem à luz da hermenêutica filosófica. In: TÔRRES, Heleno Taveira (coord.) *et al. Tratado de direito constitucional tributário* — estudos em homenagem a Paulo de Barros Carvalho. Saraiva, 2005. p. 742.
(7) MIRANDA, Jorge. Apreciação da dissertação de doutoramento do mestre Rui Medeiros. In: *Direito e Justiça — Revista da Faculdade de Direito da Universidade Católica Portuguesa*, v. 13, 1999; e também STRECK, Lenio Luiz. *A revolução copernicana do (neo)constitucionalismo e a (baixa) compreensão do fenômeno no Brasil* — uma abordagem à luz da hermenêutica filosófica, cit., p. 733.

Como quer que seja, a realidade está aí, e com ela vivemos uma nova mudança de paradigma, que questiona e retira o cetro que antes ostentava a lei, transferindo-o à Constituição, donde pertinente a aguda observação de Paulo Bonavides, no sentido de que: "Ontem, os códigos hoje, as Constituições"[8], ou, na dicção de Gabriel Menna Barreto Von Gehlen: "O primado exclusivo da lei era princípio do Estado liberal, hoje preocupação exclusiva dos historiadores"[9], os quais poderão, inclusive, confirmar a visão de que a lei, historicamente, sempre foi "instrumento das camadas dominantes"[10].

Estabelecida essa premissa, a de que a lei não tem mais aquela proeminência incontrastável que outrora possuía, e que hoje o primeiro passo há de ser cedido à Constituição, no nosso caso, por meio do princípio da proporcionalidade, que a Carta Política alberga em seu seio, é hora de prosseguir, ou como já disse Jean Paul Sartre, pela voz de personagem de um de seus célebres livros: "Eis o momento da agonia. Eu gostaria de abreviá-lo"[11], assim, é chegado o momento de ferir o ponto crucial, objeto desse estudo. Continuemos, pois.

Para fazê-lo, é preciso, no entanto, recordar, fixando, que é o patrimônio de uma pessoa que, respondendo por suas obrigações, dá certa garantia aos que com ela negociam, de maneira que exceções a essa possível destinação do patrimônio de alguém devem ser fixadas com a maior parcimônia, de maneira e com alcance muito restritos.

Assim a impenhorabilidade, por representar séria "restrição ao princípio de que o patrimônio do devedor responde por suas obrigações"[12], deve ser admitida em situações excepcionais, sem ampliações que possam comprometer as relações entre os indivíduos, porquanto, vale insistir, "o patrimônio do devedor representa para o credor a garantia de poder conseguir, em caso de inadimplemento, satisfação coativa pelos meios executivos"[13], e tanto assim é que o preclaro jurista Caio Mário assevera: "Ligada à ideia de patrimônio, está a noção da garantia. O patrimônio da pessoa responde pelas suas obrigações. A noção é singela e exata. Pelos débitos, assumidos voluntariamente ou decorrentes da força da lei, respondem os bens do devedor, tomado o vocábulo 'bens' em sentido genérico, abrangente de todos os valores ativos de que seja titular"[14]; daí a pertinência — como sempre —, da observação de Ovídio A. Baptista da Silva, um dos maiores processualistas pátrios, de que: "Como afirma Von Tuhr (*Tratado de las obligaciones*, I, p. 10), 'o crédito encerra um dever para o devedor e uma responsabilidade para seu patrimônio"[15], indubitável, então, que deve ser permitida, de maneira muito restrita, qualquer situação que leve a uma irresponsabilidade patrimonial.

---

(8) *Apud* TRINDADE, André Karam; GUBERT, Roberta Magalhães. *(Neo)constitucionalismo* — ontem, os códigos, hoje, as constituições, cit., p. 8, dilucidando os autores tratar-se as reproduzidas de palavras proferidas durante o discurso de agradecimento, ao receber a Medalha Teixeira de Freitas do Instituto dos Advogados Brasileiros, no ano de 1998.
(9) GEHLEN, Gabriel Menna Barreto Von. *O chamado direito civil constitucional*. In: MARTINS-COSTA, Judith (org.) *et al. A reconstrução do direito privado*. São Paulo: RT, 2002. p. 182.
(10) A revolução copernicana do (neo)constitucionalismo e a (baixa) compreensão do fenômeno no Brasil — uma abordagem à luz da hermenêutica filosófica, cit., p. 753.
(11) SARTRE, Jean Paul. *O diabo e o bom Deus*. 2. ed. São Paulo: Difusão Europeia do Livro, 1965. p. 49.
(12) BARRETO, Amaro. *Execução cível e trabalhista*. Rio de Janeiro: Edições Trabalhistas, 1962. p. 131.
(13) CAHALI, Yussef Said. *Fraude contra credores*. 1. ed. 2. tir. São Paulo: RT, p. 17.
(14) *Instituições de direito civil*, II, n. 127, p. 17/8; IV, n. 346, p. 263, *apud* CAHALI, Yussef Said. *Fraude contra credores*, cit., p. 17.
(15) SILVA, Ovídio A. Baptista da. *Curso de processo civil*. 4. ed. São Paulo: RT, 2000. v. 2, p. 68.

Por certo, não será despiciendo recordar que, quando um devedor, após percorrer todo o trâmite processual necessário para ter reconhecido um seu direito, vê chegado o momento, para ele magno, de receber o que lhe é devido, tem frustrado esse seu direito fundamental, a frustração não é só sua, mas também do Estado, impotente para fazer atuar o direito de maneira integral, na situação que lhe foi submetida à apreciação, eis que a ninguém basta o mero reconhecimento de um direito, e sim a completa satisfação decorrente de sua violação; Flávio Luiz Yarshell, com a sensibilidade que só os profundos conhecedores do assunto que abordam possuem, bem frisou: "tem sabor de lugar-comum a assertiva de que na execução reside o momento da atuação do direito e, quando se frustra a satisfação do credor, não é este apenas quem perde, mas igual e especialmente o Estado"[16].

No parágrafo imediatamente anterior, referi-me ao direito fundamental do credor de receber o que foi reconhecido como a ele devido, e assim me expressei em face à existência de um direito fundamental à tutela executiva, expressão essa que, como superiormente apontado por Marcelo Lima Guerra, "designa uma daquelas exigências ou valores relativos ao processo judicial, inseridas no âmbito (ou campo semântico) do direito fundamental ao processo devido"[17]; o aludido processualista, parágrafos mais adiante, na mesma obra, dilucida mais seu sentir, *verbis*:

> Em face do que já se expôs sobre os direitos fundamentais, nomeadamente sobre o seu regime jurídico próprio e a força especial das normas que o definem, é fácil compreender a importância de se identificar a existência de um direito fundamental à tutela executiva, nos termos acima. É que a exigência de um sistema completo de tutela executiva passa a gozar desse regime especial dos direitos fundamentais, devendo ser concretizado pelos órgãos jurisdicionais, independentemente de qualquer intervenção legislativa.[18]

Apesar da indiscutível relevância de se tornar concreta/completa a satisfação do direito reconhecido ao credor, a situação mais confortável fica com o devedor, nomeadamente com aquele que não pretende cumprir com suas obrigações, mormente nos dias que correm, nos quais parece que estar *in* é não pagar o que se deve, atitude que, para alguns e infelizmente, até parece motivo de orgulho e satisfação, diploma de "espertenza" (em certas situações, com pós-graduação), enquanto que pagar o que é devido, pode encaixar homens probos, na visão dos que se enquadram no perfil que acabei de traçar, de *out*. E, de frisar, não se cuida de quadro pintado com cores demasiado fortes para a cena que retrata, tanto que prestigiados processualistas estão denunciando essa realidade; assim, Roger Perrot, mencionado pelo festejado Leonardo Greco, assim se expressou: "[...] há um novo ambiente sociológico. Ser devedor não é mais uma vergonha e não pagar os débitos não é mais um sinal de desonra. A exacerbação do respeito à liberdade individual e à vida privada tornaram vantajosa a posição de devedor"[19].

Não poder pagar uma dívida, principalmente num País como o nosso, não é algo que possa, por si só, resultar num labéu ao então devedor, o desdouro advém do poder e não querer pagar, ainda que parcialmente, a dívida; fere a questão, com

---

(16) YARSHELL, Flávio Luiz. Efetividade do processo de execução e remédios com efeito suspensivo. In: SHIMURA, Sérgio; WAMBIER, Teresa Arruda Alvim (coords.) *et al. Processo de execução*. Série processo de execução e assuntos afins. São Paulo: RT, 2001. v. 2, p. 382.
(17) GUERRA, Marcelo Lima. *Direitos fundamentais e a proteção do credor na execução civil*. São Paulo: RT, 2003. p. 101.
(18) *Direitos fundamentais e a proteção do credor na execução civil*, cit., p. 103.
(19) GRECO, Leonardo. A execução e a efetividade do processo. *Repro* n. 94, p. 36, abr./jun. 1999.

muita objetividade, Eduardo Gusmão Alves de Brito Neto, afirmando: "Dever sem poder pagar não é desonra punível com o exílio. Mas dever, poder e não querer cumprir sua obrigação é comportamento censurável"[20].

A autorizada voz de Calmon de Passos bem coloca que as mentalidades mudaram, e novas práticas e situações fizeram — fazem — com que o ser devedor não incomode mais, e tanto menos ainda quanto mais se conseguir postergar a satisfação da dívida, vale conferir:

> Em um século, as mentalidades coletivas mudaram. Ser devedor, em nossos dias, não é mais uma pecha, e deixar de pagar suas dívidas deixou de ser um sinal de opróbrio. O crédito ao consumidor, dispensado a torto e a direito, e a inflação constante nos habituaram a ser devedor e nos fizeram compreender que essa posição é a mais confortável, contanto que, em contraposição retardemos, quanto possível, a execução de nossas dívidas.[21]

Ainda que considerando e saudando as mudanças que processualistas de escol reclamam e as alterações recentes, bem como projetos de lei em andamento com os quais o legislador espera agilizar a execução, nem por isso menos pertinente a lúcida observação do conceituado Luiz Rodrigues Wambier, no sentido de que há "um enorme conforto oferecido pelo sistema ao devedor"[22] e que "talvez de modo desequilibrado, muito provavelmente em razão da grande novidade que ainda representa entre nós (vitimados por sucessivas quebras da estabilidade institucional, ao longo do século XX), a defesa dos direitos fundamentais trouxe 'efeitos colaterais', como, por exemplo, o da intangibilidade cada vez mais acentuada (e, ao nosso ver, exagerada) do patrimônio do devedor"[23].

Irrecusável que, até como meio de humanizar a execução, há garantir ao devedor a preservação de um mínimo patrimonial[24], que lhe propicie uma vida digna[25], eis que, na palavra abalizada de Eduardo Cambi, "a concepção da garantia de um patrimônio mínimo visa resguardar "à pessoa humana condições suficientes para poder levar uma vida digna"[26] e isso porque, ainda pela voz do brilhante processualista por último citado: "a tutela jurídica do patrimônio mínimo tem respaldo na Constituição Federativa do Basil (art. 1º, III), além de contemplar o direito à vida (art. 5º, *caput*) e à existência digna (art. 170, *caput*)"[27].

---

(20) BRITO NETO, Eduardo Gusmão Alves de. Execução, novas tendências, velhos problemas. Uma *never ending story*. In: SHIMURA Sérgio; NEVES, Daniel A. Assumpção (coords.) *et al. Execução no processo civil* — novidades e tendências. São Paulo: Método, 2005. p. 98.
(21) PASSOS, J. J. Calmon de. A crise do processo de execução. In: OLIVEIRA, Carlos Alberto Álvaro de (org.). *O processo de execução* — estudos em homenagem ao professor Alcides Mendonça Lima. Porto Alegre: Sergio Antonio Fabris, 1995. p. 194.
(22) WAMBIER, Luiz Rodrigues. A crise da execução e alguns fatores que contribuem para a sua intensificação. In: *Repro* n. 109, ano 28, p. 139, jan./mar. 2003.
(23) WAMBIER, Luiz Rodrigues. *A crise da execução e alguns fatores que contribuem para a sua intensificação*, cit., p. 134.
(24) Supondo-se que ele o possua, o que com muita frequência, não é o que sucede neste Brasil varonil...
(25) Atento, ainda aqui, à realidade pátria, o que significa dizer que não se pode entender como tal algo que, conquanto ideal, vá muito além do quadro vivido pela grande maioria dos brasileiros, mas, fique claro, com isso não se propugna por uma visão restritíssima do que seja vida digna, pois, a torcida é para que a totalidade ou, quando não, a maioria possível dos brasileiros tenha uma vida digna, o que não se pode aceitar é que, com base nesse ideal (o da vida digna) se pretenda para um devedor um padrão de vida não usufruído, nem pelo seu credor, nem pelos brasileiros, de um modo geral.
(26) CAMBI, Eduardo. Tutela do patrimônio mínimo necessário à manutenção da dignidade do devedor e da sua família. In: SHIMURA, Sérgio; WAMBIER, Teresa Arruda Alvim (coords.). *Processo de execução*. São Paulo: RT, 2001. p. 253.
(27) *Tutela do patrimônio mínimo necessário à manutenção da dignidade do devedor e da sua família...*, cit., p. 253.

O eminente Luiz Carlos de Azevedo, em notável monografia, recorda que, "o que acentua Wilhelm Kisch, citado por José de Moura Rocha: 'contra o direito ilimitado de apreensão, há algumas exceções, pois algumas coisas e direitos do devedor não podem ser penhorados. Esta conclusão se inspira na ideia de que é preciso deixar ao devedor o indispensável que necessita para viver. Quando a execução implica na apreensão total dos bens do devedor, mais estritamente, na apreensão, também, dos meios mais elementares de vida, o interesse do credor há de ceder ante o devedor, porque assim o exige a humanidade"[28], talvez, da humanidade se deva, conforme o caso concreto, excluir o credor e os que dele dependem diretamente...

Todavia, de todos deve ser a preocupação de Daniel Amorim Assumpção Neves, no sentido de que: "O que nos preocupa é se não estaríamos exagerando na tal 'humanização' da execução esquecendo-se por muitas vezes que o credor também é humano, e sofre ao não receber seu crédito diante da ineficácia do processo executivo"[29], inquietação essa plenamente justificável, atento a que "ressalta-se uma acentuada preocupação com o grau mínimo de garantias invioláveis reconhecidas a quem sofre as medidas executivas, não havendo correspondência proporcional aos valores de quem promove a execução"[30].

Além disso e lembrando que linhas acima foi referido o princípio do devido processo legal, há salientar que o mesmo "não é princípio que atue apenas a favor do devedor"[31], havendo mesmo quem sustente que, se entre um devedor e seu credor, se colocar a questão de que inevitável algum sacrifício a dignidade de uma delas, quem deverá sofrer as respectivas consequências é o devedor, pois foi ele quem se obrigou, assumindo uma dívida que cumpre-lhe saldar[32].

Destarte, como dito pela ilustre professora Carolina Tupinambá: "uma vez devedor, o executado deve pagar. Proteger em demasia o executado contra o exequente é privilegiar uma parte em detrimento de outra, em desobediência à isonomia e aos escopos do Processo"[33].

E a necessidade de se restringir a irresponsabilidade patrimonial deve atingir, em certas situações, os estipêndios, designadamente nos casos em que o devedor, outrora um dador de serviço, depois não mais, deve a um seu ex-empregado determinado importe judicialmente fixado; não se pode admitir que, em situação assim, os salários fiquem imunes a alguma constrição judicial, se não integralmente, o que, realmente, não se deve admitir, pois isso, certamente, representaria uma agressão à dignidade da pessoa humana do devedor, ao menos parte do mesmo pode ser objeto de penhora,

---

(28) AZEVEDO, Luiz Carlos de. *Da penhora*. Coedição FIEO-Fundação Instituto de Ensino para Osasco. São Paulo: Resenha Tributária, 1994. p. 140/1.
(29) NEVES, Daniel Amorim Assumpção. Impenhorabilidade de bens — análise com vistas à efetivação da tutela jurisdicional. In: SHIMURA, Sérgio; NEVES, Daniel Amorim Assumpção (coords.) *et al. Execução no processo civil*. São Paulo: Método, 2005. p. 52.
(30) TEIXEIRA, Guilherme Freire de Barros. *A penhora de salários e a efetividade do processo de execução*, cit., p. 122.
(31) MARINONI, Luiz Guilherme. A efetividade da multa na execução de sentença que condena a pagar dinheiro. In: DUARTE, Bento Herculano; DUARTE, Ronnie Preuss (coords.). *Processo civil* — aspectos relevantes. São Paulo: Método, 2005/2006. p. 169.
(32) Daniel Amorim Assumpção Neves, sem refolhos, expõe seu forte e consistente posicionamento, *verbis*: Estando diante de uma situação de inevitável sacrifício à dignidade de uma das partes, não nos resta qualquer dúvida que o sacrificado deva ser o devedor, já que esse se encontra em posição desprivilegiada na relação de direito material. Se a dignidade humana de uma das partes vai ser agredida, que seja então a do devedor, que, afinal, contraiu a dívida e deve nesse caso honrar seu compromisso. Impenhorabilidade de bens — análise com vistas à efetivação da tutela jurisdicional. In: SHIMURA, Sérgio; NEVES, Daniel Amorim Assumpção (coords.) *et al. Execução no processo civil*, cit., p. 52.
(33) TUPINAMBÁ, Carolina. A nova execução do processo civil e o processo trabalhista. *Revista LTr* 70-08/977.

parte essa normalmente estabelecida no percentual de 30%; em assim não procedendo, estaremos na contramão da história, da evolução, aceitando proteção excessiva ao devedor, o que, inelutavelmente, pela lei de equilíbrio que rege as coisas humanas e — por que não? — a natureza mesma, leva a uma equivalente menor proteção ao credor, o que se procura evitar em países outros, alguns dos quais cujo direito muito influenciou — e influencia — o direito pátrio.

Para exemplificar, de lembrar o quanto exposto por Leonardo Greco, em seu já mencionado trabalho, de muito interesse, no qual apontou o renomado processualista países que admitem a penhora de salário; disse, então, que:

> Na Alemanha, a impenhorabilidade dos vencimentos é limitada no tempo até o próximo pagamento, e na quantidade porque alcança apenas uma parte da remuneração, não a totalidade...
>
> Na França... A impenhorabilidade dos salários é parcial....
>
> Nos Estados Unidos... Há limites para a impenhorabilidade do salário.
>
> Na Espanha, a par de reduzido o rol de bens impenhoráveis, a remuneração está excluída da penhora apenas até o limite do salário mínimo profissional.
>
> Em Portugal... Somente um terço dos salários, aposentadorias ou pensões, são impenhoráveis...[34]

O culto Luiz Carlos de Azevedo, já citado neste estudo e na época em que fez o seu, observou, "que, no direito Comparado, a vedação não traz caráter absoluto, tanto que a penhora pode incidir sobre determinada parte do salário, atendidas certas condições, destinadas a preservar um mínimo às necessidades vitais e imediatas do devedor: assim, na ZPO alemã, parágrafo 811, n. 8, uma quantia do salário, capaz de suprir o tempo que medear entre a penhora e o próximo pagamento; na Ley de Enjuiciamiento Civil Espanhola, art. 1.451, uma 'escala' de valores penhoráveis, estabelecida de acordo com os ganhos do devedor, no Código de Processo Civil Português, art. 823, n. 1, letra c, dois terços são impenhoráveis, ficando o terceiro livre à constrição"[35].

Pela reconhecidamente grande influência em nosso direito, por certo úteis algumas observações a mais sobre a possibilidade de penhora de salário na Pátria-Mãe.

Com esse objetivo, inicio invocando os ensinamentos do célebre processualista lusitano José Lebre de Freitas, que, após fixar que, "a impenhorabilidade não resulta apenas da indisponibilidade (objetiva ou subjetiva) de certos bens ou convenções negociais que especificamente a estipulem. Resulta também da consideração de certos interesses gerais, de interesses vitais do executado ou de interesses de terceiro que o sistema jurídico entende deverem-se sobrepor aos do credor exequente"[36], acrescenta que "impenhoráveis por estarem em causa interesses vitais do executado são aqueles bens que asseguram ao seu agregado familiar um mínimo de condições de vida [...], constituem uma parte do rendimento do seu trabalho por conta de outrem"[37].

---

(34) GRECO, Leonardo. *A execução e a efetividade do processo*, cit., p. 43.
(35) *Da penhora*, cit., p. 145/6.
(36) FREITAS, José Lebre de. *A ação executiva* — à luz do código revisto. 2. ed. Coimbra: Coimbra, 1997. p. 179.
(37) FREITAS, José Lebre de. *A ação executiva...*, cit., p. 180.

Das linhas retrotranscritas logo se depreende a preocupação em equalizar os direitos do credor, que não pode ficar "a ver navios" (um singelo tributo aos insuperáveis descobrimentos marítimos dos portugueses, atento a que do direito desse heroico povo cuido nesse passo), com os do devedor que, como o credor, têm, também, a sua dignidade de pessoa humana.

Por outras águas não singra a pena de mestre de Fernando Amâncio Ferreira, naveguemos com ele, então:

> Os bens parcialmente penhoráveis, ou sejam, aqueles que só podem ser penhorados em parte, encontram-se mencionados no art. 824. A razão desta impenhorabilidade parcial baseia-se em razões que se prendem com a dignidade da pessoa humana, um dos fundamentos de Portugal como República soberana, nos termos do art. 1º da CRP.

Assim, não podem ser penhorados dois terços dos vencimentos e salários auferidos pelo executado, como igualmente dois terços das prestações periódicas pagas a título de aposentação ou de outra qualquer regalia social, seguro, indenização por acidente ou renda vitalícia, ou de quaisquer outras pensões de natureza semelhante"[38].

Então, o que se dá, no direito português, é que, como observa Bernardo da Gama Lobo Xavier: "quando uma dívida não é paga voluntariamente, o respectivo credor pode, depois de preenchidos determinados pressupostos, recorrer ao tribunal para forçar o devedor a cumprir, designadamente através da apreensão de bens do devedor, os quais serão vendidos para que com o seu produto o credor seja pago, bem como mediante a apreensão de direitos ou créditos que, porventura, o devedor possua. Designa-se esta apreensão como penhora (de bens ou direitos).

No nosso caso, o credor de qualquer trabalhador só pode esperar que o tribunal penhore o direito à retribuição até um terço, uma vez que a lei considera, como regra, impenhoráveis dois terços dos vencimentos e salários de quaisquer empregados ou trabalhadores"[39].

Mudando de idioma, mas não de modo de ver a possibilidade de penhora de salário, tanto que o grande Leonardo Prieto-Castro y Ferrandiz pode asseverar que "[...] se comprenden, por tanto, em la ejecución los derechos de toda clase, nacidos o em expectativa, ora sean sueldos, remuneraciones, derechos de crédito, valores, títulos, saldos de cuentas corrientes, participaciones, derechos de propiedad industrial, derechos de autor, em general, frutos, cosechas, bienes gananciales y semejantes"[40], da maior relevância a reprodução do art. 607, da Ley de Enjuiciamiento Civil Espanhola, que dispõe:

607. Embargo de sueldos y pensiones.

1. Es inembargable el salário, sueldo, pensión, retribución o su equivalente, que no exceda de la cuantía señalada para el salario mínimo interprofesional (593).

2. Los salários, sueldos, jornales, retribuciones o pensiones que sean superiores al salário mínimo interprofesional se embargarán conforme a esta escala:

---

(38) FERREIRA, Fernando Amâncio. *Curso de processo de execução*. 2. ed. Coimbra: Almedina, p. 138.
(39) XAVIER, Bernardo da Gama Lobo. *Iniciação ao direito do trabalho*. Colaboração de P. Furtado Martins e A Nunes de Carvalho. Porto Alegre: Verbo, 1994. p. 224.
(40) FERRÁNDIZ, Leonardo Prieto-Castro y. *Derecho procesal civil*. Madrid: Tecnos, 1989. p. 466.

1º Para la primera cuantía adicional hasta la que suponga el importe del doble del salário mínimo interprofesional, el 30 por 100.

2º Para la cuantía adicional hasta el importe equivalente a un tercer salario mínimo interprofesional, el 50 por 100.

3º Para la cuantía adicional hasta el importe equivalente a un cuarto salario mínimo interprofesional, el 60 por 100

4º Para la cuantía adicional hasta el importe equivalente a un quinto salario mínimo interprofesional, el 75 por 100.

5º Para cualquier cantidad que exceda de la anterior cuantía, el 90 por 100...[41]

Dúvida não pode haver, acerca da atualidade e relevância do reproduzido dispositivo legal, no tocante à preocupação já mencionada de fazer com que o credor receba o que lhe foi reconhecido como de direito, respeitando, porém, as necessidades mínimas do devedor, que, nem por ser devedor, pode ver aviltada sua dignidade de pessoa humana, mas também não pode, por óbvio, ignorar e/ou jogar sobre os ombros (rectius: bolso) de outrem, as consequências de algo que fez e o levou à condição de devedor, à vista de que, enquanto tentar melhor sorte é um direito de todos, honrar as consequências das tentativas então feitas é já uma obrigação de todos também.

Interessante, também, dentro do objeto de nossa atenção de momento, a leitura do art. 619 do Código de Procedimientos Civiles de El Salvador, que tem a seguinte redação:

En los casos en que el embargo deba trabarse en sueldos, pensiones o salários, solamente deberá embargarse el 20% de éstos y será nulo el que se practique sobre mayor cantidad, aun cuando sea con el consentimiento del deudor, nulidad que el Juez de la causa deberá declarar de oficio sobre tal excedente.[42]

No Uruguai, a regra é a impenhorabilidade dos salários, salvo para pagamento de tributos e pensão alimentícia, art. 381,1, do "Código General Del Proceso"[43], tornando curiosa a questão: se é possível a penhora para pagamento de tributos, não o seria para pagamento de salários?

Na Argentina, tão querida!, consoante Daniel Amorim Assumpção Neves, "existe previsão expressa de possibilidade de penhora em até 20% do valor do salário que exceder o valor estritamente necessário para a subsistência do alimentante. A porcentagem no caso concreto encontra um teto máximo na legislação, devendo o juiz levar em consideração as circunstâncias do caso concreto para fundamentar sua decisão"[44]; respeitado processualista, em abono do quanto afirma, menciona a palavra de Lino Enrique Palácio, contida na 14ª edição de seu *Manual*, na 16ª edição, a que tenho em mãos, o citado autor, sem alteração, diz:

Em matéria de sueldos, salários, jubilaciones y pensiones rige la Ley n. 14.443, cuyo art. 1º excluye del embargo los salários, sueldos, jubilaciones y pensiones

---

(41) Legislación sobre enjuiciamiento civil. 28. ed. actual. In: *Civitas Biblioteca de Legislación*, Madrid: Thomson-Civitas, sep. 2005.
(42) *Constitución* — leyes civiles y de família. Lisboa: Lic. Luis Vásques López, Lis., 2000.
(43) Euros S.R.L., 2005.
(44) NEVES, Daniel Amorim Assumpção. *Impenhorabilidade de bens* — análise com vistas à efetivação da tutela jurisdicional, cit., p. 59.

que no excedan de determinada cantidad, com la salvedad de las cuotas por alimentos y litisexpensas, que deben ser fijadas dentro de um mínimo que permita la subsistência Del alimentante. En el caso de los sueldos, jubilaciones y pensiones que excedan de aquella suma, el embargo podrá efectuarse, de acuerdo con el art. 2º de dicha ley, hasta llegar a un porcentaje del 20% sobre el importe mensal percibido. En lo que respecta a sueldos y salarios de la actividad privada, las proporciones fueron modificadas por el Decreto n. 484/87, reglamentario de la Ley n. 20.744 (ley de contrato de trabajo).[45]

Essa pequena amostra deixa firme, que a tendência que se verifica nas diversas legislações é a de permitir a penhora de salário, respeitados certos limites que, se invadidos, acarretariam agressão à dignidade da pessoa humana do devedor, cabendo atender à realidade da cada País, para fins de se fixar quais seriam esses limites. Bem é de ver, então, que a nossa legislação, designadamente, o art. 649, IV, do Código de Processo Civil, não está em harmonia com essa tendência, acabando por proteger o devedor, de maneira um tanto generalizada e sem limites, o que chegou até a provocar crítica de respeitado processualista português, como lembrado por Daniel Amorim Assumpção Neves, *verbis*: "A penhorabilidade parcial do salário é encarada com tamanha naturalidade no direito português que José Alberto dos Reis assim se manifestou sobre o nosso sistema de isenção total: 'O sistema brasileiro parece-nos inaceitável. Não se compreende que fiquem inteiramente isentos os vencimentos e soldos, por mais elevados que sejam. Há aqui um desequilíbrio manifesto entre o interesse do credor e do devedor; permite-se a este que continue a manter o seu teor de vida, apesar de não pagar aos credores as dívidas que contraiu"[46]; não precisamos, porém, atravessar um oceano para saber de críticas ao nosso sistema, processualistas pátrios e de escol, fizeram-nas, como, *exempli gratia*, a de Eduardo Gusmão Alves de Brito Neto, o qual, após, de maneira muito clara, asseverar que: "Lugar comum do discurso pela eficácia do processo de execução, o rol de bens impenhoráveis no Brasil apresenta evidentes excessos, em uma palmar injustiça que não conseguiu despertar ainda a atenção do Congresso Nacional, se de crime doloso não se está a cuidar"[47], acrescentou: "A lista de privilégios prossegue com a cristã impenhorabilidade de salários, soldos e vencimentos, sob a parcial justificativa de que se deve proteger a pessoa do devedor, não mais sujeito às humilhações do passado. Dever não é desdouro ou motivo de execração pública, mas um acidente de percurso do qual ninguém está livre.

Mas por que manter a impenhorabilidade sobre a integralidade destas importâncias, em vez de respeitar somente a fração necessária a uma digna sobrevivência do devedor?"[48].

Para comprovar que não precisamos mesmo saber de críticas alienígenas, lembro que o professor J. J. Calmon de Passos manifestou já o seguinte sentir: "Teremos regulado com excessiva liberalidade o rol de bens impenhoráveis? Não o creio, com

---

(45) PALÁCIO, Lino Enrique. *Manual de derecho procesal civil*. 16 ed. Buenos Aires: Abeledo-Perrot, 2001. p. 679.
(46) NEVES, Daniel Amorim Assumpção. *Impenhorabilidade de bens* — análise com vistas à efetivação da tutela jurisdicional, cit., p. 58.
(47) BRITO NETO, Eduardo Gusmão Alves de. *Execução, novas tendências, velhos problemas*: uma *never ending story*, cit., p. 87.
(48) *Op. cit.*, p. 88.

ressalva apenas para os salários, considerados insuscetíveis de constrição sem atender ao seu valor, o que gera, na prática, privilégios"[49].

O inesquecível mestre Orlando Gomes, já nos idos de 1947, dizia que "a impenhorabilidade absoluta é condenada por várias razões. Seus adversários alegam, principalmente, que é contraproducente, constituindo um excesso de proteção, que prejudica aqueles mesmos a quem quer beneficiar"[50].

Ainda quanto à impenhorabilidade absoluta, tem-na o juslaborista Messias Pereira Donato, como uma "tese criticável, porque não atenta para o *quantum* remuneratório. Dá tratamento igual a quem aufere salário mínimo ou polpuda remuneração. Na realidade, enfraquece o crédito do empregado, ao colocar seus credores no desamparo"[51]; a mesma senda é trilhada por Luiz Carlos de Azevedo, ao defender que mais corretos os posicionamentos em prol da penhorabilidade do salário, o que faz por entender que os mesmos "mais se ajustam à realidade, permitindo não se vejam frustradas as execuções: se o salário mínimo deve ficar integralmente resguardado, o mesmo não se diga a respeito de salários dos grandes executivos das empresas, muitas vezes estabelecidos com base em moeda estrangeira, sequer na nacional; ademais, se aqueles são alcançados em percentagens extremamente significativas pelo fisco, não se compreende não possam ser submetidos, embora em parte, à constrição judicial, em execução movida por particular"[52].

Acredito que a questão não se resuma ao *quantum* remuneratório, mas se estenda à necessidade de fazer com que o credor, efetivamente, receba o que foi reconhecido como sendo-lhe devido, por decisão judicial, mormente quando se cuidar de empregado que não recebeu seus haveres trabalhistas.

A par da preocupação acima expressada, cabe observar que a possibilidade de se proceder a penhora de salário poderá contribuir, em não pequena porcentagem, para minimizar a crise da execução, ou, como consistentemente dito por Guilherme Freire de Barros Teixeira, "[...] admite-se, portanto, que a penhora de salários possa servir como um dos vários instrumentos para contribuir na luta para minimizar a crise do processo de execução, sem que isso importe em diminuição das garantias asseguradas ao executado"[53], mas, para tanto, necessário não olvidar de que o norte não deve, nem pode, ser a mantença do padrão de vida que o devedor possuía; na dicção de Luiz Rodrigues Wambier, "a manutenção do padrão de vida pessoal do devedor é critério absolutamente inadequado para nortear o regramento sobre a impenhorabilidade, pois, como é sabido, é crescente e constante, especialmente nas classes média e alta, a pressão exercida pelos meios de comunicação, que, lançando mão da técnica publicitária das necessidades criadas faz com que se incorporem ao sentimento de bem-estar do ser humano sempre mais e mais bens"[54].

Do quanto vem de ser exposto, de inferir que não se pode mais falar em impenhorabilidade absoluta e/ou total do salário, a mesma só pode ter lugar no limite do

---

(49) PASSOS, J. J. Calmon de. *A crise do processo de execução*, cit., p. 198.
(50) GOMES, Orlando. *O salário no direito brasileiro*. Rio de Janeiro: José Konfino, 1947. p. 175.
(51) DONATO, Messias Pereira. *Curso de direito do trabalho*. 2 ed. São Paulo: Saraiva, 1977. p. 228.
(52) AZEVEDO, Luiz Carlos de. *Da penhora*, cit., p. 146.
(53) TEIXEIRA, Guilherme Freire de Barros. *A penhora de salários e a efetividade do processo de execução*, cit., p. 131.
(54) WAMBIER, Luiz Rodrigues. A crise da execução e alguns fatores que contribuem para a sua Intensificação. *Repro*, n. 109, ano 28, p. 146, jan./mar. 2003.

necessário à preservação da dignidade da pessoa humana do devedor, fixada tendo como parâmetro a realidade social, porquanto ao credor deve ser assegurado receber o que lhe foi reconhecido como sendo um direito seu; em chegando a esse ponto, fácil perceber que uma dificuldade se apresenta, e se apresenta com ânimo de ser tida como incontornável, a saber: não existiria, no ordenamento jurídico pátrio, lei que autorizasse a penhora de salário, nos moldes em que permitida nos países susoapontados, de modo que o direito brasileiro não comportaria semelhante solução, é dizer, a penhora de salário.

Entrementes, tal conclusão, se irretorquível nos tempos áureos do positivismo, hoje não tem mais lugar, pelas razões que apontei em artigo anterior e ao qual peço vênia para remeter o tolerante e bondoso leitor, pois que neste singelo trabalho, minha preocupação maior foi a de demonstrar que está havendo uma mudança de paradigma entre nós, dando-se um maior (*rectius*: devido) valor à Constituição, e que a tendência das legislações contemporâneas é a de admitir a penhora de salário, ultrapassados certos limites, enquanto naquele me esforcei mais por indicar o caminho pavimentado pelo pós-positivismo, o qual, trilhado, autoriza, plenamente, a penhora de salário, lá fazendo, também, referência ao maior peso que, nos dias que correm, deve ser emprestado à Magna Carta, bem como ao princípio da proporcionalidade, que a nossa Lei Maior indiscutivelmente abriga.

Gostaria, porém, de lembrar que a Convenção n. 95 da OIT, em seu art. 10, não condena a penhora de salário[55], bem como que o quanto estatuído no art. 7º, X, da Carta Política, *verbis*: "[...] proteção do salário na forma da lei, constituindo crime sua retenção dolosa", não se constitui em intransponível óbice à penhora de salário, o que fica claro com a utilização do citado princípio da proporcionalidade, o qual existe mesmo para resolver, harmonizando, situações em que há uma aparente colisão de normas (gênero do qual os princípios e a regras são espécies), lembrando, aqui, do art. 5º, XXXV, da CF, bem como do direito fundamental do credor à tutela executiva, "um direito fundamental à exigência de que haja meios executivos adequados a proporcionar uma integral tutela executiva de qualquer direito consagrado em título executivo"[56], com base no qual, inclusive:

A) o juiz tem o poder-dever de interpretar as normas relativas aos meios executivos de forma a extrair delas um significado que assegure maior proteção e efetividade ao direito fundamental à tutela executiva:

B) o juiz tem o poder-dever de deixar de aplicar normas que imponham uma restrição a um meio executivo, sempre que tal restrição — a qual melhor caracteriza-se, insista-se, uma restrição ao direito fundamental à tutela executiva — não for justificável pela proteção devida a outro direito fundamental, que venha a prevalecer, no caso concreto, sobre o direito fundamental à tutela executiva;

C) o juiz tem o poder-dever de adotar os meios executivos que se revelem necessários à prestação integral de tutela executiva, *mesmo que não previstos em lei, e ainda que expressamente vedados em lei*, desde que observados

---

(55) SÜSSEKIND, Arnaldo. *Convenções da OIT*. 2. ed. São Paulo: LTr, 1998. p. 188.
(56) GUERRA, Marcelo Lima. *Direitos fundamentais e a proteção do credor na execução civil*. São Paulo: RT, 2003. p. 103.

os limites impostos por eventuais direitos fundamentais colidentes àquele relativo aos meios executivos (destaques do original).[57]

De resto e ainda quanto ao art. 7º, X, da Lei Maior, parece claro que o mesmo não pode servir como broquel ao que, tentando um negócio próprio, na condição de empregador, contratou empregado, assumindo os riscos da atividade econômica e, depois, não tendo dado certo sua iniciativa, transfere os ônus do malogro ao empregado; isso seria conseguir por vias oblíquas o que o direito veda, seria agir contrariamente aos mais comezinhos princípios do direito. A proteção de um, não deve levar à absoluta falta de proteção do outro, salvo nos limites necessários à preservação da dignidade da pessoa humana.

---

(57) GUERRA, Marcelo Lima. *Direitos fundamentais e a proteção do credor na execução civil*, cit., p. 103/4.

O Princípio da Igualdade e a Atuação do Ministério Público enquanto Parte

Francisco Alberto da Motta Peixoto Giordani[(*)]

Ilustres membros do Ministério Público do Trabalho entendem que possuem sempre a prerrogativa, enquanto tal, de "sentar-se no mesmo plano e imediatamente à direita dos juízes singulares ou presidentes dos órgãos judiciários perante os quais oficiem", na dicção do art. 18, I, "a", da Lei Complementar n. 75/83, não cabendo distinguir os casos em que a atuação é na qualidade de parte, da que ocorre como fiscal da lei.

Porém, há os que entendem, Juízes e processualistas de escol, que há tratar de maneira diferente a situação, conforme atue o Ministério Público do Trabalho como parte ou como fiscal da lei, embora pacífico que relevantíssimas as funções que exerce, em ambos os casos, com o que prontamente concordamos.

A questão é, sem dúvida, palpitante, o que se dá, como é fácil notar, à uma, pela importância da atuação dos denodados membros do Ministério Público do Trabalho, que honram a instituição a que pertencem, e à duas, pela autoridade e consistência dos argumentos utilizados pelos que se manifestam a esse respeito.

Acreditamos que a solução da controvérsia passa pelo exame do princípio da igualdade e sua projeção e/ou aplicação no âmbito do processo, atento ao papel que a este cabe para que seja observada a Constituição.

Todos sabemos — e assim afirmam os que versam sobre o tema — que a igualdade sempre foi um ideal, um desejo dos homens desde priscas eras; inicia Joaquim B. Barbosa Gomes obra de sua autoria asseverando que: "Remonta ao Mundo Antigo a ideia essencial à existência humana, de que todos os seres humanos são naturalmente iguais".[(1)] De sua parte, em linhas que resvalam para o poético, fazendo, pois, com

---

(*) Juiz do TRT da 15ª Região — Campinas — SP.
(1) *Ação afirmativa e princípio constitucional da igualdade*. Rio de Janeiro: Renovar, 2001. p. 1.

que toquem mais de perto ao coração, afirmou Cândido Motta Filho: "A igualdade, velha aspiração humana, constitui o tema principal do socialismo. Lembrada pelos filósofos gregos, focalizada por Seneca e pelos primeiros cristãos, depois, pelos doutores da Igreja, torna-se a razão de ser da verdadeira felicidade social".[2]

Com considerável poder de síntese, Fernando Alves Correia esclareceu que o "conceito de 'igualdade' esteve sempre presente no pensamento europeu. Os filósofos gregos, com especial destaque para Platão e Aristóteles, e, mais tarde, na Idade Média, S. Tomás de Aquino dedicaram-lhe uma especial atenção. Com os filósofos racionalistas dos séculos XVII e XVIII, o princípio da igualdade adquire um novo vigor, sendo utilizado como uma arma ideológica contra o despotismo"[3], enfim, "a humanidade sempre buscou a noção de igualdade".[4]

Em razão da sua extraordinária importância, não surpreende a constatação de que a "igualdade é objeto dos mais diversos discursos, do familiar ao científico";[5] aí, o problema passa a ser o da sinceridade dos diversos discursos, e os fins então visados...

Sim, já que, infelizmente, por ser tão cara aos homens, a igualdade pode ser — e não raro foi e/ou continua sendo — objeto de manipulações e maquinações por parte daqueles que querem dominar, se impor aos seus semelhantes, e que não desejam o império da igualdade, mas sim que esta sirva aos seus propósitos de dominação, tanto que já Demóstenes, em uma de suas manifestações, observou que "entre os que querem ser os senhores e os que amam a igualdade, não há simpatia possível".[6]

Por isso é que a igualdade, por muito tempo, não passou de um ideal inatingível para milhões e milhões de pessoas, isso quando como tais eram consideradas, pois, como se sabe, os escravos não o eram e a escravidão foi reputada como uma necessidade por Aristóteles, que também discorreu sobre a igualdade, o que pode servir de exemplo de como a igualdade foi vista como possível em relação a poucos homens.

O que fica claro é que, embora sempre presente nas mentes e nos corações dos homens — mas não de todos, volta-se a insistir, como desejo puro e sincero, ou, ainda, por diferentes conceitos acerca do que se deva entender por igualdade e qual a extensão de seus efeitos —, a igualdade não acompanhou os passos da humanidade desde o sempre, antes, demorou para ser tida como um direito dos homens, os quais tinham que conviver em situação de inferioridade em relação a alguns de seus semelhantes que, por algum título que tivessem, gozavam de privilégios, situações de favorecimento e de desrespeitosa superioridade, o que, como é curial, só provocavam revoltas, sempre sofridas, mas inicialmente surdas, explodindo num momento posterior; a propósito, importantes as observações de Arthur Lavigne Júnior, no sentido de que o "direito à Igualdade perante a lei não apareceu na história da humanidade subitamente, de uma só vez, mas, ao contrário, resultou de lenta evolução nascida no século XVIII em países onde o arbítrio da autoridade constituída encontrou

---

(2) *O conteúdo político das constituições*. Rio de Janeiro: Borsoi, 1950. p. 182.
(3) *O plano urbanístico e o princípio da igualdade*. Coimbra: Almedina, 2001. p. 394.
(4) MINHOTO, Antonio Celso Baeta. Princípio da igualdade. *Revista de Direito Constitucional e Internacional*, São Paulo: RT, ano 11, n. 42, p. 311, jan./mar. 2003.
(5) ROCHA, José de Albuquerque. *Estudos sobre o poder judiciário*. São Paulo: Malheiros, 1995. p. 155.
(6) *Apud* MIRANDA, Pontes de. *Democracia, liberdade, igualdade (os três caminhos)*. 2. ed. São Paulo: Saraiva, 1979. p. 425.

forte reação humanitária, idealizada e comandada por espíritos privilegiados, artífices da liberdade, que acabaram por estabelecer os alicerces do estado liberal".[7]

Para ficar mais completo o trecho retroreproduzido, interessante a transcrição de outro, pouco mais adiante, no mesmo substancioso trabalho contido, *verbis*:

> A ideia da Igualdade dos homens manteve-se ausente dos antigos sistemas políticos até que a humanidade, cansada dos privilégios que se cristalizavam nas monarquias absolutistas, gravou-a nos grandes documentos políticos que foram a Declaração da Independência dos Estados Unidos e a Declaração de Direitos do Homem e do Cidadão de 1789.
>
> A Revolução Francesa significou um ponto culminante de um século de oposição ao absolutismo. Em fase de plena mudança social e econômica, a França sentia os reflexos dos desmandos da realeza. Na segunda metade do século XVIII, a história política foi marcada por extensas modificações. O sistema de governo e as estruturas sociais das monarquias absolutistas não resistiram ao ódio e desprezo dos cidadãos, que viram nos extremos da extravagância e irresponsabilidade do regime manifestações inaceitáveis da aristocracia decadente.[8]

Lógico que, como sempre acontece, há existir alguém e/ou grupo e/ou classe que atue sobre os demais, influenciando-os e assim participando do rumo dos acontecimentos, o que, no caso, foi feito pela burguesia, já forte, mas ainda sem a predominância e o poder que anelava.

Assim, é que a ideia de igualdade foi, quando da Revolução Francesa, "fundamental para a burguesia em ascensão"[9], no e para o seu intento de mudar o estado das coisas então em vigor, ou seja, foi usada, a igualdade, mais para acabar com os privilégios que haviam, mas que não se estendiam à burguesia, do que por qualquer outro motivo, embora, como normalmente ocorre em situações quejandas, outros tenham sido indicados, daí que se considera que, em "sua fase embrionária, portanto, o direito de igualdade surge como antítese dos privilégios, reivindicando a igual dignidade dos humanos..."[10], não deixando de ser, outrossim, como percucientemente observou Luís Roberto Barroso, "uma espécie de acerto de contas entre a burguesia já emancipada e a monarquia absolutista, que nessa fase do desenvolvimento capitalista tornara-se um empecilho ao casamento final e indissolúvel entre o poder econômico e o poder político".[11]

Nesse passo, interessante frisar que, considerando os limites e objetivos deste trabalho, não cabe e nem houve uma maior preocupação com a menção de certos pensamentos e posicionamentos, acerca da igualdade, nem com sua evolução cronológica, apenas procedemos a um ligeiro apanhado que reputamos necessário e suficiente para a compreensão e devida sustentação do raciocínio desenvolvido, com vistas às ideias que, a seu tempo, serão apresentadas.

---

(7) LAVIGNE JÚNIOR, Arthur. As liberdades econômicas e o princípio da igualdade. *Anais da VIII Conferência Nacional da Ordem dos Advogados do Brasil*, p. 477.
(8) *As liberdades econômicas e o princípio da igualdade*, p. 479.
(9) MELLO, Celso A. O princípio da igualdade no direito internacional público. *Revista da Ordem dos Advogados do Brasil*, Secção do Rio de Janeiro, v. XX, n. 15, p. 11, 1981.
(10) SILVA JÚNIOR, Hédio. O princípio da igualdade e os direitos de igualdade na Constituição de 1988. *Revista de Direito Constitucional e Internacional*, ano 10, n. 38, p. 168, jan./mar. 2002.
(11) Igualdade perante a lei. *Revista de Direito Público*, v. 78, p. 66/7.

Destarte, não há espaço para um aprofundamento ou tomada de posição, por exemplo, acerca da "inflamada polêmica [que] subsiste, através os anos, a propósito da influência do texto americano ou do francês, no tocante à adoção por quase todos os povos ocidentais dos princípios da igualdade formal (e dos direitos individuais, em geral)"[12], importando apenas realçar que a "Revolução Francesa fez ponto alto o da igualdade em direito"[13], e a repercussão que a Declaração então proclamada exerceu nas Constituições dos mais diversos países posteriormente.[14]

Em suma, basta, aqui, reter que a "primeira formulação moderna do princípio jurídico da igualdade deu-se, como se sabe, no dealbar da Revolução Francesa e apresentou um tom nitidamente libertário: proclamou-se a libertação de todos os homens da sujeição congênita a um estamento. Já não era, pois, o nascimento que definia o *status* jurídico individual. A Declaração dos Direitos do Homem e do Cidadão de 1789 abre-se com a afirmação de que 'os homens nascem e permanecem livres e iguais em direitos'. 'Em direitos', note-se bem, não em fortuna ou prestígio social. Aboliam-se, pois, de um só golpe, todas as ordens jurídicas estamentais, a começar pelas que se fundavam no privilégio de nascimento"[15], o que não significa, de forma alguma, que não se considere e/ou tenha na devida conta o texto americano, também de grande influência e repercussão, mesmo porque, nas sempre sábias observações do grande mestre Arnaldo Süssekind, a "Constituição norte-americana (1789), a Declaração dos Direitos do Homem proclamada pela Revolução Francesa (1789) e a Constituição que se lhe seguiu (1791) consagraram o liberal-individualismo, defendido, desde algum tempo, por conceituados pensadores do século XVIII"[16]; enfim, ambos os textos foram importantes, o francês, porém, tendo uma projeção maior.

A igualdade que se estabeleceu, a que se afinava com a ideologia liberal então vitoriosa, foi a igualdade formal, a qual bem servia às pretensões dos que a ergueram como bandeira, se bem que não totalmente desfraldada, clamando por uma nova ordem.

Com pena de mestre, Elival da Silva Ramos dilucida que:

> De fato, quando na segunda metade do Século XVIII o sistema político democrático adquiriu consistência teórica e difusão prática, por meio das Revoluções Liberais, o valor igualdade estava definitivamente incorporado à sua pauta axiológica, juntamente com o valor liberdade.
>
> ...
>
> O direito à igualdade recebia, então, um tratamento meramente formal, a significar que, para a ordem jurídica, bastavam a possibilidade lógico-formal dos indivíduos serem titulares dos direitos por ela consagrados e não a efetiva possibilidade de sua fruição.[17]

---

(12) FARIA, Anacleto de Oliveira. *Do princípio da igualdade jurídica*. São Paulo: RT/Edições da Universidade de São Paulo, 1973. p. 15.
(13) FALCÃO, Alcino Pinto *et al. Comentários à constituição*. Rio de Janeiro: Freitas Bastos, 1990. v. 1, p. 152.
(14) Castanheira Neves fala que o princípio, após sua proclamação e posterior inclusão na Constituição, "ficou adquirida para sempre como um verdadeiro axioma político e jurídico que todas as constituições até aos nossos dias, e em todas as latitudes, iriam consagrar, com essa mesma formulação ou semelhante. *O instituto dos "assentos" e a função jurídica dos supremos tribunais*. Coimbra: Coimbra, 1983. p. 118/9.
(15) COMPARATO, Fábio Konder. Igualdade, desigualdades. *Revista Trimestral de Direito Público*, 1, São Paulo: Malheiros, p. 73, 1993.
(16) *Comentários à constituição*, cit., p. 323.
(17) O direito à igualdade formal e real. *Revista dos Tribunais*, v. 651, p. 53, 1990.

Conquanto tenha significado um avanço para aquele momento histórico, considerado o período anterior, os tempos posteriores demonstraram quão insuficiente a igualdade meramente formal, para o fim de possibilitar aos homens efetiva igualdade de oportunidades na vida; reclamando-se e buscando-se um sentido mais substancioso do conceito de igualdade, considerando que, como também afirmou o preclaro Elival da Silva Ramos, a "todos devem ser concedidas condições materiais que possibilitem existência digna, em que as potencialidades individuais possam florescer".[18]

O bosquejo apresentado, nas condições e limitações que o foi e já acima referidas, tem a clara intenção de marcar que a igualdade sempre foi incessantemente perseguida pelo homem, embora sempre houvesse aqueles que não a desejassem — e não desejam — sinceramente ou com amplitude tal que os abrangesse — ou abranja — também, de maneira que tanto difícil avançar no ideal de existência de uma efetiva e útil igualdade, como também dificultoso manter-se o que já se conquistou, nesse campo, hoje não mais ou não só pelo emprego da força mas, o que talvez seja mais perigoso ainda, pela utilização de meios engenhosos e sutis, com o escopo de embair os semelhantes, para o que há pessoas altamente qualificadas.

Enfim, é preciso muito e constante cuidado para que a força e/ou o campo conquistado pela igualdade não seja reduzido, não se permitindo jamais que ela seja incluída em frases carregadas de tristeza e desesperança, tais como, *verbi gratia*: "O Mal e o Bem, a Verdade e a Mentira, o que são? Palavras, só palavras, nada mais", conclusão, para ele certamente dolorida, a que chegou Albino Forjaz de Sampaio, contida em seu *livro Palavras Cínicas* (Rio de Janeiro, 1936, p. 68).

Não, não e não!

Com a igualdade não podemos deixar que ocorra semelhante situação, ela deve ser fonte de esperança e de tranquilidade, principalmente para os menos favorecidos em termos de condições de lutar pela sua subsistência (*rectius*: pela vida, atento ao sistema em vigor); há de traduzir um estado de espírito positivo, de confiança no mundo e nos homens, e não ser motivo de indiferença, ou mais do que isso, de descrédito, o que, bem vistas as coisas, significará indiferença ou descrédito para com as instituições e, via de consequência, para com o próximo, o que, despiciendo talvez acrescentar, será péssimo, pois pode conduzir a pensamentos, como o do autor logo acima citado, na linha de que: "No dia em que sentires piedade pelo teu semelhante faz estalar o crânio com uma bala".[19]

Embora não nos seja lícito ignorar que sempre existiu e existirão indivíduos (?) que assim pensem, cumpre evitar que aumentem mais e mais, a ponto de tornar a pacífica convivência humana insuportável (novamente), o que um palco de desesperança, de indiferença e de descrédito podem provocar (e talvez seja do interesse de alguns que seja assim).

Por isso, entre outras atribuições, cabe à igualdade demonstrar aos homens que não se perdeu o elo de solidariedade que deve, indelevelmente, ligá-los, de modo a que todos saibam que, conquanto existam aqueles a que já nos referimos, com uma visão deturpada do que seja e dos fins que com ela se pretende, felizmente, a esmagadora maioria se preocupa e quer bem ao seu semelhante, que vale a pena lutar pela felicidade do próximo, o que, bem analisadas as coisas, é pugnar pela felicidade

---
(18) *Op. cit.*, p. 54.
(19) SAMPAIO, Albino Forjaz de. *Palavras cínicas*. Rio de Janeiro: Rio de Janeiro, 1936. p. 68.

de cada qual, pois ninguém está sozinho nesse mundo, o qual deve ser banhado de sentimentos nobres e elevados, como o da igualdade entre os indivíduos, o que, com certeza, fará com que a luz do sol, que tão bem faz quando associada aos mais puros e sinceros sentimentos, brilhe em cada vez mais corações...

Acreditamos que mais não seja preciso, para enfatizar a importância da igualdade, de que seu campo seja cada vez mais sólido e extenso, trazendo ao seu regaço, colocando sob seu abrigo um número cada vez maior de pessoas.

Igualmente, estamos em que desnecessário o recordar que tão sublime missão, se bem que de todos, o é, muito especialmente, dos operadores do direito, aos quais, tradicionalmente, cabe batalhar para que os direitos dos homens — e dentre eles, sem dúvida, sobreleva o à igualdade — sejam reconhecidos, respeitados e devidamente observados, o que, não se desconhece, sempre foi uma tarefa árdua e não imune a ataques virulentos, dos que acreditam que a falta de lhaneza, civilidade, largamente substituída pelo destempero verbal, bastam para esconder propósitos mais rasteiros, inconfessáveis mesmo; aliás, o antídoto para tal comportamento, com certeza, deve ser o de mais igualdade entre os homens, igualdade essa que até justifica o direito ou, como superiormente asseverado por Maria da Glória Ferreira Pinto, "a igualdade faz parte da própria essência do direito".[20]

A igualdade, de há já algum tempo, passou a ter estatura constitucional, figurando nas mais diversas constituições, como ensina Castanheira Neves (citado na nota de rodapé n. 14), o que não significa que tenha sido observada e/ou praticada, não só lá fora, como no Brasil também, ou como já se disse: "O constitucionalismo brasileiro sempre adotou o princípio da igualdade em suas Cartas, o que não quer dizer que tenha havido o respeito e o acatamento a ele".[21]

Entretanto, quer nos parecer que, hodiernamente, a igualdade, já com a dignidade de princípio constitucional, se fortaleceu e continua cada vez mais a se fortalecer, existindo, felizmente, uma mais ampla e favorável atmosfera para que ela se imponha e faça respeitada, como deve ser; aliás, de maneira percuciente observou a já referida jurista portuguesa Maria da Glória Ferreira Pinto que a "invocação da violação do princípio da igualdade é, pois, uma constante nos dias de hoje, o que parece ser sintoma de uma renovada vitalidade do princípio".[22]

E assim há, realmente de ser, até porque não se pode, com sinceridade, deixar de reconhecer que inconcebível falar em regime democrático, em não havendo profundo e verdadeiro respeito ao princípio da igualdade ou, como melhor se expressou Nestor Duarte: "Essa é a vocação, o propósito e o destino do regime democrático. Então, se dirá que o princípio da igualdade é a própria essência da Democracia. E o é realmente",[23] sentir do qual não discrepam Fernanda Oltramari e Vitor Hugo Oltramari, eis que afirmam, textualmente, que: "O direito geral de igualdade, signo fundamental da democracia, está elencado no art. 5º da CF Brasileira".[24]

---

[20] Princípio da igualdade. Fórmula vazia ou fórmula "carregada" de sentido? In: *Boletim do Ministério da Justiça — Portugal*, n. 358, p. 33, jul. 1986.
[21] VIEIRA, Adriana Carvalho Pinto. *O princípio constitucional da igualdade e o direito do consumidor*. Belo Horizonte: Mandamentos, 2002. p. 32.
[22] *Princípio da igualdade...*, cit., p. 19.
[23] O princípio da igualdade perante a lei. *Revista Forense*, v. 156, p. 8, nov./dez. 1954.
[24] A igualdade e a dignidade da pessoa humana e a discriminação dos homossexuais nos contratos de trabalho. *Revista de Direito do Trabalho*, n. 109, p. 24, jan./mar. 2003.

Por seu turno, com a ressalva de ter sob as vistas Constituição anterior, ainda assim valiosa e útil a observação de Maria da Glória Lins da Silva Castro, no sentido de que "Esta igualdade, prevista no art. 153, § 1º, do texto constitucional, é, por sua vez, basilar a todo ordenamento jurídico contemporâneo. Sem garantia de igualdade, não haverá como afastar da vida jurídica as discriminações, sobretudo, de ordem econômica e social".[25]

Possa embora parecer uma brincadeira, entre nós, o princípio da igualdade pode até ser muito bem defendido e ter seu campo de atuação, não exatamente alargado, mas corretamente reconhecido, ante os termos em que colocado na Magna Carta, o que faz até com que renomados juristas tenham-no como um princípio supra constitucional; essas as águas pelas quais singra o eminente Rui Portanova, *verbis*:

> O princípio da igualdade, pela sua importância no direito brasileiro, está previsto já no Preâmbulo da Constituição e em seu art. 5º: 'todos são iguais perante a lei, sem distinção de qualquer natureza'. Não é demasia admitir que se está diante de princípio supraconstitucional, no sentido de que outras disposições da Constituição lhe devem obediência.[26]

Parece cortar os mesmos mares o professor José Souto Maior Borges, para quem:

> No contexto constitucional, o princípio da isonomia não corresponde a uma norma igual em eminência a outra qualquer, ou mesmo aos outros princípios constitucionais. A análise do seu conteúdo revelará a sua insigne posição, que lhe realça decisivamente o significado normativo, em comparação com outros princípios e normas constitucionais.[27]

Como é óbvio, a posição de proeminência do princípio da igualdade ou o de tê-lo como um princípio "supraconstitucional" facilita — se é que se pode empregar esse vocábulo em tema de tamanha magnitude —, sua utilização ou que seja bem defendido, como notado nas linhas transatas mas, implica numa maior responsabilidade, exigindo a sua aplicação quando e no campo que lhe é próprio, até para que possamos declarar, ainda que bem depois, com bastante atraso, com voz serena, mas firme, o que declarou, em voto então vencido —, o que não contamos se dê mais em terras brasileiras, quanto antes e definitivamente melhor — o Juiz J. Harlan, da Suprema Corte dos EUA, no processo Plessy v. Fergusson:

> A nossa Constituição não vê cores, e não conhece nem tolera classes entre os cidadãos [...] A lei olha o homem como homem e não leva em consideração o seu meio ou cor [...][28]

Em suma, precisamos ter sede, muita sede de igualdade, e nossa Constituição está aí, para nos ajudar a saciá-la, para o que, porém, precisamos tê-la sempre conosco, não esquecendo o que ela determina e quer, e ligando-a sempre com os demais diplomas legais existentes ou, nas palavras da culta Angélica Arruda Alvim, referindo-se embora a um curso, mas cujas observações são aqui plenamente aplicáveis:

> [...] um dos nossos objetivos foi o de tornar o Direito Constitucional parte integrante do nosso dia a dia, como profissionais do Direito. Isso não é possível

---

(25) Os mitos do processo. *Revista Brasileira de Direito Processual*, Forense, v. 51, p. 83.
(26) *Princípios do processo civil*. 2. tir. Porto Alegre: Livraria do Advogado, 1997. p. 37.
(27) Significação do princípio da isonomia na Constituição de 1988. *Revista Trimestral de Direito Público*, 15, p. 29, 1996.
(28) *Revista Sub Judice — Justiça e Sociedade*, Lisboa, n. 12, p. 75, jan./jun. 1998.

se concebermos a Constituição como um diploma legal à parte, que não se interliga com os diplomas legais que lhe são inferiores.[29]

Agora, limitando-nos, atento aos objetivos deste, às relações entre a Constituição e o processo, o que a este cabe fazer, se é que pode fazer algo, para tornar efetivo o quanto possível, fazendo observar e observando o princípio da igualdade?

Dúvidas não podem pairar, no sentido de que a igualdade constitucionalmente prevista há de ser sempre lembrada e praticada, "para não ficar no mero campo da retórica", como adverte Agapito Machado[30] e que não "há como se negar a natureza principiológica da norma insculpida no art. 5º, *caput*, da Lei Maior. Com efeito, a igualdade ali prevista irradia seus efeitos para os diversos ramos do Direito, sendo recepcionada pelo Direito Processual Civil através do princípio da igualdade processual ou da igualdade de tratamento entre as partes";[31] logo, inegável que, no âmbito do direito processual muito pode — e deve — ser feito, como imposição lógica de caber-lhe dar plena realização às normas constitucionais, atento a que, como numa síntese especialmente feliz, observou a ilustre advogada Maristela da Silva Alves, o "direito processual é direito constitucional aplicado",[32] acrescentando, linhas depois, que:

> O estudo do processo, sob o enfoque constitucional, amplia a sua importância na busca da justiça e na segurança do procedimento sob o enfoque das garantias expressas na constituição. O que significa que está havendo uma conscientização de que as exigências do código constituem projeção de norma de mais alta posição hierárquica que é a Constituição Federal e, por isso, deve ser base para a conformação doutrinal e jurisprudencial que servem unicamente para atuar os valores consagrados na Constituição Federal.
>
> [...]
>
> Portanto, o compromisso do Poder Judiciário não pode ser outro que com os valores consagrados na Constituição Federal e positivados através de regras e princípios.[33]

A importância da Constituição para o processo sempre existiu e foi reconhecida, embora atualmente sua relevância tenha, merecidamente, aumentado, ou melhor, venha sendo devidamente considerada.

Tanto isso é verdade que o inesquecível José Frederico Marques, em sua obra *Ensaio sobre a Jurisdição Voluntária*, já dava seu testemunho acerca dessa realidade.[34] Também o grande João Mendes Júnior, lembrado por Frederico Marques, no distante ano de 1899, pontificava que "cada ato do processo deve ser considerado meio, não só para chegar ao fim próximo, que é o julgamento, como ao fim remoto, que é a segurança constitucional dos direitos".[35]

---

(29) Princípios constitucionais do processo. *Revista de Processo*, n. 74, p. 20, abr./jun. 1994.
(30) Princípio da isonomia e os privilégios processuais. *Revista dos Tribunais*, v. 693, p. 9, jul. 1993.
(31) FONTES, Fernando. A disciplina constitucional do recurso ordinário em mandado de segurança: violação dos princípios da igualdade processual e do duplo grau de jurisdição. *Revista do TRT da 5ª Região,* ano 4, n. 1, p. 196.
(32) Processo e constituição. *Revista do Ajuris*, ano XXVII, n. 85, t. I, p. 264, mar. 2002.
(33) *Processo e constituição*, cit., p. 269.
(34) *Vide* edição revista, atualizada e complementada por Ovídio Rocha Barros Sandoval, 1. ed. atual. Porto Alegre: Millennium, p. 3/14, especialmente p. 11, na qual se afirma que: "A importância da Constituição, no tocante ao processo, é das maiores, não só porque na Lei Básica se acham regras que o legislador ordinário não pode violar, como também porque o processo, concedido como garantia de justiça, nada mais significa que a imediata e direta complementação dos mandamentos constitucionais".
(35) A nova fase da doutrina e das leis do processo brasileiro. *Revista da Faculdade de Direito de São Paulo*, v. VII, p. 120, 1899.

Outrossim, não há olvidar que, sendo o princípio da igualdade insculpido na Constituição uma garantia para o cidadão, lógico que há de ser observado sempre que não houver motivo que justifique algum tratamento diferente, e isso em qualquer área e/ou campo de atividade, constituindo-se num direito impostergável e que não pode ser concebido com restrição; em trecho transbordante de consistência e saber jurídico, ensina o preclaro José Augusto Delgado:

> [o princípio da igualdade]... existe como um postulado de caráter geral, com a missão de ser aplicado em todas as relações que envolverem o homem. É um direito fundamental que exige um comportamento voltado para que a lei seja aplicada de modo igual para todos os cidadãos.
>
> [...]
>
> No campo da proteção das garantias processuais do cidadão, o princípio da igualdade constitui postulado vital.
>
> [...]
>
> No Direito Constitucional positivo hoje posto, não há, na aplicação do referido princípio, possibilidade de se concebê-lo com restrição.[36]

Aliás, não se pode imaginar, em sã consciência, uma atuação do Judiciário descomprometida com a Constituição e com a realidade; assim, já nos idos de 1958, afirmava o culto Francisco Campos que, ao referido Poder, "incumbe aplicar a lei nos termos ou na conformidade da Constituição; cabe-lhe, portanto, em primeiro lugar, aplicar a Constituição".[37] Não nos esqueçamos, tratando de processo, dos ensinamentos do grande processualista Galeno Vellinho Lacerda, no sentido de que o mesmo, o "processo, na verdade, espelha uma cultura, serve de índice de uma civilização",[38] ideia essa que, força é convir, deve servir como um estímulo ao aperfeiçoamento da utilização do princípio da igualdade entre nós.

Enfim, parece-nos claro que a igualdade constitucionalmente afirmada é de suma importância em todos os setores e/ou campos de atividade em que o indivíduo possa estar envolvido, logo, de capital relevância para o Poder Judiciário, para o desenvolvimento de um processo judicial, que possa assim ser chamado, cabendo, como inegável corolário do que se vem de asseverar, ao Juiz assegurar, de maneira firme e decidida, o tratamento paritário dos litigantes; nesse passo, interessante o ceder o passo ao notável processualista Paulo Henrique dos Santos Lucon, para quem:

> No processo, a igualdade constitui princípio fundamental e revela-se no tratamento paritário das partes, pois é e sempre foi historicamente objetivada, progressivamente introduzida na consciência jurídica e encontra recepção expressa no texto constitucional.[39]

Pouco mais adiante, o citado mestre faz observar que ao "julgador compete assegurar às partes a paridade de tratamento, cabendo-lhe observar e fazer observar a igualdade entre os iguais e a desigualdade entre os desiguais, na exata medida das

---

(36) A supremacia dos princípios nas garantias processuais do cidadão. In: TEIXEIRA, Sálvio de Figueiredo (coord.). *As garantias do cidadão na justiça*. São Paulo: Saraiva, 1993. p. 73.
(37) *Direito administrativo*. Rio de Janeiro: Freitas Bastos, v. 2, p. 192.
(38) Processo e cultura. *Tribuna da Magistratura*, p. 58, abr. 1999.
(39) Garantia do tratamento paritário das partes. In: TUCCI, José Rogério Cruz e (coord.). *Garantias constitucionais do processo civil*. 1. ed. 2. tir. São Paulo: Revista dos Tribunais, 1999. p. 96.

desigualdades presentes no caso concreto"[40], ensinamento esse que se afina com o da eminente advogada Cristiane Flôres Soares Rolin, que, após dilucidar que o princípio da igualdade é de ser observado tanto pelo legislador como pelo juiz, acrescenta, quanto a este, que cumpre-lhe "garantir às partes tratamento paritário no processo, bem como na aplicação da lei".[41]

Do que vem de ser exposto, assoma a importância da igualdade, garantida pela constituição, a qual se aplica, insista-se, em todos os campos nos quais o indivíduo possa movimentar-se, incluído aí o Poder Judiciário, quando, então, deverá o juiz velar para que no processo os litigantes sejam tratados de modo a ser efetivo o comando constitucional quanto a igualdade, lembrando, numa mensagem simples, que "só com dois pratos iguais é que não se vicia a balança da justiça".[42]

Insta, agora, examinar se, sem ofensa ao princípio constitucional da igualdade, pode-se falar em prerrogativas do Ministério Público do Trabalho, quando atua como parte, com o direito de "sentar-se no mesmo plano e imediatamente à direita dos juízes singulares ou presidentes dor órgãos judiciários perante os quais oficiem", nos termos do art. 18, I, "a", da Lei Complementar n. 75/93, sustentando oralmente, quando atuando nos TRTs, nesse mesmo lugar, portanto, não da tribuna, ou se, em casos tais, não há enxergar-se prerrogativa, mas insustentáveis privilégios.

A partir da observação de Manuel A. Domingues de Andrade, no sentido de que o princípio da igualdade "Consiste em as partes serem postas no processo em perfeita paridade de condições, desfrutando, portanto, idênticas possibilidades de obter a justiça que lhes seja devida",[43] fica difícil reconhecer possua o Ministério Público do Trabalho os direitos acima referidos, nos casos em que atua como parte, mas, prossigamos, para ver se esta primeira conclusão se impõe ou não como acertada e definitiva.

Fazendo-se abstração do fato de que difícil, para não dizer inviável, justificar ao litigante contra o qual o Ministério Público do Trabalho esteja atuando, como parte, a diversidade de tratamento, a qual ele certa e compreensivelmente atribuirá eventual resultado que lhe for desfavorável no feito, o que só redundará em imerecido desprestígio da atividade jurisdicional, ainda é de se indagar se as sempre altas funções do Ministério Público do Trabalho não justificariam, ainda assim, o tratamento diferenciado; a leitura das linhas abaixo, considerando a autoridade de quem as elaborou, professor Jorge Miranda, um dos maiores constitucionalistas da atualidade, não autorizam, s.m.j., semelhante conclusão. São suas as seguintes palavras:

> O princípio da igualdade na lei em relação ao processo devido sugere que os direitos ou os encargos processuais se estabeleçam com generalidade, sem excepção de pessoas ou circunstâncias [...]
>
> [...]
>
> O princípio da igualdade das armas significa equilíbrio entre as partes na apresentação das respectivas teses na perspectiva dos meios processuais de que para o efeito dispõem e, sem implicar embora uma identidade formal

---

(40) *Garantia do tratamento paritário das partes*, p. 97.
(41) A garantia da igualdade no processo civil frente ao interesse público. In: PORTO, Sérgio Gilberto (org.). *As garantias do cidadão no processo civil*. Porto Alegre: Livraria do Advogado, 2003. p. 62.
(42) MARTINS, Alfredo Soveral. *Direito processual civil*. Coimbra: Coimbra, 1995. v. 1, p. 170.
(43) VARELA, Antunes (col.). *Noções elementares de processo civil*. reimp. Coimbra: Coimbra, 1993. p. 380.

absoluta de meios, exige que o autor e o réu tenham direitos processuais idênticos e estejam sujeitos também a ônus e cominações idênticos, sempre que a sua posição no processo for equiparável [...] O princípio impede a introdução de discriminações em função da natureza subjetiva da parte em causa.[44]

A essa altura, interessante o recordar-se ensinamentos do festejado processualista José Carlos Barbosa Moreira, no sentido de que ambas as partes *deben tener las mismas posibilidades de actuar y también quedar sujetas a las mismas limitaciones*,[45] o qual não se coaduna com a concessão de qualquer tratamento diferenciado ao Ministério Público do Trabalho, atuando enquanto parte, asserto que se firma mais solidamente, uma vez retida a seguinte passagem extraída da pena de José Augusto Delgado: "Nenhuma das funções estatais, a legislativa, a administrativa e a judiciária, pode estabelecer privilégios e discriminações no trato dos componentes do organismo social, sob pena de se ferir o seu conteúdo político-ideológico",[46] e isso tanto mais é certo quanto mais se atenta para o fato de que a "real igualdade das partes no processo é um valor a ser observado sempre, ainda que possa conflitar com outro princípio processual", na aguda observação do renomado processualista José Roberto dos Santos Bedaque,[47] o que, como já afirmamos, demonstra a sede de igualdade atualmente experimentada, mesmo porque, como acentua Hans W. Fasching, o "processo tem, agora, dois escopos: a) proteção dos direitos individuais e b) verificação e proteção da ordem jurídica, a serviço da comunidade jurídica",[48] elevados objetivos esses que, como salta aos olhos, não serão verdadeiramente alcançados, se não respeitada a igualdade entre as partes envolvidas em algum litígio.

Possível argumentação acerca da existência de interesse público defendido pelo Ministério Público do Trabalho, sempre presente, ainda que a sua atuação se dê na qualidade de parte, não empolga, absolutamente, à uma, porque "deve-se ter em consideração que o interesse privado nem sempre é antítese do interesse coletivo, pois o indivíduo reflete e é o reflexo da existência do outro e da coletividade. Pode-se dizer, ainda, que o interesse público é a reunião de interesses individuais convergentes na busca do bem comum e do bem social",[49] de modo que já não se apresenta com a nitidez e a segurança que antes se imaginava a ideia de interesse público, nem se pode falar mais, com a mesma segurança, de que há ele sempre de prevalecer, sem outras considerações, atento a que, como já se notou, "por conta do 'interesse público', foram elaboradas normas (e outros atos) eivadas de inconstitucionalidade pelas quais até hoje a nação responde";[50] à duas porque não se pode ter no mesmo nível a atuação do Ministério Público do Trabalho enquanto parte e enquanto *custos legis*, eis que, como dilucida a eminente Ada Pellegrini Grinover, é "justamente quando o órgão do Ministério Público age como *custos legis* que, em geral, se cuida de interesses

---

(44) Constituição e processo civil. In: *Direito e Justiça — Revista da Faculdade de Direito da Universidade Católica Portuguesa*, v. VIII, t. 2, p. 19, 1994; entre nós, foi publicado na *Repro 98*, p. 29/42, abr./jun. 2000, encontrando-se o trecho reproduzido à p. 37.
(45) La igualdad de las partes en el proceso civil. *Repro*, n. 44. p. 178.
(46) A supremacia. In: *As garantias do cidadão na justiça*. São Paulo: Saraiva, p. 73.
(47) *Poderes instrutórios do juiz*. 2. ed. São Paulo: RT, p. 73/4.
(48) O desenvolvimento do código de processo civil austríaco nos últimos 75 anos. *Repro*, n. 5, p. 116.
(49) ROLIN, Cristiane Flôres Soares. A garantia da igualdade no processo civil frente ao interesse público. In: PORTO, Sérgio Gilberto (org.). *As garantias do cidadão no processo civil*. Porto Alegre: Livraria Advogado, 2003. p. 65.
(50) LUCON, Paulo Henrique dos Santos. Garantia do tratamento paritário das partes. In: Obra coletiva. *Garantias constitucionais do processo civil*, cit. p. 125.

materiais relevantes, de relações jurídicas controvertidas em que o interesse público avulta".[51]

Interessante o fixar-se que, "seja propondo a ação, seja intervindo em ação proposta por outrem, o Ministério Público se põe numa relação dislética e antagonística com os titulares, ou quando nada com algum deles, da relação substancial deduzida em juízo; torna-se contraditor da parte privada e em face dela ou em confronto com ela recorre a todos os meios previstos em lei para fazer valer o interesse de que é titular";[52] ora, sendo essa uma realidade que não se pode negar, parece também não ser possível deixar de reconhecer que, atuando como parte e até mesmo por isso, necessitará o Ministério Público do Trabalho de se por numa posição de franco e acentuado antagonismo com a parte contrária, atento aos deveres e necessidades que sua atuação nessa qualidade vai-lhe exigir, situação essa que reclama, de pronto, a plena observância do princípio da igualdade, equilibrando os direitos e deveres de ambos, pois que tanto o Ministério Público do Trabalho como seu adverso procurarão demonstrar a veracidade de suas assertivas em juízo, não se podendo admitir que o primeiro conte com maiores possibilidades para fazê-lo, o que provocaria inconciliável cizânia com o princípio da igualdade.

Evidente que o Ministério Público do Trabalho não deixa de ser a mesma instituição nos dois casos, ou seja, como parte ou como *custos legis*, mas também não deixa de ser igualmente evidente que sua atuação e os fins visados em uma e outra variação, no modo de proceder e mesmo na intensidade dos atos que deverá praticar, para ver acolhida sua pretensão, já agora enquanto parte; de maneira irrespondível já se disse que:

> As prerrogativas da função própria do Estado que se atribui ao Ministério Público no exercício do ofício de fiscal da lei, logicamente, não se comunicam e juridicamente não podem ser comunicadas ao exercício que o Ministério Público pratica como órgão postulante da prestação jurisdicional. Aqui seu tratamento deve ser exclusivamente, e por equidade, como o destinado a todos os jurisdicionados.[53]

Aliás, a questão de a instituição ser a mesma, quer o Ministério Público do Trabalho atue como parte, quer como *custos legis*, fica clara e resolvida se se considerar que já a atribuição dos direitos e obrigações próprias de quem esteja em juízo na qualidade de parte ao Ministério Público, quando atuando nessa condição — CPC, art. 81 — demonstra que o legislador entendeu de fazer uma diferenciação, a qual não pode ser ignorada, e que passa pela constatação de que, embora não seja parte, em toda plenitude da acepção jurídico-processual do termo, ficou estabelecido que, para os casos em que sua atuação seja na qualidade de parte, o Ministério Público, embora não o seja completamente, quer dizer, não corresponda integralmente ao conceito de parte, deve como tal ser considerado, mesmo porque, como é óbvio, só se confere a alguém "poderes e ônus", na dicção do aludido dispositivo legal, que outro possui, quando, à partida, se sabe que estão em situação diferente e se quer que, para determinados efeitos, fiquem na mesma e/ou em equivalente situação e/ou posição.

---

(51) *Os princípios constitucionais e o código de processo civil.* São Paulo: José Bushatsky, 1975. p. 55.
(52) PASSOS, J. J. Calmon de. Intervenção do ministério público nas causas a que se refere o art. 82, III, do Código de Processo Civil. *Revista Brasileira de Direito Processual*, Forense, v. 18, p. 103/4.
(53) PITAS, José Severino da Silva. Ministério público do trabalho: prerrogativas do ofício são comunicáveis à sua atuação como parte? *Revista do Trabalho & Processo*, São Paulo: Saraiva, n. 6, p. 84, set. 1995.

O então Subprocurador Geral da República Henrique Fonseca de Araújo, em alentado artigo intitulado "O Ministério Público e o Novo Código de Processo Civil", ao discorrer sobre a atuação do Ministério Público enquanto parte, após afirmar que apenas processualmente poderia ser assim reputado, completando seu raciocínio asseverou que:

> Daí dizer o art. 81 do Código de Processo Civil que, em tais hipóteses, cabe ao Ministério Público, no processo, "os mesmos deveres e ônus que às partes".
>
> Só se atribui a alguém poderes e ônus que outrem desfrute, se diversas são suas posições, porque se igualdade entre elas houvesse, incompreensível a atribuição.
>
> Se se atribui a A poderes e ônus de que goza B é porque A não é B.[54]

A simplicidade da demonstração, como geralmente acontece com as coisas mais singelas, a par de torná-la agradável, ainda a faz robusta e irrespondível; apenas à guisa de ilustração, eis que, como dito, a colocação retroreproduzida é irretorquível, gostaríamos de mencionar o pensamento do também ilustre Alcides de Mendonça Lima, contido em artigo de sua lavra, intitulado "Atividade do Ministério Público no Processo Civil", que, cuidando da atuação do Ministério Público enquanto parte, expôs: "Se fosse genuinamente 'parte', ociosa a referência final do nosso art. 81: 'os mesmos poderes e ônus que às partes'. Houve necessidade, portanto, de estatuir, expressamente, a equiparação dentro do processo, situação reafirmada, aliás, em outros dispositivos".[55]

Destarte, há de se ter que, atuando como parte, o Ministério Público — aí incluído, logicamente, o Ministério Público do Trabalho — deve ser tratado, de forma efetiva, como tal, com os mesmos direitos e deveres, da parte adversa, o que, em não ocorrendo, como é palmar, significará séria agressão ao princípio da igualdade, constitucionalmente assegurado.

É preciso, outrossim, que se proclame, em alto e bom tom, que o Supremo Tribunal Federal já feriu a questão atinente à diversidade de situações e de tratamento, quanto à atuação do Ministério Público, em caso envolvendo o Promotor da Justiça Militar e a Justiça Militar Federal[56] sendo que a decisão então exarada foi totalmente contrária à tese de que, enquanto parte, possui o Ministério Público as mesmas prerrogativas do que enquanto *custos legis*; consta do v. acórdão que:

> O inciso I do art. 18 da Lei Complementar n. 75/93 deve ser entendido como norma que encerra o reconhecimento de uma tradição nos Colegiados. Revela não em si uma regra processual, mas a normatização de uma prerrogativa da Instituição, *muito embora, levada às últimas consequências, sujeita à crítica sob o ângulo constitucional, considerado o tratamento igualitário devido às partes, isto quando o Órgão do Ministério Público atua com tal qualidade* [...] (sublinhamos)

Aliás, pelo seu alto teor elucidativo, interessante, também, o reproduzir a respectiva ementa, assim vazada:

---
(54) PRADE, Péricles Luiz Medeiros (coord.). *Estudos sobre o novo código de processo civil*. São Paulo: Resenha, 1974. p. 97.
(55) *Repro*, n. 10, p.70.
(56) RMS n. 21.884-7-DF, DJU 25.11.1994, extraída da internet. Disponível em: <www.stf.gov.br>.

> Mandado de Segurança — Objeto — Direito Subjetivo — Prerrogativa da Magistratura — Tem-no os integrantes da Magistratura frente a ato que, em última análise, implique o afastamento de aspecto revelador da equidistância, consideradas as partes no processo, como é o caso da cisão da bancada de julgamento, para dar lugar àquele que atue em nome do Estado-acusador.
>
> Devido Processo Legal — Partes — Ministério Público e Defesa — Paridade de Armas. Acusação e defesa devem estar em igualdade de condições, *não sendo agasalhável, constitucionalmente, interpretação de normas reveladoras da ordem jurídica que desague em tratamento preferencial*. A *par condicio* é inerente ao devido processo legal (Ada Pellegrini Grinover).
>
> Justiça Militar — Conselho de Justiça — Bancada — Composição — Código de Processo Penal Militar — Estatuto do Ministério Público. A Lei Complementar n. 75/93, reveladora do Estatuto do Ministério Público, não derrogou os arts. 400 e 401 do Código de Processo Penal Militar no que dispõem sobre a unicidade, nos Conselhos de Justiça, da bancada julgadora e reserva de lugares próprios e equivalentes à acusação e à defesa. Abandono da interpretação gramatical e linear da alínea *a* do inciso I do art. 18 da Lei Complementar n. 75/93, quanto à prerrogativa de membro Ministério Público da União de sentar-se no mesmo plano e imediatamente à direita dos juízes singulares ou presidentes de órgãos judiciários. Empréstimo de sentido compatível com os contornos do devido processo legal. (grifamos)

Irrecusável que o quanto decidido no monumental acórdão que vimos de referir se aplica aos temas e aspectos aqui enfocados, visando demonstrar que diferente a situação e/ou o tratamento devido ao Ministério Público do Trabalho, conforme sua atuação seja como parte ou como *custos legis*, e atento ao que foi superiormente decidido, acreditamos que dúvida alguma pode subsistir, relativamente ao fato de que, como parte, o Ministério Público do Trabalho não pode atuar, contando com uma situação diferenciada e de privilégio, pena de restar irremediavelmente malferido o princípio da igualdade.

De notar que o brilhante acórdão já mencionado, referiu-se a Parecer assinado pela eminente professora Ada Pellegrini Grinover, consultada que foi para examinar, exatamente, a questão submetida ao A. Supremo Tribunal Federal; no aludido Parecer, em que páginas de saber e ensinamento jurídicos vão se sucedendo, iluminando nossos pensamentos acerca do direito e em especial do direito processual, como os raios do sol iluminam nossos dias, após discorrer, com maestria, acerca da igualdade, do contraditório e *par condicio*, tratando do art. 18, I, *a*, da Lei Complementar n. 75/93 e dos embaraços que o precipitado desejo de sua incondicional aplicação podem ocasionar, assim se expressou:

> Com alguma boa vontade, o texto em si pode ser salvo da pecha de inconstitucionalidade, desde que à defesa se atribua posição equivalente à da acusação: por exemplo, à esquerda do órgão judicante. A paridade das partes não ficaria afetada pelo assento dos representantes dos ofícios da acusação e da defesa à esquerda ou direita do corpo dos juízes, desde que ambos sentassem à mesma mesa, ao lado destes.
>
> Mas é sem dúvida condenável a postura corporativa que quer reivindicar para os operadores jurídicos de determinada categoria uma posição de

privilégio com relação à outra. Aliás, basta lembrar que o Estatuto da Ordem dos Advogados do Brasil, no art. 25, V, determina, como direito do advogado, o de tomar assento à direita dos juízes de primeira instância. E amanhã a Lei Complementar da Defensoria Pública poderá prescrever a mesma prerrogativa, em benefício dos integrantes da carreira. O que é no mínimo lamentável, quando não ridículo.[57]

Evidente que alterações posteriores da legislação não invalidam tão lúcida argumentação.

Comentado a r. decisão do A. Supremo Tribunal Federal já multicitada, assim se pronunciou Jairo Gilberto Schäfer:

> De acordo com o decidido, esta norma deve ser interpretada com base na cláusula do devido processo legal, por exibir o Ministério Público, no processo penal, o atributo de parte processual, devendo ser considerado em iguais condições com a contraparte no processo penal (réu/defesa), sendo que a interpretação gramatical e linear do mencionado dispositivo legal criaria em favor do Ministério Público um privilégio sem justificativa constitucional, ferindo de morte o princípio da igualdade.[58]

Por todo o exposto, não há fugir da conclusão a que chegou o já mencionado professor Jorge Miranda, no sentido de que quando "o Ministério Público intervém como parte é irrecusável que há de ser tratado em paridade com as demais partes",[59] inexistindo "lugar para o estabelecimento de discriminações ou privilégios, quaisquer que sejam"[60] de modo que, como dito por José Augusto Delgado, em respeito à igualdade assegurada pela Magna Carta, inviável "o tratamento diferenciado até então dado ao Ministério Público, quando ele age como parte".[61]

Em linha de arremate, cabe consignar que o Ministério Público do Trabalho, instituição que brindou a Magistratura com juízes do mais elevado nível, como os Juízes Luís Carlos Cândido Martins Sotero da Silva e Flávio Nunes Campos, do TRT da 15ª Região, Sônia Maria Prince Franzini e Nelson Nazar, do TRT da 2ª Região, os Ministros do A. TST, Ives Gandra da Silva Martins Filho e João Batista Brito Pereira, e possuindo ainda em suas fileiras juristas de grande qualidade, como Guilherme Mastrichi Basso — Procurador-Geral do Trabalho e Raimundo Simão de Melo, não deve se melindrar, tão profundamente, com esse tipo de questão, ou seja, por receber tratamento diverso, conforme atue como parte ou como *custos legis*, mas sim em continuar engrandecendo, como está fazendo, as letras jurídicas pátrias, e defendendo os interesses que lhe incumbe proteger, o que ainda evitará a preocupação já externada pelo professor José Carlos Barbosa Moreira, a qual, embora tendo em vista outra situação, também se aplica ao assunto em foco, e que é a de que do "crescimento à inchação, sob certas circunstâncias, facilmente se desliza. Não interessa a ninguém, nem à própria instituição, que a preeminência alcançada pelo Ministério Público passe do primeiro ao segundo estágio".[62]

---

(57) *O processo em evolução*. 2. ed. Rio de Janeiro: Forense Universitária, p. 317.
(58) *Direitos fundamentais* — proteção e restrições. Porto Alegre: Livraria do Advogado, 2001. p. 72.
(59) *Constituição e processo civil*, cit., p. 25.
(60) TUCCI, Rogério Lauria; TUCCI, José Rogério Cruz e. *Constituição de 1988 e processo*. São Paulo: Saraiva, 1989. p. 41.
(61) *A supremacia dos princípios...*, cit., p. 75.
(62) *Temas de direito processual*. 6. série. São Paulo: Saraiva, 1997. p. 73.

O Monitoramento do *E-mail* Corporativo do Empregado é Legal? A Questão Deve Ser Vista Apenas com Base nos Aspectos Atinentes ao Poder Diretivo do Empregador x Proteção da Privacidade do Empregado?

Francisco Alberto da Motta Peixoto Giordani[*]

Gostaria de iniciar transcrevendo as palavras de Eduardo Goldstein, por entender que elas bem apanham o que leva ao debate do monitoramento dos *sites* da internet visitados e as mensagens enviadas e recebidas pelo empregado, por meio do correio eletrônico que recebe da empresa, o *e-mail* corporativo:

> No cabe duda que con el avance de la tecnología a partir de la década del 70 del siglo pasado a nivel general y dentro de ella particularmente el de los sistemas de comunicación, su proliferación, uso y manejo, colisionan en diferentes ámbitos con los dispositivos jurídicos de protección de los derechos humanos fundamentales, entre ellos el de privacidad e intimidad y que permite a su vez la libertad de transmissión de pensamiento y conciencia. Y es el

---

[*] Desembargador Federal do Trabalho do Tribunal Regional do Trabalho da 15ª Região; autor de livro sobre a interpretação das leis e de artigos jurídicos publicados em livros e revistas especializadas; participou da coordenação de obras jurídicas e da comissão organizadora de diversos congressos promovidos pelo TRT-15ª Região; atuou em diversas bancas examinadoras de concurso para ingresso na Magistratura da 15ª Região.

âmbito de las relaciones laborales, tanto por asimetrías, desigualdad y poder de las partes que la componen, donde la trasgresión de esos derechos se fortifica.[1]

Sem adentrar no mérito do tema que ora nos ocupa, se lícito ou não o monitoramento, e se for, em que limites e condições, de pronto, à partida, algo há que ser admitido: com as novas tecnologias, as possibilidades de controle do empregado pelo seu empregador são muito maiores, amplíssimas mesmo, e isso foi bem percebido pela ilustre Patrícia Spiwak Lew, como se vê do excerto infratranscrito, de sua lavra[2]: "[...] las diversas aplicaciones de la informática y especialmente de Internet, potencian las posibilidades y los niveles de contralor del empleador en la empresa. No solamente se ha incrementado el control del lugar de trabajo real (con camaras filmadoras, micrófonos, control al ingreso y salida de la empresa, 'chips' para ubicar el lugar preciso en que se encuentra un trabajador etc) sino también es notable el incremento del control virtual".

Ainda sem ingressar no cerne da questão a ser enfrentada, interessante referir a observação feita por Giovanny Vitório Baratto Cocicov, no sentido de que: "O contexto laboral é palco de reiteradas agressões aos direitos de personalidade"[3].

Cuidado, muito cuidado há que ter, então, para que direitos fundamentais dos trabalhadores, como é o de sua privacidade, decorrente ou derivado dos direitos de personalidade e mesmo do princípio da dignidade da pessoa humana, que ilumina e dá vida aos direitos fundamentais conquistados com muitos sacrifícios, alguns intraduzíveis, restem magoados, pelo uso imoderado, abusivo e arbitrário, por parte de alguns empregadores, das possibilidades de controle dos passos — e até da imobilidade — dos obreiros; o desenvolvimento tecnológico será sempre de se aplaudir e festejar, desde que reverta em prol das pessoas, ou seja:

> El desarrollo de lo que algunos teóricos denominan "revolución tecnológica", que bienvenida sea para el progreso y mejor bienestar de las personas, no debe a nuestro juicio implicar una intromisión en sublimes y axiomáticos derechos humanos fundamentales, cuyo reconociemiento y conquista costó hitos dolorosos a la humanidade.[4] Por óbvio que, com isso, não se afirma que toda e qualquer empresa promova agressões dessa espécie, pois não se desconhece o enorme esforço e preocupação de várias delas, no sentido de melhorar as condições de trabalho de seus empregados, a estas, fique claro, não se dirige a advertência que se vem de reproduzir, a qual tem em mira, logicamente, as empresas que ainda assim não procedem, na esperança de que, o quanto antes, venham a fazê-lo; meu pai, de quem sempre sinto falta e saudades, quando eu tirava nota boa na escola, não falava nada, mas quando ia mal, me dava uma "boa bronca", isso sempre me intrigou, mas ele, de certa feita, me esclareceu, explicando que, quando tirava nota boa

---

(1) GOLDSTEIN, Eduardo. La inviolabilidad del contenido del correo eletrónico laboral o empresarial del trabajador por parte del empleador. In: RODRIGUEZ, Américo Plá. *XIX Jornadas Uruguayas de Derecho del Trabajo y de la Seguridad Social*. Fundación de Cultura Universitaria, 2008. p. 43.

(2) LEW, Patricia Spiwak. El correo electrónico em el ámbito laboral, derecho laboral. *Revista de Doutrina, Jurisprudencia e Informaciones Sociales*, México: Fundación de Cultura Universitaria, t. XLVIII, n. 220, p. 736, oct./dic. 2005.

(3) COCICOV, Giovanny Vitório Baratto. Atentados aos direitos de personalidade na seara laboral: contribuições à responsabilização civil objetiva. *Revista de Direito do Trabalho*, São Paulo: RT, ano 34, n. 129, p. 96, jan./mar. 2008.

(4) GOLDSTEIN, Eduardo. *La inviolabilidad del contenido del correo eletrónico laboral o empresarial del trabajador por parte del empleador,* cit., p. 43.

na escola, estava cumprindo com minha obrigação, única, então, que era a de estudar, por isso, não era preciso dizer nada, mas quando isso não acontecia, era necessário chamar-me à responsabilidade, *mutatis mutandis*, com as empresas que cumprem suas obrigações, designadamente quanto aos seus empregados, se dá o mesmo, não é a elas que cabe a advertência feita, mas, sim, em relação às empresas que não cumprem com suas obrigações, desrespeitando direitos de seus empregados, e a estes mesmos, enquanto pessoas, e que não o são menos porque empregados.

Como se infere das linhas transatas, hodiernamente, discute-se se um empregador tem o direito de monitorar o *e-mail* corporativo de seus empregados, e também os sites da internet pelos quais eles navegam; voltarei minhas atenções, doravante, mais aos *e-mails*, objeto específico destas linhas e, quanto à navegação por diferentes sites da internet, não terá maior desenvolvimento, apenas algumas outras referências, por fugir, em alguma medida, do que aqui se anela debater.

Entretanto, fica praticamente inviável discutir e tentar tirar um posicionamento, se um empregador pode ou não monitorar os e-mails que passa e recebe um seu empregado, pelo seu correio corporativo, sem uma alusão, brevíssima que seja, às mudanças que a sociedade informática introduz no comportamento humano, o que significa realçar sua importância para e no mundo atual; com sua palavra, a preclara Liliana Minardi Paesani dá um bom retrato dessa relevância, ao lembrar que[5]:

> A importância do fenômeno — liberdade informática — no desenvolvimento democrático das sociedades contemporâneas está sintetizada de forma positiva na recomendação n. 854, emitida pelo Parlamento Europeu de 1979, que enuncia: somente uma sociedade informatizada pode ser uma sociedade democrática.

Acompanhando a visão do eminente Desembargador do Tribunal Regional Federal da 3ª Região, Newton de Lucca, pode-se enxergar o seguinte cenário[6]:

> É sabido como as estradas de ferro, no decorrer do século XIX, foram as principais responsáveis pelo extraordinário desenvolvimento dos países que as fizeram construir em seus territórios. Doravante, serão as estradas de comunicação digital as grandes geradoras de ganhos, de ordem qualitativa e quantitativa para as economias nacionais, que se beneficiarão da dinamização da cadeia de fornecedores e da expressiva diminuição de custos e das margens de estoque.

Por seu turno, Regina Linden Ruaro e Eugênio Hainzenreder Júnior[7] fazem notar que: "No limiar desse novo milênio, marcado pela globalização, a rede mundial de computadores, a Internet, tornou importante mecanismo de informação e troca de dados entre pessoas, estabeleceu a possibilidade de conexão entre o mundo inteiro. Criada com propósitos estratégico-militares, em plena Guerra Fria, em 1969, pela ARPA — Advanced Research Projects Agency, do Departamento de Defesa dos Estados

---

(5) PAESANI, Liliana Minardi. *Direito e internet* — liberdade de informação, privacidade e responsabilidade civil. 4. ed. São Paulo: Atlas, p. 8.
(6) LUCCA, Newton de. *Aspectos jurídicos da contratação informática e telemática*. São Paulo: Saraiva, 2003. p. 132.
(7) RUARO, Regina Linden; HAINZENREDER JÚNIOR, Eugênio. A eucácia dos direitos fundamentais à intimidade e à vida privada na relação de emprego: o monitoramento de dados eletrônicos pelo empregador público e privado. *Justiça do Trabalho*, Porto Alegre: HS, ano 21, n. 246, p. 19, jun. 2004.

Unidos, a chamada 'Arpanet' visava conectar entre si diversos computadores, situados em diferentes locais, sem que houvesse um computador principal realizando a ligação. A ideia era a de preservar a manutenção de uma rede independente, de modo que ainda que um dos computadores fosse descoberto e destruído, os outros continuassem conectados sem qualquer prejuízo.

Esta tecnologia, ao longo do tempo, passou a ser empregada em centros de pesquisa, em universidades, administração pública e outros, colocando-se, hoje, praticamente ao alcance de todos.

O *eletronic mail* surgiu de uma experiência realizada por Ray Tomlison, no ano de 1971, em Cambridge, Massachusetts, que, embora exitosa, naquela oportunidade não teve grande repercussão. Trata-se de correspondência eletrônica através do [*sic*] qual os usuários poderão enviar e receber mensagens, anexando documentos em formatos de texto, áudio ou vídeo a partir de um software de um computador ligado a uma rede de telecomunicação, como telefone, cabo etc.

Especificamente no que tange ao e-mail, vale reproduzir lição da eminente Daniela Alves Gomes, para quem[8]: "O correio eletrônico é uma forma de comunicação muito utilizada hoje pelas empresas, devido à rapidez e ao custo baixo. A mensagem eletrônica pode ser identificada como uma correspondência, que está protegida pela Constituição Federal em seu art. 5º, inciso XII, como uma modalidade de comunicação".

Desse sentir não destoa o ilustre Luiz Manoel Gomes Junior, que pergunta e responde[9]:

> A inviolabilidade da correspondência não se aplicaria no caso do correio eletrônico e-mail?

A resposta é manifestamente afirmativa. A teor do inciso XII do art. 5º da CF/88, é inviolável o sigilo de correspondência. Em nenhum momento o texto constitucional especifica que somente mensagens através de papel são protegidas pelo preceito. Aplica-se na hipótese velha regra de hermenêutica: onde a lei não distingue, é vedado ao intérprete fazê-lo.

Entretanto, nem tudo é um mar de rosas na internet, e um dos problemas é bem apanhado pelo grande pensador e escritor italiano Umberto Eco, para quem[10]: "o verdadeiro problema da comunidade eletrônica é a solidão".

Já para o cientista político Norman Nie, da Universidade de Stanford (São Francisco), a internet cria uma nova e grande onda de isolamento social, o que leva a um mundo sem contato humano e sem emoções[11].

Já se observou — e muito — o quanto a informática contribuiu e contribui para a evolução da sociedade no mundo atual, bastando lembrar que propicia, entre outras coisas:

- — A interligação de pessoas em todo o mundo;
- — O aparecimento de máquinas que auxiliam deficientes físicos;

---

(8) GOMES, Daniela Alves. Direito a intimidade do empregado. *Suplemento Trabalhista LTr* 148/05, ano 41, p. 665, 2005.
(9) GOMES JUNIOR, Luiz Manoel. O controle jurisdicional das mensagens veiculadas através da internet. *Revista Jurídica de Osasco — RJO*, v. 4, p. 90, 1999.
(10) Frase extraída do livro de PAESANI, Liliana Minardi. *Direito e internet-liberdade de informação, privacidade e responsabilidade.*
(11) Ensinamento extraído do livro PAESANI, Liliana Minardi. *Direito e internet*, cit., p. 12.

- — Auxílio para que sejam desvendados crimes;
- — Redução de acidentes do trabalho (mas, aqui, dependendo de outros fatores, "mais humanos");
- — Facilidades na e para a obtenção de informação, a tempo real.

Mas, também já se fez notar que todo esse progresso, provocado pela sociedade de informação em que vivemos, uns mais intensamente do que outros, mas todos por ela envolvidos, está, primordialmente, a serviço da empresa e do investimento, o que provoca a desconfiança de alguns estudiosos, quanto ao que realmente esperar desses progressos, em termos de benefícios para todos.

Como exemplo, reproduzo as palavras de Newton de Lucca[12], as quais, embora escritas há algum tempo, o que pode interferir nos números apresentados, não altera, na perspectiva do autor, quanto ao dilema que apresentou, o quadro retratado:

> Não há como escapar, portanto, desse diagnóstico desconcertantemente perturbador: se é verdadeiro que a técnica triunfante nunca terá aproximado tanto os homens entre si, fazendo com que, por meio da Internet, no momento atual, mais de 700 milhões de pessoas possam desfrutar dos prodígios alcançados pela informática e pela telemática, também é certo, de outro lado, que a fome, a miséria, as enfermidades reinantes — tudo consequência da forma conspurcada com que hoje se faz a exploração do homem pelo homem — compõem, para aqueles que trazem dentro de si os sagrados sentimentos da fraternidade humana, um quadro desolador e aterrorizante.

Não acredito, pois — nem me parece possível crer, por mais que queira —, na ideia, retromencionada, de que a democratização futura da informação para todo o planeta possa vir a contribuir para a felicidade coletiva. Ou, pelo menos, não tenho nenhuma base para crer que ela possa ser verdadeira. Nunca tivemos, em todo o curso da História, nenhuma demonstração de que a evolução tecnológica tivesse contribuído para a felicidade do homem sobre a Terra.

Desgraçadamente, é exatamente o contrário que parece mais certo. A perda de sentido da existência para muitos seres humanos jamais terá sido tão pronunciada como na sociedade contemporânea.

Parece claro, então, sob essa social perspectiva, que não basta o avanço tecnológico, é preciso o avanço humano, no sentido de fazer com que o resultado que esse avanço tecnológico provoca seja revertido em benefício de todos, dos empregados inclusive!

Outro problema muito sério diz respeito à segurança, ou melhor, falta de segurança, na internet, que não oferece uma garantia de privacidade à altura das vantagens de comunicação que proporciona; aliás, quanto à privacidade, já se anuncia o seu fim, o que faz, por exemplo, o grande Fábio Ulhoa Coelho[13]:

> A privacidade acabou. Câmeras de vídeo estão espalhadas por estacionamentos, lojas, bancos, edifícios, ruas, por todos os lugares. Sofisticados apetrechos eletrônicos gravam conversas à distância, dispensando a implan-

---
(12) LUCCA, Newton de. *Aspectos jurídicos da contratação informática e telemática*, cit., p. 142/143.
(13) COELHO, Fábio Ulhoa. Sabe aquilo que chamávamos privacidade? Capturado no *site* do próprio autor <www.ulhoacoelho.com. br/site/pt/artigos/direito>.

tação de microfones no ambiente monitorado. Telefonemas e mensagens transmitidas pela internet são interceptadas sem dificuldade. Já se organizam gigantescos bancos de dados reunindo simplesmente todas as informações existentes sobre todos nós.

Amaro Moraes e Silva Neto, não sei se com um tom irônico, ou com uma ponta de amargura, observa[14]: "Passar de u'a sociedade para outra não é algo simples. Passar da sociedade agrícola para a sociedade industrial foi difícil, como resta relatado pela História. Entrementes, passar da sociedade industrial para a sociedade informática/telemática é ainda mais difícil, além de caótico e doloroso, porque nessa última mudança está implícita a ideia de uma condicional renúncia à privacidade"; aliás, é esse autor mesmo quem ainda pontua[15]: "Com o surgimento de um Mundo unido pela Rede das Redes, o direito à privacidade passou a ser o desejo de privacidade!", bem como que: "Afinal, nem mesmo no útero materno a privacidade é autorizada. O ultrassom não consente [...]"[16].

Vivemos num mundo em que, tamanha é a invasão à privacidade, pelos meios e com os instrumentos os mais variados, que acabamos por nos habituar com isso, achando tudo normal e próprio de nossa época, até garantindo uma maior segurança, e ai de quem se rebele contra isso, pois poderá ser suspeito de ter algo a esconder; com que visão profunda, a ilustre Cynthia Semíramis Machado Vianna pinta a realidade, ao escrever que[17]: "Discutir privacidade atualmente tem se tornado desalentador. As pessoas, habituadas a ter suas vidas devassadas por câmeras em bancos e nas ruas, radares, malas diretas, telemarketing, encaram essa situação como um mal inevitável ou como uma garantia de segurança... Mas são poucos os que se rebelam, e a maioria prefere perder privacidade em nome de uma pretensa colaboração com a segurança pública", e prossegue, afirmando[18]:

> Ocorre o mesmo na Internet, pois muitos usuários encaram a questão da privacidade como uma tentativa de esconder atitudes ilícitas. Afirmam: "quem não deve, não teme e nem se esconde". Não pensam que é faculdade humana a vontade de tornar público ou não determinado assunto, nem a escolha do momento da revelação. Consideram a vida pública como sinônimo de conduta respeitável, e se recusam a perceber que existe um direito à intimidade e vida privada", para, então, arrematar, em tom que soa melancólico:

> Outros, mais conformistas ainda, acreditam que, como somos rastreados e vigiados por órgãos dos mais diversos tipos, de nada irá adiantar o questionamento dessas atitudes, devendo simplesmente nos submetermos à vigilância excessiva. Para eles, o direito à privacidade é apenas um enunciado sem aplicação prática.[19]

Será que, em troca de uma, supostamente, maior disponibilidade de informação (digo suposta, pois se discute se essa maior disponibilidade é verdadeira, ou apenas

---

(14) SILVA NETO, Amaro Moraes e. *Privacidade na internet* — um enfoque jurídico. 1. ed. São Paulo: Edipro, 2001. p. 31.
(15) *Op. cit.,* p. 31.
(16) *Op. cit.,* p. 38.
(17) VIANNA, Cynthia Semíramis Machado. Da privacidade como direito fundamental da pessoa humana. *Revista de Direito Privado*, São Paulo: RT, v. 17, p. 102, jan./mar. 2004.
(18) *Op. cit.,* p. 102.
(19) *Op. cit.,* p. 102.

é uma ideia que se passa, sem correspondência com a realidade, já que existiria um controle das informações que seriam passadas..., mas isso já é outra questão) teremos, necessariamente, de sacrificar a nossa privacidade? Para o festejado Gabriel Chalita[20]: "A informação está disponível. É possível acessar bibliotecas em todos os cantos do planeta. É possível receber a notícia no exato momento em que o fato acontece. É possível acompanhar as façanhas do ser humano, seus feitos prodigiosos ou suas catástrofes. Eis o milagre da informação em tempo real, como se diz. Em contrapartida, a vida privada da pessoa humana está cada vez mais desnudada por curiosos de toda a natureza. Há interesses políticos, econômicos, sociais que tentam justificar tamanha invasão".

De sua parte, afirmam Regina Linden Ruaro e Eugênio Hainzenreder Júnior que[21]: "Em que pese tratar-se de uma tecnologia de ponta, o correio eletrônico é um meio de comunicação que não possibilita uma garantia de privacidade, pois a mensagem enviada transita por uma série de pontos antes de chegar ao destinatário, podendo, inclusive, ser interceptada nesse percurso. O mesmo ocorre em relação aos sites navegados pelos usuários da internet. Portanto, a par da rapidez, agilidade, baixo custo, facilidade, entre outras inúmeras vantagens deste mecanismo, e do correio eletrônico, há que se atentar para o fato de que ele se pode facilmente rastrear, interceptar e monitorar as mensagens enviadas pelo e-mail e as páginas acessadas na rede".

A facilidade de interceptação parece, de fato, ser muito grande:

> No entanto, temos que o e-mail pode ser facilmente interceptado em seu trajeto até o destinatário sem que existam traços de tal transgressão. A mensagem eletrônica, ao trafegar pela internet, deixa vestígios depositados em inúmeros outros computadores que não aquele de seu destinatário. Estes vestígios deixados pela comunicação eletrônica podem ser facilmente interceptados por qualquer usuário que tenha interesse. E, pior que ter a mensagem interceptada, é tê-la modificada em algum ponto de seu trajeto sem que haja conhecimento das partes.[22]

Impressionante, realmente, como podem ser obtidos, por quem não deveria obtê-los, os dados de uma pessoa na internet; se é verdade que vale mais estar assustado com uma verdade, do que desconhecê-la, é bom ter notícia de que: "Dentre os riscos observados pelos consumidores brasileiros está a fragilidade dos sistemas de segurança na internet em relação aos seus dados pessoais".

Segundo Rohrmann, esses dados podem ser coletados do usuário através de perguntas realizadas por um determinado site, ou pior, podem ser coletados diretamente do computador do usuário, sem a sua autorização (e, muitas vezes, sem o seu menor conhecimento). Uma vez coletados, os dados podem ser utilizados por empresas privadas ou mesmo pelo governo, sem o devido conhecimento e autorização do usuário[23].

---

(20) CHALITA, Gabriel. Apresentação. In: PAESANI, Liliana Minardi. *Direito e internet,* cit., p. XI.
(21) RUARO, Regina Linden; HAINZENREDER JÚNIOR, Eugênio. *A eucácia dos direitos fundamentais à intimidade e à vida privada na relação de emprego...,* cit., p. 20.
(22) ANDRADE, Renato de; GROSS, Bernardo Menicucci. *A privacidade e o usuário de correio eletrônico* — efeitos no contrato de trabalho. Disponível em: <lexuniversal.com/pt/articles/915> Acesso em: 26.5.2010.
(23) CHEIB, Ronaldo Maurílio. *O direito do trabalho dos novos tempos.* Rio de Janeiro: Lumen Juris, 2010. p. 13.

Luiz Alberto de Vargas, adverte, cuidando especificamente do e-mail, dos riscos quanto à falta de segurança, relativamente à privacidade, que o mesmo apresenta[24]: "Ao contrário do que se poderia pensar de uma tecnologia tão avançada, o correio eletrônico é um meio comunicativo que oferece muito pouca privacidade. Pelas características próprias do trânsito de mensagens eletrônicas — circulação algo aleatória pela rede internet — a pouca confidencialidade do sistema parece ser algo estrutural. E, por tanto, bastante inapropriado o paralelo que se faz, quase automaticamente, e sem matizes, com o correio convencional. Apesar dos milhões de dólares anuais investidos pelas empresas americanas, estamos distantes do dia em que teremos a certeza de que a mensagem que enviamos somente será lida pelo destinatário". Prosseguindo, procede esse autor a uma fina e inteligente comparação:

> Tecnicamente, pode-se comparar a confidencialidade de uma mensagem eletrônica a de um cartão postal — e não a de uma carta convencional. Isso ocorre porque a mensagem eletrônica transita por um indeterminável número de "paradas" em diversos computadores antes de chegar a seu destino final. Durante todo esse percurso, a monitoração das mensagens é possível e — o que é mais grave — virtualmente impossível de descobrir.[25]

Esclarece Vargas ainda[26]:

> Ademais, quando se aciona a tecla *delete* para apagar uma mensagem em um computador, ao contrário do que se imagina, esta não desaparece. Rotineiramente, os provedores de acesso fazem cópias *backup* dos *e-mails* ali depositados, como medida de prevenção contra cortes de energia, destruição magnética e/ou dificuldades de transmissão. Até que o provedor apague a mensagem de seu sistema, este potencialmente pode ser lido sem conhecimento do remetente ou do destinatário. Como se isso não fosse suficiente, mesmo no caso de a mensagem ser apagada ou sobrescrita, existe a possibilidade de 'ressuscitá-la' por meio de cópias *backup*, operações de *undelete* ou comandos de busca de *hidden documents*.

Na mesma linha, adverte Amaro Moraes e Silva Neto[27]: "Caso envie um e-mail, saiba que antes de alcançar seu destinatário ele realizará um enorme percurso, passando, às vezes, por centenas de outros portos na rede, onde pode ancorar e seguir viagem — ou ser saqueado e afundado em seguida! Qual seja, um e-mail pode facilmente ser adulterado ou apagado (seja por um cracker, seja por nosso provedor de acesso!)".

Mais uma consistente demonstração da falta de segurança na internet e das possibilidades de interceptação das comunicações é dada por Liza Bastos Duarte[28], vale citar:

> A internet é um campo fértil para adulteração de documentos, pois com o advento das avançadas tecnologias de programação de computador e a capacidade de processamento das informações armazenadas em poderosos

---
(24) VARGAS, Luiz Alberto de. Direito de privacidade do correio eletrônico no local de trabalho: o debate nos Estados Unidos. In: TEDESCA, Maria Madalena (coord.). *Direito do trabalho necessário*. Porto Alegre: Advogado 2002. p. 119.
(25) *Op. cit.*, p. 119.
(26) *Op. cit.*, p. 119/120.
(27) SILVA NETO, Amaro Moraes e. *Privacidade na internet...*, cit., p. 42.
(28) DUARTE, Liza Bastos. O *e-mail* como meio de prova. *Revista da Ajuris,* ano XXX, n. 91, p. 178/179, set. 2003.

bancos de dados, torna-se quase impossível a realização de operações que garantam confiança e privacidade adequadas.

Vale considerar que quando você envia dados através da rede, a comunicação pode ser interceptada sendo seus dados interceptados por terceiros que de posse dessas informações poderão fazer delas mau uso. São notórias as inúmeras atividades clandestinas que podem ser realizadas por um hacker, podendo, inclusive invadir uma rede de dados passando *e-mails* com o endereço eletrônico de outra pessoa, espalhando vírus, desviando dinheiro através de fraudes eletrônicas.

Ainda para demonstrar a falta de segurança na internet, pela sua autoridade e reconhecido conhecimento jurídico, vale transcrever excerto de Roberto Senise Lisboa, que bem expõe a situação[29], *verbis*:

> Inegável instrumento na comunicação via internet, o *e-mail* não se revela suficientemente protegido das violações que podem ser perpetradas contra a segurança da transmissão da mensagem, apesar das técnicas avançadas que vem sendo desenvolvidas pelas empresas.
>
> A intimidade e a privacidade do usuário da rede, assim, fica vulnerada, pois não há a segurança plena de que o e-mail chegará ao seu destino, sem qualquer alteração do seu conteúdo.
>
> É bem verdade que técnicas e sistemas estão sendo desenvolvidos, ou pelo menos se diz que estão, para evitar ou ao menos mitigar os riscos acima apontados, mas não alteram o que aqui se expôs e as consequências que, mais adiante, se pretende tirar dessa realidade, à uma, porque, se o empregador quiser monitorar os *e-mails* de seus empregados, não utilizará, por óbvio, de sistemas que obstem essa intenção, e à duas porque, como alguém já disse, em matéria de segurança dos correios eletrônicos, se dá uma eterna luta: se avança um meio de proteção, mas a alegria dura pouco, pois é viabilizá-lo e, no momento seguinte, já se tenta um modo de invasão, até conseguir, e assim sucessivamente.
>
> Interessante demonstração da fragilidade de segurança na internet ou da facilidade de se devassar qualquer mensagem eletrônica está no fato de que existe propaganda, na própria internet, anunciando programas que possibilitam o acesso e controle das mais diversas utilizações que podem ser de e em um computador, como, *v.g.*, o monitoramento de e-mails e de sites visitados, basta procurar.

Voltando ao nosso tema, a possibilidade de monitoramento do e-mail do empregado — o corporativo — pelo empregador, há notar que, os que entendem que isso é possível, lembram que os computadores, os provedores e tudo o mais para o acesso, para que os obreiros possam navegar e passar e receber *e-mails*, são de propriedade do dador de serviço, aos que acrescentam que, se o trabalhador enviar uma mensagem indevida, isso pode acarretar consequências (*rectius*: responsabilidade) ao empregador, além do que a produtividade do empregado, quer visitando sites, quer enviando e recebendo *e-mails* estranhos ao serviço, poderá — certamente — diminuir, além do que a rede ficará sobrecarregada, e o risco de vírus infestando os aparelhos será grande.

---

(29) LISBOA, Roberto Senise. *A inviolabilidade de correspondência na internet, direito e internet* — aspectos jurídicos relevantes. 2. ed. São Paulo: Quartier Latin, 2005. p. 524.

A prestigiosa corrente que assim enxerga a questão, certamente majoritária, de momento, aclimata essa possibilidade ao poder diretivo do empregador, já que a ele, que assume os riscos do empreendimento, e até por isso, cabe dirigir, fiscalizar e fazer observar, admoestando os que não seguirem suas determinações, com o escopo de atingir os objetivos que levaram-no a constituir e prosseguir com sua atividade empresarial, realidade difícil num mundo tão competitivo como aquele em que ora vivemos. Há mesmo quem afirme[30] que: "Pura e simplesmente, o ambiente e o material de trabalho não são santuários de privacidade".

Ilustrada juslaborista[31] afinada com essa linha de pensamento, assevera que:

> Como um instrumento de trabalho, o *e-mail* deve conter informações pertinentes somente à empresa; a imagem e a honra a serem respeitadas são as do empregador, uma vez que o computador e o *e-mail* corporativos se prestam ao uso exclusivamente laboral e em benefício do trabalho.

Não há, portanto, nenhuma violação à intimidade do empregado quanto ao monitoramento do *e-mail* corporativo, tendo em vista que a reserva da intimidade no âmbito de trabalho se limita às informações da vida privada — familiares, políticas, religiosas e sindicais —, que não podem ser discutidas por meio de correspondências corporativas, eletrônicas ou não.

Ademais, não há no ordenamento jurídico brasileiro proibição ao controle do empregador sobre o empregado. Pelo contrário: os arts. 2º e 3º da CLT destacam, dentre os requisitos para a caracterização do empregado, a dependência dele em relação ao empregador, ou seja, exige uma "subordinação jurídica através da qual o empregado renuncia, em parte, à sua liberdade de ação, aceitando, até certo ponto, o controle do empregador" (Alice Monteiro de Barros), concedendo a este o poder diretivo a fim de manter a organização técnica e a boa ordem do local de trabalho e por meio de um padrão mínimo de moralidade e de garantia pessoal.

Outra não é a posição de Ana Amélia Menna Barreto de Castro Ferreira, que, em respeitáveis linhas, sustenta:

> Ao disponibilizar seus recursos tecnológicos ao funcionário, o empregador coloca à disposição uma ferramenta de trabalho com destinação exclusiva ao desenvolvimento das atividades a que foi contratado e durante a jornada pactuada, com a finalidade precípua de facilitar e agilizar a comunicação interna e externa, de assuntos estritamente de caráter comercial vinculados à sua atividade.

Porém, sob outro aspecto e em sentido inverso ao fim a que se destina, pode proporcionar a prática de atos que comprometam a imagem e patrimônio empresarial, acrescida da possibilidade da responsabilização legal por atos praticados por seus funcionários.

Depois de constatada a proliferação de ações danosas cada vez mais sofisticadas, tornou-se indispensável à adoção de medidas preventivas que visam primordialmente proteger as informações comerciais que trafegam na rede de comunicação da empresa, impossibilitar sua responsabilização pelos atos de seus empregados, defender sua

---

(30) GONÇALVES, Sérgio Ricardo Marques. E-mail x empregados: é legal o monitoramento pela empresa? In: *Justiça do Trabalho*, Porto Alegre: HS, ano 19, n. 218, p. 75, fev. 2002.
(31) CARNEIRO, Joana Zago. O monitoramento dos e-mails corporativos à luz dos princípios constitucionais. *Revista de Direito do Trabalho*, São Paulo: RT, ano 33, n. 127, p. 89, jul./set. 2007.

postura de legalidade e a divulgação indevida de informação confidencial sujeita a sigilo, assegurar a inviolabilidade da segurança de seu sistema operacional, evitando sobrecarga ou quebra do sistema operacional"[32].

Apenas para que não fique sem menção, vale consignar que o poder de direção encontra seu fundamento no art. 2º do Diploma Consolidado e, com algumas variações entre os que se debruçaram sobre o tema, a doutrina afirma que tem por escopo:

a) a organização da atividade empresarial (poder de organização);

b) a fiscalização das atividades profissionais dos empregados (poder de controle);

c) a possibilidade de imposição de sanções disciplinares aos empregados pelo empregador (poder disciplinar)[33].

O eminente Ministro Mauricio Godinho Delgado fala em poder empregatício, que se manifesta e/ou se divide, em quatro modalidades[34]:

— poder diretivo: organização da empresa;

— poder regulamentar: fixação de regras a serem observadas;

— poder fiscalizatório: vigilância dos empregados dentro da empresa; e

— poder disciplinar: imposição de sanções aos empregados.

Entretanto, nem todos pensam assim, no sentido de que possível o monitoramento, pois há os que defendem que uma tal postura acaba por magoar a dignidade do trabalhador, pessoa humana, cidadão que é, antes de ser um empregado, por atingir uma das manifestações daquela, qual seja, o direito fundamental à sua privacidade, à sua intimidade de cidadão-trabalhador, mesmo porque, como observado pelo Grupo de Protecção de Dados, instituído pelo art. 29 da Directiva n. 95/46/CE do Parlamento Europeu e do Conselho, de 24.10.1995:

> "Os trabalhadores não abandonam o seu direito à privacidade e à proteção dos dados, todas as manhãs, à porta do trabalho"[35], ou como afirma Alejandro Castello[36]: "resulta claro que los trabajadores no dejan su derecho a la vida privada y a la protección de datos personales cada mañana a la puerta de su lugar de trabajo. Como expresa José Luis Ugarte, 'los derechos inespecíficos (intimidad, integridad, libertad de expresión, no discriminación), atribuídos al trabajador em su calidad de ciudadano, han permitido buscar al interior de las empresas un trato digno y acorde com un miembro de uma sociedad democrática".

De ceder o passo nesse momento, pedindo escusas pela extensão do trecho reproduzido, mas fazendo-o pela excelência do desenvolvimento, a insigne Emília Simeão Albino Sako[37]:

---

(32) FERREIRA, Ana Amélia Menna Barreto de Castro. Correio eletrônico corporativo — aspectos jurídicos. *Revista de Direito do Trabalho*, São Paulo: RT, ano 29, n. 110, p. 17, abr./jun. 2003.

(33) Maiores referências podem ser encontradas em GARCIA, Gustavo Filipe Barbosa. *Curso de direito do trabalho*. 2. ed. São Paulo: Método, p. 299/302.

(34) DELGADO, Mauricio Godinho. *Curso de direito do trabalho*. 7. ed. São Paulo: LTr, p. 630 e seguintes.

(35) Disponível em: <www.europa.eu.int/comm/privacy> Acesso em: 12.3.2011.

(36) CASTELLO, Alejandro. Límites del control tecnológico del empleador. In: DELPIAZZO, Carlos E. (coord.). *El trabajo ante las nuevas tecnologías* — jornada académica en homenaje al profesor emérito Américo Plá Rodríguez. Uruguai: Fundación de Cultura Universitaria, 2010. p. 51.

(37) SAKO, Emília Simeão Albino. Uso laboral e extralaboral do correio eletrônico e internet. Controle patronal indevido ou abusivo. Lesão aos direitos fundamentais de segredo das comunicações e privacidade. *Revista do Tribunal Regional do Trabalho da 9ª Região*, ano 35, n. 65, p. 704/706, jul./dez. 2010.

A atividade de "navegar" por lugares de informação acessíveis pela internet constitui um processo de comunicação e está sujeita à tutela própria do segredo das comunicações (Constituição Federal, art. 5º, XII). O empresário não poderá investigar o computador do trabalhador, ter acesso ao seu correio eletrônico, interceptar suas mensagens ou solicitar ao provedor do correio eletrônico o envio dos mesmos. O acesso aos conteúdos dos correios enviados ou recebidos pelo trabalhador implica vulneração ao segredo das comunicações e o mesmo ocorre quando se apreende a mensagem para guardar no disco duro. Vulnera ainda o direito à intimidade, diante do possível caráter pessoal da informação, assim como pode ferir a liberdade de expressão. O exercício da liberdade de informação e de expressão na empresa, de modo similar ao que ocorre com o direito à igualdade e não discriminação ou o direito à intimidade, tem merecido uma posição de máxima centralidade no debate jurídico-laboral.

O registro dos arquivos contidos no computador utilizado pelo trabalhador ou no servidor empresarial, ou seja, os arquivos ou mensagens eletrônicas, estão protegidos constitucionalmente. Os serviços de comunicação que oferece a internet estão tutelados pelo direito fundamental ao segredo das comunicações, assim como as mensagens do correio eletrônico, em tempo real ou em foros de discussão ou de notícias, pois se integram dentro do conceito constitucional de comunicação. Portanto, são formas ilegítimas as interceptações da mensagem ou o estabelecimento de mecanismos de cópia automática das mesmas, bem como o acesso às cópias das mensagens recebidas e arquivadas, seja no servidor utilizado pela empresa, seja na caixa de correio eletrônico do trabalhador. O acesso ao conteúdo das mensagens eletrônicas é vedado, pois a norma constitucional protege a comunicação e a mensagem, com garantia formal de intangibilidade. A comunicação realizada entre um emissor e um ou vários receptores, por um meio eletrônico, é um procedimento tutelado pelo ordenamento jurídico frente a qualquer interceptação por parte de terceiros alheios à comunicação. O elemento determinante à proteção é a expectativa de confidencialidade do objeto da comunicação, da qual deriva o direito fundamental à intimidade. Assim, qualquer comunicação realizada por meio dos instrumentos informáticos gozará da tutela constitucional do art. 5º, inciso XII da Constituição Federal, que tem caráter formal e confere tutela à comunicação independente do conteúdo material incluído na mensagem.

Logo a seguir, de maneira clara, posiciona-se a culta juslaborista cujos ensinamentos venho de transcrever, asseverando:

> Juridicamente, portanto, não há razão alguma que permita excluir a mensagem eletrônica do conceito constitucional de comunicação. A informática pode supor um desequilíbrio entre as partes do contrato, com violação de direitos fundamentais do trabalhador, exigindo imposição de limites e adoção de medidas que respeitem a intimidade e dignidade dos trabalhadores[38].

No artigo escrito em conjunto com outro doutrinador, o culto Antônio Silveira Neto, com grande consistência e conhecimento do que se passa no íntimo de uma pessoa enquanto trabalhador, mas nem por isso sem desejos de evoluir, de se comunicar, de interagir, sem prejuízo de seus afazeres, pontifica que[39]:

---
(38) *Op. cit.*, p. 706.
(39) SILVEIRA NETO, Antonio; PAIVA, Mário Antônio Lobato de. *A privacidade do trabalhador no meio informático*. Disponível em: <www.jusvi.com>, jusvigilantibus, p. 9.

A invocação do direito de propriedade e a descaracterização da mensagem como não privada, pois gerada nos computadores da empresa parece não resistir a comparações simples. Ora, ninguém questiona que os banheiros instalados no estabelecimento empresarial são de propriedade da empresa e nem por isso admite-se que o patrão instale câmeras para vigiar a atividade do empregado neste local. Os telefones e as respectivas linhas também são da empresa e seu uso deve ser direcionado aos propósitos dos negócios e também não há um só jurista que conteste a ilicitude da utilização de escutas telefônicas, sem autorização judicial, nas empresas para tomar conhecimento das conversas do empregado. O fato é que o direito de propriedade deve ceder a garantia da privacidade das comunicações que, embora não absoluta, só pode ser relativizada por meio de ordem judicial.

O poder de direção também não pode justificar o desrespeito à privacidade do trabalhador. Esta constitui-se como um direito personalíssimo, inato, intransmissível, imprescritível, inalienável e oponível *erga omnes*. A intromissão na esfera íntima do indivíduo para o exercício do poder de direção apresenta-se como abuso do direito de fiscalizar. O trabalhador não pode se [sic] submetido a ações que impeçam o livre desenvolvimento de seu pensamento e da sua personalidade. Não é porque se está dentro do ambiente de trabalho que o empregado terá seus direitos fundamentais aviltados, esquecidos ou reduzidos ao nada. Ao reverso, como é um espaço onde se desenvolve uma relação de subordinação e dependência, a garantia legal precisa ser melhor preservada.

O monitoramento do e-mail do empregado impede o exercício do direito à liberdade de expressão, do direito à crítica e até de reflexão sobre as condições de trabalho. De sorte que, à interceptação das mensagens impede que o trabalhador possa discutir, com os demais, as formas de desempenho das funções, os desgostos com os superiores, a desconfiança de uma prática ilícita e a reivindicação por melhores condições de trabalho. Permitir o acesso ao conteúdo das mensagens é exigir um comportamento dócil e conformista do empregado diante do órgão empresarial, que nos tempos atuais tem por obrigação atuar de maneira ética e de acordo com uma finalidade social que não se resuma a consecução do lucro, puro e simples. O monitoramento irrestrito do conteúdo das mensagens eletrônicas conduz a um controle abusivo sobre a personalidade do trabalhador.

Conquanto a empresa responda pelos atos dos seus funcionários perante terceiros, isso não conduz necessariamente a permissão para invadir a privacidade dos empregados. Existem instrumentos tecnológicos menos invasivos que podem evitar danos aos agentes externos, sem necessidade de desrespeito à garantia fundamental.

[...]

Cumpre salientar que a proibição de leitura do conteúdo do e-mail aqui defendida não exclui a possibilidade da empresa, com base no seu poder de direção, fixar regras e vedações para utilização da correspondência eletrônica.

Como se percebe, a disputa é acirrada, com argumentos de peso de ambos os lados, mas com a devida vênia dos que pensam em sentido contrário, estou em que não há ser tolerado monitore o empregador o e-mail corporativo de seus empregados (o pessoal, então, nem pensar, é algo totalmente fora de propósito!), pois tenho que, conquanto o dador de serviço tenha todo o direito de disciplinar a questão da utilização do e-mail no ambiente de trabalho, visando salvaguardar seus interesses, isso não lhe confere o direito de vasculhar a correspondência eletrônica de seus empregados, disciplinar é uma coisa, vasculhar é outra, por óbvio, aquela é lícita, esta, absolutamente não! A respeito já se afirmou que:

> Si bien el empleador, en ejercicio del poder de dirección, está facultado a establecer las normas sobre el uso del correo eletrónico laboral, dicho contralor tiene como limite el respeto de los derechos fundamentales que el trabajador tiene como ciudadano en la empresa. Que por ser inherentes a la personalidad humana, deben ser amalgamados con los derechos especificamente laborales consagrados por la normativa constitucional o infraconstitucional.[(40)]

também:

> Uma outra prática ilegal que está se tornando corriqueira e reputada como natural em diversas empresas desse nosso Mundo Material é a violação dos e-mails de seus funcionários.
>
> As empresas, pouco se importando com o direito à privacidade, parecem entender que têm o direito de controlar a correspondência de seus empregados, ler o conteúdo de seus e-mails e monitorar os sites que esses visitam enquanto dura seu expediente de trabalho. E isso tudo, via de regra, sem os avisar.
>
> Os defensores do monitoramento intrusista dizem que as empresas têm o direito de velar pelo correto uso de seus recursos, que podem fazer isso e aquilo. Discordamos.
>
> Como bem disse o padre Vieira, em seus Sermões, "o poder tudo consiste em poder algumas coisas — e não poder outras; consiste em poder o lícito, o justo, e não em poder o ilícito e o injusto". Ora... se nem Deus que é onipresente pode tudo, o que dizer do presidente — ou diretor — de uma empresa qualquer?
>
> "Deus pode deixar de ser Deus? Não! Deus pode fazer alguma coisa mal feita? Não" (Padre Vieira in sermão da Terceira Dominga Post Epihrariam).

A nós, isso soa como algo politicamente incorreto e eticamente inaceitável e constitucionalmente inadmissível.

Mas... será que essa ostensiva vigilância sobre seus empregados as beneficiará? Cremos que não. Afinal, trabalhar num lugar onde os e-mails são violados, as navegações na web monitoradas e câmeras vigiam todos os movimentos de todos que se encontram em seus recintos, mais assemelha à situação de um prisioneiro em um campo de concentração do que a de um funcionário em seu ambiente de trabalho.

A questão merece, de imediato, remédios eficientes — e não apenas placebos, simpatias ou sortilégios. É obrigação dos sindicatos a exigência de cláusulas, no contrato

---

(40) NIMO, Pedro; ARÉVALO, Laura. *El correo electrónico laboral*. Derecho a la intimidad vs. facultad de vigilancia del empleador..., cit., p. 90.

laboral, que não autorize a renúncia ao lídimo e imprescindível direito à intimidade, à privacidade.[41]

Evidentemente, embora me pareça que está claro isso, repiso por cautela, não defendo, de modo algum, a irresponsabilidade obreira no uso do *e-mail* corporativo, apenas estou afirmando — e com muita convicção — que o empregador, tendo o direito de dirigir e de controlar a execução do trabalho, não tem, porém, o direito de, para fazê-lo, agredir a privacidade de seus empregados, nem que estes tenham aquiescido e/ou tomado ciência de que o monitoramento seria feito, ou, como superiormente dito por Alberto Emiliano de Oliveira Neto e Luciano Augusto de Toledo Coelho:

> O fato de o empregado descumprir determinação para uso do e-mail apenas em serviço poderia ser grave o suficiente para configurar justa causa em casos extremos. Mas isso não legitima o abuso de direito do empregador através da verificação das mensagens por ele enviadas pelos equipamentos de informática de propriedade da empresa. Certamente, haverá outras formas de se constatar e demonstrar a violação da norma contratual que veda a utilização dos computadores para questões particulares do empregado. Logo, é inconstitucional a cláusula contratual em que o empregado renuncia a privacidade do correio eletrônico.[42]

Desse sentir não destoa Patricia Spewak Lew[43]: "El empleador puede regular la utilización de las herramientas de trabajo en la empresa — puede limitar el acceso a determinadas páginas o sítios, limitar el horario de acesso a internet, controlar el volumen de correos enviados, autorizar que sólo algunos empleados tengan acceso a Internet, etc. — pero esto no lo licencia para interceptar las comunicaciones, aún con una autorización del trabajador. Esto por cuanto estaria la posibilidad de lesionar el derecho (irrenunciable) a la intimidad".

Em outro substancioso artigo[44], ratifica esse seu sentir, a ilustre Patrícia, ao afirmar: "En suma, aún cuando el ordenador sea una herramienta de trabajo y la casilla electrónica sea del empleador, no lo es su contenido. En efecto, el correo electrónico laboral, no podrá ser revisado, salvo que existan indícios razonables de delito, justificados ante el Tribunal competente. Así, excepcionalmente podrá interceptarse el correo electrónico laboral (servidor de la empresa), dado que el ejercicio de facultades organizativas no puede servir en ningún caso para la producción de resultados inconstitucionales".

Insisto no aspecto de que o só fato de ser o proprietário do sistema de informática não basta para autorizar a devassa; referindo ensinamentos de Antonio Sempere e Carolina San Martín, lembra Patricia Spewak Lew que: "Semperre e San Martín señalan que 'una cosa es proclamar la ilicitud de los usos extra laborales y otra legitimar el control de los mensajes emitidos con el argumento de la propiedad del sistema empresarial de comunicación'"[45].

---

(41) SILVA NETO, Amaro Moraes e. *Privacidade na internet...*, cit., p. 48/49.
(42) OLIVEIRA NETO, Alberto Emiliano de; COELHO, Luciano Augusto de Toledo. *Direito à intimidade e à privacidade...*, cit., p. 47/48.
(43) LEW, Patricia Spewak. *El correo electrónico en el ámbito laboral, derecho laboral...*, cit., p. 745.
(44) *Op. cit.*, p. 113.
(45) *Op. cit.*, p. 740.

Para o culto Roberto Senise Lisboa, "é de ser afastada de pronto a tese de que algum interesse meramente patrimonial poderia prevalecer sobre o direito à intimidade ou à privacidade pessoal, ainda que a pretexto de se identificar alguma violação praticada pelo emitente da mensagem eletrônica"[46].

Aliás, essa indevida invasão à privacidade do empregado pode gerar sérias e graves consequências ao empregador que optar por assim proceder; a eminente Zoraide Amaral, ensina que aludidas consequências podem atingir as órbitas civis e criminais, é conferir[47]:

> No mundo da internet, surge uma grande preocupação para os seus usuários quanto ao correio eletrônico, embora o direito brasileiro consagre em seu texto constitucional de 1988 o direito à privacidade, protegendo o sigilo telefônico. Assim, a linha deveria ser inviolável também seja quando para uso normal, seja quando utilizada para a transmissão de dados dos e-mails Diante da norma constitucional, o legislador demonstrou certa cautela, adotando o sistema da verificação prévia, ou seja, nenhuma interceptação será lícita, se o juiz não a autorizar (Lei n. 9.296, de 24.7.1996).
>
> Resta, pois, que a interceptação de dados, mesmo que realizada dentro da rede interna da empresa, mostra-se ilícita, ato criminal, que não poderá ser praticado pelo empregador sem que o juiz autorize.
>
> Obviamente que a intenção não é defender que o empregado que tenha um computador sobre a sua mesa de trabalho e nele ter armazenado assuntos particulares ou alheios ao serviço, contendo críticas à empresa, por exemplo, mas que não poderá sofrer qualquer retaliação por parte do empregador.
>
> (...)
>
> Assim, o empregador que intercepta os e-mails de seus empregados, além de ser processado criminalmente, pagará uma indenização correspondente aos danos morais decorrentes da violação da intimidade.

Não se pode perder de vista que uma coisa é a invasão de privacidade, que não pode ser admitida; outra e esta em regime excepcional, quando envolver suspeita de fraude pelo empregado, o empregador deverá ter o direito de interceptar o correio eletrônico, desde que sejam atendidos os requisitos legais para a quebra do sigilo.

Quanto às graves consequências que o monitoramento pode ocasionar, vale também reproduzir ensinamentos de Roberto Senise Lisboa, "não é recomendável a violação da privacidade do empregado em encaminhar e receber e-mails. A segurança da empresa não é juridicamente mais relevante que a segurança e a privacidade do seu empregado. Ao se proporcionar a um empregado a utilização da Internet e ao incumbi-lo a remessa e o recebimento de e-mails, fica clara a confiança nele depositada pelo seu empregador, por si ou através do preposto que chefia a seção. Pouco importa se o monitoramento vem a ser realizado através de aparelho de propriedade da empresa, pois o fim a ele dado configura ilícito penal e civil"[48][49].

---

(46) LISBOA, Roberto Senise. *Quebra da inviolabilidade de correspondência eletrônica por violação da boa-fé objetiva, direito e internet* — aspectos jurídicos relevantes. São Paulo: Quartier Latin, 2008. v. II, p. 601.

(47) AMARAL, Zoraide. Impactos da internet no contrato de trabalho. In: SILVA, Roberto Rolland Rodrigues da (coord.). *Internet e direito* (reflexões doutrinárias). Rio de Janeiro: Lumen Juris, 2001. p. 65/66.

(48) LISBOA, Roberto Senise. *A inviolabilidade de correspondência na internet, direito e internet...*, cit., p. 526.

(49) Não desconheço trabalho posterior desse grande jurista, no qual ele abre algumas possibilidades de controle, mas é ao trecho supratranscrito que me filio.

Quanto a esse ponto, devem ecoar em nossos ouvidos a lição de Luis Lizama, no sentido de que "el correo electrónico es análogo a un servicio de correo normal, con la diferencia que cada persona posee una casilla postal de carácter electrónica denominada 'casilla electrónica' que sirve para recibir y enviar tanto mensajes como archivos o documentos asociados a éstos... No obstante lo anterior es evidente que los mensajes que los trabajadores envían o reciben a través de uma casilla electrónica proporcionada por el empleador, se encuentran protegiso por el derecho a la vida privada y el secreto de la correspondencia"[50].

A preclara e já aqui mencionada, pelo valor de suas lições, Patricia Spewak Lew, refere duas interessantes decisões, uma de seu País, e outra francesa, que vale a pena reproduzir, por sua relevância[51].

> En nuestro país, la sentencia del Tribunal de Apelaciones del Trabajo referida (n. 312/2004) analiza este aspecto concluyendo que "debemos ressaltar que las diferencias entre el correo postal y el electrónico no pueden ser relevantes en cuanto a su incidencia en al protección de la intimidad [...] El suporte material en el que viaja el mensaje no debe ser un obstáculo para considerar su inviolabilidad [...] No obstante, el simple hecho de tratarse de una comunicación — por un nuevo medio, pero con los mismos caracteres fundamentales — conlleva que el mismo tenga la necesaria protección frente a la intromisión externa. Ello se evidencia aún más, con la usual exigencia de una clave personal para acceder a la cuenta de correo, lo cual ya exterioriza el carácter privado de su contenido, sin que la falta de un contenedor físico — el sobre cerrado — sea óbice para mermar su privacidad".
>
> Idéntica interpretación se realizó en una sentencia del Tribunal Correccional de Paris donde se condenó a tres altos cargos de la Escuela Superior de Física y Química Industrial de la capital francesa por violación del secreto de correspondencia eletrónica al interceptar mensajes de un estudiante. Según dicha sentencia, el correo eletrónico "es como el convencional, una correspondencia privada protegida por el derecho al secreto de las comunicaciones postales". En este país la jurisprudencia del Tribunal Supremo há entendido que el empleador puede sancionar el uso extra laboral del correo eletrónico, pero no puede conocer el contenido de sus mensajes.

Nas linhas seguintes à reprodução aqui feita, em seu excelente artigo, a renomada juslaborista prossegue, observando, de maneira consistente que[52]:

> A la par, el teléfono de la oficina es una herramienta de trabajo y — en princípio — el empresario no puede legalmente intervenir las conversaciones. De igual manera si un trabajador recibe una carta privada en la empresa, el empleador no podría abrirla", e arremata: "Conforme esta orientación jurisprudencial, aún cuando el ordenador sea una herramienta de trabajo y la casilla eletrónica sea del empleador, no lo es su contenido. En efecto, el correo eletrónico laboral, no podrá ser revisado salvo que existan indícios razonables de delito, justificados ante el Tribunal competente. Entendemos que solamente

---

(50) LIZAMA, Luis. Nuevas tecnologias pero antiguos problemas. El respeto a la intimidad de los trabajadores. *Apud* LEW, Patricia Spewak. Intimidad e interceptación de las comunicaciones electrónicas. In: *XV Jornadas Uruguayas de Derecho del Trabajo y de la Seguridad Social,* Uruguai: Fundacion de Cultura Universitaria, p. 112.
(51) LEW, Patricia Spewak. *El correo electrónico em el ámbito laboral...*, cit., p. 741.
(52) *Op. cit.*, p. 741/742.

asī podrá interceptarse el correo eletrónico laboral, dado que el ejercício de facultades organizativas no puede serir en ningún caso para la producción de resultados inconstitucionales. El monitoreo indebido e injustificado del correo elctrónico del trabajo compromete el derecho fundamental a la intimidad.

O direito à privacidade/intimidade[53] não desaparece, como que por encanto, só pelo fato de estar uma pessoa em seu local de trabalho, aviando seus misteres de empregado de um dador de serviços qualquer, estou mesmo em que, nessa situação, o cuidado com a proteção a esse irrenunciável direito deve ser maior ainda, pois quanto mais acentuada a falta de força para fazer valer um direito, mormente se o mesmo for da magnitude do ora em foco, maior há de ser o cuidado e a atenção dispensada para que não seja, sem mais e por conta, justamente, dessa disparidade de forças, magoado; como diz a eminente Patricia Spewak Lew, amparada, novamente, em ensinamentos de Antonio Sempere e Carolina San Martin[54]: "El derecho a la intimidad es un derecho inespecífico laboral. Este derecho no desaparece en el ámbito laboral sino que — muy por el contrario — debe protegerse con énfasis ante el avance de las nuevas tecnologias. En este sentido se há senalado que 'el lugar de trabajo es un espacio en el que cabe ejercer el derecho a la intimidad y la cuestión se centra en fijar sus limites que son los que determinan el alcance de las facultades empresariales".

Qual a conclusão que se impõe, então, sobre o tema aqui tratado? A nosso sentir, há acompanhar as conclusões de Eduardo Goldstein, no sentido de que: "Bajo ningún concepto y ninguna circunstancia, ni aún contenidos de los correos eletrónicos de sus empleados"[55], aliás, esse ilustre autor ainda acrescenta interessante observação, pouco explorada, no sentido de que: "[...] el poder de control de empleador no constituye un derecho humano fundamental"[56].

Mas, há mais ainda a ser considerado, porquanto, como é bem de ver, nos dias que correm, em plena sociedade de informação, não é possível, por não ser razoável, querer afastar qualquer possibilidade de um empregado usar a internet e o seu e-mail, o corporativo, para questões pessoais, o que provoca cizânia com o mundo atual, o da sociedade de informação, aliás, quanto mais bem preparado for um empregado, enquanto pessoa, maiores condições ele certamente terá para desenvolver um trabalho melhor para seu empregador, o que, à evidência, será benéfico para ambos, de maneira que a questão não está em usar ou não o empregado a internet e o e-mail corporativo para fins pessoais, mas sim, se usa-os imoderadamente, prejudicando, então, seus afazeres, o que, aí sim, deve ser evitado; nesse ponto, tenho como de bom alvitre a transcrição de esinamentos do culto Mário Antônio Lobato de Paiva, para quem[57]:

---

(53) A diferença conceitual entre privacidade e intimidade não é desconhecida, mas não necessita de maior desenvolvimento no presente trabalho; de todo modo, para registro, transcrevo ensinamento de Dirley da Cunha Júnior: A vida privada não se confunde com a intimidade, pois é menos secreta do que esta. Não diz respeito aos segredos restritos da pessoa, mas sim à sua vida em família, no trabalho e no relacionamento com os seus amigos, e num, a vida privada é sempre um viver entre os outros mas que também exige uma certa reserva. Podemos nos valer de um exemplo, para apresentar uma comparação. Enquanto uma família, constituída pelos pais e seus dois filhos, em seu relacionamento interpessoal, no recesso de seu lar, vive debaixo de uma vida privada, que só a ela diz respeito; os ulhos, assim como os próprios pais, no recesso de suas individualidades, relativamente aos seus segredos, encontram-se sob a tutela da intimidade. CUNHA JÚNIOR, Dirley da. *Curso de direito constitucional*. 3. ed. Salvador: JusPodivm, p. 680.
(54) LEW, Patricia Spewak. *El correo electrónico em el ámbito laboral...*, cit., p. 738.
(55) GOLDSTEIN, Eduardo. *La inviolabilidad del contenido del correo eletrónico laboral o empresarial del trabajador por parte del empleador...*, cit., p. 48.
(56) *Op. cit.*, p. 48.
(57) PAIVA, Mário Antônio Lobato de. *E-mail — invasão de privacidade*. Revista de Direito do Trabalho, São Paulo: RT, ano 28, p. 182/183, out./dez. 2002.

Devemos reconhecer que o trabalhador deva ter direito a uma comunicação externa durante o horário de trabalho, incluído dentro da empresa. O empregador tem que aceitar o que se denomina direito ao uso social do e-mail. Logicamente, dentro do ambiente de trabalho também pode haver o uso pessoal, não abusivo e justificado, dos meios de comunicação da empresa.

Referidos acontecimentos são cada dia mais usuais, proporcionados pela evolução da nova organização do trabalho: da mesma maneira que o empregador pode exigir, em determinadas circunstâncias, que o trabalhador não somente opere no âmbito da empresa, senão também de seu domicílio — o que se conhece como teletrabalho — é lógico também que o empresário permita uma determinada permeabilidade, não abusiva, e o uso pessoal dos meios de comunicação.

É um intercâmbio moderno; se uma empresa fiexível corresponde a um trabalhador fiexível, é lógico que o trabalho estritamente profissional e o pessoal terão fronteiras muito mais fiexíveis, difíceis de separar de maneira absoluta.

É muito difícil que um empresário moderno, que se preocupe com os aspectos concernentes à qualidade na relação de trabalho, à participação dos trabalhadores e à identificação com os objetivos da empresa, seja um empresário que direcione, de maneira absoluta, seus próprios meios de comunicação para um determinado uso de caráter trabalhista, seria muito difícil, e cremos que seria uma opção retrógrada.

[...] Hoje em dia os empresários modernos entendem que tudo que seja de conhecimento pessoal do trabalhador redunda em benefício da eficiência da empresa. O problema está em ver que o uso social, o uso extraprofissional, não tenha elementos de abuso e prejuízo objetivo para empresa e é ali onde temos que intentar lograr um equilíbrio.

Assim, o correio eletrônico pode ser utilizado no âmbito da empresa, porém, de forma moderada e que não implique prejuízos funcionais ou de qualquer outra ordem à empresa. A ótica a ser observada não deve ser limitada à quantidade de e-mails e sim à prejudicialidade que sua utilização possa ocasionar à empresa.

Há, outrossim, uma questão de extrema importância que, ao que parece, em alguns casos, não recebeu/recebe a atenção devida, mas que, a meu aviso, demonstra, de maneira irrefutável, que, sob outro aspecto, também não é possível o monitoramento do e-mail do empregado, por atingir terceiros, que não possuem qualquer ligação com o dador de serviços, nem com vínculo que este mantém com determinado empregado; felizmente, abordaram-na os juslaboristas Wilson Ramos Filho e Fabiano Negrisoli, lembrando e demonstrando que a invasão da privacidade, quando se monitora o e-mail de um empregado, atinge terceiro que não faz parte do liame empregatício e pode ter (*rectius*: acaba por ter) a sua privacidade também devassada, e isso, logicamente, também ocorre, pois o e-mail é recebido ou enviado para uma outra pessoa que sequer sabe, e nem tem porque sabê-lo, ou qualquer interesse nisso, que o que diz num correio eletrônico vai cair no conhecimento de outra pessoa que pode não ter, muito provavelmente não terá, qualquer ligação com ela! Afirmam os ilustres articulistas: "remanesce ainda admitir-se que, na outra ponta da comunicação rastreada e monitorada, por sua vez, há alguém que possui um estado de privacidade e que deve ser preservado. Quebrar o sigilo da correspondência de seus empregados significa adentrar na esfera de privacidade dos destinatários das mensagens. Imagine-se a hipótese de um irmão de uma pessoa pública que lhe enviasse mensagem e que a resposta merecesse comentários cabíveis exclusivamente no âmbito restrito do companheirismo fraternal e que ambas as correspondências (a mensagem inicial e a resposta enviada ao remetente) tivessem seu sigilo quebrado pelo empregador. Dificilmente se compreenderia que o poder empresarial se prorrogaria ao ponto de adentrar na intimidade de terceiros, totalmente estranhos à relação empregatícia"[58].

E aí? Como sustentar a possibilidade do monitoramento, diante de tão horríveis possibilidades?

Há, ainda, outro aspecto muito importante que, curiosamente, também não é devidamente explorado, mas que a pena de Euler Sinoir de Oliveira não evitou, *verbis*:

> [...] é muito fácil para o empregador, se quiser, monitorar toda correspondência eletrônica do empregado. A questão é a legalidade ou não deste procedimento. Partindo deste pressuposto que é fácil o monitoramento, usando-se programas específicos para este fim, não seria possível ao empregador tendo todos os elementos disponíveis como login e senha, não estando satisfeito com o trabalho desenvolvido pelo empregado e com o objetivo de não arcar com os custos de uma rescisão contratual sem justa causa, usar os meios que dispõe e 'encher' a caixa eletrônica do empregado com mensagens pessoais, e até mesmo ilícitas de cunho sexual e criminal para obter a rescisão por justa causa?[59]; se é para desconfiar de um ou de qualquer empregado, também se pode desconfiar de um ou de qualquer empregador, ou não?

Insisto: e aí? Como sustentar a possibilidade do monitoramento, diante de tão horríveis possibilidades?

Ainda, vale lembrar que um dos motivos dos mais apontados para justificar a devassa é a possibilidade de o empregado passar segredos da empresa para terceiros, concorrentes, por meio de seu e-mail corporativo.

Sem desmerecer a preocupação, até porque válida, estou em que ela é hiperdimensionada, pelo forte apelo — alto teor de justificação — que traz consigo; entretanto, bem é de ver que, hoje em dia, caso um empregado queira assim agir, não se pode dizer que só consiga fazê-lo valendo-se de seu e-mail corporativo: depois que celulares que permitem fotos foram criados, por exemplo, basta por na tela o que se quer passar e fotografar o que nela está, pode-se também imprimir o que nela se encontra etc.

Olvidar não se deve que, quando um empregado se sente pouco — ou quase nada — à vontade no trabalho, quando seus passos são vigiados como se ele fosse suspeito de, ao menor descuido do empregador, cometer algum ato reprovável, quando seu trabalho tem de ser executado de molde a, praticamente, isolá-lo da vida e do convívio com os demais seres humanos, a não ser aqueles contatos estritamente profissionais, que não podem, para os fins aqui referidos, ser tidos, propriamente,

---

(58) RAMOS FILHO, Wilson; NEGRISOLI, Fabiano. Monitoramento e rastreio do *e-mail* do empregado pelo empregador: precarização judicial aos direitos fundamentais de privacidade e de sigilo de correspondência. In: COUTINHO, Grijalbo Fernandes; MELO FILHO, Hugo Cavalcanti; MAIOR, Jorge Luiz Souto; FAVA, Marcos Neves (coords.). *O mundo do trabalho*. São Paulo: LTr, v. I, p. 487.

(59) OLIVEIRA, Euler Sinoir de. A inconstitucionalidade da violação de e-mail do empregado pelo empregador. In: *Justiça do Trabalho*, Porto Alegre: HS, ano 22, n. 261, p. 51.

como convívio, quando o empregador, em suma, o vigia constantemente, o que significa suspeitar dele constantemente, estar-se-á perante uma situação que bem poderá levar o trabalhador a um grave estado de depressão, o que refetirá negativamente não só na vida desse empregado — o que já não é pouco, pelo reverso —, mas também na vida de sua família e da sociedade, incluindo aqui, não só, mas também, Instituto Nacional do Seguro Social, pois o quadro que então se terá sob as vistas, será o de um trabalhador, uma pessoa abalada que precisará de cuidados e tratamento, o que envolverá não só seus próximos — permita o Criador que ele os tenha e que possam ter algum tempo para se preocupar e cuidar desse trabalhador/pessoa —, mas a sociedade mesma. Isso tudo pode ser provocado com o desrespeito à privacidade do trabalhador; aqui, de reproduzir o quanto já superiormente dito por Cristina Paranhos Olmos:

> A ofensa aos direitos da personalidade do empregado, como sabido, apresenta consequências nefastas para a vida do empregado, para a empresa e sua função social, para a sociedade, e até mesmo para o Instituto Nacional do Seguro Social.
>
> Os direitos da personalidade, por comporem o patrimônio íntimo do empregado e serem intimamente ligados aos valores psicológicos do ser humano, quando ofendidos, causam prejuízos de ordem física e moral.
>
> A situação é de tamanha importância e gravidade, que a depressão, como consequência de "decepções sucessivas em situações de trabalho frustrantes, as exigências excessivas de desempenho cada vez maior geradas pelo excesso de competição, a ameaça permanente de perda do trabalho", é segunda maior causa de afastamento do trabalho, perdendo apenas para as doenças cardiovasculares.[60]

Há alguma dúvida de que a excessiva e implacável vigilância, como o constante e/ou arbitrário monitoramento do e-mail do empregado pode levar, ou contribuir, em muito, para que um trabalhador chegue a um estado assim? E a referência ao direito de propriedade, pode justificar um tão afiitivo resultado? Há equivalência entre os direitos de um (o empregado) e de outro (o empregador) em situações assim?

Evidentemente, vale insistir sempre, para que as observações e dúvidas ora levantadas não sejam tiradas do contexto todo em que estão sendo feitas, o que, como acontece, invariavelmente, em situações quejandas, as frases, quando tiradas do contexto em que feitas, podem levar a caminhos bem diversos, fazendo parecê--las de menor consistência e desconectadas com a realidade, não estou negando e/ou mitigando o poder diretivo do empregador, suas possibilidades de controle do trabalho aviado por seus empregados, apenas insisto em que isso não pode levar ao desrespeito à privacidade desses empregados, a questão é calibrar devidamente o controle, sem esquecer que esse controle é sempre e apenas sobre o trabalho e não sobre a pessoa humana que o exerce, e que possui (*rectius*: tem) necessidades, enquanto tal (pessoa humana), que o trabalho, na condição de empregado, não elimina. O trabalho há de ser executado a tempo e modo, e com responsabilidade e respeito aos interesses patronais, como ajustado, mas a verificação disso não pode

---

(60) OLMOS, Cristina Paranhos. O direito à privacidade e a reparação de sua ofensa na relação de emprego. *Revista de Direito do Trabalho,* São Paulo: RT, ano 35, n. 133, jan./mar. 2009, p. 77.

ser feita às custas da invasão na privacidade do trabalhador; aliás, como afirmado pela ilustra juslaborista já mencionada Cristina Paranhos Olmos[61]:

> Evidente que não se defende o uso do tempo do trabalho para que o empregado trate de questões pessoais, deixando em segundo plano suas atividades profissionais. Não. O trabalho, como objeto do contrato de emprego, deve ser o bem maior da relação, e, como tal, é o elemento primordial, que merece todo respeito.
>
> Mas não se pode desprezar que o empregado é uma pessoa, e, como tal, deve ter respeitada a esfera de direitos íntimos, inerentes à personalidade, como bem inserido no texto constitucional.
>
> Outra pergunta que não quer calar, antes quer se ver formulada em alto e bom tom, é a que atine com a possibilidade de que tal conduta do empregador, a de fiscalizar o e-mail corporativo de seus empregados, venha a agredir, agrida efetivamente, o princípio da presunção de inocência, de rasgo constitucional, porquanto, ao monitorar, ao seu alvedrio, no momento que deseja, sem quaisquer restrições, o e-mail de seus empregados, iniludivelmente, está o dador de serviço que assim procede, lançando a suspeita de que todo e qualquer empregado pode agir de maneira reprovável, ou, dito de uma maneira mais popular: agiu, age ou agirá de maneira dolosa e irregular!

Conquanto tendo em vista a área penal, com proveito ao nosso assunto, a transcrição do seguinte excerto da eminente Maria Lúcia Karam, correlacionando a presunção de inocência à dignidade da pessoa humana[62]: É tendo em conta a dignidade inerente a cada um dos indivíduos que as normas inscritas nas declarações internacionais de direitos e nas constituições democráticas proclamam a presunção de inocência, construindo uma situação de inocência e reconhecendo um estado de inocência a todos os indivíduos.

Entretanto, como se não desconhece, a presunção de inocência não vale apenas para o direito penal, mas, antes, alumia todo o ordenamento jurídico, de modo que, em seara trabalhista, o empregador não pode ter os seus empregados como pessoas que podem e/ou certamente vão praticar atos ilegais, duvidando, pois, de seu caráter, sem qualquer base de sustentação para uma tal postura — ou para esse empregador, basta, para fundamentar seu agir, a condição de empregado? —, a qual se materializa quando dador de serviço, v. g., procede a revistas íntimas e/ou em objetos pessoais do empregado, ou vasculha seu e-mail corporativo, elucidativo, no particular, acórdão da lavra do brilhante Ministro Mauricio Godinho Delgado, do C. TST, cuja ementa é:

> Recurso de Revista. Dano moral. Revista em objetos pessoais dos empregados. Segundo o inciso X do art. 5º, da CF, "são invioláveis a intimidade, a vida privada, a honra e a imagem das pessoas, assegurado o direito à indenização pelo dano material ou moral decorrente de sua violação". Considera-se que a Reclamada, ao adotar um sistema de fiscalização diária dos objetos pessoais dos empregados, ainda que não houvesse toque corporal, extrapolou a adoção de medidas capazes de proteger seu patrimônio. Essa política de segurança interna revela uma opressão despropositada, já que atualmente existem

---
(61) *Op. cit.*, p. 77.
(62) KARAM, Maria Lúcia. *Escritos sobre a liberdade* — liberdade, presunção de inocência e direito à defesa. Rio de Janeiro: Lumen Juris, 2009. v. 5, p. 2.

outros equipamentos eficientes de segurança, capazes de monitorar o ambiente de trabalho, sem ofender a dignidade, a intimidade e a privacidade do trabalhador. Como bem pontuado pelo Tribunal Regional, a realização de revista pelo empregador nos pertences particulares dos empregados viola a presunção de inocência garantida pelo texto constitucional (art. 5º, LVII), sendo constrangedor a submissão do trabalhador a um procedimento que revela dúvida sobre seu caráter. Ora, a higidez física, mental e emocional do ser humano são bens fundamentais de sua vida privada e pública, de sua intimidade, de sua autoestima e afirmação social e, nessa medida, também de sua honra. São bens, portanto, inquestionavelmente tutelados, regra geral, pela Constituição Federal (art. 5º, V e X). Agredidos em face a circunstâncias laborativas, passam a merecer tutela ainda mais forte e específica da Carta Magna, que se agrega à genérica anterior (art. 7º, XXVIII, da CF/88). Recurso de revista conhecido por divergência jurisprudencial e, no mérito, desprovido. (RR — 71990025.2008.5.09.0016, Relator Ministro: Mauricio Godinho Delgado, Data de Julgamento: 16.6.2010, 6ª Turma, Data de Publicação: 30.7.2010).[63]

José Affonso Dallegrave Neto observa[64]: "Não há como negar que o conceito de ética empresarial está intimamente relacionado ao conceito de responsabilidade social, confiança negocial, transparência e boa-fé no cumprimento das obrigações. A empresa não pode pautar suas condutas na desconfiança ou na presunção de que seus parceiros e empregados são ímprobos. A presunção ética, moral e legal, é e deve ser a de que todos são inocentes e agem de boa-fé, até que se prove o contrário".

Como é bem de ver, então, também sob o aspecto da agressão ao princípio da presunção de inocência, inviável admitir-se o monitoramento do e-mail corporativo do empregado!

Por vezes, esgrime-se com o princípio da proporcionalidade, para justificar a possibilidade da devassa do e-mail corporativo, sustentando-se que é necessária a aplicação desse princípio, pois se tem, na espécie em confronto, dois direitos de estatura constitucional, o de propriedade, e o atinente à privacidade, daí a necessidade de uma ponderação, a demonstrar, em suma, que esta, no caso, não tem como prevalecer sobre aquela; entretanto, a meu aviso, a questão, assim colocada, o é de maneira muito simplista, o que a torna insuficiente para por cobro ao problema.

Observa o professor José Barros Correia Junior que[65]:

> Do ponto de vista constitucional a propriedade é encarada de uma forma bem mais ampla vez que existe uma diversidade de propriedades e cada uma deve ser encarada, tratada e protegida de uma forma diferente. Por este motivo é que a Carta Magna no seu art. 5º insculpe a proteção à propriedade sem, contudo, defini-la.
>
> Esta diversidade de propriedades vai desde a mais simples e comum (propriedade de bens corpóreos) até a mais abstrata (propriedade intelectual,

---

(63) Disponível no *site* do TST em 23.2.2011.
(64) DALLEGRAVE NETO, José Affonso. Compromisso social da empresa e sustentabilidade — aspectos jurídicos. *Revista LTr* 71-03/349.
(65) CORREIA JUNIOR, José Barros. A função social da empresa na ordem econômica constitucional. *Revista da ESMAL — Escola Superior da magistratura do Estado de Alagoas*, ano I, n. 1, p. 156, jul./dez. 2002.

artística ou industrial). Desde a primeira Constituição brasileira (de 25 de março de 1824) já existia esta visão múltipla da propriedade, sendo "garantido o direito de propriedade em toda a sua plenitude", da forma mais ampla possível, assim como de forma específica em razão da propriedade intelectual. O mesmo acontece com as Cartas subsequentes.

O trato e até mesmo a proteção destas múltiplas espécies de propriedade dada pela legislação, seja constitucional, seja infraconstitucional, não pode ser o mesmo. Para cada bem existirá uma espécie diferente de propriedade, não sendo esta, portanto, uma instituição única, mas sim o conjunto de várias instituições. Com isso, o proprietário de um imóvel (propriedade do solo) não terá exatamente os mesmos direitos, faculdades e obrigações estabelecidas a um inventor (propriedade industrial) ou mesmo a um empresário (propriedade de bens de produção).

Por seu turno, o sempre citado professor José Afonso da Silva, dilucida que[66]:

> Em verdade, uma coisa é a propriedade pública, outra a propriedade social e outra a privada; uma coisa é a propriedade agrícola, outra a industrial; uma, a propriedade rural, outra a urbana; uma, a propriedade de bens de consumo, outra, a de bens de produção; uma, a propriedade de uso pessoal, outra a propriedade/capital. Pois, como alertou Pugliatti, há bastante tempo: "no estado das concepções atuais e da disciplina positiva do instituto, não se pode falar em um só tipo, mas se deve falar de diversos tipos de propriedade, cada um dos quais assume um aspecto característico". Cada qual desses tipos pode estar sujeito, e por regra estará, a uma disciplina particular, especialmente porque, em relação a eles, o princípio da função social atua diversamente, tendo em vista a destinação do bem objeto da propriedade.

Ora, se assim é, bem se pode sustentar que o direito à propriedade da pessoa humana, enquanto tal, para atender às suas necessidades, não pode ter o mesmo valor, mas deve ser mais elevado que o atribuído à propriedade, enquanto local de bens de consumo e/ou bens de produção, aquela é que mais se liga, como dito, à pessoa humana e mesmo à sua dignidade, esta, sem cortar a ligação, se dá em outro patamar, ou seja, menos, daí que a ponderação que se diz necessária, e na qual se estabelecerá o peso de cada qual, não o é, ao menos tanto ou com a mesma intensidade, pois não se pode dizer, assim vistas as coisas, que da mesma estatura o direito de propriedade do empregador, face ao direito à privacidade do empregado, e em sendo assim, torna-se balofa qualquer invocação ao princípio da proporcionalidade para justificar o monitoramento.

Demonstrado, então, que o princípio da proporcionalidade não serve para justificar o monitoramento do e-mail do empregado pelo empregador, já que não se tem, na hipótese, dois direitos constitucionais de idêntica relevância, a esse respeito, assim se posicionaram Alberto Emiliano de Oliveira Neto e Luciano Augusto de Toledo Coelho:

> É bom salientar que o princípio da proporcionalidade visa direitos constitucionais de igual importância. Logo, não se pode aceitar que o direito de propriedade deva prevalecer sobre a intimidade e a privacidade do indivíduo. Nesse sentido, não é razoável (proporcional) que o empregador viole o direito

---

(66) SILVA, José Afonso da. *Curso de direito constitucional positivo*. 10. ed. São Paulo: Malheiros, p. 266.

à intimidade de seu empregado para a obtenção de prova destinada a ser utilizado [sic] em juízo para configurar justa causa, por exemplo.

Lênio Streck lembra que a discussão acerca da proporcionalidade deixa claro que somente se justifica a invasão da esfera dos direitos fundamentais do indivíduo para o combate dos crimes que representem ameaça aos valores constitucionais, erigidos como metas pelo Estado Democrático de Direito.[67]

Vale insistir: para que seja válido o apelo ao princípio da proporcionalidade, deve ser analisado, de pronto, se se está na presença de dois direitos com o mesmo grau de importância, observando-se a fundamentalidade de cada qual, para a mais plena e completa realização da dignidade da pessoa humana, como se sabe, valor maior da vigente Carta Magna, e não parece que isso ocorra na situação enfocada; para melhor esclarecimento da questão da fundamentalidade para a mais completa realização da dignidade da pessoa humana, interessante fixar que:

> Quando se trata de sopesar direitos fundamentais, o peso abstrato encontra-se diretamente relacionado ao grau de fundamentalidade do direito. Um direito ostenta um grau de fundamentalidade maior conforme seja mais relevante para viabilizar o atingimento, pelas pessoas, de níveis maiores de humanização e de dignidade.[68]

Além disso, não se pode cerrar com um véu, simplesmente, a disparidade de forças para fazer valer seus interesses, que existe entre o empregador e seus empregados, de maneira que, se fosse para cuidar do princípio da proporcionalidade, no particular, seria para compensar o desequilíbrio existente, e não para aprofundá-lo, o que bem poderia se dar, se usado com o fim acima referido.

Por tudo que venho de expor, estou em que ao empregador é absolutamente vedado, o seu talante, decidir pelo monitoramento do e-mail corporativo de seu empregado, e efetivamente assim agir, como se nas dependências de sua empresa, ele fosse o senhor maior — e único — a decidir pelo que é certo e o que pode fazer, numa versão moderna do senhor feudal em seus domínios!

Entretanto, e como também afirmei, não defendo a irresponsabilidade do empregado, no uso do e-mail corporativo, apenas defendo que o empregador deve se valer de outros meios — e que não são poucos, já que existem vários para isso, alguns dos quais apontados nas linhas acima, mencionados que foram por alguns dos doutrinadores dos quais me socorri — para controlar se seu empregado está trabalhando corretamente, produzindo a contento, dentro do que razoavelmente poderia se esperar dele, e, designadamente, se houver suspeita, embasada em dados perceptíveis, reais, de que determinado obreiro está agindo de maneira ilegal, deverá o respectivo empregador buscar uma ordem judicial para, então sim, inteirar-se das correspondências emitidas e recebidas pelo seu empregado por meio de seu correio eletrônico corporativo; já referi ensinamentos de estudiosos que se posicionaram pela necessidade de ordem judicial para tanto, como Antonio Silveira Neto e Zoraide Amaral, por isso, de momento, fico com mais esse ensinamento: "La limitación de un derecho fundamental solo puede tener lugar con autorización judicial y luego de estar

---

(67) OLIVEIRA NETO Alberto Emiliano de; COELHO, Luciano Augusto de Toledo. Direito à intimidade e à privacidade — e-mail do empregado. *Justiça do Trabalho*, Porto Alegre: HS, ano 20, n. 233, p. 43.
(68) PEREIRA, Jane Reis Gonçalves. Os imperativos de razoabilidade e de proporcionalidade. In: BARROSO, Luís Roberto (coord.). *A reconstrução democrática do direito público no Brasil*. Rio de Janeiro: Renovar, p. 196.

justificada y ser estrictamente necesaria o imprescindible para satisfacer el interés empresarial y siempre que no haya otra forma de satisfacerlo (criterio de la necesidad o indispensabilidad de la restricción)"[69].

Noto que a necessidade de autorização judicial para que se tenha acesso aos e-mails corporativos do empregado, além de corolário do que vem de ser exposto, não deve causar espanto algum, também porque, para se quebrar o sigilo de alguém, de maneira geral, não se prescinde de ordem judicial, e não se pode, como também já afirmei, entender que o espaço empresarial esteja fora do alcance do ordenamento jurídico, tem suas peculiaridades, é certo, mas essas recebem, quando o caso, específico regramento legal, mas nem por isso, repiso, as demais normas ficam como que barradas, não podendo adentrar o recinto empresarial; as Leis n. 9.034, de 3.5.1995 e Lei n. 9.296, de 24.7.1996, atestam a reserva judicial, no aspecto ora em foco, cabendo recordar que existem hipóteses em que as CPIs podem, em alguns casos, fazê-lo. Apenas à guisa de ilustração, de evocar o magistério de Uadi Lammêgo Bulos, para quem:

> Assim, são invioláveis:
>
> — o sigilo de correspondência;
>
> — o sigilo das comunicações telegráficas;
>
> — o sigilo das comunicações de dados (bancário e fiscal);
>
> — o sigilo das comunicações telefônicas; e
>
> — o sigilo das comunicações telemáticas.
>
> [...]
>
> A inviolabilidade do sigilo decorre do direito à vida privada (CF, art. 5º, X), regendo-se pelo princípio da exclusividade, mediante o qual o Poder Público não pode adentrar a esfera íntima do indivíduo, defassando [sic] suas particularidades.
>
> Quando a Carta Magna protege o sigilo está, na realidade, resguardando a privacidade do homem em suas relações familiares e domésticas, proibindo todo tipo de investida contra a sua integridade física, psíquica, intelectual e moral. O direito ao sigilo procura, pois, evitar afrontas à honra, à reputação, ao bom nome, à imagem física e social das pessoas, deixando-as a salvo de informações comprometedoras de sua intimidade.[70]

Essa garantia, essa proteção contra indevidas investidas, não a tem um empregado, apenas por utilizar-se de meios da empresa, e-mail corporativo inclusive?

Conquanto não se cuide de um fato de pouca relevância, ao reverso, não é o simples fato de ser o empregador o proprietário dos meios que permitem ao obreiro o acesso à internet e ao correio eletrônico corporativo, que, de per si, autoriza e justifica o monitoramento dos sites visitados e das correspondências enviadas, o que parece resquício de um conceito ultrapassado, por meio do qual o só fato de ser proprietário permitiria fazer tudo, ou seja, usar e dispor como bem entendesse de sua propriedade; hodiernamente não é assim, a propriedade traz obrigações para com os

---

(69) LEW, Patricia Spewak. *Intimidad e interceptación de las comunicaciones electrónicas...*, cit., p. 116.
(70) BULOS, Uadi Lammêgo. *Curso de direito constitucional*. 3. ed. São Paulo: Saraiva, 2009. p. 445.

outros, e no âmbito de uma relação de emprego, limites ao poder de direção do dador de serviços, o qual deixa de ser absoluto e menos ainda pode ser arbitrário; como bem se posiciona o festejado juslaborista Alejandro Castello: "En efecto, el poder de control, como parte del poder de dirección, no es absoluto ni puede ser arbitrario, sino que reconoce varios límites y regulaciones"[71].

De resto, como observa Rúbia Zanotelli de Alvarenga[72]: "[...] a manifestação da dignidade se faz presente na incolumidade do direito à vida, à honra, à saúde, à integridade física, à integridade moral, à intimidade e à garantia da afirmação social do trabalhador no ambiente de trabalho. Considerar o homem como sujeito de promoção dos Direitos Humanos Fundamentais, entre eles, a dignidade da pessoa humana, é considerar o valor absoluto que permeia o homem como ser racional e moral, dotado de emotividade e sensibilidade".

Percebe-se, então, que, nos dias que correm, sem olvidar da preocupação com os aspectos financeiros e econômicos, que são, efetivamente, de suma importância para a empresa, e pela importância desta para a coletividade, essa preocupação, todavia, não pode ser maior e/ou tomar o lugar daquela que se deve, que se há de ter com o trabalhador, com a sua dignidade de pessoa humana, é dizer: "[...] a proteção ao trabalhador suplantou patamares pecuniários e que a sociedade está preocupada com o meio ambiente do trabalho e com um dos direitos mais importantes da personalidade da humanidade, que é o direito à dignidade do trabalhador"[73].

Adriana Calvo, em boa hora, evoca a palavra do grande Ministro Marco Aurélio M. F. Mello, no sentido de que: "O ministro do STF Marco Aurélio M. F. Mello ressaltou bem: conscientizem-se os empregadores de que busca do lucro não se sobrepõe, juridicamente, à dignidade do trabalhador como pessoa humana e partícipe da obra que encerra o empreendimento econômico"[74]; portanto, há reconhecer que os interesses que o empregador tenha, embora caiba-lhe preservá-los, exercê-los, não pode fazê-lo sem a devida atenção à dignidade de pessoa humana de seu empregado, o que não acontece, como demonstrado, quando monitora seu e-mail corporativo e ainda quando controla sites visitados.

Além dos motivos já elencados, acrescento outro, que também leva a que se conclua que o empregador deve facultar aos seus empregados o uso da internet e, como nos diz mais de perto nesse comenos, o e-mail corporativo, para que eles possam cuidar de assuntos de seu interesse, acompanhando o que pelo mundo se passa e mantendo contato e trocando informações com pessoas amigas e/ou mais próximas; e, por óbvio, para que isso possa realmente acontecer, os empregados precisam ter a segurança de que o dador de serviço não ficará devassando seus e-mails corporativos, tampouco os sites por onde navegam.

Antes de expor esse outro motivo, volto a insistir que o uso da internet e do e-mail corporativo a que me refiro, não pode, logicamente, ser tamanho, que venha

---

(71) CASTELLO, Alejandro. Límites del control tecnológico del empleador. In: DELPIAZZO, Carlos E. (coord.). *El trabajo ante las nuevas tecnologías* — jornada académica en homenaje al profesor emérito Américo Plá Rodríguez. Uruguai: Fundación de Cultura Universitaria, 2010. p. 46.
(72) ALVARENGA, Rúbia Zanotelli de. A proteção aos direitos humanos fundamentais de personalidade no direito do trabalho brasileiro. *Revista Jurídica da Amatra 17ª Região*, ano 5, n. 9, v. V, p. 48, jul. 2008.
(73) CALVO, Adriana. O conflito entre o poder do empregador e a privacidade do empregado no ambiente de trabalho. *Revista LTr*, 73-01/70.
(74) *Op. cit.*

a prejudicar os serviços, não e não, o que sustento é que se autorize um uso que faça — ou melhor — permita ao empregado sentir-se fazendo parte, mais efetivamente, da sociedade da informação em que vivemos, atualizando-se em conhecimentos e interagindo com as pessoas, o que, feito moderadamente, não prejudica o trabalho, e quanto à circunstância de estar um empregado bem informado, atualizado com o que se passa no mundo, não é preciso muito para ver que isso, regra geral, redundará em benefício do próprio empregador, e nem se argumente que informações e conhecimentos não diretamente relacionados ao labor em nada acrescentarão ao aprimoramento deste, pois, sempre, o saber, ainda que acerca de algo que não diga respeito direto ao nosso dia a dia, ao contribuir para o nosso discernimento, ao tornar mais ágil e consistente o nosso raciocínio, ao ampliar os nossos horizontes, sempre e sempre nos auxiliará a resolver os problemas que se apresentarem para que os solucionemos e, sobretudo, nos permitirá evoluir enquanto pessoas que somos, fazendo com que nos sintamos mais plenos de humanidade, e aqui lembro que, se o homem se realiza pelo trabalho, como sempre se diz, mais se realizará se puder, enquanto o executa, ou também quando o executa, melhor conhecer-se e ao mundo, às pessoas, o que, nos dias que correm, torna-se mais palpável pelo uso da internet, aquele uso moderado, e não o que leve o homem a trocar o mundo real pelo virtual, pois, como sempre sucedeu — e sucede —, desde os albores da história do homem, os excessos sempre levam à má colheita.

Conquanto algumas vozes já tenham se pronunciado no sentido de que se o empregado quer navegar pela internet e ter um e-mail inviolável, que adquira o seu equipamento e os serviços necessários para tê-los, pois que o empregador o remunera para trabalhar e não para usar, em seu interesse, os aparelhos de informática da empresa, é preciso considerar, e peço vênia para fazê-lo, um outro aspecto, que diz com a realidade brasileira, o que já torna algo meio vago a referência e/ou comparação com outros ordenamentos jurídicos, qual seja, a possibilidade de um trabalhador brasileiro ter, efetivamente e por sua conta, acesso a esse mundo da informática.

Em um bem elaborado trabalho intitulado *O que as empresas podem fazer pela inclusão digital*[75] foi esclarecido que: "O acesso às tecnologias da informação e da comunicação, também chamado inclusão digital, está diretamente relacionado, no mundo atual, aos direitos básicos à informação e à liberdade de opinião e expressão. A exclusão digital é uma das muitas formas de manifestação da exclusão social. Não é um fenômeno isolado ou que possa ser compreendido separadamente, pois se trata de mais uma consequência das diferenças já existentes na distribuição de poder e de renda", informando, ainda, que: "Existem cerca de 148 milhões de brasileiros sem acesso à Internet"[76].

Em seu livro, que é posterior ao trabalho acima referido, a eminente Liliana Minardi Paesani noticia que[77]: "Segundo estudo do Ibope NetRatings, no final do primeiro trimestre de 2008 havia 41,565 milhões de usuários de Internet no Brasil".

---

(75) Renato Cruz, com a colaboração de Cristina de Luca, Daniel Marinho e Ethevaldo Siqueira, realização do Instituto Ethos de Empresas e Responsabilidade Social, 2004. p. 13. Disponível em: <www.ethos.org.br>, Instituto Ethos. Acesso em: 12.2.2011.
(76) *Idem*.
(77) PAESANI, Liliana Minardi. *Direito e internet* — liberdade de informação, privacidade e responsabilidade civil. 4. ed. São Paulo: Atlas, p. 11.

Provavelmente houve alguma mudança nos números, mas não a ponto de se inferir que, na presente quadra, não exista mais um sério déficit de acesso aos meios de informática por parte dos brasileiros, designadamente para os que trabalham como empregados, que não ganham o suficiente para ter acesso ao mundo da informática por conta própria, ao que agrego os brasileiros que cumprem suas jornadas de trabalho e vão estudar à noite, ou os que, ao voltar para sua residência, não podem, ainda, descansar e acessar a internet, mas têm, isso sim, de cuidar do que é preciso, relativamente à limpeza e conservação da casa, e também dos filhos, além de sua própria alimentação; que horas essas pessoas, imaginando as que, ainda que a muito custo, possam ter seu computador e acessar a internet, poderão fazê-lo? Não nos esqueçamos o tempo de suas vidas que as pessoas passam em seus locais de trabalho! Embora seja uma advertência que sabe a lugar-comum, mas que nem por isso é sempre observada, o direito, para ser útil e efetivo, não pode ignorar a realidade, o dinamismo e o pulsar da vida, e é de se recusar esteja acima pintada a realidade do trabalhador brasileiro, em expressiva quantidade?

Negar não se pode, no mundo atual, que a informação é a base do desenvolvimento (não estou afirmando que algum dia não foi assim, mas, isso sim, que essa realidade é inarredável e certamente mais intensa hoje, do que em tempos passados, em sociedades pretéritas); daí a correção da seguinte observação de Helio Mattar: "A informação é o alimento básico do conhecimento. Desta forma, além de famintos por comida, o mundo está produzindo cada vez mais famintos por informação"[78].

Aliás, de maneira muito percuciente, já se fez notar que: "Tendo em vista que o futuro da humanidade repousa em uma sociedade do conhecimento e da informação, mais recentemente fala-se em 'inclusão digital' ou movimento para franquear a informação eletrônica a todos os cidadãos. Nesse sentido, as empresas são convocadas a participar, e muitas já o fazem, colaborando para permitir que o conhecimento, chave de todo o progresso, possa ser estendido a todos os cidadãos. Várias são as formas de permitir a inclusão digital: melhorando o acesso à infraestrutura de informática e comunicação, elevando capacidade de acesso, maximizando a segurança no uso da tecnologia, incentivando o respeito à diversidade cultural, desenvolvendo e ampliando as aplicações de tecnologia, reconhecendo o papel dos meios de comunicação, dentre outros"[79].

Agora a pergunta: essa realidade e essas considerações, inteiramente aplicáveis à generalidade do trabalhador brasileiro, não levaria (*rectius*: leva) a que as empresas, até para cumprir a sua função social, permitissem/permitam aos seus empregados o uso da Internet e do e-mail corporativo para questões suas, alheias ao trabalho, desde que sem prejuízo ao mesmo?

Essa pergunta, é bom frisar, reconhece, sendo mesmo premissa para sua formulação, que, se há algo que não se discute, é a importância da empresa para a sociedade contemporânea.

O preclaro jurista Fábio Konder Comparato, superiormente observou que[80]:

---

(78) MATTAR, Helio. Os novos desafios da responsabilidade social empresarial. *Reflexão — Instituto Ethos,* p. 8. Disponível em: <www.ethos.org.br> Acesso em: 12.2.2011.
(79) COOPERS, Pricewaterhouse. *Aspectos relevantes do direito de empresa.* Coordenação e revisão de Elidie Palma Bifano e Sérgio Roberto de Oliveira Bento. São Paulo: Quartier Latin, 2005. p. 62.
(80) COMPARATO, Fábio Konder. A reforma da empresa. *Revista de Direito Mercantil, Industrial, Econômico e Financeiro,* ano XXII (nova série), n. 50, p. 57, abr./jun. 1983.

Se se quiser indicar uma instituição social que, pela sua infiuência, dinamismo e poder de transformação, sirva como elemento explicativo e definidor da civilização contemporânea, a escolha é indubitável: essa instituição é a empresa.

É dela que depende, diretamente, a subsistência da maior parte da população ativa deste país, pela organização do trabalho assalariado.

É das empresas que provém a grande maioria dos bens e serviços consumidos pelo povo, e é delas que o Estado retira a parcela maior de suas receitas fiscais.

É em torno da empresa, ademais, que gravitam vários agentes econômicos não assalariados, como os investidores de capital, os fornecedores, os prestadores de serviços.

Mas a importância social dessa instituição não se limita a esses efeitos notórios. Decisiva é hoje, também, sua infiuência na fixação do comportamento de outras instituições e grupos sociais que, no passado, ainda recente, viviam fora do alcance da vida empresarial. Tanto as escolas quanto as Universidades, os hospitais e centros de pesquisa médica, as associações artísticas e os clubes desportivos, os profissionais liberais e as forças armadas — todo esse mundo tradicionalmente avesso aos negócios viu-se englobado na vasta área de atuação da empresa. A constelação de valores típica do mundo empresarial — o utilitarismo, a eficiência técnica, a inovação permanente, a economicidade de meios

— acabou por avassalar todos os espíritos, homogeneizando atitudes e aspirações.

Então, pode-se concluir com o grande juslaborista José Affonso Dallegrave Neto, que[81]:

> Hodiernamente, a verdadeira e lídima empresa é vista como uma instituição social, sendo inelutável sua função social e de valorização do trabalho, conforme se depreende da aplicação do art. 170, e incisos, da Carta Constitucional, sobretudo porque é nela que se aloca a maior parte da mão de obra produtiva do país, porque é ela a fornecedora de bens e serviços necessários à sociedade e ela que arrecada os tributos que compõem o patrimônio do Estado.

Pelo valor de seus ensinamentos e ligação com o que ora se procura estabelecer, vale lembrar Alfredo Lamy Filho[82], e suas pertinentes observações:

> No conhecido Relatório Sudreau (encomendado pelo governo francês, sobre a Reforma da Empresa, de 1975) foi dito:

> Esse papel motor da empresa é um dos traços dominantes de nosso modelo econômico: por seu poder de proposição, a empresa é a fonte de criação constante da riqueza nacional; ela é também lugar de inovação e de promoção.

---

(81) DALLEGRAVE NETO, José Affonso. Compromisso social da empresa e sustentabilidade — aspectos jurídicos. *Revista LTr* 7103/347.
(82) LAMY FILHO, Alfredo. A função social da empresa e o imperativo de sua reumanização. *Revista de Direito Administrativo*, v. 190, p. 56, out./dez. 1992.

E adiante:

> A empresa é, igualmente, um campo de iniciativa pessoal. Ela oferece, a cada um, um itinerário de promoção.

Prosseguindo, vale reproduzir outra lembrança do insigne jurista que venho de citar: invoquemos a palavra de Francis-Paul Bénoit que, ao lançar a revista Connaissance Politique, dedicou o primeiro número, de 1983, integralmente, ao exame da problemática da empresa, e explicou:

> Por que a empresa é objeto deste primeiro número? Porque ela está no coração do debate político atual.
>
> É na empresa que se realizam no seio de sociedades como a nossa, na qual a economia repousa sobre o desenvolvimento das ciências, das técnicas e da indústria as adaptações que implicam a evolução do saber, dos meios e das mentalidades. Com a revolução tecnológica que vivemos, o homem criou utilidades novas; essas utilidades mudam as condições de vida, e podem mudar o próprio homem. São as empresas que, fundamentalmente, têm feito face aos difíceis problemas de iniciativa, do controle — e da aceitação também — dessas transformações.
>
> É a empresa o quadro de reencontro dos homens para a ação em comum que assegura a existência. É na empresa — sejam patrões, executivos, técnicos, empregados ou trabalhadores — que os mais capazes de iniciativa, de esforço, de responsabilidade, os mais dotados, os mais hábeis, os mais trabalhadores, se põem a serviço dos outros, para a criação de riquezas, das quais se beneficia a humanidade por inteiro. É também na empresa que se exprimem as tensões no que concerne à partilha dos papéis e do proveito entre todos os que contribuem para a produção.

E, pouco depois:

> Meio de vida, lugar de criação, de adaptação, de cooperação, mas também de confrontação, a empresa tornou-se, com a família, a instituição essencial da sociedade.[83]

Por óbvio, uma posição de tão grande proeminência, de tamanha relevância, traz consigo obrigações e responsabilidades, da mesma envergadura, o que é natural e faz parte da roda da vida, pois, sempre, nos mais diversos campos de atuação dos indivíduos, e a empresa é um deles, quanto maior a importância que se têm, maiores as responsabilidades que também se têm, de modo que não basta enaltecer as empresas, embora se justifique esse agir, mas é preciso, outrossim, lembrar, no mesmo tom, suas responsabilidades para com o meio em que atua.

Como diz José Marcelo Martins Proença: "Acatada e reconhecida a influência da empresa sobre o meio que atua, deriva o reconhecimento da necessidade de impor obrigações positivas às empresas"[84].

---

(83) LAMY FILHO, Alfredo. *Op. cit.*, p. 56/57.
(84) PROENÇA, José Marcelo Martins. Função social da sociedade — convivência entre interesse público e privado. In: FINKELSTEIN, Maria Eugênia Reis; PROENÇA, José Marcelo Martins (coords.). *Gestão e controle*. Série Gvlaw. São Paulo: Saraiva, 2008. p. 14.

Ainda é Comparato[85] quem adverte, embora tendo sob as vistas a Constituição Federal anterior, mas em ensinamento perfeitamente válido para a atual, que:

> A liberdade de iniciativa, entendida como liberdade de criação empresarial ou de livre acesso ao mercado, somente é protegida enquanto favorece o desenvolvimento nacional e a justiça social.

Vale realçar que o excerto infratranscrito não é de autoria de um doutrinador especialmente voltado ao Direito do Trabalho, embora seja um jurista do maior valor — e para sê-lo a preocupação com o social parece desde sempre inafastável, ainda que tendo sob as vistas tanto a anterior Lei Maior, como o anterior Código Civil — deixa bem claro a indisputável importância da função social, também no âmbito da empresa, importância essa maior ainda, após a publicação da Magna Carta e do Código Civil hodiernamente em vigor; é ainda o festejado Fábio Konder Comparato quem nos brinda com os ensinamentos que seguem[86]: "Ora, ninguém sustentará, nem mesmo os últimos partidários da 'mão invisível' regulando o mercado, que não possa jamais haver conflito ou incompatibilidade, entre o objetivo societário de lucro e o dever legal de a companhia exercer uma função social. Verificando-se essa colidência de fins em concreto, qual a solução jurídica? Parece óbvio que ela se encontra na prevalência dos fins sociais, tal como expressos nos princípios do art. 160 da Constituição. De resto, é exatamente nesse sentido que a Lei de Introdução ao Código Civil orienta a ação do Judiciário (art. 5º); o atendimento aos fins sociais da lei e às exigências do bem comum".

De todo exposto, bem pode se extrair que, sem abalar o direito de propriedade, que continua a existir, para legitimá-lo, há acrescentar o respeito e a consideração devidos à sua função social, o que bem se explica e fundamenta pelas razões acima expostas, que atestam a relevância da instituição empresa, e como dela dependem, para sua subsistência, cada vez mais — e mais — segmentos da sociedade; de mencionar que, não obstante não se possa olvidar e/ou diminuir essa importância, ela existe, também, porque a sociedade aceitou, admitiu e colaborou, não raro decisivamente, de uma forma ou de outra, para isso, tendo-a como relevante para que as necessidades da coletividade à sua volta pudessem ser melhor satisfeitas, assim:

> A empresa é uma instituição social, isto é, é um agente da sociedade criado com a finalidade de satisfazer necessidades sociais. A sociedade concorda com a criação de empresas porque as considera benéficas ao corpo social. Esse é o fundamento moral da existência de organizações econômicas. E mais: as organizações econômicas são autorizadas a funcionar pela sociedade e operam sob formas permitidas pela sociedade.[87]

E designadamente quanto ao crescimento da empresa, não se pode esquecer que, sob certo aspecto, esse sucesso teve lugar porque a sociedade, por meio do Estado, de certa forma, permitiu que tal ocorresse, e isso exige, em contrapartida, uma preocupação crescente, uma responsabilidade maior da empresa para com o meio em que se situa, o que a sociedade, por meio do Estado, pode (*rectius*: tem o direito) de reclamar:

---

(85) COMPARATO, Fábio Konder. *A reforma da empresa...*, cit., p. 59.
(86) COMPARATO, Fábio Konder. *A reforma da empresa...*, cit., p. 63.
(87) FARAH, Flávio. *A missão das empresas não é dar lucro aos acionistas*. Disponível em: <www.artigonal.com/gestao-artigos> Acesso em: 1º.3.2011, p. 2.

Se a empresa cresceu a ponto de se sobrepor a determinados Estados, são justamente eles que, reconhecendo essa sua nova dimensão, estabelecem normas visando estipular retribuições destas para com a sociedade, nas quais estão inseridas. Reconhecendo que esse redimensionamento empresarial só foi possível graças a um "afrouxamento" da interferência estatal, a responsabilidade da empresa passa a ser vista justamente como uma forma talvez de preencher esse espaço deliberadamente afastado pelo Estado.[88]

No que concerne, especificamente, a função social da propriedade, vale sempre situar que ela não implica em retirar poderes de quem a possui, nem retira e/ou diminui seu valor (o da propriedade), mas tem por escopo evitar o uso com uma visão predominantemente e/ou absolutamente individual, sem considerações para com os outros — que, agora, devem ser considerados —, quase ou mesmo egoisticamente, ou, ainda, usada contrariamente ao que a sociedade poderia — pode — imaginar como razoável utilização; para o culto José Barros Correia Junior[89]:

> A despeito de ter perdido grande parte da sua condição absoluta com o término do Estado Liberal e advento do Estado Social, a propriedade ainda tem muita importância no Estado capitalista sendo, se não mais o único e absoluto, mas um dos principais meios de subsistência do indivíduo.

Para tanto, deve a propriedade cumprir com sua função social; somente então ela poderá ser considerada verdadeiramente legítima. A exigência do cumprimento da função social não ilide o direito à propriedade, apenas faz com que este direito seja utilizado em prol de uma coletividade ao invés de contra ela, como possibilitava o Estado Liberal.

Em sequência, dilucida o ilustre jurista acima citado: "[...] a função social é o princípio pelo qual se repudia a concepção da propriedade como mera fonte de um poder individual, passando a impor ao proprietário o dever de exercer seu direito objetivando o benefício de outrem e não apenas de exercê-lo sem prejuízo de outrem, como antigamente se encarava a propriedade"[90].

Afinada com esse modo de ver, a culta Adriana Calvo assim expõe:

> A atual Constituição Federal afirma que "é garantido o direito de propriedade" (art. 5º, XXII, CF) e que "a propriedade atenderá a sua função social" (art. 5º, XXIII, CF). A Constituição assegura toda e qualquer propriedade, desde a imobiliária até a intelectual.
>
> A expressão "função social da propriedade" é um conceito que implica num caráter coletivo, não apenas individual. Significa dizer que a propriedade não é um direito que se exerce apenas pelo dono de alguma coisa, mas também que esse dono exerce em relação a terceiros.[91]

---

(88) VILELA, Danilo Vieira. A empresa no limiar do século XXI: um compromisso com a transformação social. *Revista do Curso de Direito da Universidade Federal de Uberlândia* — Faculdade de Direito Prof. Jacy de Assis, v. 31, ns. 1/2, p. 202, dez. 2002.
(89) CORREIA JUNIOR, José Barros. A função social da empresa na ordem econômica constitucional. *Revista da ESMAL* — Escola Superior da magistratura do Estado de Alagoas, ano I, n. 1, p. 147, jul./dez. 2002.
(90) CORREIA JUNIOR, José Barros. *A função social da empresa na ordem econômica constitucional...*, cit., p. 158.
(91) CALVO, Adriana. O conflito entre o poder do empregador e a privacidade do empregado no ambiente de trabalho. *Revista LTr*, 73-01/65.

Possível, então, inferir que, como dito, a propriedade, naturalmente, deve ser útil a quem a possui, mas não pode redundar em prejuízos aos outros, e mais, pois não basta exercer os direitos de proprietário sem prejudicar os outros, preciso é exercê-los com atenção a esses outros, ou como, de maneira irrespondível, assevera o festejado Eros Roberto Grau:

> O que mais releva enfatizar, entretanto, é o fato de que o princípio da função social da propriedade impõe ao proprietário — ou a quem detém o poder de controle, na empresa — o dever de exercê-lo em benefício de outrem e não, apenas, de não o exercer em prejuízo de outrem. Isso significa que a função social da propriedade atua como fonte da imposição de comportamentos positivos — prestação de fazer, portanto, e não, meramente, de não fazer — ao detentor do poder que deflui da propriedade.(92)

Aliás, a não se dar essa dimensão à função social, que outra poderia ser-lhe dada, sem que se corresse o risco de vê-la esvaziada, com funções mais retóricas (o que tanto agradaria a certos segmentos) do que de promoção de um maior bem-estar social?

Destarte, sob essa perspectiva, a função social, na voz de renomados doutrinadores, implica num poder-dever, porquanto, a par dos poderes de proprietário, tradicionalmente reconhecidos, acrescenta deveres, também de proprietário, para com a coletividade onde se encontra; vale conferir o magistério de Sérgio Botrel: "A doutrina tem manifestado o entendimento de que o reconhecimento e a imposição da função social da propriedade imputam ao proprietário deveres junto à coletividade, consistindo a propriedade, portanto, um verdadeiro poder-dever"(93).

Esse o ensinamento, de alguns lustros já, do mestre de todos, Fábio Konder Comparato(94):

> Cumpre, preliminarmente, definir os conceitos e evitar os contrassensos. Quando se fala em função social da propriedade não se indicam as restrições ao uso e gozo dos bens próprios. Mas a noção de função, no sentido em que é empregado o termo nesta matéria, significa um poder, mais especificamente, o poder de dar ao objeto da propriedade destino determinado, de vinculá-lo a certo objetivo.

O adjetivo social mostra que esse objetivo corresponde ao interesse coletivo e não ao interesse próprio do *dominus*: o que não significa que não possa haver harmonização entre um e outro. Mas, de qualquer modo, se está diante de um interesse coletivo, essa função social da propriedade corresponde a um poder-dever do proprietário, sancionável pela ordem jurídica.

Em acréscimo ao que já havia explicado, Sérgio Botrel aduz: "[...] pode-se afirmar que a função social da propriedade consiste em contribuir para a dignidade de seu titular (tanto no âmbito existencial como no âmbito patrimonial, isto é, seja mediante a utilização natural do objeto da propriedade, seja por meio da extração de frutos da

---

(92) GRAU, Eros Roberto. *A ordem econômica da Constituição de 1988*. 6. ed. São Paulo: Malheiros, 2001. p. 269.
(93) BOTREL, Sérgio. *Direito societário constitucional*. São Paulo: Atlas, 2009. p. 60/1.
(94) COMPARATO, Fábio Konder. Função social da propriedade dos bens de produção. *Revista de Direito Mercantil, Industrial, Econômico e Financeiro*, ano XXV (nova série), n. 63, p. 75, jul./set. 1986.

exploração do objeto), sujeitando-se o exercício dessa liberdade, contudo, à preservação da liberdade e dignidade dos demais membros da sociedade"[95].

Esses valiosos ensinamentos, quanto à preocupação que se há de ter para com os outros, uma vez transportado para o ambiente da empresa, e mais designadamente a uma relação de emprego, não autorizariam (*rectius*: dariam forte sustentação) a ideia de que os benefícios dos avanços tecnológicos devem servir a todos, de modo que aos empregados, respeitando-se sua privacidade, deve ser permitido o uso do e-mail corporativo, de forma mais livre, sempre sem abuso e sem prejudicar o serviço, pena de não restar atendida, em uma de suas manifestações, a função social da empresa? A culta Ana Paula Pavelski já observou que[96]: "[...] afrontar os direitos de personalidade dos empregados constitui abuso do poder diretivo do empregador e quebra da função social da empresa. O empreendimento que cuida de realizar sua função social não está atento tão somente às prestações patrimoniais como salários, adicionais e outras vantagens previstas no art. 7º da Constituição e na CLT, mas também cuida da pessoa, dos direitos de personalidade do trabalhador, de forma a não afrontá-la porque, como se descreveu anteriormente, o mote dos valores constitucionais vigentes tem como objetivo a valorização da pessoa".

Olvidar não se pode, que há de ser reputado impostergável escopo do Estado, proporcionar a todos uma vida digna, e hoje, por razões diversas, umas nem tão justificáveis, o Estado brasileiro, sozinho, não tem como chegar próximo a tão elevado desiderato, precisando do concurso das empresas para se aproximar desse nobre objetivo — ou reduzir um pouco a olímpica distância entre onde está o marco de sua ação e aquele em que deveria estar —, o que se mostra razoável — não quanto à inoperância do Estado, mas quanto a atribuir essa responsabilidade às empresas —, pelos motivos acima mencionados, atento ao espaço e relevância que as empresas ocupam no orbe contemporâneo, e que isso não tem como ser alcançado sem a decisiva participação dos que com ela se envolvem, se comprometem e dedicam; bem desenha esse quadro o preclaro Rodrigo Trindade de Souza, com o seguinte asserto: "A obrigação estatal de obrar para a dignificação da vida dos indivíduos passa a ser também projeto compartilhado pela iniciativa empresarial"[97].

Talvez ampliando esse quadro, detalhando paisagens, a colocação que ora se reproduz: "A evolução da atividade negocial acabou levando a empresa a desempenhar importante função social, compondo interesses e exercendo tarefas que, no passado, eram do Estado, como a geração de empregos (especialmente na época do chamado Estado social), o atendimento da saúde e da educação (hoje integrando os benefícios geralmente apresentados aos empregados), o atendimento às comunidades (hoje prestado pelas empresas engajadas em grandes movimentos sociais). O empresário não está, pois, voltado apenas para seus interesses particulares (como obter lucro) ou para os de sua empresa (como ganhar o mercado e eliminar concorrentes), inserindo-se em um mundo cada vez mais globalizado e interligado pelos interesses mais diversos"[98].

---

(95) BOTREL, Sérgio. *Direito societário constitucional*, cit., p. 62.
(96) PAVELSKI, Ana Paula. *Os direitos de personalidade do empregado*. Curitiba: Juruá, 2009. p. 119.
(97) SOUZA, Rodrigo Trindade de. *Função social do contrato de emprego*. São Paulo: LTr, 2008. p. 137.
(98) COOPERS, Pricewaterhouse. *Aspectos relevantes do direito de empresa*. Coordenação e revisão de Elidie Palma Bifano e Sérgio Roberto de Oliveira Bento. Quartier Latin do Brasil, 2005. p. 58.

Ainda no que toca a arregimentação da empresa nessa empreitada, de oferecer uma vida digna a todos, conquanto acredite tenha já restado devidamente demonstrada a existência de fortes motivos para isso, creio interessante referir colocações feitas por dois eminentes doutrinadores um, Alfredo Lamy Filho, salientando que a empresa deve atentar para os interesses da sociedade no meio da qual se insere, atento a que as decisões que toma vão muito além de seu objeto social, repercutindo no meio social, e outro, José Affonso Dallegrave Neto, desenvolvendo o porquê de se atribuir uma maior responsabilidade social à empresa; assim se expressam, respectivamente:

> "O dever social da empresa traduz-se na obrigação que lhe assiste, de pôr--se em consonância com os interesses da sociedade a que serve, e da qual se serve. As decisões que adota — como vimos — têm repercussão que ultrapassam de muito seu objeto estatutário, e se projetam na vida da sociedade como um todo. Participa, assim, o poder empresarial do interesse público, que a todos cabe respeitar"[99], e "na mesma proporção que se defende a diminuição do tamanho do Estado e o alargamento da iniciativa privada, como quer a ideologia Neoliberal, deve-se também pugnar pela maior responsabilidade social da empresa. E isso não é apenas uma questão de lógica, mas de coerência científica (se é que existe coerência na ideologia e na racionalidade do mercado)".[100]

Dinaura Godinho Pimentel Gomes expôs, de maneira muito clara, a dificuldade que tem o Estado de, num mundo globalizado (para alguns mais, é verdade, para outros vestiria melhor o vocábulo "achatado") de cuidar e dar conta dos problemas sociais, o que, até para preservação do tecido social, leva a que a sociedade se organize e atue, e aqui entra a empresa, que, sem deixar de perseguir seus objetivos econômicos, passa a atuar de maneira mais solidária e humana, é dizer, com preocupação com o social:

> No mundo atual de tendência cada vez mais globalizante, não se pode mais reservar unicamente ao Estado a responsabilidade pela solução dos problemas sociais. A realidade impõe que se desenvolva a participação cidadã que propicie a redefinição dos papéis do Estado e do mercado "pelo fortalecimento dessa sociedade civil mediante a atuação organizada dos indivíduos, grupos e associações". E é nesse contexto, que se realça o caráter institucional da empresa como comunidade capaz de realizar plenamente sua destinação econômica e social, porém de modo bem mais humano e solidário.[101]

Bem é de ver que essa atuação que se pretende da empresa pode ir além da função social que se lhe exige observe, passando para o campo da responsabilidade social, de alcance mais amplo, por um lado e de menor exigibilidade, diferença essa bem apontada por Luiz Fernando de Camargo Prudente do Amaral, ao dilucidar que:

> A previsão legal de institutos que impõem a função social à propriedade e lhe delimitam a incidência é de suma importância, inclusive, para que se diferencie a função social da empresa da responsabilidade social desta última, a qual é

---

(99) LAMY FILHO, Alfredo. A função social da empresa e o imperativo de sua reumanização. *Revista de Direito Administrativo*, v. 190, p. 58, out./dez. 1992.
(100) DALLEGRAVE NETO, José Affonso. Compromisso social da empresa e sustentabilidade — aspectos jurídicos. *Revista LTr* 71-03/347.
(101) GOMES, Dinaura Godinho Pimentel. *Direito do trabalho e dignidade da pessoa humana, no contexto da globalização econômica* — problemas e perspectivas. São Paulo: LTr, 2005. p. 127.

por vezes denominada cidadania empresarial. Aquela, por encontrar previsão legal, é dotada de certo grau de coercitividade emanada da própria norma que a prevê. Esta, no entanto, encontra-se no plano da liberalidade do empresário, no que tange ao auxílio a terceiros que não estejam envolvidos diretamente em sua atividade empresarial, ficando muito mais no plano da fraternidade e da beneficência do que da legalidade.[102]

Adriana Bainha, quanto à responsabilidade social da empresa, reproduz definição de Fernando Almeida, qual seja[103]:

> A responsabilidade social corporativa é o comprometimento permanente dos empresários de adotar um comportamento ético e contribuir para o desenvolvimento econômico, melhorando, simultaneamente, a qualidade de vida de seus empregados e de suas famílias, da comunidade local e da sociedade como um todo.

Nessa linha, Rachel Sztajn lembra que[104]: "Responsabilidade social está ligada a direitos sociais, aos previstos no Capítulo II da Constituição Federal de 1988, entre os quais destaco a saúde, o trabalho, a assistência aos desamparados. Embora nem todos sejam de responsabilidade direta de particulares exercentes de atividades econômicas, tende a crescer, entre empresários privados, a responsabilidade com o bem-estar coletivo, segundo modelo de solidariedade empresarial".

Claro está que, ao falar em responsabilidade social, não se está negando o direito ao lucro do titular da empresa, mas se cogita de ações que contribuam, numa visão geral, para a melhoria de vida de todos, como dito, e no que nos toca de momento, a uma valorização e/ou desde sempre devida consideração para com a pessoa do trabalhador, como quedar-se-ia uma nova feição à sociedade; Gil Duarte da Silva, no particular, observa que: "Sem que se negue o lucro, no entanto, com atitudes práticas que realmente valorizem o trabalho/trabalhador, a empresa socialmente responsável deve assumir sua função de mudar a sociedade"[105].

Estou em que nada mais razoável do que uma atenção assim para com os trabalhadores, por parte de uma empresa, eis que, por maior que seja a capacidade empreendedora de seus titulares, ou dos que por ela profissionalmente respondem, sem o efetivo envolvimento dos que nela mourejam com os objetivos empresariais, alcançá-los passa a ser algo difícil, talvez reste irreparavelmente comprometido; o impoluto e ainda há pouco citado Gil Duarte da Silva[106], em boa hora, reproduz ensinamentos de destacado executivo, Akio Morita, que tomo a liberdade de transcrevê-los também:

> Ninguna teoría, ni plan, ni política gubernamental hace que una empresa triunfe: eso solo lo puede conseguir la gente. La misión más importante de

---

(102) AMARAL, Luiz Fernando de Camargo Prudente do. *A função social da empresa no direito constitucional econômico brasileiro*. São Paulo: SRS, 2002. p. 117/8.
(103) BAINHA, Adriana. *Os efeitos da extinção da punibilidade nos crimes de sonegação fiscal para o estado e sua responsabilidade social*. Florianópolis, 2005, p. 91. Disponível em: <www.tede.udesc.br/ tede_busca/arquivo.php?codArquivo=69> Acesso em: 17.3.2011.
(104) SZTAJN, Rachel. A responsabilidade social das companhias. *Revista de Direito Mercantil, Industrial, Econômico e Financeiro*, ano XXXVII (nova série), n. 114, p. 34/35, abr./jun. 1999.
(105) SILVA, Gil Duarte da. Responsabilidade social da empresa perante seus funcionários. *Revista do Tribunal Regional do Trabalho da 9ª Região*, ano 31, n. 56, p. 214, jan./jun. 2006.
(106) *Op. cit.*, p. 217.

um gerente japonês es desarrollar una sana relación com sus empleados, crear dentro de la sociedade comercial um sentimiento de família, la sensación de que sus empleados y directivos comparten el mismo destino...

Ora, se é o trabalhador quem produz e contribui, em muito, para que sejam atingidas as metas empresariais, nada mais justo do que reconhecer essa realidade, permitindo-lhe, em contrapartida, elevar suas condições pessoais, no nosso caso, com o acesso mais livre à internet e ao *e-mail* corporativo, "Sendo assim, um foco novo deve ser demarcado: o da necessidade de colocar o trabalhador como o pressuposto do crescimento empresarial, motivo pelo qual é preciso adequar seus conhecimentos às novas exigências da economia, elevando suas condições de trabalho e de vida"[107].

Fica difícil, por vezes, imaginar como razoavelmente esperar que a empresa assuma uma responsabilidade social, o que sempre lhe custará algo, quando se sabe de sua busca por lucro; a resposta, no entanto, não é tão complexa como se poderia avaliar, num primeiro momento, e diz com os resultados muito positivos e animadores, junto aos clientes e consumidores, que a empresa muito provavelmente obterá por ser tida à conta de uma empresa engajada com as questões sociais, cabendo notar que, consoante estudos levados a efeito, essa postura tem tudo para aumentar seus negócios, até com a valorização de suas ações, e também maior margem de lucro; aplica-se ao aqui exposto o estudo de Rachel Sztajn, para quem[108]:

> As práticas, em geral, são benemerentes, o que significa custo, monetário ou não, para as sociedades e, é claro, as sociedades comerciais visam o lucro, portanto, não se imagine que as companhias traçarão políticas administrativas fugindo de seu objeto social, distribuindo os resultados a terceiros, não sócios ou empregados. Não se visa transformá-las em instituições de caridade; bem ao contrário, supõe-se que a opção por tais práticas tenha em mira o aumento dos resultados econômico-financeiros. Estudos levados a cabo por economistas comparando, no exterior, resultados de sociedades que têm políticas socialmente responsáveis com as que as ignoram, demonstram que adotar práticas sociais responsáveis leva a aumento dos resultados, indicando, portanto, tendências de que o compromisso empresarial com comportamentos éticos resultará em avaliação favorável do mercado, provocando reflexo positivo no preço das ações negociadas em bolsa. Vale dizer, os acionistas serão premiados pelas boas ações das companhias investidas.

Luiz Fernando de Camargo Prudente do Amaral, com argúcia, observa que, na maior parte das vezes, retorno às empresas, aparentemente envolvidas em programas de responsabilidade social é maior, bem maior, do que o que destinam para tanto; suas, as palavras que se seguem:

> Ademais, no que concerne à responsabilidade social, por mais que grandes empresas se coloquem como titulares de programas dessa natureza, há que se afirmar que a dita cidadania empresarial está, no mais das vezes, vinculadas a programas que acabam por aumentar a rentabilidade das empresas sem

---

(107) ARAÚJO, Eneida Melo Correia de. Um novo perfil de empresa como fator de prevenção do assédio moral. In: SILVA, Alessandro da; MAIOR, Jorge Luiz Souto; FELIPPE, Kenarik Boujikian; SEMES, Marcelo (coords.). *Direitos gumanos*: essência do direito do trabalho. São Paulo: LTr, 2007. p. 226.
(108) SZTAJN, Rachel. *A responsabilidade social das companhias...*, cit., p. 35/36.

implicar a proporcional melhora do contexto social. Ou seja, sob argumento da responsabilidade social, grandes empresas aumentam seus rendimentos, passando boa imagem aos seus consumidores, mas, na realidade, não exercem essa responsabilidade de sorte proporcional aos lucros que auferem, por mais que divulguem a obediência à essa proporcionalidade.[109]

Observo que não empolga mais o argumento de que a empresa, por ter em mira o lucro, não teria motivo para se envolver em ações desse tipo, argumento esse decididamente rebatido, por impermeável ao que se passa no mundo presente, preso que está a modos de ver já vencidos, sem a atenção devida para a influência, cada vez maior, da empresa no mundo contemporâneo e o que isso traz de responsabilidade, tudo como salientado nas linhas transatas; assim, já se asseverou que[110]:

> Muitos sustentam que essa não seria uma função do empresário. Isto é, o que o empresário busca é o lucro, não tendo dever algum em relação ao resto da sociedade. Esse argumento é digno daqueles que se prendem ao passado e ignoram a nova realidade social.

E de fato, a ideia da desvinculação da empresa das questões sociais e consequente responsabilidade social não vinga mesmo, pois, atualmente, não se entende mais como fim da empresa a obtenção de lucro, o qual é tido como uma recompensa pelo risco assumido por aquele que aceita investir em algo que se quer produtivo: "A principal razão de ser da empresa não é produzir lucros nem fazer com que seus acionistas enriqueçam. A missão da empresa é produzir e distribuir bens e serviços bem como criar empregos. Essa a função social das companhias privadas. O sistema que a sociedade definiu para a operação das organizações produtivas é o da livre iniciativa em regime de competição econômica. Quanto ao lucro, a sociedade considera-o legítimo, entendendo-o como a justa recompensa a ser recebida pelos investidores que aceitam correr o risco de aplicar seu capital em um empreendimento produtivo"[111].

A bem da verdade, não se trata de posicionamento recente, como se vê do excerto *infra*:

> Muitos autores caracterizam a empresa privada como tendo por finalidade específica o lucro, o que não se afigura correto. Esta conceituação está superada, porque o lucro é antes um resultado da atividade empresarial, e não uma finalidade em si. Decorre o lucro da diferença entre o rendimento auferido em determinado período e as despesas oriundas da aplicação dos fatores produtivos na realização do processo econômico da criação de bens ou prestação de serviços.

O lucro constitui índice da vitalidade e condição de eficiência e não uma característica inerente à empresa. O espírito de lucro pode ser o móvel psicológico do empresário, não porém a finalidade própria da empresa.

Elucida o economista Dorival Teixeira Vieira: "Se considerássemos o lucro um atributo definidor da empresa, esta deixaria de existir, quando o resíduo fosse nulo ou negativo. No entanto, empresas de economia mista ou pública persistem durante longos períodos, apesar de sofrerem prejuízos, e outras se organizam com o objetivo

---
(109) AMARAL, Luiz Fernando de Camargo Prudente do. *A função social da empresa no direito constitucional econômico brasileiro*. São Paulo: SRS, 2002. p. 118.
(110) *Op. cit.*, p. 118.
(111) FARAH, Flávio. *A missão das empresas não é dar lucro aos acionistas...*, cit., p. 2.

de prestar serviços pelo custo. Outras ainda, em determinados períodos, estabelecem antecipadamente uma política de lucros nulos ou de prejuízos temporários" (A empresa moderna e o papel da gerência. In: *Problemas brasileiros,* n. 83, p. 38)[112].

Nessa linha, consoante Gladston Mamede, "[...] como teria dito um administrador da Norddeutscher Liyod, a companhia não existia para dar lucro aos acionistas, mas para navegar barcos sobre o Rio Reno"[113].

Como se vê, há um clima todo favorável e mesmo de cobrança das empresas, para que cumpram com sua função social, e mais ainda, assumam sua parcela de responsabilidade social, tudo isso visando mais justiça social, com uma vida digna para todos, o que passa por possibilidades de evolução e progresso pessoais, aí, a pergunta que fica ecoando nos ouvidos dos que pousam os olhos na situação do empregador que obsta o seu empregado de usar, para fins particulares, seu e-mail corporativo, e ainda de navegar pela internet: aquele que trabalha como empregado pode ficar fora desse momento, ou melhor, pode ficar excluído das preocupações com uma vida digna, com maiores possibilidades de evolução e progresso pessoais? A empresa pode sair alardeando que cumpre com sua função social, assume sua parcela de responsabilidade social, procurando passar uma boa imagem para seus clientes e consumidores, no sentido de sua preocupação para com os setores da sociedade que atravessam mais dificuldades e, com rigor draconiano, vasculhar os e-mails de seus empregados, impedindo-os de tratar, por esse meio, de assuntos seus, bem como de navegar por sítios da internet, sem prejuízo, sempre insisto, da execução de seu trabalho, e isso num mundo em que, como demonstrado linhas acima, os meios informáticos passam a ser essenciais, como meio de interação e aumento de informações/conhecimento? Não seria um procedimento especioso este? Para o público externo, se passa a aparência de preocupação com o social, por conferir prestígio, preocupação essa que não encontra, curiosamente, ressonância no e para o público interno, ou seja, não há, em relação aos empregados, a mesma preocupação em oferecer melhores condições para que progridam e possam evoluir, sempre tendo em vista o objetivo final de propiciar uma vida digna para todos, ao reverso, ficam proibidos de navegar pelos sítios da internet, e interagir com os outros, pelo e-mail corporativo, ainda que com colegas de trabalho, o que, a par de agredir a privacidade/intimidade do obreiro, ainda olvida que: "[...] o direito à intimidade, como subespécie dos direitos da personalidade, é ponto limitador da atuação do empregador, bem como atua no momento laborativo e de socialização dos empregados entre si"[114].

Mas, não é só a função social da empresa, nem apenas a sua responsabilidade social, que fala em prol da utilização pelo empregado do e-mail corporativo — e também da visita a sites da internet —, o princípio da solidariedade, também constitucional, quer — e deve ter — seu espaço nessa questão.

Porém, antes de demonstrar o que acima disse, da relevância do princípio da solidariedade no tema em foco, deve ficar claro que esse princípio, a cada dia, ganha maior importância e atualidade, constando em diversas constituições modernas, na do Brasil também, e como assevera Marciano Seabra de Godoi[115]:

---

(112) BARRETO FILHO, Oscar. A dignidade do direito mercantil. *Revista da Procuradoria Geral do Estado de São Paulo,* n. 5, p. 66/67, out. 1974.

(113) MAMEDE, Gladston. *Direito empresarial brasileiro* — empresa e atuação empresarial. 3. ed. São Paulo: Atlas, 2009. v. I, p. 57.

(114) VÁLIO, Marcelo Roberto Bruno. *Os direitos da personalidade nas relações de trabalho.* São Paulo: LTr, 2006. p. 96.

(115) GODOI, Marciano Seabra de. Tributo e solidariedade social. In: GRECO, Marco Aurélio; GODOI, Marciano Seabra de (coords.). *Solidariedade social e tributação.* São Paulo: Dialética, 2005. p. 142/143.

Se se verificam os textos das Constituições contemporâneas, impressionam as constantes referências ao valor da solidariedade social. A Constituição italiana de 1947 dispõe em seus Princípios Fundamentais que a República "exige o cumprimento dos deveres inescusáveis de solidariedade política, econômica e social" (art. 3º). O preâmbulo da Constituição brasileira de 1988 aponta para o ideal de uma "sociedade fraterna", enquanto seu art. 3º reputa a construção de uma "sociedade livre, justa e solidária" como o primeiro dos objetivos fundamentais da República. Esses dispositivos mostram uma clara influência da Constituição portuguesa de 1976, cujo art. 1º declara o empenho da República em construir uma "sociedade livre, justa e solidária".

A Constituição espanhola de 1978 garante e reconhece em seu Título Preliminar a solidariedade entre as diversas regiões do país (art. 2º), e determina que "para fazer efetivo o princípio de solidariedade" entre as regiões será constituído um Fundo de Compensação destinado a promover investimentos regionais (art. 158.2). No capítulo destinado aos princípios reitores da política econômica e social, a Constituição espanhola apoia a proteção e a melhoria da qualidade de vida e do meio ambiente na "indispensável solidariedade coletiva" (art. 45.2).

A própria Declaração Universal dos Direitos Humanos de 1948 traz dispositivos claramente vinculados ao valor da solidariedade. O Preâmbulo concebe todas as pessoas como "membros da família humana", e no art. 1º dispõe que todos "devem agir uns para com os outros em espírito de fraternidade".

Todas essas referências a textos constitucionais atuais são feitas para demonstrar que o valor da solidariedade social é algo totalmente gravado no ideal político das sociedades ocidentais contemporâneas.

"O princípio da solidariedade, de dimensão constitucional", como já foi dito[116], permite, atento a essa sua natureza, que se enxergue e compreenda seu escopo, bem sintetizado por Daniel Sarmento, ao apontá-lo como sendo a "construção de uma sociedade solidária, tal como projetada pelo constituinte, pressupõe o abandono do egocentrismo, do individualismo possessivo, e a assunção, por cada um, de responsabilidades sociais em relação àqueles que se encontrarem em situação de maior vulnerabilidade"[117].

O princípio da solidariedade nos lembra que devemos viver em harmonia com os outros, vivendo com o próximo, e não apesar do próximo, o que foi claramente dito por Carlos Augusto Alcântara Machado[118]: "O Direito precisa ser compreendido como um instrumento que regulamenta condutas visando fazer com que os seres humanos vivam com o outro e não apesar do outro", e como lembra Roberto Dromi, o homem não existe sozinho, mas coexiste com os outros homens: "A concepção da pessoa como 'substância individual de natureza racional' não pode prescindir da consideração

---

(116) TORRES, Ricardo Lobo. Existe um princípio estrutural da solidariedade? In: GRECO, Marco Aurélio; GODOI, Marciano Seabra de (coords.). *Solidariedade social e tributação*. São Paulo: Dialética, 2005. p. 202.
(117) *Apud* GRECO, Marco Aurélio; GODOI, Marciano Seabra de (coords.). *Solidariedade social e tributação*. São Paulo: Dialética, 2005. p. 173.
(118) MACHADO, Carlos Augusto Alcântara. A fraternidade como categoria constitucional. In: SOUZA, Carlos Aurélio Mota de; CAVALCANTI, Thais Novaes (coords.). *Princípios humanistas constitucionais* — reflexões sobre o humanismo do século XXI. São Paulo: Letras Jurídicas, 2010. p. 96.

do social ou coletivo, não obstante sua condição acidental, pois o homem não existe 'sem' mais, mas sim 'com', coexiste com os demais e com a natureza, e esse coexistir constitui seu existir"[119].

Como pontuado por Ernest B. Trattner[120]: "Quer o saiba, quer não, cada um de nós nasceu num universo e faz parte de um grande sistema cósmico; mas somente alguns poucos, em todos os tempos, compreenderam ou mesmo vislumbraram de longe a significação daquele"; trata-se de uma verdade irrecusável, a de que nascemos, e por consequência, fazemos parte de um universo, o que deveria tornar natural a ideia de considerar o próximo em nossas ações, o que não significa, logicamente, não atender às nossas necessidades, mas, sim, pensar nas do próximo e como poderemos colaborar para mitigá-las; assim, no ponto que de momento nos interessa, considerando que um empregado é alguém com quem o empregador deve viver, ou seja, viver com ele, e não apesar dele, deveria esse empregador preocupar-se em melhorar sua condição de vida, ampliando as possibilidades para que isso ocorra e não coarctando-as, e como já exposto linhas acima, nos dias atuais, a elevação e evolução da pessoa passa pelo acesso à internet e a interação para o que serve o e-mail corporativo — com as outras pessoas, o que, repiso, não significa "liberar geral", acarretando prejuízos ao serviço, cuida-se, apenas, de propiciar ao trabalhador condições para que ele se sinta e seja, efetivamente, mais pessoa, como as demais.

À essa altura, cabe registrar que o próprio direito mais se humaniza à medida que, de olhar individualista, que traz consigo a solidão ou, ao menos, um horizonte estreito e limitado, passe a enxergar as coisas com base no princípio da solidariedade entre as pessoas; bom evocar, agora, a seguinte lição: "Novamente se traz à lembrança que, enquanto se acreditou que a maneira mais adequada de tutelar os seres humanos era aquela ligada à proteção da essência individual, ou o individualismo, a expressão do jurista era de desconsolada solidão: 'o direito de ser homem contém o direito que ninguém me impeça de ser homem, mas não o direito a que alguém me ajude a conservar a minha humanidade' [Gioele Solari]. O princípio da solidariedade, ao contrário, é a expressão mais profunda da socialidade que caracteriza a pessoa humana"[121].

Tenho como fora de dúvida que um campo no qual, mais do que altamente propício, é absolutamente indispensável a prática da solidariedade é o da empresa, atento a tudo o que já foi dito acerca de sua importância para o mundo contemporâneo e para a vida das pessoas; afirma essa necessidade o ilustre Carlos Aurélio Mota de Souza[122]: "A solidariedade é necessária dentro da atividade produtiva, como buscam fazer os movimentos de responsabilidade social das empresas"; mesmo porque: "O exercício da solidariedade, a cidadania, a responsabilidade social e a busca do bem comum são valores da Humanidade, e nenhum cidadão pode se eximir da sua prática"[123], aliás,

---

(119) DROMI, Roberto. Sistema jurídico e valores administrativos. Porto Alegre: Sergio Antonio Fabris, 2007. p. 37.
(120) TRATTNER, Ernest B. *Arquitetos de ideias* — as grandes teorias da humanidade. 2. ed. 7. tir. São Paulo: Globo, p. 9.
(121) MORAES, Maria Celina Bodin de. Risco, solidariedade e responsabilidade objetiva. *Revista dos Tribunais*, São Paulo, ano 95, v. 854, p. 27, dez. 2006.
(122) SOUZA, Carlos Aurélio Mota de. Fundamentos humanistas do bem comum: Família, sociedade, estado. In: SOUZA, Carlos Aurélio Mota de; CAVALCANTI, Thais Novaes (coords.). *Princípios humanistas constitucionais* — reflexões sobre o humanismo do século XXI. São Paulo: Letras Jurídicas, 2010. p. 129.
(123) WHITAKER, Maria do Carmo. Ética na empresa e nos negócios: uma meta a ser alcançada. In: SOUZA, Carlos Aurélio Mota de; CAVALCANTI, Thais Novaes (coords.). *Princípios humanistas constitucionais* — reflexões sobre o humanismo do século XXI. São Paulo: Letras Jurídicas, 2010. p. 267/268.

como diz o professor Ricardo Lobo Torres[124]: "A solidariedade é uma decorrência da responsabilidade social do empregador".

Destarte, também com espeque no princípio da solidariedade, de inferir que um empregador há de facultar ao seu empregado que se utilize, sempre com moderação, do e-mail corporativo e da internet, para fins seus, particulares, facilitando-lhe, desse modo, sua maior interação com outras pessoas, sua evolução e com isso sentir-se pessoa mais (*rectius*: devidamente) integrada ao mundo, de maneira mais plena e humana, que, em realidade, é o de que todo homem precisa e sente falta, e tudo leva a que o empregador faça isso, porquanto, como já se disse, "Em cada homem estão todos os homens"[125].

Acrescento que o princípio da solidariedade, atento aos valores e a ideia que traz em sua formulação, não pode ser tido, apenas, à conta de um ideal a ser atingido num superior grau de evolução da humanidade, não e não, ele já é de ser observado, pelo seu rasgo constitucional, no dia a dia do operador do direito, que deve (*rectius*: há) levá-lo em conta, quando de sua atividade de interpretação do ordenamento jurídico e de alguma de suas normas, no sentido de identificar qual a direção a seguir; com pena de mestre, dilucida o culto Marco Aurélio Greco que[126]: "Assim, a ideia de solidariedade social deve direcionar a interpretação do ordenamento positivo, de modo a obter o melhor sentido possível que possa ser extraído de cada dispositivo".

Desse sentir não destoa a festejada professora Maria Celina Bodin de Moraes, ensinando que: "A expressa referência à solidariedade, feita pelo legislador constituinte, longe de representar um vago programa político ou algum tipo de retoricismo, estabelece um princípio jurídico inovador em nosso ordenamento, a ser levado em conta não só no momento da elaboração da legislação ordinária e na execução das políticas públicas, mas também nos momentos de interpretação-aplicação do direito, por seus operadores e demais destinatários, isto é, pelos membros todos da sociedade"[127].

E se eventualmente alguém entender que o princípio da solidariedade não tem esse alcance todo, peço que se volte para o âmago de seu ser, e pergunte, bem lá em seu íntimo, se e quantas vezes a necessidade de se sentir integrante de um grande todo, de algo maior do que sua isolada existência, para, assim, se ver integrante da humanidade até para sentir que não está sozinho nesse mundo, não lhe sacudiu a alma; com fino e profundo conhecimento da alma humana, Max Nordau, há tempos, já observou[128]: "Cada um de nós tem momentos em que sente necessidade imperiosa de saber que faz parte de um grande todo, de se persuadir que na sua existência individual operam a existência da espécie e sua poderosa força vital, que seu desenvolvimento particular é a imagem minúscula do desenvolvimento em massa da humanidade".

Já me encaminhando para a conclusão deste singelo artigo, se, como demonstrado: o controle do *e-mail* corporativo magoa a privacidade/intimidade do empregado; além

---

(124) TORRES, Ricardo Lobo. *Tratado de direito constitucional financeiro e tributário* — valores e princípios constitucionais tributários. Rio de Janeiro: Renovar, 2005. v. II, p. 585.
(125) ZAMBRANO, María. *Pessoa e democracia*. Lisboa: Fim de Século, 2003. p. 80.
(126) GRECO, Marco Aurélio. Solidariedade social e tributação. In: GRECO, Marco Aurélio; GODOI, Marciano Seabra de (coords.). *Solidariedade social e tributação*. São Paulo: Dialética, 2005. p. 185.
(127) MORAES, Maria Celina Bodin de. O princípio da solidariedade. In: PEIXINHO, Manoel Messias; GUERRA, Isabella Franco; NASCIMENTO FILHO, Firly (orgs.). *Os princípios da Constituição de 1988*. Rio de Janeiro: Lumen Juris, 2001. p. 169.
(128) NORDAU, Max. *As mentiras convencionais da nossa civilização*. São Paulo: Edição da Organização Simões, 1950. p. 44.

do que, se um empregado quiser fazer algo de errado, *v.g.*, passar um segredo da empresa, motivo apresentado como da maior relevância para justificar o controle, não precisa, necessariamente, do computador para fazê-lo, além do que a empresa tem outros meios, menos agressivos, de controle da atividade do empregado; se a internet não é um meio seguro, podendo ser invadida com relativa facilidade por quem detenha os conhecimentos específicos para tanto, ou seja, independente do que o empregado faça ou deixe de fazer, pode ser descoberto o teor de uma correspondência eletrônica; se o acesso ao e-mail corporativo do empregado permite ao empregador que passe e-mails como se fosse o próprio empregado, podendo até usar desse estratagema para impor-lhe uma justa causa; se a devassa ao e-mail corporativo do empregado pode levar à devassa da correspondência de terceiros, que ligação alguma possuem com o dador de serviço; se a função social da empresa, a responsabilidade social da empresa e o princípio da solidariedade levam a que o empregador faculte ao empregado o uso do e-mail corporativo, e também da internet, para fins particulares, desde que sem abuso, sem trocar o serviço pela tela do computador.

O que leva a que uma empresa opte por vasculhar o *e-mail* corporativo de seu empregado, não respeitando e não permitindo tenha ele um espaço de privacidade no uso de um computador?

Só lobrigo, de minha parte, duas razões para isso, a saber: o exercício do poder, porquanto, como se não desconhece, o poder se alimenta com o seu exercício, precisa ser exercitado, precisa se fazer presente, sente necessidade de demonstração e de estender, sempre e sempre, o seu raio de ação, e a ideia de subordinação, ligada a de contrato de trabalho, mas, não poucas vezes, equivocadamente compreendida e, mais do que isso, mal exercida, ou exercida além e para fim diverso do que deveria sê-lo, faz com que alguns empregadores se sintam no "dever" de coibir a seus empregados o uso do e-mail corporativo e da internet para fins seus, pessoais, ainda que moderadamente; e a segunda razão que vejo para isso, tem a ver com a intensificação do trabalho[129], por meio da qual se exige mais e mais do trabalhador, dentro da mesma jornada normal de trabalho, o que, no caso em exame, se traduz na eliminação de todo e qualquer intervalo que seria/é provocado, com o uso do *e-mail* corporativo e mesmo navegação pela internet, intensificação essa que, se por um lado procura extrair mais e mais do obreiro, provocando-lhe um desgaste bem maior por outro pode levar a que uma ampliação do quadro de empregados, que talvez se desenhasse/desenhe necessária, não ocorra, situação essa que, a final, redundará em alguma vantagem para o empregador.

Desculpem-me os que pensam em sentido diverso, mas entendo que nenhum dos dois motivos justifica esse proceder, o primeiro, por sua feição rude e ultrapassada, nem reclama maior atenção, quanto ao segundo, cabe lembrar que a empresa, hoje, não pode pensar apenas em lucro, como já referido, logo, não pode valer-se dos novos recursos tecnológicos para tirar mais do que o humanamente razoável do trabalho que cada empregado pode oferecer, mesmo porque, como já se disse, se "Em literatura,

---

(129) Como explica Sadi dal Rosso, "o termo intensidade do trabalho designa o conjunto de tarefas que um trabalhador executa em determinado período de tempo e o consequente esforço requerido da pessoa para essa execução... Teoricamente, quanto maior a intensidade, mais resultados do trabalho são obtidos no mesmo período de tempo. Em síntese, mais trabalho é produzido. ROSSO, Sadi dal. Verbete *Intensidade do trabalho*. In: CATTANI, Antonio David; HOLZMANN, Lorena (coords.). *Dicionário de trabalho e tecnologia*. Porto Alegre: UFRGS, 2006. p. 166. Maior desenvolvimento do tema pode ser obtido no livro do mesmo autor *Mais trabalho!* a intensificação do labor na sociedade contemporânea. São Paulo: Boitempo, 2008.

por exemplo, o que mais deve avultar não é a paisagem, mas o homem osso e espírito, não a moldura, mas o quadro"[130], da mesma forma, numa relação de emprego, o que mais deve avultar não é a produção, o resultado, o lucro, embora sejam aspectos da maior importância, mas sim o homem que trabalha, o homem de osso e espírito, que entrega parcela de sua vida no trabalho que executa, o que mais do que justifica possa um empregado utilizar seu e-mail corporativo e a internet para assuntos seus, sem exagero, sempre repito.

Como lembra o culto Eugênio Facchini Neto, citando Scheilla Regina Brevidelli: "A empresa é hoje o grande protagonista do mundo do trabalho e isto significa dizer que sobre ela se constroem relações de sobrevivência e da própria formação e expansão da personalidade. O trabalho, depois da família e da escola, é o *locus* do aprendizado de relações interpessoais e de superação de desafios intelectuais e emocionais, cuja carga simbólica é suporte da própria formação da personalidade"[131]; assim, não se pode perder de vista que a empresa tem de se ater ao fato de que, em seus domínios, as pessoas estão, constantemente, modelando seu ser, o que implica possam ter condições de evoluir, de se aprimorar enquanto pessoas, para o que não contribui em nada se proibir ao empregado o uso do e-mail corporativo para questões suas, na maneira já tantas vezes mencionada no curso destas linhas.

Enfim, já se perdeu no horizonte, o tempo em que as empresas podiam se preocupar, exclusivamente, com seus interesses de lucro, agora, dela se espera mais, muito mais, eis que: "La empresa no puede estar encauzada exclusivamente por el propósito inmoderado y desaprensivo de obtener utilidades o beneficios sino que debe propender al bien común del pueblo, desde que es un instrumento de producción en interés nacional"[132], o que passa pela preocupação com o propiciar aos empregados meios para que se sintam mais plenamente pessoas, podendo interagir com os outros, evoluindo e aprimorando-se, o que, também como já referi, no momento em que vivemos, não pode dispensar o uso dos meios que a informática oferece.

Encerro com as palavras de Jacques Leclercq, pelo seu dimensionamento do valor trabalho, o qual, em termos do mundo de hoje, como venho sustentando ao longo deste, empresta maior vigor ao argumento de que ao empregado deve ser facilitado, e não dificultado, o acesso, para fins seus, do e-mail corporativo e mesmo da navegação pela internet, pois o homem, trabalhando embora como empregado, em prol daquele que o remunera, nem por isso deve ser tido como alguém que não aspira fazer do seu trabalho o seu meio de progredir/evoluir na vida, o trabalho será/é o caminho que possibilitará seu desenvolvimento:

> É pelo trabalho que o homem utiliza o mundo para fazer dele um instrumento do seu próprio progresso; é ao trabalho que se deve todo o desenvolvimento humano, toda a civilização, tudo o que distingue o primitivo do civilizado e o homem do animal.[133]

---

(130) MALPIQUE, Cruz. *O homem, centro do mundo*. Lisboa: Sá da Costa, 1936, p. 13.
(131) FACCHINI NETO, Eugênio. A função social do direito privado. *Revista da Ajuris*, ano XXXIV, n. 105, p. 184, mar. 2007.
(132) SESSAREGO, Carlos Fernández. El derecho de la empresa (función social de la empresa). In: CASTILLO, Víctor Malpartida; NAVEA, José Enrique Palma (coords.). *Derecho, economía y empresa*. Peru: San Marcos, 1999. p. 30.
(133) LECLERCQ, Jacques. *A revolução do homem no século XX*. Coimbra: Arménio Amado, 1966. p. 73.

Intermediação de Mão de Obra — uma Leitura que Leva à Responsabilidade Solidária entre as Empresas Prestadora e Tomadora de Serviços

Francisco Alberto da Motta Peixoto Giordani[*]

É de se lamentar não possuirmos, aqui no Brasil, lei definindo, de maneira mais clara e específica, como regra, a responsabilidade solidária do tomador de serviços, nos casos em que se dá o inadimplemento das obrigações trabalhistas, por parte das empresas prestadoras de serviço, as legislações argentina e uruguaia, nesse particular, são belos exemplos que bem poderíamos seguir.

Pela conhecida Súmula n. 331, por meio da qual o C. TST procurou preencher nossa, digamos assim, insuficiência legislativa, ficou estabelecido, em seus incisos III e IV, que:

[...]

III — Não forma vínculo de emprego com o tomador a contratação de serviços de vigilância (Lei n. 7.102, de 20.6.1983) e de conservação e limpeza, bem como a de serviços especializados ligados à atividade — meio do tomador, desde que inexistente a pessoalidade e a subordinação direta.

IV — O inadimplemento das obrigações trabalhistas, por parte do empregador, implica a responsabilidade subsidiária do tomador de serviços, quanto àquelas obrigações, inclusive quanto aos órgãos da administração direta, das autarquias, das fundações públicas, das empresas públicas e das sociedades de economia mista, desde que hajam participado da

---

(*) Juiz do TRT 15ª Região — Campinas — SP.

relação processual e constem também do título executivo judicial (art. 71 da Lei n. 8.666, de 21.6.1993).

Abro aqui um parêntese para esclarecer que a preocupação de momento não é com as empresas de trabalho temporário, nem com a distinção entre atividade-meio e atividade-fim, distinção essa que entendo superficial ou insuficiente para o fim pretendido com sua utilização, mas, sim, a de estabelecer se é mesmo de se cuidar de responsabilidade subsidiária, ou se o correto seria falar em responsabilidade solidária nos casos em que, pela referida Súmula, considera-se como subsidiária a responsabilidade.

Embora existam os que, como sabemos, entendem que o caso é mesmo o de responsabilidade subsidiária, como também há os que defendem a inexistência de qualquer responsabilidade na espécie, quer solidária, quer subsidiária, há a voz daqueles que afirmam que a responsabilidade solidária é a que deveria — e deve — ser a de observar-se, e a voz dessas últimas pessoas, pela força e pelo tom de seus argumentos, impõem-se aos nossos ouvidos, impondo-se tanto mais quanto maior a sensibilidade que tivermos para ouvir as necessidades e as dificuldades por que passam os trabalhadores que, tendo prestado seus serviços, como empregados de uma empresa prestadora de serviços, em prol da empresa tomadora, dispensados por aquela sem receberem o que lhes é devido, após os trâmites de um processo judicial, tendo reconhecido os seus direitos, têm ainda que procurar receber da ex-empregadora, normalmente desaparecida, parecendo ter atravessado o Triângulo das Bermudas, ingressando em outra esfera, para só então voltar-se contra a tomadora de serviços, visando que esta lhe pague seu crédito.

Com esforço e argumentos consistentes, sustenta-se, para mencionar apenas e ligeiramente, algumas dessas ponderações, de que a responsabilidade deve ser solidária, na espécie, pelo fato de que duas empresas — a prestadora e a tomadora — beneficiaram igualmente do mourejar do credor — trabalhador, o que as faz, logo, ambas, responsáveis, e na mesma medida, pelos prejuízos por esses experimentados, servindo, para fundamentar referido modo de ver, a natureza das normas protetoras do direito do trabalho, os riscos que assume a empresa tomadora ao optar por concertar com outra empresa a execução de serviços, ao invés de executá-los ela própria, riscos a que também teria sido exposto o trabalhador, configurada a falta de idoneidade econômica da empresa prestadora; cabe lembrar, ainda, o entendimento de que a responsabilidade solidária do tomador se fundamenta na responsabilidade por ato de terceiro, já que a empresa prestadora seria um preposto do tomador, e ainda uma possível aplicação, por analogia, do quanto disposto no art. 455 da CLT.

São normalmente referidos, para embasar aludidos raciocínios, os arts. 187, 927, 932, III e 942, do Código Civil e 8º, 9º e 455, do Diploma Consolidado.

Está claro que, se se procura tantas justificativas para a responsabilidade solidária, na hipótese em exame, é porque se vê, ou melhor, se sente, que a subsidiária não basta, nem atende aos anseios de justiça, e como sabemos, a função do operador do direito é justamente essa: a de procurar a solução mais justa, atento aos sentimentos de justiça da sociedade em que vive, e não me parece que tais sentimentos restem satisfeitos, quando um trabalhador fique sem receber o que lhe é devido por um largo período, o qual acaba por ser maior ainda, por conta de um posicionamento jurídico, quando outro posicionamento também jurídico e até, *permissa venia*, com mais consistência que o primeiro, poderia levá-lo a ter satisfeito seu crédito em menor espaço de tempo.

A essa altura, poderá ser lançada a seguinte objeção (com aquele sorriso de triunfo): a ideia, então, é a de impor uma solidariedade, à margem, tangenciando ou mesmo ignorando o quanto disposto no art. 265 do Código Civil, no sentido de que "A solidariedade não se presume; resulta da lei ou da vontade das partes".

Com todo o respeito a esse modo de enxergar, penso que não será ele que abalará, por si só, o sentir daqueles que defendem ser a responsabilidade solidária a adequada à hipótese sob análise.

E para tanto, para que esse sentimento não saia enfraquecido, duvidando-se mesmo de sua intensidade, vários argumentos podem ser desfiados, alguns dos quais o serão, a seguir.

Com esse objetivo, e por primeiro, de realçar que, tal qual se dá, atualmente, com o princípio da legalidade, no âmbito do direito administrativo, em que se considera, como dilucida o brilhante professor Juarez Freitas, que:

> [...] a subordinação da Administração Pública não é apenas à lei. Deve haver o respeito à legalidade, sim, todavia encartada no plexo de características e ponderações que a qualifiquem como sistematicamente justificável. Não quer dizer que se possa alternativamente obedecer à lei ou ao Direito. Não. A legalidade devidamente justificada requer uma observância cumulativa dos princípios em sintonia com a teleologia constitucional. A justificação apresenta-se menos como submissão do que como respeito fundado e racional. Não é servidão ou vassalagem, mas acatamento pleno e concomitante à lei e ao Direito. Assim, desfruta o princípio da legalidade de autonomia mitigada.[1]

Entendimento esse que leva a que, ainda na lição do renomado lente: "O princípio da legalidade precisa ser, então, compreendido e aplicado, no contexto maior do acatamento que a Administração Pública deve ao Direito"[2].

Outro não é o sentir de Odete Medauar, como lembra Daniel Ustárroz, em artigo de sua autoria, *verbis*: "Resume a professora Odete Medauar esse importante fenômeno: 'o princípio da legalidade significa não mais a relação lei — ato administrativo, mas a dimensão global, ordenamento — Administração'. (*O direito administrativo em evolução*. 2. ed. São Paulo: RT, 2003. p. 148)"[3].

Percorre a mesma senda Rafael Carvalho Rezende Oliveira, como se percebe com a leitura do seguinte ensinamento seu: "A consagração do princípio da juridicidade não aceita a ideia da Administração vinculada exclusivamente às regras pré-fixadas nas leis, mas sim ao próprio Direito, o que inclui as regras e princípios previstos na Constituição. Adolfo Merkl, de forma irretocável, asseverava que "la conexión necesaria entre derecho y administración puede ser designada como principio de la juridicidad de la administración"[4].

---

(1) FREITAS, Juarez. *O controle dos atos administrativos e os princípios fundamentais*. 3. ed. São Paulo: Malheiros, 2004. p. 43-4.
(2) FREITAS, Juarez. *O controle dos atos administrativos e os princípios fundamentais*, p. 45.
(3) USTÁRROZ, Daniel. Breves notas sobre a boa-fé no direito administrativo. In: GERMANO, Luiz Paulo Rosek; GIORGIS, José Carlos Teixeira (orgs.). *Lições de direito administrativo* — estudos em homenagem a Octavio Germano. Porto Alegre: Livraria do Advogado, 2005. p. 126, nota de rodapé n. 7.
(4) OLIVEIRA, Rafael Carvalho Rezende. Neoconstitucionalismo: constitucionalização do ordenamento jurídico e a releitura do princípio da legalidade administrativa. In: VIEIRA, José Ribas (coord.). *Perspectivas da teoria constitucional contemporânea*. Rio de Janeiro: Lumen Juris, 2007. p. 64.

O mesmo autor por último citado ainda preleciona que: "O princípio da juridicidade dá maior importância ao Direito como um todo, ressaltando inclusive a noção da legitimidade do direito. A atuação da Administração Pública deve ter por norte a efetividade da Constituição e será pautada pelos parâmetros da legalidade e da legitimidade, intrínsecos ao Estado Democrático de Direito. Ao invés de simples adequação da atuação administrativa a uma lei específica, exige-se a compatibilidade dessa atuação com o chamado 'bloco de legalidade'. Alexandre Santos do Aragão, ao tratar da concepção pós-positivista do princípio da legalidade, afirma com razão:

> "Com efeito, evoluiu-se para se considerar a Administração Pública vinculada não apenas à lei, mas a todo um bloco de legalidade, que incorpora os valores, princípios e objetivos jurídicos maiores da sociedade, com diversas Constituições (por exemplo, a alemã e a espanhola) passando a submeter a Administração Pública expressamente à 'lei e ao Direito', o que também se infere implicitamente da nossa Constituição e expressamente da Lei do Processo Administrativo Federal (art. 2º, parágrafo único, I). A esta formulação dá-se o nome de Princípio da Juridicidade ou da legalidade em sentido amplo".[5]

Da mesma maneira, quanto ao estatuído no art. 265 do vigente Código Civil, a referência à lei nele contida deve ser entendida como referência ao direito como um todo, ao ordenamento jurídico em sua totalidade, o que faz com que se considere, numa leitura atual, não só as leis, mas os princípios também.

Esse asserto parece não precisar de maior desenvolvimento para justificar-se, pois, como se sabe, quando estamos diante de um caso concreto e para solucioná-lo da melhor maneira possível, temos que manter diante dos olhos — e da mente também, por óbvio — todo o ordenamento jurídico, o que, com lentes modernas, significa visualizar não só regras, mas princípios também, é dizer: "Diante de um caso, não se aplica uma regra, mas todo o ordenamento jurídico, valendo-se da máxima de Gestalt: não se vê partes isoladas, mas relações, uma parte na dependência de outra parte. As partes são inseparáveis do todo e são outra coisa que não elas mesmas, fora desse todo. E são os princípios que irão conferir unidade a esse todo que é o ordenamento jurídico"[6].

O meu receio em não me alongar demais me contém, de maneira que não vou estender-me no encarecer a importância dos princípios para o direito, nos dias que correm, apenas lembrarei que, hodiernamente, tem-se como claro que as normas se dividem em princípios e regras, e aqueles, como sustenta, dentre tantos outros, Sebástian Borges de Albuquerque Mello: "Os princípios ocupam lugar de destaque no pensamento jurídico contemporâneo porque são eles que irão fornecer as linhas centrais de unidade e ordenação das demais normas jurídicas"[7].

Evidentemente, considerados os princípios, para se estabelecer à solidariedade, fácil inferir, a questão toma logo novos contornos.

Com efeito, porquanto diversos princípios levam a que se estabeleça a solidariedade em situações como a ora enfrentada, podendo ser citados o da dignidade da pessoa humana, o da proteção da confiança, o da boa-fé objetiva, e até o princípio protetor,

---
(5) *Op. cit.*, p. 64.
(6) MELLO, Sebástian Borges de Albuquerque. O princípio da proporcionalidade no direito penal. In: SCHMITT, Ricardo Augusto (org.). *Princípios penais constitucionais* — direito e processo penal à luz da constituição federal. Salvador: JusPodivm, 2007. p. 193.
(7) *Op. cit.*, p. 191.

tão caro ao direito do trabalho, alguns dos quais diretamente, outros até dando uma mais adequada interpretação a algum artigo, o que também é função dos princípios.

Quanto ao princípio da dignidade da pessoa humana, se não olvidarmos da importância ao mesmo atribuída pela nossa Constituição Federal, que o colocou como base e norte de nossos passos, o que faz com que, obrigatoriamente, seja ele considerado quando da elaboração, execução e/ou interpretação de qualquer norma, e atento aos ensinamentos do ilustre professor Antonio Junqueira de Azevedo, no sentido de que "o princípio jurídico da dignidade fundamenta-se na pessoa humana e a pessoa humana pressupõe, antes de mais nada, uma condição objetiva, a vida. A dignidade impõe, portanto, um primeiro dever, um dever básico, o de reconhecer a intangibilidade da vida humana. [...] Em seguida, numa ordem lógica, e como consequência do respeito à vida, a dignidade da base jurídica à existência do respeito à integridade física e psíquica (condições naturais) e aos meios mínimos para o exercício da vida (condições materiais) [...]"[8], resta firme que, o tolerar-se que alguém trabalhe em prol de um terceiro e para receber o que lhe foi judicialmente reconhecido, tenha que percorrer o árduo caminho acima descrito, o que, muito certamente, aumentará, para esse trabalhador de forma insuportável e desesperadora, a agonia da espera e das privações então decorrentes, magoará, a mais não poder, esse princípio maior e mais reluzente, da constelação de princípios que dão brilho e vida a um ordenamento jurídico, mesmo porque, como lembrado por Ana Silvia Voss de Azevedo, "Além dos valores morais e subjetivos, a dignidade ainda abrange o respeito à integridade física e psicológica do indivíduo, incluindo aí as condições dignas de trabalho"[9]; aqui como num imenso vale descampado soam nítida e claramente, como melhor convém para que encontrem eco também em nossos corações, as seguintes palavras do Ministro Orlando Teixeira da Costa: "É a dignidade da pessoa humana do trabalhador que faz prevalecer os seus direitos, estigmatizando toda manobra tendente a desrespeitar ou corromper de qualquer forma que seja esse instrumento valioso, feito à imagem de Deus"[10].

Aqui chegando, interessante, por certo, o evocar sólido argumento do preclaro Nelson Rosenvald, de que: "A inserção do princípio da dignidade da pessoa humana no Título I, como fundamento da República Federativa do Brasil, demonstra a sua precedência — não apenas topográfica, mas interpretativa — sobre todos os demais capítulos constitucionais"[11].

Relativamente ao princípio da confiança, é oportuno o recordar, antes do mais, que, como superiormente dito pelo jurista português Manuel António de Castro Portugal Carneiro da Frada, "Na verdade, cabe a qualquer ordem jurídica a missão indeclinável de garantir a confiança dos sujeitos, porque ela constitui um pressuposto fundamental de qualquer coexistência ou cooperação pacíficas, isto é, da paz jurídica"[12].

Ainda, quanto à importância da confiança para e na vida do homem, vale a transcrição do seguinte excerto: "a confiança, entendida como hábito de depositar expectativas em outrem, é um dos sentimentos que mais profundamente definem e

---

(8) AZEVEDO, Antonio Junqueira de. *Estudos e pareceres de direito privado*. São Paulo: Saraiva, 2004. p. 13.
(9) AZEVEDO, Ana Silvia Voss de. A terceirização como forma de desvalorização das relações de trabalho sob o enfoque do princípio da dignidade humana. In: VILLATORE Marco Antônio; HASSON, Roland (coords.). *Estado & atividade econômica — o direito laboral em Perspectiva*. Curitiba: Juruá, 2007. p. 187.
(10) *Apud* AZEVEDO, Ana Silvia Voss de. *A terceirização como forma de desvalorização das relações de trabalho sob o enfoque do princípio da dignidade humana*, cit., p. 187.
(11) ROSENVALD, Nelson. *Dignidade humana e boa-fé no código civil*. São Paulo: Saraiva, 2005. p. 35.
(12) *Teoria da confiança e responsabilidade civil*. Coimbra: Almedina, 2004. p. 19.

constituem a existência humana. Na medida em que nossa existência é temporal e é imprevisível nosso futuro, nessa mesma medida nos vemos obrigado a confiar, e parece coisa certa, quando a mente não se extravia da realidade nem o coração dos valores supremos, que na vida do homem a confiança tem um papel fundamental como elemento aglutinador de energia que reforça o grau de coesão nos grupos humanos"[13].

Com aludido princípio se objetiva a proteção das legítimas expectativas criadas, sem as quais a vida em sociedade se torna muito mais difícil, admitindo-se continue sendo possível, e não se pode imaginar, acredito, que um empregado tenha uma expectativa mais legítima do que a que ele carrega em seu peito — e também no seu estômago —, no sentido de que, tendo trabalhado como empregado da empresa "x", prestadora de serviço, em prol da empresa "y", a tomadora do serviço, seu mourejar será remunerado, tanto por uma como por outra, atento a que não se pode exigir do trabalhador brasileiro, na quadra atual, que possua perfeito conhecimento do funcionamento jurídico do contrato que uniu as empresas prestadora e tomadora, para ele, ele trabalhou e deve receber, e o Estado deve garantir "os seus direitos", logicamente da maneira mais rápida e objetiva possível, o que não permitiria que ele compreendesse, tampouco aceitasse, as consequências advindas do reconhecimento de uma responsabilidade meramente subsidiária.

Cuidando agora do princípio protetor, princípio esse caríssimo ao direito do trabalho, os motivos que o fazem forte e resistente a todos os questionamentos de que é alvo, de tempos em tempos, justificando mesmo a existência do direito do trabalho, evidentemente não estariam sendo respeitados, acaso se entendesse ou entenda que a responsabilidade subsidiária é a que deva ser observada na situação que ora nos ocupa.

Falta apenas, para finalizar, uma ligeira "palavrinha", acerca do princípio da boa-fé objetiva, o qual desfruta de enorme prestígio nos dias que correm.

E com esse propósito, não poderia deixar de valer-me da lembrança de Artur Marques da Silva Filho, quanto a ter já a boa-fé sido considerada "estrela polar do direito"[14].

O vigente Código Civil cuida da boa-fé em alguns artigos, mas sua observância jamais precisou de previsão em lei, pois não se concebe a existência de um ordenamento jurídico no qual a boa-fé não ocupe um lugar de relevo.

Quanto à boa-fé objetiva, como se não desconhece, ela não tem ligação direta com o que se passa no íntimo do indivíduo, mas atine ao seu modo de agir externo, como o faz, no meio em que vive e interage com os outros, ou como superiormente dito por Mônica Yoshizato Bierwagen, a boa-fé objetiva, "diferentemente da boa-fé subjetiva, que se refere a aspectos internos do sujeito, estabelece um padrão de comportamento externo, vale dizer, impõe um modo de agir consentâneo ao homem probo, leal, honesto, correto"[15].

Vale salientar que: "O princípio da boa-fé objetiva ou princípio da probidade ou eticidade, expresso nos arts. 422, 113 e 187 do Código Civil, atua sobre contratos

---

(13) ALBUQUERQUE, Mário Pimentel de. *Princípio da confiança no direito penal*. Rio de Janeiro: Lumen Juris, 2006. p. 87.
(14) Revisão judicial dos contratos. In: BITTAR, Carlos Alberto (coord.) *et al. Contornos atuais da teoria dos contratos*. São Paulo: RT, 1993. p. 144.
(15) *Princípios e regras de interpretação dos contratos no novo código civil*. 2. ed. São Paulo: Saraiva, p. 52.

com várias funções: é fonte de direitos laterais, é limite à liberdade contratual e à liberdade de contratar, é cânone de integração e interpretação dos contratos"[16].

Atualmente, um contrato não é mais visto como resultado de uma acomodação, um acordo de interesses opostos, mas sim como um vínculo de cooperação, uma convergência de interesses, para a realização do que nele se estipulou, o que reclama de qualquer dos contratantes um comportamento leal e reto, reclama mesmo uma preocupação para com o outro, de maneira que, num contrato, qualquer dos contratantes deve se preocupar para que a outra parte contratante atinja, com o contrato, aquilo que, por meio do mesmo, procurou obter, para tal fim; a boa-fé objetiva é chamada para desempenhar função de relevo, como também se dá com a função social do contrato.

O Código Civil contém, em seu corpo de disposições, uma cláusula geral de boa-fé, o que se constata com a leitura de seu art. 422: "Os contratantes são obrigados a guardar, assim na conclusão do contrato, como em sua execução, os princípios de probidade e boa-fé", aludido dispositivo bem pode ser invocado por aqueles que entendem insuficiente a invocação de princípios para o fim de estabelecer a responsabilidade solidária da empresa cliente para com os créditos do credor — empregado.

Nem se alegue que aludido dispositivo tem aplicação apenas entre as partes contratantes, pois, se é fato que as mesmas devem observá-lo, não menos verdade que as obrigações que dele decorrem — deveres tais como os de informação, lealdade, cooperação, honestidade —, vão além das partes, exigindo que terceiros respeitem os contratos celebrados, bem como não sejam atingidos e/ou prejudicados por contratos por outros celebrados.

Com uma consistência ímpar, o preclaro Rodrigo Mazzei deixou firme que: "É certo que a literalidade do art. 422 do CC/2002 estabelece que os contratantes são obrigados a observar a boa-fé; não obstante, há terceiros que por uma proximidade com um dos contratantes podem vir a exigir a observância dos deveres anexos decorrentes da cláusula geral da boa-fé"[17].

No que mais de perto nos interessa, há fixar que existem pessoas, tradicionalmente enquadradas no conceito de terceiros, mas que agora aparecem, de corpo inteiro, no cenário jurídico para protegerem-se de contratos que possam violar direitos seus, o que é perfeitamente possível, com base no princípio da boa-fé objetiva e da função social do contrato, a par de se ajustar à visão moderna do contrato, que mitigou um tanto o princípio da relatividade dos contratos.

Os princípios mencionados impedem que um ajuste, ainda que fruto do mais puro e perfeito acordo de vontades entre as partes venha a causar danos a quem, não tendo declarado vontade alguma, possa experimentar algum prejuízo em decorrência do contrato.

Basta não esquecer que as partes contratantes sempre querem ver seus contratos respeitados por terceiros, aos quais opõem o que neles pactuado, e o Direito, regra geral, lhes dá amparo para assim procederem, para se ver como é natural e funciona

---

(16) BORGES, Roxana Cardoso Brasileiro. Reconstrução do conceito de contrato: do clássico ao atual. In: HIRONAKA, Giselda Maria Fernandes Novaes; TARTUCE, Flávio (coord.). *Direito contratual* — temas atuais. São Paulo: Método, 2008. p. 35.

(17) MAZZEI, Rodrigo. O princípio da relatividade dos efeitos contratuais e suas mitigações. In: HIRONAKA, Giselda Maria Fernandes Novaes; TARTUCE, Flávio (coord.). *Direito contratual* — temas atuais. São Paulo: Método, 2008. p. 217.

mesmo como a outra face da mesma moeda, que esses terceiros, se puderem ser atingidos pelo contrato, tenham meios para evitar os efeitos que possam prejudicá-los.

Então, o terceiro, que é o que não participa da feitura do negócio jurídico, mas acaba por ele obrigado e/ou afetado, de alguma maneira, o que não deve provocar espanto algum, se não olvidarmos a rede em que se constituem as relações humanas, nossos atos, invariavelmente provocam efeitos e/ ou repercutem, na esfera de outras pessoas, por eles afetados, os quais, se devem, por um lado, respeitá-los, não podem, sob outro ângulo, serem por isso prejudicados, o direito há de protegê-los, cumprindo ao operador do direito acertar com qual a proteção então oferecida.

A doutrina, especialmente, mas não apenas, a alemã e a italiana, diante de tal quadro, desenvolveu a categoria do contrato com eficácia de proteção para terceiros, a qual, por bem se encaixar numa visão mais moderna do contrato, abraçada pelo nosso Código Civil, pode ser invocada entre nós, o que a função social do contrato e a boa-fé objetiva permitem, já sendo, inclusive, objeto, com vistas ao direito pátrio, de trabalhos jurídicos de fôlego.

Por meio do contrato com eficácia de proteção para terceiros se reconhece que há terceiros que devem mais estreitamente respeitar algum contrato, pela razão de proximidade que tenham com uma ou ambas as partes contratantes, como também existem — e é o que por ora nos interessa mais de perto — aqueles terceiros que, também em razão de alguma ligação maior com um ou com ambos os contratantes, são merecedores de especial proteção, para que não venham a sofrer prejuízos com a execução do contrato.

Parece claro que o trabalhador, que eu não classificaria como terceiro, mas como segundo dada a sua ligação ou dependência com os contratantes, encontraria aqui sólido fundamento para reclamar, tanto da sua empregadora, como da empresa cliente, ambas solidárias, o pagamento de seu crédito, já que o ajuste por elas levado a efeito não pode, em atenção aos efeitos externos do contrato, fazer com que ele fique, passe a pobreza da locução, no prejuízo, mesmo porque, vale insistir, não são apenas os contratantes que devem ser protegidos contra atos de terceiros, estes também merecem receber proteção, para que não venham a experimentar prejuízos em decorrência do que pactuado pelos contratantes, sentimento esse que deve, no caso que ora nos ocupa, estar muito, muitíssimo vivo, recebendo os aportes doutrinários e jurisprudenciais necessários para robustecer-se cada vez mais, de modo a não permitir que o engenho e a arte de contratantes despidos de boas intenções ou mesmo inaceitavelmente indiferentes para com a sorte daqueles que em seu benefício trabalharam, frustrem os escopos que justificam mesmo a existência do Direito do Trabalho.

Muito contribuirá para que esse desiderato seja atingido, olhar e ter pelos princípios a consideração e o respeito com que devem mesmo ser olhados e tidos; tal proceder certamente fará com que a procela que agita o sentir daqueles que acreditam insuficiente à atribuição de responsabilidade subsidiária, na situação aqui enfocada, se acalme e permita-lhes singrar por mares não mais agitados, revoltos, mas, sim, sem tormentas, serenos, com uma tranquilidade que apenas o reconhecimento de que se deverá responsabilizar, de forma solidária, as empresas prestadora e tomadora, poderá propiciar, a qual repousa na segurança de que essa responsabilidade solidária se justifica pelo fato, a que o direito não pode dar guarida, de que ambas não se portaram com a lealdade e a correção devidas — e exigíveis — para com o trabalhador, magoando, então, os princípios todos mencionados nas linhas transatas.

Finalizo lembrando as palavras de Constantino de Campos Fraga, proferidas já nos idos de 1941, após reproduzir ensinamento do mestre Cesarino Júnior, quando do exame que fez acerca da finalidade das leis sociais, *verbis*:

> Observando a definição do que seja direito social, vemos que as leis por ele abrangidas, visando o bem comum, têm por objetivo imediato "auxiliar a satisfazer convenientemente às necessidades vitais próprias e de suas famílias, aos indivíduos que para tanto, dependem do produto de seu trabalho".
>
> Ora, esta finalidade não pode ser falseada na interpretação dos textos legais. Ela é a bússola que nos indicará a rota certa. Quando dela nos desviarmos, por mais brilhante que se afigure a argumentação, podemos afirmar — estamos errados.[18]

Essa busca é que me faz juntar minha fraca voz à daqueles que a têm muito mais altissonante, visando justificar, de maneira fundamentada, que, na questão examinada, a responsabilidade a ser estabelecida é a solidária.

---

(18) *Interpretação das leis sociais*. São Paulo: Revista dos Tribunais, 1941. p. 4.

Estudos sobre a Exceção de Pré-Executividade

Ana Paula Pellegrina Lockmann[*]
Francisco Alberto da Motta Peixoto Giordani[**]

Frente à morosidade na entrega da prestação jurisdicional, algo que não é inusitado na história, nem exclusividade brasileira, procurou-se, com inteira razão, meios para combatê-la, já que aquele, que ajuíza uma ação, não pode aguardar uma eternidade para vê-la solucionada, tendo reconhecido o direito perseguido quando, talvez, seja tarde demais, ou mesmo após experimentar prejuízo possivelmente irreparável.

Daí, a preocupação com a efetividade do processo.

Aliás, essa preocupação mudou, ou, quando menos, tenta mudar o centro das atenções e da estrutura mesma em que montado o processo civil que, antes, tinha o réu como centro de suas atenções e, agora, quer que o autor ocupe esse lugar.

Conquanto razoável essa posição, não se pode, ainda que sob o signo de tão nobre propósito, relegar ao oblívio e/ou ignorar que aquele que ocupa o polo passivo, seja como réu, num processo de conhecimento, ou executado, num processo de execução, também possui direitos que hão de ser respeitados.

Em outras palavras, tendo como louvável a ambição do processo civil, que "quer ser um processo de resultados", como bem salienta Rangel Cândido Dinamarco[1], há de cuidar para que o resultado não vise apenas uma das partes, ou, na aguda observação de Alberto Camiña Moreira: "Ninguém nega aplausos ao propósito de acelerar-se a prestação da jurisdição. Mas o processo civil é processo de resultado e não processo civil do autor".[2]

---
[*] Desembargadora Federal do Trabalho.
[**] Desembargador Federal do Trabalho.
(1) *A reforma do código de processo civil.* São Paulo: Malheiros, 1995. p. 20.
(2) *Defesa sem embargos do executado* — exceção de pré-executividade. São Paulo: Saraiva, 1998. p. 1.

Fique claro que não se está, aqui, advogando a ideia de supremacia da figura do réu ou do executado, no processo respectivo, não, absoluta e definitivamente não; apenas estamos realçando que não basta mudar de parte, do réu ou executado, para o autor ou exequente, para solucionar a questão da demora na entrega da prestação jurisdicional, além do que é preciso cuidado para não se cometer injustiças ou ferir princípios garantidos pela Constituição Federal, com esse procedimento, ainda mais porque, como se não desconhece e a prática assim demonstra, nem sempre o autor ou exequente tem o direito que alega possuir.

Com razão, portanto, o juiz e professor Olavo de Oliveira Neto, ao asseverar que: "Porém, se de um lado todos se preocupam com a efetividade do direito daquele que promove a ação, seja de conhecimento, seja de execução, pouco se fala em efetividade do processo quando esta tem em vista proteger a parte passiva na hipótese em que esta, evidentemente, possui razão. Ora, nem sempre é a parte ativa que possui o direito. Esta, quando vai a juízo, faz uma afirmação de direito, que nem sempre condiz com a realidade. Em outros termos, devido à abstração do direito de ação, o autor pode acionar o Judiciário e pedir a prestação da tutela mesmo que saiba não possuir o direito que invoca. Pode agir mesmo que seja de má-fé".[3]

E para que não reste abalado o ideal de efetividade do processo, o referido processualista adverte e fixa o seguinte: "Assim, como não há direito de ação sem o respectivo direito de defesa, que segundo se entende é a outra face de uma mesma moeda, também não existirá a verdadeira efetividade no processo se a preocupação limitar-se à efetivação do direito da parte ativa, esquecendo-se que o direito da parte passiva também há de ser protegido pelo sistema. Em outros termos, deve-se amparar aquele que possui o direito, independentemente da posição que ocupa no processo, já que esta é meramente circunstancial".[4]

Referindo-se ao processo de execução, sobre o qual passaremos a centralizar nossas atenções, o brilhante advogado e professor José Rogério Cruz e Tucci, a quem muito estimamos, em um parágrafo repleto de ensinamentos, dilucida que: "Se, de um lado, o credor, em busca da satisfação de seu direito, dispõe do instrumento consubstanciado no processo de execução, que o coloca em privilegiada posição, não pode ser olvidado que, de outro, deve ser resguardado ao devedor o devido processo legal, em toda sua dimensão, inclusive com a asseguração de um de seus corolários, qual seja a garantia de amplo acesso à Justiça".[5]

Insistimos em que o que nos move não é o desejo de que seja dada proeminência a qualquer das partes, numa relação jurídica-processual; manifestamos, tão somente, nosso sentir, de que não basta mudar o peso em um dos lados da balança, para alcançar maior celeridade na entrega da prestação jurisdicional.

Prova do que vimos de afirmar é que não discutimos a superioridade que ao credor há de ser conferida, no respeitante processo e atento às finalidades e objetivos nele perseguidos.

Com efeito, nessa espécie de processo, há lembrar que "as partes — credor e devedor — se encontram em situações desiguais, consideradas a natureza e a finalidade

---
(3) *A defesa do executado e dos terceiros na execução forçada*. 1. ed. 2. tir. São Paulo: Revista dos Tribunais, p. 102.
(4) *Op. cit.*, p. 103.
(5) Tutela Processual do direito do executado (20 anos de vigência do CPC). In: *O processo de execução* — estudos em homenagem ao professor Alcides de Mendonça Lima. Porto Alegre: Sergio Antonio Fabris, 1995. p. 240.

da relação processual [...] E, no processo de execução, o aparelho jurisdicional do Estado funciona a serviço do credor, para satisfazer-lhe o crédito".[6]

Todavia, essa posição de vantagem do credor não significa, longe disso, que, aquele apontado como devedor não possua direito algum de se manifestar, no próprio processo de execução, antes mesmo de estar garantido o juízo, como veremos, mesmo porque "a posição privilegiada do credor que possui uma situação favorável criada antes do processo executivo em nada interfere nesta nova relação (processual) que irá se formar"[7], pelo que, por óbvio, não se pode impedir a efetiva participação do devedor, no processo de execução contra ele movido.

Conjugando-se todos esses fatores, o combate contra a morosidade na entrega da prestação jurisdicional, com a necessidade de se evitar que o credor fique uma eternidade ou, para não utilizar vocábulo que, melífluo em outras situações e pensamentos, pode soar dolorosamente, em se cuidando de um processo judicial, fique aguardando um tempo excessivamente longo, para ter satisfeito seu crédito, e não relegando ao oblívio que a situação não se resolve dispensando mais atenção ao exequente, somente, cabendo garantir o direito do devedor de participar do correspondente processo, temos aí os pressupostos necessários e justificadores da denominada exceção de pré-executividade.

Expliquemo-nos melhor.

Pacífica a distinção entre os processos de conhecimento e de execução. Como já disse o juiz Willian Couto Gonçalves, em brilhante decisão: "Naquele o juiz conhece, sente (*de sentire*) e julga. Neste o juiz executa"[8], ou seja, no de conhecimento é preciso saber o que aconteceu, avaliando, para decidir, o que não se passa no processo de execução, daí por que afirma Ernane Fidélis dos Santos que: "Em razão de suas finalidades, o processo de execução não se orienta pelos mesmos princípios do processo de conhecimento. Neste, a atividade do juiz se desenvolve no sentido de solucionar a lide; naquele, nada há a decidir, a não ser questões incidentais (casos, por exemplo, da penhorabilidade de bens, regularidade de citação, problemas de depósito etc.). Na execução, o objetivo da atuação jurisdicional é de se fazer realizar o que já está devidamente acertado".[9]

Aliás, o processualista Cândido Rangel Dinamarco, sempre citado, conceitua a execução "como uma cadeia de atos de atuação da vontade sancionatória, ou seja, conjunto de atos estatais através de que, com ou sem o concurso da vontade do devedor (e até contra ela), invade-se seu patrimônio para, à custa dele, realizar-se o resultado prático desejado concretamente pelo direito objetivo material"[10]; esse conceito confirma que, na execução, o que se quer é realizar o direito do credor e, para tanto, se procura obstar (evidentemente, dentro de limites, como o respeito à pessoa do executado e sua dignidade, evitando-se injustificáveis excessos etc.), que o devedor impeça e/ou venha a procrastinar que isso se dê, mesmo porque, atendidas as condições e os pressupostos próprios e adequados para dar "partida" à execução, o exequente tem o direito de exigir do Estado que atue, visando à satisfação de seu crédito.

---

(6) BERMUDES, Sergio. *Direito processual civil* — estudos e pareceres. São Paulo: Saraiva, 1983. p. 68/9.
(7) BOJUNGA, Luiz Edmundo Appel. A exceção de pré-executividade. *Repro* 55, p. 66.
(8) *Repro* 66, p. 283.
(9) *Manual de direito processual civil*. 3. ed. São Paulo: Saraiva, v. 2, p. 3.
(10) *Execução civil*. 7. ed. São Paulo: Malheiros, p. 115.

Comentando, precisamente, acerca do trecho retroreproduzido, do professor Dinamarco, observa José Antonio de Castro que: "Desse conceito podemos extrair a afirmativa de que o credor tem o poder de reclamar do Estado o emprego do processo de execução para ver seu direito satisfeito integralmente; e o devedor não poder impedir que essa atividade se desenvolva à custa do seu patrimônio".[11]

Talvez por isso (lembrando que a palavra "talvez" é considerada pelo inesquecível escritor Alexandre Dumas como a "quintessência de todas filosofias")[12], Mário Aguiar Moura sinta "[...] que o ordenamento aparelhou a execução de maneira a estrangular ao máximo uma possível inconformidade do devedor, cuja sujeição no processo é clara, e oferece presteza na consecução do resultado prático objetivado no processo".[13]

O já citado José Antonio de Castro, em passagem profunda, diz que o "[...] devedor é tratado de modo especial pela lei porque, por força da situação, quase sempre é tergiversador, se não chicaneiro"[14]; para os que enxergam nesse modo de ver exacerbado descrédito para com o ser humano/devedor/executado em processo judicial, cabe obtemperar que a experiência do dia a dia nas lides forenses demonstra que o indivíduo, regra geral, até admite perder um processo, mas pagar, sofrer alguma redução patrimonial, aí não, e nesse momento se vê como é inesgotável o engenho humano, voltado para a arte de "segurar" o próprio patrimônio, o que não significa que isso aconteça em 100% dos casos, embora fique próximo disso, pois há, se não bons, mais conformados pagadores, pessoas cientes de que há limites de atuação, num processo judicial, como, de resto, na generalidade das atividades humanas, a essas pessoas, nossos cumprimentos e homenagens!

Tudo isso considerado, fica claro e bem justificado por que, no processo de execução, não há cuidar de espaço para apresentação de defesa, por parte do executado, a quem cabe apenas satisfazer a obrigação ou atacá-la, não já no próprio processo de execução, mas via embargos do devedor, tidos como ação incidente à execução, mesmo porque, cabe frisar bem, defesa, como se tem no processo de conhecimento, é algo que provoca inconciliável cizânia no de execução, pelos diferentes fins perseguidos em um e no outro.

O ilustre professor Ovídio A. Batista da Silva ensina que, quanto ao processo de execução, nele não há "[...] lugar para defesa do demandado. Melhor dizendo, não existe nele nem mesmo a figura de um demandado, assim como este é considerado no 'processo de conhecimento'. Existe o devedor condenado que a sofre e que não dispõe de outro meio para livrar-se da execução senão atacá-la, por sua vez, com uma demanda inversa, dirigida contra o credor, que seja capaz de desfazer o título executivo com base no qual a execução se processe".[15]

Por seu turno, o festejado professor e desembargador Araken de Assis, magnificamente, dilucida que: "[...] o processo executivo não comporta a defesa do devedor, necessariamente dirigida à desconstituição da pretensão a executar, que se realizará, nesta contingência, através de ação autônoma. Há inequívoca incompatibilidade funcional na convivência de atos executivos com atos de índole diversa, simultaneamente,

---

(11) *Execução no código de processo civil*. 2. ed. São Paulo: Universitária de Direito, p. 1.
(12) *Os quarenta e cinco*. Porto: Lello & Irmãos, v. II, p. 199.
(13) *Embargos do devedor*. São Paulo: Síntese, 1978. p. 13/4.
(14) *Op. cit.*, p. 140.
(15) *Curso de processo civil*. 4. ed. São Paulo: Revista dos Tribunais, v. 2, p. 152.

na mesma estrutura (processo). Esta é a ideia fundamental posta à base dos embargos do executado. [...] Como quer que seja, a ideia de que os embargos constituem ação incidente à execução é universal".[16]

E para o preclaro e sempre citado Manoel Antonio Teixeira Filho: "Na execução não pode o devedor, contudo, impugnar o título executivo, pois isso não se conforma à natureza e à estrutura desse processo; pondo à frente tais particularidades da execução, o legislador instituiu, na verdade, um outro processo, distinto do de execução, mas que a ele se vincula por uma íntima conexão. Os embargos do devedor representam, pois, processo que não se confunde com o de execução, conquanto tenha, neste, o seu pressuposto legal. Os embargos em exame traduzem característico processo cognitivo, que se dirige ao proferimento de uma sentença de índole constitutiva, apta a desfazer, total ou parcialmente, o título em que se funda a execução".[17]

Assim, a regra é a de que o executado não pode defender-se no próprio processo de execução contra ele movido, se quiser, poderá, via embargos do devedor, contra-atacar, pois neste cabe uma atividade cognitiva com uma extensão incompatível com aquele.

Todavia — importante realçar — para oferecer embargos, o devedor haverá, antes, garantir o juízo.

Como lembra o professor José Afonso da Silva, citando Liebman, "o devedor não pode defender-se diretamente na execução invocando qualquer espécie de defesa, inclusive os fatos extintivos do crédito, que constituem neste plano armas sem gume. Por exemplo, quando citado inicialmente para a execução, não pode apresentar-se ao juiz e querer provar que pagou sua dívida. O juiz não pode ouvir e deve mandar prosseguir a execução. O único meio de que o executado dispõe são os embargos, que poderão ser promovidos em tempo e forma devida e, para maior garantia do exequente, só depois de seguro o juízo pela penhora ou depósito da quantia devida"[18]; será que não poderá mesmo o juiz ouvir o executado, nessa circunstância?

Hugo de Brito Machado referindo-se, exatamente, ao ensinamento retrotranscrito, sustenta "que se deve abrandar o rigor desse entendimento. Assim é que, se o executado, citado, comparece perante o juiz e apresenta prova inequívoca do pagamento, o juiz deve ouvi-lo. Deve examinar a prova que lhe é apresentada, e determinar que sobre a mesma se manifeste o exequente. Não estará, com isto, recebendo embargos, mas oferecendo ao exequente uma oportunidade para desistir da execução, se for o caso. E tanto não estará o juiz recebendo embargos que, se o exequente insistir no prosseguimento da execução o juiz atenderá, sem proferir julgamento, sem apreciar a prova oferecida pelo executado"; essa passagem consta da *Repro 24*, p. 112, de out./dez. 1981, e nela já se lobriga a ideia que se contém na exceção de pré-executividade, embora de maneira não completa e límpida.

Sim, porque, além da correta conclusão acerca da necessidade de "abrandar o rigor" do entendimento susomencionado, imprescindível ir mais longe, pois, se inequivocadamente provado o pagamento, não há razão para se prosseguir com uma execução que, daí em diante, não mais se justificaria.

---
(16) *Manual de processo de execução*. 6. ed. São Paulo: Revista dos Tribunais, p. 1038/9.
(17) SANTOS, Ernane Fidélis dos. *Execução no processo do trabalho civil*. 3. ed. São Paulo: Saraiva, v. 2, p. 5.
(18) *Execução fiscal*. 2. ed. São Paulo: Revista dos Tribunais, 1976. p. 154.

Para que possa ter lugar a realização coactiva duma prestação devida (ou do seu equivalente), há que satisfazer dois tipos de condição, dos quais depende a exequibilidade do direito à prestação:

a) o dever de prestar deve constar dum título: o título executivo. Trata-se dum pressuposto de carácter formal, que extrinsecamente condiciona a exequibilidade do direito, na medida em que lhe confere o grau de certeza que o sistema reputa suficiente para a admissibilidade da ação executiva.

b) a prestação deve mostrar-se certa, exigível e líquida. Certeza, exigibilidade e liquidez são pressupostos de carácter material, que intrinsecamente condicionam a exequibilidade do direito, na medida em que sem eles não é admissível a satisfação coactiva da pretensão.[19]

Embora tendo em vista o direito processual português, podemos usar da lição acima do mestre lusitano José Lebre de Freitas para fixar o que é preciso restar atendido para que possa ter início e validamente prosseguir o processo de execução; ora, na situação acima figurada, em que o suposto devedor demonstra haver já pago o que antes devia, fazendo-o de maneira inequívoca, no próprio processo de execução, o que justificaria e/ou autorizaria prosseguisse a execução, máxime tendo-se retido na memória os ensinamentos do ínclito Humberto Theodoro Júnior que, calcado em Calamandrei, como ele próprio assevera, diz que "[...] pode-se afirmar que ocorre a certeza do crédito, quando não há controvérsia sobre sua existência (an); a liquidez, quando é determinada a importância da prestação (quantum); e a exigibilidade, quando o seu pagamento não depende de termo ou condição, nem está sujeito a outras limitações"?[20]

Evidentemente, nada, a não ser a arraigada ideia de que o executado não pode se opor à execução, a não ser pela via dos embargos, e ainda a de que na execução não há contraditório, poderia servir de resposta.

No que tange aos embargos, não está aos mesmos limitada a atuação do executado, eis que, consoante entendimento já vitorioso na doutrina e na jurisprudência, há outros meios de agir dos quais pode o executado valer-se, para opor-se a uma execução injusta e/ou ilegal contra ele assestada, sem ter, primeiramente, de garantir o juízo, porquanto, com observa Sérgio Shimura "embora a lei só preveja a via dos embargos como forma de o devedor deduzir as suas defesas (arts. 741 e 745, CPC), em nossa sistemática processual é perfeitamente viável o reconhecimento ou o oferecimento de defesas antes da realização da penhora".[21]

De sua parte, o professor Galeno Lacerda, com toda autoridade que seu vastíssimo conhecimento jurídico lhe dá, afirma que "na defesa do executado, há exceções prévias, *lato sensu*, que afastam a legitimidade da própria penhora, já que esta, como é notório, pressupõe a executoriedade do título. Se o título não for exequível, não tem sentido a penhora, desaparece seu fundamento lógico e jurídico".[22]

Enfim, desde o parecer do insuperável Pontes de Miranda, o que não significa que ele tenha sido o primeiro a tratar do assunto, em caso envolvendo pedidos de

---

(19) *A ação executiva*. 2. ed. Coimbra: José Lebre de Freitas, p. 25.
(20) *Processo de execução*. 14. ed. São Paulo: Universitária de Direito, p. 132.
(21) *Título executivo*. São Paulo: Saraiva, 1997. p. 70.
(22) Execução de título extrajudicial e segurança do juízo. *Revista da Ajuris*, n. 23, p. 11.

falência contra a Companhia Siderúrgica Mannesmann, referido por praticamente todos quantos abordam o tema ora em exame, no sentido de que a "[...] penhora ou o depósito somente é de exigir-se para a oposição de embargos do executado; não, para a oposição das exceções e de preliminares concernentes à falta de eficácia executiva do título extrajudicial ou da sentença"[23], se aceita e admite que o executado tem outros meios de reagir à execução contra ele movida.

Examinando objetivamente a situação e com o espírito desarmado e/ou receptivo, percebe-se que o credor não tem absoluta disposição do processo de execução, e sua proeminência exige a existência de título executivo, como tal reconhecido pelo ordenamento jurídico e apto a desencadear, validamente, um processo de execução.

Realmente, porquanto, em não sendo assim, ou seja, não havendo título executivo apto a sustentar a execução, a mesma não há prosseguir, devendo ser extinta o quanto antes, sem necessidade alguma de que se aguarde estar seguro o juízo, para, só então, ser alegado e/ou apontado algo que comprove, de maneira irrespondível, que o respeitante processo não tem porque prosseguir; aliás, como se não desconhece: "Cumprindo, pois, sua função jurisdicional, o juiz não pode vincular-se a qualquer pretensão executória, se ela não se fundamenta em causa reconhecida por lei. A execução tem por base sempre um título, isto é, determinada causa que fundamente o direito. Referido título adquire sua característica de executividade, se portador de requisitos substanciais e formais, reconhecidos pela lei".[24]

Apenas, pois, se atendidos os pressupostos legais, os pressupostos exigíveis para que possa medrar o processo de execução, é que o credor estará numa certa posição de vantagem e o devedor, se quiser defender-se, terá de fazê-lo via embargos, e após seguro o juízo; note-se bem, só há cuidar de garantir o juízo tratando-se de execução regularmente promovida, do contrário não se pode aceitar como razoável qualquer limitação e/ou invasão ao patrimônio do executado, o que levaria a uma interpretação nada razoável do que almejou o legislador, ao determinar a garantia do juízo para que pudesse o executado, em sede de embargos, tentar tirar a força do título executivo que se encontra à base da execução contra ele direcionada.

Valiosos — como sempre, aliás — os ensinamentos do professor Galeno Lacerda, a respeito do que vimos de sustentar: "Assim, se o atual CPC exige, no art. 737, I, a segurança prévia do juízo pela penhora, para admissibilidade dos embargos do executado, claro está que a regra pressupõe execução normal com obediência aos pressupostos da ação executória. Se esses pressupostos ou condições inexistem, ou ocorre grave suspeita em tal sentido, constituiria violência inominável impor-se ao injustamente executado o dano, às vezes irreparável, de penhora prévia, ou, o que é pior, denegar-lhe qualquer possibilidade de defesa se, acaso, não possuir ele bens penhoráveis suficientes. Se se aceitar tal absurdo, qualquer empresa ou pessoa de bem estará exposta à sanha de aventureiros. Basta que contra ela forjem um título falso, de alto valor, acima do patrimônio da vítima, para que lhe tolham toda e qualquer oportunidade de defesa, pela insuficiência de penhora. Evidentemente, lei nenhuma poderá ser interpretada deste modo, com consequências de tal ordem".[25]

---

(23) *Dez anos de pareceres*. v. 4, p. 132.
(24) SANTOS, Ernane Fidélis dos. *Manual de direito processual civil*. 3. ed. São Paulo: Saraiva, v. 2, p. 5.
(25) *Op. cit.*, p. 12/3.

Do mesmo sentir o preclaro Luiz Edmundo Appel Bojunga: "A regra do art. 737, I e II, do CPC, que condiciona os embargos do devedor à prévia segurança do juízo pela penhora ou pelo depósito, cede quando interpretada de modo racional, pois muitas vezes o patrimônio do executado é, até mesmo, insuficiente para garantia de um processo manifestamente irregular. Impossibilitar a defesa do executado, nestes casos, concedendo ao credor inescrupuloso a tutela vantajosa do processo executório, sem formas de oposições incondicionadas, não parece ser o melhor caminho para o Direito".[26]

Importante, para o ponto ora em exame, pela sua clareza e profundidade, o posicionamento de Ricardo Amin Abrahão Nacle, *verbis*: "Todavia, exceções há em que, o suposto credor abusa do seu direito de ação ou a relação processual padece de vícios intransponíveis, circunstâncias estas em que a penhora advém como odiosa, trazendo consequências desairosas ao devedor e, por, fim, movimentando a máquina do judiciário de forma desnecessária, donde, então, consonante com algumas disposições da teoria geral do processo que, desde sempre, devem obediência aos princípios, de índole constituicional, do devido processo legal, do contraditório e da razoabilidade, defluirá a nominada exceção ou objeção de pré-executividade".[27]

Por tais razões é que se torna necessário superar o *ethos* de aguardar e apenas em sede de embargos permitir a insurgência do devedor, para, só então, resolver questões que podem — e mesmo devem — ser resolvidas no próprio processo de execução.

Daí, também, advertência do grande professor Cândido Rangel Dinamarco, no sentido de ser "preciso debelar o mito dos embargos"[28], aviso esse mencionado por quase todos os que se debruçaram sobre o tema ora enfocado. Porém, talvez, no particular, caiba a justificativa de que esse *mithos* deve-se ao fato de que deitou raízes a ideia de que o executado somente poderia se insurgir contra a execução por meio dos embargos e, como se sabe, as ideias, quanto mais tempo permanecem aceitas, mais sólidas parecem ficar, o que reclama algum tempo e fortes razões para atingir suas bases, as concepções que, por seu intermédio, ganharam força e espaço, o que se dá, não apenas no meio jurídico, mas no geral.

Deve ter contribuído um tanto, para que as coisas chegassem a esse ponto, o entendimento de que não há lugar para o contraditório, no processo de execução, posicionamento este, hodiernamente, já modificado, estando já claro e compreendido que o princípio do contraditório está presente, sim e também, quando de execução o processo de que se trata.

O culto advogado Maurício Lindenmeyer Barbieri dilucida que: "No processo de execução não se podendo considerar o executado mero sujeito passivo da execução, cabendo-lhe todo direito de nela participar para fiscalizar seu andamento, evitando abusos e concorrendo para a sua realização de acordo com os ditames da lei e da justiça, sendo assim indiscutível ocorrer aí também o contraditório".[29]

Outro ilustre advogado e professor, Ovídio A. Baptista da Silva, demonstra, de maneira irretorquível, a necessidade do contraditório na execução; são suas as

---
(26) *Repro* 55. p. 63.
(27) A exceção da pré-executividade sob a perspectiva do juízo de cognição. In: Obra coletiva. *Temas controvertidos de processo civil*. Rio de Janeiro: Forense, 2001. p. 100.
(28) *Execução civil*. 7. ed. São Paulo: Malheiros, p. 451.
(29) A garantia do contraditório e seu conteúdo. *Revista da Ajuris* n. 81, p. 187, mar. 2001.

seguintes palavras: "Além disso, o sistema jurídico brasileiro subordina-se ao pressuposto constitucional que impõe, além do respeito do contraditório em todos os procedimentos, sejam eles jurisdicionais ou não, a observância da plenitude de defesa (Constituição Federal, art. 5º, LV), de modo que não seria possível conceber a existência de exceção tão radical a esse princípio, justamente no processo executivo, produtor de consequências sabidamente graves e definitivas".[30]

Com aguda observação, sustenta Sérgio Shimura que: "Sem contraditório, a atividade executiva sequer chegaria à dignidade de ser havida como processo, o seu resultado seria inconstitucional já que o despojamento patrimonial do executado dar-se-ia sem a ampla defesa (art. 5º, LV, CF). É preciso que ambas as partes tenham oportunidade de dizer sobre os atos a praticar".[31]

Todos esses aspectos, em seu conjunto, demonstram, à saciedade, que, como salientado, há fortes razões, a justificar e mesmo comprovar a necessidade, de se permitir ao executado que se volte contra a execução que se lhe move, no próprio e respeitante processo, sem necessidade de primeiramente, garantir o juízo e, depois, oferecer embargos, o que é feito pela denominada exceção de pré-executividade.

Não se desconhece que há vozes, autorizadas, que não aceitam reação do executado sem prévia garantia do juízo, como a do notável processualista Alcides de Mendonça Lima, para quem: "...Pela amplitude das 'exceções de pré-executividade', torna-se quase impossível imaginar uma situação que, portanto, possa condicionar os embargos ao oferecimento de bens à penhora".[32]

Parece ser do mesmo sentir, ou, pelo menos, não nutrir grande simpatia pelo instituto em questão, o juiz e professor Marcelo Lima Guerra, que, ao comentar a posição, justamente, de Alcides de Mendonça Lima, autor acima mencionado, ponderou que: "De fato, este ilustre processualista teceu duras e, ao que parece, irrespondíveis críticas à aceitação do posicionamento ora comentado".[33]

Com todo o respeito que esses renomados juristas merecem, força é convir que a posição por eles sufragada não é a amplamente majoritária, tanto na doutrina, como na jurisprudência, além do que, relevante notar, não é por inexistir previsão legal específica, regulando a exceção de pré-executividade, que a mesma não pode ser utilizada, já que se extrai do nosso sistema jurídico-processual o quanto preciso para autorizar seu emprego.

Ademais, muito equilibrado — e, por isso mesmo, difícil de ser combatido — o argumento de Teresa Arruda Alvim Wambier e Luiz Rodrigues Wambier, abaixo transcrito: "Os adversários à tese da objeção de pré-executividade têm, de modo geral, advertido quanto aos perigos das distorções passíveis de serem causadas pelo uso indiscriminado desta figura. Este argumento, todavia, não basta para recusar a objeção de pré-executividade, já que, às vezes, através dela se veicula afirmação no sentido de que a execução não seria admissível por motivos verificáveis em exame da própria inicial da execução e de documentos que lhe foram anexados. Evidente,

---

(30) O contraditório nas ações sumárias. *Revista da Ajuris* n. 80, p. 218/9, dez. 2000.
(31) *Op. cit.*, p. 11.
(32) Processo de conhecimento e processo de execução. Rio de Janeiro: Forense, 1993. p. 279; esse posicionamento foi externado em parecer de sua autoria e após lembrar pareceres de Pontes de Miranda e Galeno Lacerda, como vimos já, favoráveis à exceção de pré-executividade.
(33) *Execução forçada* — controle de admissibilidade. 3. ed. São Paulo: Revista dos Tribunais, p. 151.

evidentissimamente, que, quando todos os elementos de que o magistrado necessita para se aperceber de que se trata de execução inviável constam dos autos, o perigo de se transformar o processo de execução em processo de conhecimento, deformando-o, portanto, praticamente não existe".[34]

Não há motivos, portanto, para não se admitir e/ou ter receio da utilização da exceção de pré-executividade.

No que tange à denominação adequada ao instituto que estamos a examinar, lavra acesa controvérsia entre os que sobre ele discorrem; porém, procurando respeitar os limites que nos foram impostos, tentaremos enfrentar a questão.

O primeiro ponto a abordar trata da relevância, maior ou menor, da correta denominação.

O grande José Carlos Barbosa Moreira, em artigo intitulado "Exceção de pré-executividade: uma denominação infeliz", após combatê-la, conclui esse seu trabalho com as seguintes e candentes palavras: "Exceção de pré-executividade 'é expressão, para dizer o menos, gritantemente inadequada. Está claro que o ponto não interessará a quem não dê importância à terminologia — a quem suponha, digamos, que em geometria tanto faz chamar triângulo ou pentágono ao polígono de três lados, e que em anatomia dá na mesma atribuir ao fígado a denominação própria ou a de cérebro [...] Mas — digamos com franqueza — tampouco interessará muito o que esses pensem ou deixem de pensar'".[35]

Teria sido um tanto quanto rigoroso o preclaro processualista?

O magistrado Marcos Valls Feu Rosa, após concluir que a "denominada 'exceção de pré-executividade', portanto, não é nem 'exceção', nem 'pré', nem ' de executividade'"[36], arremata: "Aliás, de questionável interesse é a busca pela correta denominação da arguição da ausência dos requisitos da execução, pois é a mesma uma figura abstrata, que, eventualmente, se concretiza numa petição".[37]

Também para Ricardo Amin Abrahão Nacle, eminente professor e advogado, o *nomen juris* dado ao instituto não tem um peso tão decisivo assim. São suas as seguintes palavras: "Não obstante o nome conferido à uma determinada entidade jurídica ser de somenos importância para identificar a sua natureza[...]".[38]

Percuciente observação a do insigne Luís Peixoto de Siqueira Filho, no sentido de que: "[...] a exceção de pré-executividade já foi designada de exceção pré-processual, oposição pré-processual, oposição processual, objeção executiva, ou simplesmente de arguição de nulidade no processo de execução. Não obstante toda esta discussão, o que importa realmente é depreender-se o conceito e a natureza jurídica da exceção da pré-executividade. Isto ocorrendo, pouco importará que o rigor técnico desaconselhe esta ou aquela denominação. Afinal, se existe algo que tenha possibilitado o estudo da questão, é a existência de uma denominação específica. Com certeza, não importará

---
(34) Sobre a objeção de pré-executividade. In: *Processo de execução e assuntos afins.* São Paulo: Revista dos Tribunais, 1998. p. 412.
(35) *Temas de direito processual* — sétima série. São Paulo: Saraiva, 2001. p. 121.
(36) *Exceção de pré-executividade* — matérias de ordem pública no processo de execução. 2. ed. Porto Alegre: Sergio Antônio Fabris, 1999. p. 96.
(37) *Ibidem*, p. 96.
(38) A exceção de pré-executividade sob a perspectiva do juízo de cognição. In: *Temas controvertidos de processo civil.* Rio de Janeiro: Forense, 2001. p. 118.

mesmo como se chame a exceção de pré-executividade, se for bem conhecida a sua essência".[39]

Diante das argumentações e ensinamentos retrotranscritos, entendemos — suma ousadia — que a denominação do instituto que estamos a examinar não tem, realmente, uma importância maior e definitiva, o que não significa declarado desapego à técnica e a relevância de uma definição, eis que se não desconhece que ela "é um conceito complexo ou uma locução que expõe o que uma coisa é ou o que significa um nome"[40], ou seja, como ensina o saudoso professor Edmundo Dantés do Nascimento: "Seria impossível estudar Direito sem que se soubesse o que é posse, propriedade, parentesco, etc. O conjunto de termos técnicos pertencentes ao Direito denomina-se terminologia jurídica. Se para estudar Direito é preciso saber a significação de seus termos, necessário será delimitar a extensão deles, para distingui-los, pois se assim não o fizermos haveremos de confundir um com o outro, *v. g.*, prescrição, decadência, preclusão, etc. Essa forma de proceder é a única que possibilita o estudo do Direito, ou de qualquer outra ciência".[41]

Assim, estamos em que a denominação é importante, pois ela se liga a definição do objeto em estudo mas, desde que, embora aquela não seja a mais apropriada, se permita, com esta, seja apreendido e compreendido o que se quer significar com a denominação, siga-se em frente, eis que não se perdeu o objetivo pretendido. Dito por outras palavras, a denominação é importante, na medida em que, a definição a ela ligada sirva e não prejudique, o entendimento do que seja o que se está a designar.

Desse modo se, por alguma das denominações já referidas por Siqueira Filho, susoreproduzidas, se captar, em sua plenitude, o que se quer significar com a mesma, tudo bem, sendo inútil prosseguir numa discussão que, a partir de então, pode até se tornar estéril.

Acresça-se que a importância da denominação, especificamente na situação em exame, é tanto menor quando se sabe que depende ela, diretamente, do que se entende possível arguir por seu intermédio, quais as matérias que podem ser agitadas diretamente no próprio processo de execução; daí por que, com pena de mestre, afirmou o desembargador e professor Araken de Assis: [...] "A questão terminológica, a par de secundária, se atrela intimamente à dimensão do seu conteúdo [...]".[42]

Realmente, pois, quem se posiciona no sentido de ser correta a denominação "objeção de pré-executividade", assim o faz por entender que "seu objeto é matéria de ordem pública decretável *ex officio* pelo juiz e, por isso mesmo, insuscetível de preclusão"[43] e/ou porque vê incongruência na designação exceção de pré-executividade, como, *v. g.*, quanto a esta última situação, Haroldo Pabst, *verbis*: "A denominação desse ato processual não parece muito adequada: exceção, sim, eis que excepcionar significa reduzir ou eliminar o pedido do autor, mas exceção de pré-executividade contém em si uma incongruência. O processo começa com a petição inicial protocolada e a petição inicial do processo de execução devidamente protocolada

---

(39) *Exceção de pré-executividade*. 3. ed. Rio de Janeiro: Lumen Juris, 1999. p. 86.
(40) MARITAIN, Jacques. *Lógica menor*. 8. ed. São Paulo: Agir, 1977. p. 103.
(41) *Lógica aplicada à advocacia* (técnica de persuasão). São Paulo: Saraiva, 1981. p. 29.
(42) Exceção de pré-executividade. *Revista da Ajuris*, 78, p. 29, jun. 2000.
(43) NERY JUNIOR, Nelson. *Princípios do processo civil na constituição federal*. 4. ed. São Paulo: Revista dos Tribunais, p. 134.

dá início ao processo. Quando o executado é citado já há execução em curso, por isso parece razoável a conclusão de que a exceção em tela não precede a execução. Toda providência judicial tomada pelo pretenso devedor antes do processo de execução, contra o título, só pode ser uma ação judicial, em que ele investe contra o crédito em si ou contra a executividade de um título que já existe mas que ainda não foi levado à execução".[44]

Interessante, à essa altura, lembrar precisa colocação feita pelo culto juiz Samuel Corrêa Leite, no sentido de que: "...o termo objeção relaciona-se com fatos extintivos ou impeditivos não inseridos na exceção substancial. Isto porque os fatos extintivos ou impeditivos do prosseguimento do processo e, por conseguinte, o seu desenvolvimento válido e regular, desde que possam ser conhecidos de ofício pelo juiz, constituem-se em objeção".[45]

Mas, a denominação "exceção de pré-executividade" tem defensores, de escol e com consistentes argumentos, o que se pode inferir lendo-se a passagem infratranscrita, de Alberto Camiña Moreira: "Com a devida vênia constitui equívoco apanhar o termo exceção, como utilizado pelo Código de Processo Civil, para não admiti-lo na expressão 'exceção de pré-executividade', pois, obviamente, os significados são distintos. Exceção de pré-executividade não significa defesa indireta contra o órgão julgador. A palavra pré-executividade (formada pelo prefixo latino pré mais o substantivo executividade, que por sua vez vem de executivo (adjetivo) mais o sufixo dade) pretende significar a possibilidade de dedução da exceção antes mesmo do início da atividade executória, que se abre, verdadeiramente, segundo Plugliati, com a penhora; ... Pré-executividade não significa, por evidente, pré-processo de execução, o que representaria atividade extrajudicial, mas sim possibilidade de defesa antes da penhora, antes do gravame, antes da constrição, antes, enfim, dos atos marcantemente executivos. Esse o significado da expressão".[46]

Parece que o *punctum saliens*, para estabelecer se correto ou não o emprego da expressão "exceção de pré-executividade", não está tanto no prefixo "pré", embora se vejam reservas quanto ao seu uso, mas sim no vocábulo "exceção", face ao que pelo mesmo se entende e/ou para o que se destina, na sistemática do vigente Código de Processo Civil, a saber, uma das possíveis formas de defesa, cabendo à parte a iniciativa de dela se utilizar, pena de preclusão, ao reverso do que se dá com a objeção que, como susomencionado, diz respeito a matéria de ordem pública, que pode ser conhecida de ofício pelo juiz".[47][48][49]

---

(44) *Natureza jurídica dos embargos do devedor*. 2 ed. Rio de Janeiro: Forense, 2000. p. 164.
(45) Artigo ainda inédito, ao tempo em que elaborado o presente.
(46) *Defesa sem embargos do executado* — exceção de pré-executividade. São Paulo: Saraiva, 1998. p. 34/5.
(47) Para uma melhor assimilação do que se vem de afirmar, interessante a citação do sempre festejado José Frederico Marques, para quem: "Nas exceções, há defesa processual apenas dilatória, com o fim de alterar o foro da causa, ou de recusar o juiz que deva presidir o processo. *Manual de direito processual civil*. 6. ed. São Paulo: Saraiva, v. 2, p. 75.
(48) Moacyr Amaral Santos, por seu turno, lembra que: "[...] o Código, tomando o particular pelo qual, confere a denominação específica de exceções às defesas contra o processo, pelas quais se alegam a incompetência, o impedimento ou a suspeição do juiz. *Primeiras linhas de direito processual civil*. 7. ed. São Paulo: Saraiva, v. 2, p. 190.
(49) Clara a exposição de Arruda Alvim: "As exceções devem ser alegadas antes da alegação das matérias dos ns. I a XI, do art. 301, e do mérito mesmo porque comportam decisão antes das preliminares dos ns. I a XI, do art. 301 (art. 306), e, obviamente, antes do mérito. Se a parte não se utilizar da exceção, cujo objeto preclua, não mais poderá fazê-lo, salvo provando que o não fez por justa causa (art. 183)". *Manual de direito processual civil*. São Paulo: Revista dos Tribunais, 1978. v. II, p. 172.

Todavia, se se considerar a palavra "exceção" em seu sentido mais amplo, como qualquer defesa[50][51], e lembrando sempre que o grande Pontes de Miranda, ao tratar do tema ora ventilado, empregou-a, certamente mais palatável se tornará a sua utilização; daí, a consistência e o interesse da conclusão a que chegou a culta Rosalina P. C. Rodrigues Pereira: "De fato, a expressão 'exceção' não se coaduna com a sistemática do Código, que restringe a concessão desse tipo de tutela apenas à defesa dilatória contra o processo. No entanto, a se adotar o sentido amplo da palavra 'exceção' como toda defesa que deva ser arguida pela parte, na forma como inicialmente foi usada por Pontes de Miranda, adequado o referido termo, que, ademais, já se consagrou na prática forense, estando consolidado pela doutrina e jurisprudência pátrias, sendo de questionável vantagem a mudança de nome".[52]

Estamos em que correto o posicionamento retro, não só pelo que nele se afirma, mas também por acreditar que limitada e insuficiente a expressão "objeção de pré-executividade", na medida em que não apenas matérias de ordem pública, decretáveis de ofício pelo juiz, podem ser levantadas no próprio processo de execução.

Sentimos que, em realidade, também podem ser agitadas em sede de exceção de pré-executividade matérias que, para serem conhecidas, dependem de iniciativa da parte, sendo o critério e/ou elemento autorizador para que possa ser esgrimida, além, obviamente, da existência de vício ou extinção da obrigação, a possibilidade de pronta demonstração do que se alega, sem precisão de alargada atividade probatória; essa, aliás, a senda indicada por Sérgio Shimura, de forma irresponsível: "Alguns temas, por estarem no campo da disponibilidade do direito, não podem ser reconhecidos pelo juiz sem que haja invocação do devedor (ex.: prescrição, pagamento, compensação, novação etc.). Mas se estiverem provados de forma límpida, irretorquível, constatável *prima facie*, sendo de todo imprescindível qualquer incidente probatório (prova pericial, testemunhal, depoimento pessoal etc.), aí então se mostra fértil o terreno para o oferecimento da exceção de pré-executividade".[53]

Aliás, para o ilustre processualista Shimura, não há incompatibilidade entre as expressões "objeção de pré-executividade" e "exceção de pré-executividade", estas podendo ser utilizadas nas situações que vimos de referir e, aquelas, quanto às "matérias que podem e devem ser conhecidas de ofício pelo juiz, isto é, matérias de ordem pública (pressupostos processuais e condições da ação)"[54], ou seja, cada qual conta com um campo próprio e inconfundível, de existência e validade, ficando, ainda, reservadas aos embargos do devedor as "matérias que devem ser alegadas pela parte, cuja comprovação exige dilação probatória".[55] Não há dúvida que, a par de interessante, muito prática e consistente a divisão feita, a qual, inclusive, deixa patente que *in casu*, a denominação não tem decisiva importância e depende do que se pretende e/ou quer ver abrangido, como matéria que pode ser agitada no próprio processo de execução, o que, aliás, já procuramos salientar nas linhas transatas.

---

(50) Exceção, para o sempre citado Ministro do Colendo TST, Coqueijo Costa, "a) num sentido amplíssimo, é qualquer defesa do réu, processual ou de mérito". *Direito judiciário do trabalho*. Rio de Janeiro: Forense, 1978. p. 245.
(51) Não destoa do contido na nota anterior, o quanto afirmado pelo juiz Bolívar Viégas Peixoto, a saber: "de um modo geral, os vários autores definem exceções como sendo, em sentido mais amplo, qualquer manifestação de defesa do réu, seja quanto ao processo ou à lide, como sinônimo de contestação". *Iniciação ao processo individual do trabalho*. 3. ed. Rio de Janeiro: Forense, 1998. p. 179.
(52) *Ações prejudiciais à execução*. São Paulo: Saraiva, 2001. p. 411.
(53) *Título executivo*. São Paulo: Saraiva, 1997. p. 78.
(54) *Op. cit.*, p. 70/1.
(55) *Op. cit.*, p. 71.

A já mencionada professora Rosalina P. C. Rodrigues Pereira, em parágrafo substancioso, demonstra seguir o mesmo caminho, confira-se: "Admite-se a exceção da pré-executividade, no entanto, não apenas quando se tratar de matérias de ordem pública, mas toda vez que houver vício no título executivo, vício este que possa ser demonstrado sem necessidade de dilação probatória (*v. g.*, pagamento, falsidade de assinatura, prescrição, erro de cálculo)".⁽⁵⁶⁾

Em trecho de elevado teor jurídico e muito esclarecedor, pontifica Ricardo Amin Abrahão Nacle, existir "a possibilidade da ausência das condições da ação ou dos pressupostos processuais ser deduzida no próprio processo executivo, através da objeção do executado. Todavia, é iniludível que, não só estas matérias que podem acarretar a extinção do processo executivo, daí por que falarmos na exceção do executado, através da qual, matérias que, mesmo desprovidas de jaez público, não sendo, desta forma, reconhecíveis de ofício, contaminam a pretensão executiva (*v. g.*, prescrição, pagamento, compensação, novação, dentre outras). E, nestas hipóteses, as ideias lançadas anteriormente, referentes à perceptibilidade de plano da suposta vicissitude que permeia o processo executivo, permanecem intactas. Tirante a prescrição que, por óbvio, é reconhecida pela simples análise do título executivo, as demais matérias (pagamento, compensação, novação), com idêntica obviedade, só serão atestadas através de prova documental trazida pelo devedor, quando da exceção de pré-executividade, prova esta límpida, irretorquível, de sorte a permitir ao juiz constatar, de forma hialina, sem qualquer outra modalidade de prova, a existência da matéria apontada".⁽⁵⁷⁾

O ilustre e competente Araken de Assis, no artigo já mencionado, observa, de maneira muito percuciente, que: "[...] Aceitas exceções substantivas, de ordinário vedadas ao conhecimento *ex officio* do órgão judiciário, compromete-se a identificação da falta de iniciativa oficial como elemento comum dos assuntos resolvidos pela via da exceção. Examinando melhor a casuística do assunto, porém, se descobrirá um traço constante: o caráter restrito da prova admissível na exceção".⁽⁵⁸⁾

Conquanto examinada a utilização da exceção de pré-executividade "no campo específico da execução fiscal", possível a generalização, para outros processos, da seguinte afirmação do preclaro juiz Carlos Henrique Abrão: "Convém mencionar que a prova essencial a amparar o pomo da discussão é básica e indesmentivelmente de formato documental [...]".⁽⁵⁹⁾

Justamente em razão da necessidade de que seja produzida, *prima facie*, a prova do que se alega na exceção de pré-executividade, é que alguns enxergam alguma semelhança e/ou proximidade entre a cognição nela possível, com a que se dá em sede de mandado de segurança e, acreditamos, estão enxergando bem os que assim veem, mesmo porque, a não ser assim, estar-se-á optando por uma dilação probatória que, a rigor, não tem como ser realizada em sede de exceção de pré-executividade.

Para Nelson Rodrigues Netto, a "técnica de cognição na exceção de pré-executividade assemelha-se à exercida no processo de mandado de segurança, com a

---

(56) *Op. cit.*, p. 414/5.
(57) *Op. cit.*, p. 121/2.
(58) Exceção de pré-executividade. *Revista da Ajuris*, n. 78, p. 30, jun. 2000.
(59) Exceção de pré-executividade na Lei n. 6.830/80. *Revista Dialética de Direito Tributário*, 22, p. 13.

produção de prova pré-constituída para demonstração do direito líquido e certo. Não há espaço para dilação probatória, além dos documentos que são acostados à inicial".[60]

O renomado Olavo de Oliveira Neto, de sua parte, afirma estar "[...] obrigado o executado, porém, a juntar todos os documentos que comprovem de plano seu direito, sob pena do imediato indeferimento do pedido, já que a prova deve ser, assim como no mandado de segurança, pré-constituída".[61]

Uma derradeira palavra, para registrar que a exceção de pré-executividade pode, também, ser agitada, em sede de processo do trabalho, o que tanto a doutrina e a jurisprudência trabalhistas reconhecem, havendo, como natural, uma ou outra restrição e/ou modo dever algo diferente, quanto ao seu âmbito e/ou extensão, nesse tipo de processo; à guisa de exemplo, pode-se citar uma das conclusões a que chegou o estimado mestre baiano, José Augusto Rodrigues Pinto, em estudo que fez sobre o assunto que ora nos ocupa, a saber: "6. A concepção da pré-executividade e a admissão da providência que autoriza — defesa do devedor sem constrição patrimonial — são aplicáveis ao processo do trabalho".[62]

Também o grande Manoel Antonio Teixeira Filho concorda com a utilização da exceção de pré-executividade, entendendo que "[...] nada obsta a que o processo do trabalho, sem renunciar a seus princípios ideológicos e à sua finalidade, admita, em situações verdadeiramente extraordinárias, independentemente de embargos — e, em consequência, de garantia patrimonial do juízo —, alegações de [...] É elementar que essas alegações deverão ser cabalmente comprovadas, desde logo, sob pena de o uso da exceção de pré-executividade, contravindo as razões de sua concepção doutrinal, converter-se em expediente artificioso do devedor para evitar a penhora de seus bens".[63]

E assim é porque, como acentuado por Gilberto Stürmer, "a visão protecionista desta área do direito não obsta o direito à discordância, por parte do executado, de um 'título executivo' nulo ou inexistente"[64], o que parece irresponsível porquanto, ainda que em menor escala e/ou tendo probabilidade mais reduzida de acontecer, não é algo absolutamente impossível de se verificar, o pretender-se dar início a uma execução trabalhista com título, por algum motivo, nulo ou inexistente.

Por óbvio, muito mais pode ser falado com referência ao tema que, muito modestamente, abordamos, mas limitações, como as pessoais, de tempo e de espaço, obrigam-nos a encerrar a exposição, o que fazemos lembrando profunda observação de José Roberto dos Santos Bedaque, no sentido de que "A principal missão do processualista é buscar alternativas que favoreçam a resolução dos conflitos".[65]

---

(60) *Repro*, 95, p. 36.
(61) *A defesa do executado e dos terceiros na execução forçada*. 1. ed. São Paulo: Revista dos Tribunais, p. 121/2.
(62) *Revista LTr* 63-07/882.
(63) *Revista LTr* 61-10/1308.
(64) *A exceção de pré-executividade nos processos civil e do trabalho*. Porto Alegre: Livraria do Advogado, 2001. p. 112.
(65) *Direito e processo* — influência do direito material sobre o processo. 2. ed. São Paulo: Malheiros, p. 43.

Aspectos da Prova Testemunhal no Processo do Trabalho

Francisco Alberto da Motta Peixoto Giordani[*]

Trataremos, neste capítulo, de algumas questões atinentes aos aspectos psicológicos da prova testemunhal, algo que nos fascina e que, por esse motivo, pretendemos, à medida que o tempo nos permitir, estudá-lo de maneira mais intensa ainda, procurando outros elementos que nos auxiliem a ter uma maior e mais completa visão sobre tão interessante tema.

Ninguém desconhece a importância que o capítulo das provas tem para o direito, material e processual e, dentro dele, a relevância da prova testemunhal.

Já se disse, e com boa dose de razão, que a prova é a "alma do processo" (Pereira e Souza)[1], tendo Bentham afirmado até que o processo nada mais é do que a arte de administrar as provas[2]. Com efeito, para Jeremy Bentham, "el arte del proceso es esencialmente el arte de administrar las pruebas"[3].

A importância das provas, em sentido lato, acompanha o homem desde tempos imemoriais, pois é uma maneira de o homem conhecer melhor a si próprio, seu comportamento.

Releva salientar, também, que, ainda quando bárbaras, certas provas, vistas com os olhos de hoje, em sua época tinham por escopo dar certas garantias aos indivíduos, o que era já um progresso; assim, os ordálios, cujas variedades arrepiam só de ouvi-las, ao homem de hoje (embora, talvez nem todos, infelizmente...), mas que, apesar disso, duraram séculos em quase toda a Europa, como observa o preclaro

---

[*] Juiz do TRT da 15ª Região — Campinas-SP.
[1] *Apud* AZEVEDO, Vicente de Paulo. *Curso de direito judiciário penal*. São Paulo: Saraiva, 1958. v. 2, p. 7.
[2] *Apud* ROENICK, Hermann Homem de Carvalho. Algumas reflexões sobre a verdade e a certeza no campo probatório. *Ajuris* n. 68, ano XXIII, p. 55, nov. 1996; também AZEVEDO, Vicente de Paulo. *Curso de direito judiciário penal*. São Paulo: Saraiva, 1958. v. 2, p. 7.
[3] BENTHAM, Jeremy. *Tratado de las pruebas judiciales*. México: Jurídica Universitária, 2002. p. 2.

Marcelo Caetano[4], que cuida, depois, de expor os comentários do grande escritor português Alexandre Herculano sobre os mesmos e que são os seguintes:

> Por imperfeitas que elas fossem em geral, por bárbaro e absurdo que fosse o sistema dos juízos de Deus, é certo que o pensamento de todos esses métodos mais ou menos complicados, mais ou menos seguros para averiguar a verdade, fora o de criar garantias a favor da inocência contra o crime. Para apreciar com justiça a índole de semelhantes instituições convém que se não vejam à luz da civilização atual, mas que, remontando a essas eras, se meçam pelos costumes e ideias de então, quando o sentimento religioso, não só profundo, mas também exagerado, dava grande valor ao juramento de alma, sobretudo sendo dado sobre a cruz; a essas eras em que se acreditava que, não bastando à providência as leis físicas e morais com que ela revela sabedoria eterna no regimento das cousas humanas, o seu dedo aparecia a cada momento, em manifestações miraculosas, e que a vontade do homem podia compeli-la a semelhantes manifestações.[5]

Acolhida essa argumentação, que tem a seu lado a elevada autoridade de quem a expôs e uma irrecusável solidez, fica claro o quanto é difícil e arriscado enxergar apenas com nossos padrões certos acontecimentos, o que, abstração feita quanto ao tempo decorrido, com o exemplo dado, serve também no que tange à prova testemunhal, quanto ao aspecto que ora nos interessa; em outras palavras, ver com nossos olhos não significa ver e compreender, em sua plenitude, o que havia e/ou há para ver ou o que efetivamente aconteceu e/ou acontece.

Cabe, por seu turno, ter sempre presente na memória a seguinte realidade: *de que adiantará à parte ter um direito se não conseguir provar o fato a que direito seria aplicável*[6]; fica, então, fácil avaliar a importância da prova; nesse passo, interessante o recordar a referência feita por Luiz Fabiano Corrêa, em seu trabalho acerca da prova testemunhal, sobre um ensinamento de Jerome Frank, no sentido de que, para este último, "[...] ninguém possui direito algum antes de tê-lo proclamado uma decisão judicial definitiva. Ainda que na realidade os fatos tenham sido outros, de forma que de acordo com o direito vigente a razão estaria com fulano, se na sua contenda com beltrano os testemunhos favorecerem a esse, normalmente também em favor desse será a decisão. Se isso ocorrer, que serventia terá, na prática, o direito teórico de alguém"[7].

Enfim, como disse Evaristo de Moraes Filho, citando um outro autor estrangeiro (Bandry-Lacantinerie): "A não existência de um direito e a impossibilidade de prová-la são uma e a mesma coisa, pois se chega nos dois casos ao mesmo resultado negativo"[8]; aliás, interessante lembrar que Carnelutti já dizia que, sem as provas, "em noventa y nueve por ciento de las veces, el derecho no podría alcanzar su finalidad"[9].

Olvidar não devemos o que, há um bom tempo atrás, já dizia o professor João Monteiro, reproduzindo ensinamento de Raymond Bordeaux: "A teoria da prova em

---

(4) CAETANO, Marcelo. *História do direito português* (1140 — 1495). 2. ed. São Paulo: Verbo, p. 262.
(5) *Op. cit.*, p. 263.
(6) Sobre esse particular, ver AZEVEDO, Vicente de Paulo. *Curso de direito judiciário penal*. São Paulo: Saraiva, 1958. v. 2, p. 7.
(7) CORRÊA, Luiz Fabiano. Prova testemunhal. *Revista dos Tribunais*, n. 762, abr. 1999, p. 773.
(8) MORAES FILHO, Evaristo de. *A justa causa na rescisão do contrato de trabalho*. 3. ed. São Paulo: LTr, 1996. p. 255.
(9) *Apud* AQUINO, José Carlos G. Xavier de. *A prova testemunhal no processo penal brasileiro*. 2. ed. São Paulo: Saraiva, 1994. p. 8.

geral é um dos mais vastos assuntos que abrir se possam diante do espírito humano; a filosofia inteira nela se compreenderia, pois que ela mesma tem por objeto a descoberta da verdade"[10]. Talvez fosse considerando esses aspectos que Quintiliano, há muito mais tempo ainda, disse que: "O lugar, porém, que mais faz suar os advogados são as testemunhas"[11].

Entretanto, especificamente quanto à prova testemunhal, ela não conta com uma ampla confiança do legislador, o que se pode inferir em razão dos limites e restrições estabelecidos em lei quanto a sua realização e admissibilidade, o que foi bem observado pelo grande José Frederico Marques, para quem "a lei tem alguma desconfiança para com a prova testemunhal, o que se manifesta em limites e restrições pertinentes à sua realização e admissibilidade"[12], ao passo que a prova documental goza dos favores da doutrina, que a considera, em muito, superior à prova documental.

Assim, o professor Arruda Alvim, um dos maiores processualistas que temos, afirma que "a prova testemunhal não pode ser considerada, no quadro das provas existentes, como sendo a prova ideal. Certamente, a prova documental supera-a de muito"[13], embora aceite a "realidade de que as testemunhas muito mais dizem a verdade, do que mentem, e que o testemunho encerra uma 'presunção' de verdade"[14].

O culto Eduardo Espínola Filho, após registrar que "há um pessimismo demasiado na generalização das conclusões decorrentes da observação dos fatos"[15], observa que "o testemunho se manifesta sempre como a fonte culminante dos processos"[16], trazendo, em abono a essa observação, o posicionamento de Florian, extraído da obra *Delle Prove Penali*, 1926. v. 2, p. 68, no sentido de que "quase nenhum processo pode desenvolver-se sem testemunhas; o processo concerne a um pedaço da vida vivida, um fragmento da vida social, um episódio da convivência humana, pelo que é natural, inevitável, seja representado mediante vivas narrações de pessoas"[17].

Quiçá o valor que alguém empreste a prova testemunhal se ligue, em proporção equivalente, ao juízo que essa pessoa faça ou tenha do homem, de uma maneira geral, quanto mais desacreditar do ser humano, menor confiança depositará nessa prova, o que, se bem que se possa entender, deve ser evitada, pena de se viver inseguro, macambúzio e, em casos mais extremos, tornar-se um misantropo, situação que, a par de não resolver a questão, tornaria triste demais a vida de quem assim agisse, e o que é pior, injustificadamente, porquanto, ainda que existam desvios de comportamento entre os homens — e não são poucos, antes, muitos e variadíssimos —, nem por isso se deve deixar de acreditar no homem, fraco e forte, alguns mais e outros menos, sob quaisquer desses aspectos, às vezes sem saber como caminhar num mundo que se lhe afigura hostil e cruel, pela prevalência do valor possuir, esmagando o valor ser, mas que sempre continuará sendo um filho querido do Criador, realidade essa que, o dia em que for sincera e realmente compreendida poderá — assim esperamos —, melhorar, infinitamente, o relacionamento entre os homens.

---

(10) MONTEIRO, João. *Programa do curso de processo civil*. São Paulo: Duprat & Comp., 1912. v. 2, p. 96/7.
(11) QUINTILIANO, M. Fábio. *Instituições oratórias*. São Paulo: Cultura, 1944. v. 1, p. 234.
(12) *Apud* GRECO FILHO, Vicente. *Direito processual civil brasileiro*. São Paulo: Saraiva, 1984. v. 2, p. 205.
(13) ALVIM, Arruda. *Manual de direito processual civil*. São Paulo: RT, 1978. v. 2, p. 278.
(14) *Idem*.
(15) ESPÍNOLA FILHO, Eduardo. *Código de processo penal brasileiro anotado*. 6. ed. Rio de Janeiro: Borsoi, 1965. v. 3, p. 75.
(16) *Op. cit.*, p. 76.
(17) *Idem*.

Aristocles — ou se se preferir pode ser chamado pela alcunha de Platão — em sua obra *Górgias*, valendo-se de seus personagens, em trecho no qual o personagem Sócrates refuta o personagem Pólo, deixa claro que é mais digno de pena quem comete uma injustiça do que quem a sofre, confira-se:

Pol. Digno de dó e infeliz, por certo, é quem morre injustamente!

Sóc. Não tanto como quem o mata, Pólo, e não tanto como quem morre por merecer.

Pol. Como assim, Sócrates?

Sóc. Como? Por que o maior dos males vem a ser praticar uma injustiça.

Pol. Esse é o maior? Não é maior sofrer a injustiça?

Sóc. Absolutamente não.

Pol. Assim, pois, tu preferes sofrer uma injustiça a praticá-la?

Sóc. Eu não quereria nem uma nem outra coisa; mas se fosse imperioso ou praticar ou sofrer uma injustiça, eu preferiria sofrê-la a praticá-la.[18]

Com aquele que falta conscientemente à verdade, na condição de testemunha, deve-se ter o mesmo sentimento: de dó, de piedade, por sua fraqueza, por, como seu procedimento denuncia, não ter o espírito preparado e disposto o suficiente para rejeitar certos interesses menores; é lógico que, para tornar possível o reconhecimento e a reparação de certos direitos daqueles que os tiveram desrespeitados a lei tem de tentar coibir a prática do falso testemunho, nem ninguém, por certo, aceitará ou se conformará em perder um processo porque uma testemunha fez pouco da verdade, por ocasião de seu depoimento, mas o que aqui se coloca vai além desses aspectos, eis que se tem em vista o espírito, a alma, o que há de mais essencial numa individualidade, de maneira que, embora ninguém o queira, sofre menos — no plano que ora se mira — o que tem contra si um testemunho falso, do que aquele que o presta, vistas as coisas, insista-se, de um plano superior, transcendental.

Voltando já a um plano mais próximo do dia a dia, do cotidiano, de acolher a madura observação de Hélio Tornaghi, para quem: "[...] a humanidade erraria se proscrevesse as coisas boas apenas pelo perigo decorrente do seu mau uso. Não são poucas as vidas que o avião tem ceifado. Não obstante são inegáveis os serviços prestados por ele; o homem o vai melhorando como fez com o navio, com o trem de ferro, com o automóvel e com muitíssimas outras coisas perigosas, mas úteis. O conhecimento cada dia maior das regras de psicologia experimental e de crítica histórica (perfeitamente aplicáveis neste campo), de lógica, de psiquiatria etc., torna progressivamente mais seguro e mais facilmente avaliável o testemunho"[19].

Com renovadas e mais firmes esperanças continuemos.

E já para provocar a nossa reflexão, pode ser colocada a seguinte questão: essa superioridade da prova documental, embora, de regra, possa existir, o que não se nega, será assim tão forte ou valerá tanto assim para e no processo do trabalho, principalmente se lembrarmos da razão de ser e do conteúdo do princípio da primazia da realidade, um dos princípios norteadores do direito do trabalho que significa em

---
(18) PLATÃO. *Górgias*. Rio de Janeiro: Bertrand Brasil, 1989. p. 89.
(19) TORNAGHI, Hélio. *Instituições de processo penal*. 2. ed. São Paulo: Saraiva, 1978. v. 4, p. 63/4.

sede trabalhista, ser mais importante o que ocorre na prática do que o que consta em documentos, o que não deixa de ser uma espécie de reconhecimento de que o empregado, diante da absoluta necessidade que tem na obtenção do emprego, pode vir a assinar documentos que não correspondam ao que verdadeiramente acontece, aconteceu ou mesmo, por mais incrível que possa parecer, acontecerá.

Como se vê, embora concedendo que a prova documental possui um alto valor e grau de eficiência como prova, no que toca ao processo do trabalho, sua superioridade sobre a prova testemunhal deve ser vista com muita cautela, em cada caso concreto.

É importante salientar que há quem considere que a "mais importante, sob vários aspectos, das provas admitidas na lei é a prova por testemunhas"[20].

Vejam que a afirmação ora feita leva, necessária e automaticamente, a uma boa valorização da prova testemunhal no processo do trabalho.

E em se tratando do processo comum, não pode ser colocada a questão se a ideia da prevalência da prova documental não pode interessar — ou efetivamente interessa — a quem tenha condições de ditar as cláusulas de algum contrato, atento a que a existência de uma parte mais forte, com poder de impor sua vontade, não é privilégio do direito do trabalho.

A realidade é que, apesar das críticas que lhe são feitas, a prova testemunhal ainda é insubstituível e de extrema importância, ou como diz Carnelutti: "[...] é uma prova indispensável, mas infelizmente perigosa, que deve ser percebida e avaliada com extrema cautela"[21].

Bem é de ver que a importância do testemunho, além de evidente, não se limita à esfera judicial, mas à história, ao mundo. Já parou alguém para pensar quanto devemos do que sabemos, supondo, audaciosamente, que sabemos alguma coisa, ao que por outros, durante o transcorrer dos tempos, nos foi passado? Será que essa realidade, que é inafastável, não deixa ver o quão transcendental é o valor do testemunho para a evolução e a história do homem? O que saberíamos do passado mais longínquo, não fosse o relato de nossos antepassados?

Liga-se às indagações ora formuladas, o quanto asseverado, com a grafia de então, por óbvio, pelo professor Juliano Moreira, no já distante ano de 1926, em artigo intitulado "Psychologia do Testemunho", a saber: "Há 15 anos passados dizia o notável Dupré que se há, em psychologia, questão cujo interesse teórico e pratico se imponha à atenção e à crítica de todo espirito culto é a do testemunho. Não há problema histórico, nem processo judiciário, que, em todas as épocas, não evidenciem a extrema importância de tal assumpto"[22].

Para o então juiz Affonso José de Carvalho, autor de preciosa monografia intitulada *Inquirição Cível*, "[...] a prova testemunhal, merece bem que se lhe compare o destino ao de toda a comunidade humana. É ela efetivamente antiga como o próprio homem, porque seu aparecimento coincidiu com os primeiros surtos para a afirmação do direito individual, e todos os seus passos vieram acompanhando a infância, a adolescência, a idade viril da todas as civilizações do mundo, de modo a reproduzir sucessi-

---

(20) VARELA, Antunes; NORA, J. Miguel Bezerra e Sampaio e. *Manual de processo civil*. 2. ed. Coimbra: Coimbra, 1985. p. 609.
(21) CARNELUTTI, Francesco. *Como se faz um processo*. Belo Horizonte: Líder, 2001. p. 55.
(22) MOREIRA, Juliano. *Revista de Medicina e Higiene Militar*, ano XV, n. 1, jan. 1926.

vamente a rudeza ingênua, a malicia feroz, a ignorância, o obscurantismo, a escravidão, a independência, a liberdade, a educação, o civismo, o progresso moral dos povos em cujas terras foi invocada para garantia, aquisição e reivindicação dos direitos violados. Nenhuma sofreu tanto com o asceticismo de todos os tempos. Indisciplinada e grosseira, no inicio das civilizações; bulhenta e irrequieta nos tribunais de Roma, desnaturada mais tarde, com a conquista barbara, pelas superstições restauradoras de praticas fanáticas primitivas ou pelas ásperas usanças dos conquistadores do império romano; influenciada, mais tarde ainda, pelo romantismo redivivo e pelo Direito Canonico; ora acatada, ora injuriada, ora castigada, arremessada de codificação em codificação, de sistema em sistema, aos solavancos, perdendo aqui terreno, reconquistando-o além, libertada mais longe ainda, ao clarão das grandes reformas sociais, e empurrada finalmente até nossos dias para a plena luz em que se a observa e estuda cientificamente, — pode-se bem dizer, em verdade, que a prova testemunhal denuncia, entre as manifestações da atividade humana, em luta contra as dificuldades da existência social, o esforço perseverante, às vezes tumultuoso, agitado das raças para a afirmação do Direito. E é por isso mesmo que, não obstante a desconfiança e as injurias sofridas, ela revelou sempre e por toda a parte o seu caráter de necessidade e de imprescindibilidade até mesmo nas legislações dos povos que atribuíram mais cedo do que outros uma importância excepcional ao testemunho escrito"[23].

Foi uma longa transcrição, que respeitou a grafia em que impressa a obra, mas apresentamos como escusa e justificativa para fazê-la o próprio conteúdo, a substância, os ensinamentos que o texto reproduzido contém, a gerar em nosso espírito a confiança de que, em assim procedendo, boa parte do caminho que reputamos conveniente, no particular, trilhar, fica já vencido; aliás, aproveitamos o ensejo para esclarecer que faremos outras transcrições talvez — pois nisso vai certa dose de subjetividade — nem tão pequenas, mas quando isso acontecer, deixamos já dilucidado que assim procedemos porque avaliamos que relevante todo o texto reproduzido, como o foi e que, se não o fosse tal como feito, poderia redundar em prejuízo à boa compreensão do que se quer extrair do respeitante excerto, bem como por entendê-lo transbordante de ensinamento, além de, em muitos casos, tratar-se de trabalhos e obras antigas e/ou de difícil obtenção, o que, por seu turno, recomenda, também, s.m.j., a reprodução como feita.

Interessa, também, ao que de momento se trata, a observação, perspicaz, de Antonio Dellepiane, no sentido de que: "A fé no testemunho humano desempenha um papel importantíssimo na ciência e em toda a vida humana. Para compreendê-lo é bastante lembrar que a maior parte das noções e verdades que norteiam a nossa conduta tem como origem a crença no testemunho dos homens. A existência, por exemplo, de uma cidade que não visitamos é, para nós, artigo de fé unicamente baseado na informação daqueles que a conheceram de vista"[24].

Por outras águas não navegou Vicente de Paulo Vicente de Azevedo, quando ponderou que:

> No trato comum da vida é incalculável, é incomensurável a extensão, a significação do testemunho.

---
(23) CARVALHO, Affonso José de. *Inquirição cível*. São Paulo: Saraiva, 1924. p. 13/4.
(24) DELLEPIANE, Antonio. *Teoria da prova*. Campinas: M. E., 2001. p. 186.

Basta imaginar o que sabemos em relação ao mundo; considerar o nada que sabemos por nossos próprios recursos e o infinito que chegou ao nosso conhecimento através da ciência alheia acumulada durante séculos.[25]

Parece, como corolário inelutável do que vem de ser exposto, que a prova testemunhal, tendo embora seus detratores, continua a ter espaço privilegiado entre as espécies de provas existentes e que cabe e convém não apenas, conquanto também, simplesmente criticá-la, apontando seus possíveis pontos falhos — que, de resto, em maior ou menor grau, pode-se entender que toda e qualquer espécie de prova possui —, mas sim procurar compreender que não é essa ou qualquer outra espécie de prova que se apresenta vulnerável, mas que o próprio homem, em muitos aspectos e variadas situações, muito frágil, cumprindo, consequentemente, tentar evitar, o quanto se conseguir — o que não será totalmente possível, num número razoável de casos —, que suas fraquezas sempre e sempre prejudiquem a prova de que ora nos ocupamos.

Abrindo seu livro já referido, o culto Affonso José de Carvalho faz a seguinte e curiosa comparação, para depois concluir pela relevância da prova testemunhal:

> O individuo que, sob pretexto de existir no espaço quantidade incontável de bacilos de toda a espécie nocivos á saúde, proclamasse a desnecessidade do ar atmosférico para a vida do planeta, mostrar-se-ia tão enfermo da mente como quem quer que tentasse proscrever da cena jurídica a prova do testemunho oral, sob o fundamento de que essa espécie de verificação contem perigos muito sérios, e por vezes, funestos á saúde e á vida do Direito. A situação é deveras curiosa. Nesta sempre interessante matéria sente-se o jurista, ás vezes, aturdido entre estas duas verdades igualmente fortes e irrefragáveis: de um lado, a da existência de causas múltiplas, frequentes e complexas do desvio e dos erros do depoimento oral; de outro, a imprescindibilidade e da perpetuidade dessa espécie de prova para a aquisição, manutenção e reivindicação de certos direitos, em inúmeros casos insolúveis por qualquer outro processo de verificação. Mas, por felicidade, ele compreende que não há fugir nem rebellar-se, pois essa necessidade lhe ordena que aceite a espécie, que se conforme plenamente com ela, e que não tome outro caminho senão o do melhor estudo da prova, afim de aperfeiçoa-la cada vez mais, até que ela se torne apta ao bom e completo funcionamento do mecanismo jurídico.[26] (Reproduzida a grafia do texto)

Destarte, só podemos inferir que, passe a singeleza da expressão, "não dá para abrir mão" da prova testemunhal, por termos que identificar o que pode interferir em sua produção, de modo a evitar, tanto quanto possível, fique reduzido e/ou abalado seu valor probatório, quando e sempre que utilizada.

Para tanto e logo de início, devemos fixar que a avaliação de um depoimento em juízo reproduz, em seu círculo de atuação e de influência, um dos grandes dramas da humanidade, qual seja, a incerteza, a perplexidade, a falta de segurança no avaliar os efeitos e as vantagens de determinadas coisas e situações, enfim, o que concluir em alguns momentos e sobre alguns comportamentos, o que, logicamente, também repercute, conforme o ângulo sobre o qual se examine a questão, no conceito que se faça acerca da prova testemunhal, o que explica, como já anteriormente observado,

---
(25) AZEVEDO, Vicente de Paulo Vicente de. *Curso de direito judiciário penal*. São Paulo: Saraiva, 1958. v. 2, p. 66.
(26) *Inquirição cível*, cit., p. 3/4.

enquanto para uns altamente valiosa, para outros de importância reduzida; para os primeiros, pela tendência do homem para a verdade, para os segundos, por acreditarem que, por instinto, o homem é mendaz, mentiroso. Lembra Souza Neto, com base nos ensinamentos dos autores que referiu que "no mundo inorgânico e no biológico, a fraude é arma de uso generalizado e indispensável, na luta pela existência. Os vegetais e os animais, dos de ínfima categoria aos racionais mais desenvolvidos, iludem, mentem, enliçam, enganam, sistematicamente"[27].

Prosseguindo, o mencionado Sousa Neto, sem refolhos, diz que: "Dessas observações nas plantas carnívoras, nos animais mimantes e na humanidade mendaz, os cientistas concluíram que, onde quer que haja luta pela existência, mesmo em sentido figurado, impera a lei absoluta da astúcia, da mentira, da simulação, do engodo"[28]; indo mais longe, chega o nosso autor a afirmar que:

> Investigando a história moral e psicológica da humanidade, tem-se a impressão de que o *cogito, ergo sum,* o desprestigiado silogismo de Descartes deve ser substituído por este: Minto, logo existo.[29]

Resta saber se o grande *Sousa Neto* fez alguma distinção entre ter a intenção consciente de mentir, de faltar com a verdade, e dizer uma mentira como consequência de ter algo que não é verdadeiro como se o fosse, o que, bem é de ver, provoca uma diferença sensível no resultado e conclusão obtidos, até para elevação do conceito do indivíduo que é testemunha em algum momento.

Em obra de sua lavra e já mencionada nas linhas transatas, o juiz Affonso José de Carvalho afirmou que: "Não é lícito negar a tendência natural da testemunha para a verdade"[30]; aliás, para fortalecer essa assertiva, esse autor citou outro, Bonnier, que "até compara a atração dos espíritos para a verdade á dos corpos para o centro da terra"[31], com certeza, se referindo aos corpos com vida, do contrário a sua comparação não seria lá muito criativa!

Devemos considerar que o homem mudou, de lá para cá, ou a frase sempre foi errada, como, para muitos, a própria história atesta?

Colocando a questão em outros termos: quando há algum desvio num testemunho, que o afaste da realidade, é de se atribuir isso ao incontrolável desejo de mentir, de enganar, ou pode haver algum outro motivo para tanto; e se houver, em que percentual pode ocorrer esse outro motivo e qual ou quais seriam?

Será que o só fato de servir como testemunha já conta contra a pessoa que age nessa condição?

Cada um de nós, como testemunha, como imaginamos seria nosso comportamento? ...Certamente fazemos um bom juízo do nosso desempenho, respeitando sempre a verdade; então, por que desacreditar tanto da testemunha, ou melhor dizendo, de outro que não nós como testemunha?

Em prol da prova testemunhal, ou para minimizar parte da desconfiança que ela produz em certos espíritos, talvez seja interessante considerar que essa descrença

---
(27) SOUSA NETO. *A mentira e o delinquente.* 1947, s/ed., p. 22.
(28) *Op. cit.,* p. 26.
(29) *Op. cit.,* p. 28.
(30) *Inquirição cível,* cit., p. 6.
(31) *Inquirição cível,* cit., p. 7.

quanto ao testemunho pode ter como fundamento, além da inegável falibilidade do homem, enquanto ser, enquanto observador e enquanto passa o que observa, na circunstância de que a testemunha, via de regra, presencia fatos para os quais não estava prevenida, nem preparada, nem presenciou-os com espírito científico ou com ânimo de anotar e/ou reter o que quer que fosse, simplesmente estava presente e/ou soube de certo fato ou acontecimento e depois, às vezes muito depois, é chamada para relatar um ou outro; não parece claro que é muito exigir-se, em situações tais que, em cem por cento dos casos, a testemunha saiba ou tenha condições de rememorar tudo o que viu e/ou ouviu? Isso se conforma com a natureza humana? No particular, serve como luva a seguinte passagem do já mencionado Antonio Dellepiane:

> [...] como não desconfiarmos do testemunho, isto é, do depoimento não de um observador científico, que se rodeia de precauções para notar e anotar os fenômenos e que os descreve, logo que produzidos, em termos precisos, inequívocos; não do observador atento, repetimos, senão de um espectador ocasional, indiferente, de ordinário distraído, a quem os fatos colheram de surpresa, pode-se dizer, e que sobre eles depõe muito tempo após verificados, de acordo com recordações semiapagadas na sua mente ou misturadas com outras recordações análogas que as alteram?"[32], ou, como diz Irajá Pereira Messias, "no testemunho a atenção não é despertada de forma proposital para o fato, mas de forma inteiramente acidental e fortuita.[33]

Lembrando que existem perigos — e sérios — na prova testemunhal, o já mencionado Affonso José de Carvalho informa que a "testemunha que depõe em juízo realiza uma destas varias hipóteses: ou quer dizer a verdade e acerta; ou quer dizê-la e se engana; ou é indiferente, não faz tenção de mentir, mas também não se importa que acerte ou erre; ou, em fim, quer enganar"[34]; interessante notar que, além de estar claro que essa divisão deve comportar outras subdivisões ou particularidades, de todo modo, apenas uma, das quatro hipóteses apresentadas, diz com o desejo de não declarar o que se sabe, dado esse que soa como tendo um sabor algo alentador, ao menos para os que são otimistas ou que não querem recusar à prova testemunhal um bom valor...

Já se disse que a sensibilidade não é a mesma entre as pessoas. Os indivíduos não são iguais, e o testemunho de um fato depende de uma série de fatores.

Para o ex-professor de Psiquiatria da Universidade de Barcelona, Emílio Mira y Lopez, "o testemunho de uma pessoa sobre um acontecimento qualquer depende essencialmente de cinco fatores: a) do modo como percebeu esse acontecimento; b) do modo como sua memória o conservou; c) do modo como é capaz de evocá-lo; d) do modo como quer expressá-lo; e) do modo como pode expressá-lo"[35].

O preclaro Eduardo Espínola Filho, por sua vez, lembra os ensinamentos de Lanzilli, que "firmou, como requisitos, para avaliação das testemunhas: I, a ciência, compreendendo: a) exatidão das ideias receptadas; b) atenção; c) inteligência; d) reminiscência; e) habilidade de exprimir com precisão as próprias ideias; II. A indiferença, que se externa pela ausência: a) de interesses pessoais e diretos: b) de relações

---

(32) DELLEPIANE, Antonio. *Teoria da prova,* cit., p. 189.
(33) MESSIAS, Irajá Pereira. *Da prova penal.* 2. ed. Campinas: Bookseller, 2001. p. 356.
(34) *Inquirição cível,* cit., p. 4.
(35) LOPEZ, Emílio Mira y. *Manual de psicologia jurídica.* Rio de Janeiro: Agir, 1947. p. 161.

naturais: c) de relações morais; d) de relações políticas; e) de relações civis; III. A probidade"[36].

Para o professor Alberto dos Reis, "a prova testemunhal é particularmente falível, porque é extremamente infiel. O que sucede é que a infidelidade pode derivar de três causas diferentes:

1º De erro de percepção (a testemunha captou mal o facto);

2º De defeito de retenção (a testemunha, por falta de memória, faz narração inexata ou incompleta do que viu ou ouviu);

3º De vício de parcialidade (a testemunha faz propositadamente depoimento falso ou reticente por paixão, interesse, suborno etc.).

Nos dois primeiros casos a infidelidade é involuntária; no terceiro é intencional"[37].

Já para o professor Alberto Pessoa, um depoimento presume sempre a seguinte série de operações:

1ª, que a testemunha perceba o facto; 2ª, que o fixe na memória; 3ª, que o exprima por palavras.[38]

Dos ensinamentos retro, possível aquilatar da importância da percepção, para fins de bem situar um testemunho.

Como já se disse, "a testemunha, em princípio insubstituível no seu papel, é chamada a referir as suas percepções de factos passados (o que viu, o que ouviu, o que sentiu, o que observou"[39].

Diz o professor português Germano Marques da Silva: "A testemunha tem antes de mais de ter a percepção sensível dos factos, mas porque na grande maioria dos casos essa percepção é meramente ocasional sucede também frequentemente que não se apercebe integralmente deles. Acresce que a capacidade de percepção é muito variável de pessoa para pessoa e depende também de muitas circunstâncias relativas ao facto e à própria testemunha"[40].

E aqui chegamos num ponto altamente sensível e de vital importância na e para a prova testemunhal.

Sim, pois, como realçado por J. P. Porto-Carrero, "[...] o apelo à credibilidade da testemunha funda-se, no entanto, sob o ponto de vista psicológico, no pressuposto de que haja perfeita fidelidade na percepção do fato e ainda na evocação e na expressão"[41], sendo que o referido autor, logo a seguir, complementa afirmando: "A fidelidade na percepção já por si é difícil de ser perfeita. Basta lembrar as ilusões de óptica, referidas em qualquer compêndio de física elementar, assim como as ilusões dos demais sentidos. O nosso sensório é precário: a percepção da forma e da cor, por exemplo, pode sofrer deturpações..."[42]; ainda na mesma página, esse grande mestre

---

(36) *Código de processo penal brasileiro anotado*, cit., p. 77.
(37) REIS, Alberto dos. *Código de processo civil anotado*. Coimbra: Coimbra, 1987. v. IV, p. 361.
(38) PESSOA, Alberto. *A prova testemunhal*. Coimbra: Imprensa da Universidade, 1931. p. 28.
(39) *Manual de processo civil*, cit., p. 609.
(40) SILVA, Germano Marques da. *Curso de processo penal*. São Paulo: Verbo, 1993. v. 2, p. 121/2.
(41) PORTO-CARRERO, J. P. *Psicologia judiciária*. Rio de Janeiro: Guanabara, Koogan, s/d., p. 118.
(42) *Op. cit.*, p. 118.

dá o exemplo de como um homem de média estatura pode ser tido por um observador como alto ou baixo, dependendo, obviamente, da altura desse mesmo observador...

Numa linguagem bem simples: não somos iguais e também por isso não percebemos as coisas e os fatos da mesma maneira; cada qual, do que se lhe apresenta aos sentidos, capta aquilo para o que sua atenção se dirige e que, via de regra, tem a ver com seu gosto, sua profissão, suas preferências, e o modo como raciocina e interpreta o que vê ou sente, e tudo isso ainda sofre o tempero da atenção que dedicamos ao que vemos ou sentimos, sofrendo ainda a influência de nosso estado de espírito e até de nossa saúde.

Daí a advertência do citado professor Alberto Pessoa, no sentido de que: "[...] se os aspectos percebidos forem diferentes, poderão dois indivíduos sinceros ficar com uma ideia diversa dum mesmo facto, porque é, como se vem demonstrando, o raciocínio que supre as deficiências de percepção"[43].

Interessante frisar que, às vezes, podemos falar algo que, para nós, ou melhor, para quem fala, seja verdade, mas que, em realidade, não o é, e nem por isso mentimos, embora tenhamos dito uma mentira. Sofismamos? Não, pois cumpre distinguir o mentir de falar uma mentira.

Já o professor Vicente de Paulo Vicente de Azevedo, após advertir que, conquanto "[...] de inteira boa-fé, e por motivos vários, pode a testemunha falsear a verdade, por erro"[44], lembra que: "a verdade é a adequação da coisa ao intelecto, à inteligência. Ora, a mentira, ou falsidade, consiste justamente em revelar, em manifestar-se em desacordo, em desarmonia com a percepção. Se a testemunha for daltônica verá a cor verde onde se encontrar a cor vermelha. O seu depoimento será verdadeiro, porque haverá adequação da coisa ao intelecto, a testemunha vê uma cor, onde se encontra outra; mas a sua afirmação não corresponde à realidade"[45].

Há considerar que as pessoas podem afirmar algo que, para elas, corresponde, sem tirar nem pôr, ao que viram, mas não viram correta e/ou integralmente, pois, por uma razão ou por outra enxergaram ou captaram um fato ou acontecimento de certa maneira quando, em realidade, esse fato ou acontecimento ocorreu de maneira diferente e, às vezes, de forma muito diversa daquilo que acreditaram ver ou imaginaram bem captar, e aí reside a diferença entre mentir e dizer uma mentira, de vez que, enquanto aquela significa que o indivíduo afirma, conscientemente, o que sabe não ser a verdade para ele, ao dizer uma mentira, diz algo que, para ele, é verdadeiro, pois o enxergou ou captou como reproduziu, entretanto, por haver visto ou captado de forma imperfeita, disse uma mentira, mas, e aí está a grande diferença, não teve o deliberado propósito de ocultar ou não retratar fielmente o que tinha como verdade.

O grande Evaristo de Moraes, no já distante ano de 1920, com toda sua cultura e experiência, discorrendo acerca da prova testemunhal, aludiu às conclusões do "VI Congresso de Anthropologia Criminal" (sic), realizado em Turim e que, sobre o testemunho, foi no sentido de chamar a atenção para as recentes experiências que então foram realizadas, citando excerto do professor Brusa, que relatou a tese respeitante:

---

(43) PESSOA, Alberto. *A prova testemunhal*. 3. ed. Coimbra: Imprensa da Universidade, 1931. p. 44.
(44) *Curso de direito judiciário penal*, cit., p. 70.
(45) *Op. cit.*, p. 84.

Hoje — dizia o eminente professor — ninguém tem o direito de ignorar que até mesmo o homem mais honesto e inteligente não pode estar certo de ter percebido com exatidão os fenômenos de que foi testemunha, as coisas que viu, e ouviu ou percebeu pelo tacto; de haver bem se lembrado d'ellas e de ter sabido reproduzir tudo com fidelidade.[46]

Com muita clareza, dilucida o preclaro Léo da Silva Alves que "dizer mentira é expor uma coisa falsa que a pessoa crê verdadeira; mentir é falar contra a própria consciência"[47].

O mesmo autor, em outro trabalho, mas também de maneira muito clara, dilucida que há "[...] sutil diferença entre mentir e dizer mentiras. Mente aquele que trai a própria consciência; que sabe que a afirmação que faz não corresponde à verdade. Diz mentira a testemunha que não reproduz um fato verdadeiro, embora, para si, pense ser aquilo a expressão da verdade"[48].

Mas, para tentar obviar e/ou diminuir o quanto possível os males que o mentir pode provocar, talvez seja interessante conhecer alguns dos sinais que, acredita-se, possam denunciar aquele que está mentindo, pois, nas palavras de Coriolano Nogueira Cobra, "[...] é sabido que quem mente emociona-se mais ou menos intensamente e que quem se emociona exterioriza, por modos diversos, o que vai no seu íntimo. São exteriorizações da emoção de quem mente: tremor de voz, boca seca, movimentos de deglutição, movimento mais acentuado do pomo de Adão, transpiração mais intensa, rubor ou palidez, incomodidade de posições, movimentos das mãos e dedos, desvio do olhar e outras manifestações"[49].

Por seu turno, Romeu de Almeida Salles Júnior assevera que, de rigor, "[...] observar o comportamento da testemunha durante o ato, a maneira como reage às perguntas, se a testemunha se apresenta de modo espontâneo ou aparentando nervosismo. A maneira de responder às perguntas poderá revelar se a testemunha é ou não parcial em relação à prova que se produz"[50].

Todavia, bem é de ver que os sinais acima mencionados, ou algum outro, não significam que, uma vez verificados, inevitável que quem os apresente esteja mentindo, pois situações existem em que tais manifestações, ou manifestações similares podem se oferecer ante nossos olhos, e nem por isso estará à nossa frente um indivíduo que quer falsear a verdade, podemos estar diante de uma pessoa muito tímida ou muito medrosa, ou mesmo uma pessoa que, nem tanto tímida, nem tanto medrosa, mas sim bem nervosa e que, por uma razão qualquer, no momento da inquirição, sente-se desacreditada, agredida e até humilhada, e como consequência acaba por descontrolar-se — o que, em inúmeras ocasiões, pode interessar muito à parte contrária que aconteça... —, manifestando, então, algum dos sintomas susoapontados.

Outro fator que pode contribuir para alterar o estado emocional da testemunha, fazendo com que apresente alguns indícios de que está deliberadamente faltando com a verdade, sem que isso esteja, em realidade, acontecendo, é a circunstância de

---

(46) MORAES, Evaristo de. *Problemas de direito penal e de psicologia criminal*. Rio de Janeiro: Leite Ribeiro & Maurillo, 1920. p. 223/4.
(47) ALVES, Léo da Silva. *A prova no processo disciplinar*. Rio de Janeiro: Lumen Juris, 2003. p. 131.
(48) ALVES, Léo da Silva. Psicologia aplicada aos testemunhos. *Revista Consulex*, ano VIII, n. 180, p. 38, jul. 2004.
(49) COBRA, Coriolano Nogueira. *Manual de investigação policial*. 4. ed. São Paulo: Sugestões Literárias, 1969. p. 67.
(50) SALLES JÚNIOR, Romeu de Almeida. *Inquérito policial e ação penal*. 3. ed. São Paulo: Saraiva, 1983. p. 92.

que ela sente que, de certo modo, vai influir no julgamento com o que disser e, de outra parte, que será julgada também, sensações essas que, força é convir, podem perturbar uma pessoa pouco ou nada acostumada com tais situações, "em exercer esse papel", mormente se, ainda por cima, é tratada com desconfiança e até com desdém ou, como superiormente dito por Porto-Carrero:

> Se, por um lado, a testemunha percebe, intuitivamente, a parcela de juízo que lhe cabe, pois que pode o seu depoimento dar base para a sentença, por outro lado sente ela que, ao comparecer perante a autoridade interrogante, vai, sob certo ponto de vista, ser julgada também.
>
> Com efeito, o interrogatório, feito em cipoal de perguntas, dá ao interrogando a impressão de que o estão torturando; na realidade, as suas declarações não merecem fé, por princípio; pois que as mesmas cousas são reperguntadas de maneira diversa, para apanhar as contradições, sempre no pressuposto de que a testemunha não fale a verdade, ou pelo menos não a diga por inteiro ou não tenha certeza sobre os fatos que afirma.[51]

As linhas acima transcritas, se lidas imaginando-se no papel de testemunha, levarão, acreditamos, a que se conclua que não se cuida de um papel fácil de ser desempenhado. Com efeito, já nos imaginamos sendo indagados duramente, como se, desde que saídos do ventre materno, fôssemos mentirosos inveterados e a cada resposta dada a parte contrária desse um daqueles mortíferos sorrisos de canto de boca, de escárnio? Quantos continuariam impassíveis e com pleno domínio de seus sentidos?

Muitas causas contribuem para a inexatidão do testemunho, dentre as quais podemos mencionar o hábito, que faz com que se descreva uma situação, mais considerando como costumeiramente ela acontece do que como, na determinada situação sob exame, os fatos realmente se passaram. Ao contrário do que alguns normalmente pensam, há quem sustente que não são os fatos insólitos, incomuns, que impressionam mais, parecendo até que as pessoas têm dificuldades em aceitar o que não é comum.

O mestre Alberto Pessoa, de sua parte, entende que: "[...] ao nosso espírito parece que repugna admitir qualquer coisa que não esteja de acordo com o uso e a rotina, preferindo-lhe sempre o provável, cuja assimilação exige menos esforço, por caber mais exatamente nos esquemas que dispomos"[52].

Há mesmo quem diga que o "[...] hábito, adormecendo a atenção, pode influir para que alguém julgue ver cousas ou pessoas, não presentes por ocasião de acontecimentos, mas que eram vistas, com frequência, em outras ocasiões. Pode acontecer, também, o contrário. O hábito pode, embotando a atenção, concorrer para que passem despercebidos fatos ou pessoas, realmente projetados. Ocorre, aqui, que o registro é feito pelo subconsciente e não pelo consciente"[53].

Influi perigosamente para viciar um testemunho a sugestão, que está presente quando a pergunta já procura direcionar a resposta para determinado sentido. A pergunta capciosa, que também deve ser evitada, perguntas do tipo: "Você já deixou de bater em sua esposa?". Mais adiante, desenvolveremos um pouco mais a questão referente aos tipos de perguntas que não devem ser aceitas e por quê.

---

(51) *Psicologia judiciária,* cit., p. 206.
(52) *A prova testemunhal,* cit., p. 30.
(53) COBRA, Coriolano Nogueira. *Manual de investigação policial.* 4. ed. São Paulo: Sugestões Literárias, 1969. p. 58/9.

O tempo, sim, o tempo, aquele velho remédio, segundo antigo e conhecidíssimo dito popular que diz que "o tempo é o melhor remédio para todas as feridas". Já paramos para pensar quantos e quantos dados e acontecimentos que nos impressionaram vivamente quando os presenciamos, o tempo transcorrido fez com que, ou os apagássemos totalmente da memória ou deles tivéssemos apenas pálida recordação? Que efeitos mágicos possui o tempo em nossa memória e — por que não dizer? — em nossos corações?

Tem-se que o tempo transcorrido faz com que se percam certos dados da situação, havendo até, ao que consta, experiências que concluíram em percentuais de possibilidade de erro por dia passado da verificação de certo fato.

Para o inesquecível Enrico Altavilla, "há uma Segunda lei geral, que é confirmada pelas experiências de Stern: a exactidão da recordação diminui com o decorrer do tempo. Isto está em relação com a alteração e a dissolução das imagens mentais".

Segundo Philippe, a imagem tende a desaparecer por duas maneiras: "ou os pormenores se vão atenuando sucessivamente ou se eliminam um após outro, ou a imagem se desfaz, tornando-se tão confusa que deixa de ser representativa, de maneira que o sujeito não é capaz de descrevê-la e nem mesmo de voltar a encontrar o seu simples símbolo verbal"[54].

Os processualistas portugueses que já nos socorreram neste singelo estudo, Antunes Varela, J. Miguel Bezerra e Sampaio e Nora, incisivamente observam que "o tempo exerce uma ação poderosa de erosão das vivências de cada facto na memória da generalidade das pessoas: quem presencia um acidente de viação tem, de momento, a imagem viva do facto, que em grande parte perdeu quando, passados muitos meses e às vezes até anos, é chamado a depor em juízo"[55].

Diga-se mais: como apreender a noção de tempo decorrido, como e quais os critérios de que dispomos ou de que nos valemos para precisá-lo, a partir de quando se deu determinado acontecimento e/ou fato?

Nesse ponto, de interesse o recordar, uma vez mais, os ensinamentos do preclaro Porto-Carrero, para quem a noção de tempo, como ocorre com a de espaço, é muito difícil de apreender, porquanto a "[...] nossa psique não tem meios de perceber diretamente o tempo: fá-lo indiretamente, por intermédio das noções de espaço e movimento. O exercício, a experiência repetida, podem dar ao indivíduo uma capacidade relativa de avaliar o tempo decorrido: o número de movimentos executados, a observação do ambiente, a própria sensação subjetiva de fadiga podem auxiliar, nesse propósito; mas a emoção, a angústia de espera, o desejo de ver realizado um fato, o sofrimento podem causar uma supervalorização do tempo; assim como o bem-estar, o prazer podem levar o indivíduo a considerar o tempo como parado"[56]; e para bem demonstrar como o tempo pode ser diferentemente considerado em certas situações, o mesmo autor reproduziu, de Arthur Azevedo, a parte "final de um soneto em que o poeta descreve a espera da amante:

---

(54) ALTAVILLA, Enrico. *Psicologia judiciária*. 3. ed. Coimbra: Armênio Amado, 1982. v. II, p. 264/5.
(55) *Manual de processo civil,* cit., p. 615.
(56) *Psicologia judiciária,* cit., p. 119.

É o relógio, porém, quem mais me espanta:

Pois, se não vens, o mísero se atrasa E se vens, o ditoso se adianta [sic].[57]

Quantas pessoas não pensariam, ao tomar ciência desse verso, que, agora sim, já sabem o motivo de tanto atrasar o seu relógio, não é a bateria que está fraca... Outros, esperamos que em número consideravelmente superior, saberão que não é defeito do seu relógio, de marca tão conceituada, o adiantar sempre e sempre...

O já citado lente Alberto Pessoa ensina que:

Importa, porém, tomar em consideração que nós só temos conhecimento do tempo pelo seu conteúdo.

A avaliação duma duração depende muito afinal da atenção prestada, durante o seu desenvolvimento, ao facto a que ela diz respeito, e ainda do maior ou menor número de coisas acontecidas durante o intervalo de tempo considerado e que tenham ficado gravadas na memória. Se forem muitas, o lapso de tempo parecer-no há grande; se forem poucas, pequeno. [sic][58]

Parece-nos que ambas as colocações, a de Porto-Carrero e a de Alberto Pessoa, se completam, não se excluem, já que traz, cada uma delas, aspectos que, indubitavelmente, contribuem para uma fixação mais precisa ou, ao menos, mais aproximada do tempo decorrido, nos casos em que há necessidade ou interesse de fixá-lo.

De nossa parte, montamos praça na ideia de que se deve acreditar que, em princípio e como regra, o tempo provoque alguma perda na capacidade de se remontar na memória um fato ou acontecimento, mas — e isso é muito importante reter — existem inúmeros outros fatores que podem fazer com que a ação do tempo não seja tão deletéria assim, quanto a determinado indivíduo ou quanto a um determinado fato ou acontecimento presenciado por uma pessoa, dependendo do estado de espírito da pessoa no respectivo momento, de faculdade especial de memorização e retenção que porventura tenha, do quanto o fato ou acontecimento lhe tocou, lhe emocionou, lhe assustou ou por qualquer outra razão tenha atingido e marcado, com cores vivas, seu âmago etc.

Prosseguindo, a tendência afetiva, sim, porque não há vivências ou percepções neutras, de modo que a afetividade pode levar a que se aumente ou disfarce a realidade, sem que exista uma vontade consciente em alterá-la, por exemplo: os pais de jovens rapazes que acham que todas as meninas olham apenas para eles, enquanto outros pais acham que as mesmas meninas, e também quaisquer outras, só olham para os seus filhos e para ninguém mais; note-se, nesses casos, nenhum dos pais está mentindo, querendo enganar conscientemente, mas o modo de ver de cada qual, provocado pela tendência afetiva, não é o mesmo.

Seguindo, em respeito ao provérbio que diz que "vamos em frente que atrás vem gente", será absurdo imaginar que no sistema em que vivemos, não seja até certo ponto, compreensível que um dado empregado, que se sinta brutalmente explorado, queira — ainda que inconscientemente — que outro empregado saia vitorioso no processo movido contra o que ele julga um patrão explorador, ou que um ou outro empregado que funcione como testemunha de seu empregador, por receio, também ainda que inconsciente, queira que esse empregador ache "bom" seu testemunho e ganhe o processo? A natureza humana, tão frágil — ou mais frágil — quanto a certos

---

(57) *Psicologia judiciária,* cit., p. 119/120.
(58) *A prova testemunhal,* cit., p. 69/70.

interesses e comportamentos em determinados indivíduos não explicaria esses sentimentos? Não seria negá-la, recusá-los?

O professor Moacyr Amaral Santos já dizia que: "[...] da própria situação de humildade e dependência dos criados e empregados domésticos se infere a presunção de desconfiança de seus depoimentos na causa do patrão. Temerosos, por vezes, de sofrer as consequências desagradáveis resultantes do testemunho prejudicial a este, aqueles pelo interesse em evitá-las faltam à verdade"[59], acrescentando que, com as leis sociais, principalmente as trabalhistas, isso teria mudado; de todo modo, para quem não pensa exatamente assim, interessante o quanto diz José Mendonça, a respeito dessa *quaestio*: "O testemunho de subordinados, como os caixeiros, aprendizes etc., é suspeito de parcialidade. Tal efeito, porém, desaparece quando se trata de fatos que ditas testemunhas tinham particular razão de saber, ou quando não são subordinadas ao tempo do compromisso.

Não é de se concluir pela imprestabilidade do depoimento da testemunha, só pelo fato de ser ela empregada da pessoa em favor de quem depõe, mormente em se tratando de fatos que a mesma tinha razão de saber"[60].

O meio em que a pessoa vive pode — talvez, certamente, em muitos casos — influenciar seu testemunho, pois colhe de outras pessoas as impressões que estas tiveram e/ou ficaram, relativamente a um certo fato ou acontecimento, e aí entra o poder de convencimento que, porventura, um indivíduo tenha mais desenvolvido que o outro (não nos referimos ao bíceps, mas à facúndia, à eloquência, à oratória). Imaginemos a seguinte situação: dois empregados se engalfinham em pleno horário de trabalho e são despedidos por justa causa: um empregado que tenha a tudo presenciado pode, no primeiro momento, entender que foi o empregado "A" o causador da confusão, por ter ofendido o empregado "B"; mas, depois de tanto ouvir outro empregado que presenciou a briga, o empregado "C", de grande eloquência, pode passar a acreditar que o empregado "A" simplesmente se defendeu do ataque que "B" lhe dirigiu, injustificadamente, e, posteriormente, chamado a juízo para depor como testemunha, depor no sentido do que foi convencido e não daquilo que, de início, havia entendido ter acontecido.

Lógico, repita-se, que tudo isso que vem de ser comentado, não tira o valor da prova testemunhal, mas obriga a que se tente evitar ou neutralizar esses riscos.

Ainda podem ser enumerados vários outros fatores, como a tensão provocada pela espera para depor; o ambiente, aliás, quanto ao ambiente, cabe lembrar estudos que concluem no sentido de que o litigante habitual ou a testemunha habitual, o freguês da justiça, por sua maior intimidade com o ambiente, pode sentir-se mais à vontade e, com isso, ter uma vantagem sobre o litigante não habitual, aquele que, pela vez primeira, está num ambiente judiciário, o que pode afetar sua memória, seu depoimento etc.[61]; entre outros fatores que provocam tensão podem ser apontados a sala de audiência, isso mesmo, a sala de audiências, e por que não? Quando estamos num hospital, aguardando atendimento ou mesmo no consultório de um médico, isso não provoca alterações em nosso íntimo, em nosso procedimento, o que não dizer, então, de uma sala de audiências em que nunca estivemos antes?

---

(59) SANTOS, Moacyr Amaral. *Prova judiciária no cível e comercial*. 4. ed. São Paulo: Max Limonad, 1972. v. III, p. 198.
(60) MENDONÇA, José. *A prova civil*. Rio de Janeiro: Jacintho, 1940. p. 154.
(61) A esse respeito, ver interessante artigo de José Ernesto Manzi, na *Revista do TRT — 12ª Região,* ano 11, n. 16, p. 117/131, especialmente p. 121.

Outro fator: a timidez da testemunha, que pode fazer, inclusive, com que ela, diante de uma pergunta meio áspera, rude, admita que um fato aconteceu, sem que o tenha visto, apenas por não se ter como forte o suficiente para negar a colocação, sendo que o medo pode, também, provocar a mesma reação, ou melhor dizendo, falta de reação. Em quantas situações de nossa vida, diante de algo desconhecido ou de alguma incerteza ou dúvida, não ficamos alterados, sem certeza quanto ao que fazer?

Há, ainda, que considerar o próprio caráter, a personalidade da testemunha, umas falam demais e completam seus depoimentos com criações de sua imaginação, o que fazem, não por mal, mas por acreditarem que as coisas assim se passaram; outras falam de menos e nem com "saca-rolhas" se tira muito delas, isso para não falar nos depoimentos dos idosos e das crianças, estas porque, ao contrário do que muita gente pensa, no sentido de que as crianças sempre falam a verdade, já ensinava Napoleão Teixeira que "a mentira é uma das características da psicologia infantil"[62], e quanto aos idosos, todos sabemos das dificuldades de retenção dos fatos com o passar dos anos.

Todas essas causas, por óbvio, influenciam o depoimento do trabalhador enquanto testemunha (e como parte também) e até, acreditamos, numa intensidade bem maior, pela sua própria simplicidade, agravada pela circunstância de que, como lembra Maurice Garçon, "não é verdade que um homem inculto saiba exprimir claramente o seu pensamento"[63], e não se pode fugir do fato de que o trabalhador brasileiro, regra geral, é um homem de poucas luzes, embora seja, também, uma constatação, que pode influenciar um depoimento, independentemente da condição de trabalhador ou não, a de que não basta a percepção e boa retenção do fato, já que resta a vencer, para reproduzi-lo em juízo, narrá-lo de forma a ser compreendido, tanto que se fala ser "uma aptidão pouco frequente a que permite descrever bem"[64].

Daí se infere que, *para que o depoimento seja útil, é preciso ter grande paciência com a testemunha, de modo geral e, particularmente, tratando-se de um trabalhador, procurando fazê-la sentir-se à vontade e segura quando do seu depoimento*, e tendo muito cuidado no formular e dirigir as perguntas, para que sejam bem compreendidas. E quanto à formulação de perguntas, deve ser feita respeitando-se o nível cultural da testemunha. Parece claro que, perguntas feitas com termos incompreensíveis ou de muito difícil compreensão, poderão levar a respostas distorcidas, comprometendo o resultado. Imagine-se uma pergunta formulada nesses termos a um trabalhador muito simples: "É fato que o seu colega "X" dava amplexos e osculava em pleno horário e local de trabalho, sem se preocupar com a reação das suas colegas de trabalho, se elas permitiam, aceitavam ou concordavam com isso ou não?", e isso para saber se o empregado abraçava e beijava outras empregadas, nos horário e local de trabalho, sem que elas quisessem ou permitissem tal comportamento.

E aqui surge a pergunta que, como diriam os antigos, não quer calar: o juiz, sentindo que a testemunha não está conseguindo se expressar bem, fazendo-se compreendida, deve ir em seu socorro, auxiliando-a, ou isso pode ser visto ou considerado como quebra da imparcialidade que deve caracterizar seus atos?

---

(62) TEIXEIRA, Napoleão. *Psicologia forense e psiquiatria médico-legal*. Curitiba, s/ed., 1954. p. 69.
(63) GARÇON, Maurice. *Ensaios sobre a eloquência judiciária*. Campinas: Servanda, 2002. p. 33.
(64) LOPEZ, Emílio Mira y. *Manual de psicologia jurídica*. Rio de Janeiro: Agir, 1947. p. 169.

A questão é tormentosa, podendo-se extrair argumentos para sustentar ambas as posições, mas achamos que deva ser pesado, com especial atenção, que difícil falar em quebra de imparcialidade, nesse caso, pois, então, como ficaria a seguinte ponderação: não acabaria por quebrar a imparcialidade o juiz que, vendo que a testemunha muito tem a contribuir na busca e para estabelecer a verdade, mas não está conseguindo fazê-lo, por dificuldade em fazer-se compreendida, nada faz para que a prova seja útil, não estaria abalando a imparcialidade, na medida em que isso seria benéfico ou favoreceria a parte contra quem a prova está sendo produzida? E o interesse do Estado na justa composição da lide? Fatores esses que, no nosso modo de ver, recomendam que o juiz procure auxiliar a testemunha, de modo que seja valioso para a solução do processo o seu testemunho, mesmo porque, como salienta Francesco Chimenti, "outro aspecto que vicia determinados depoimentos é a rusticidade de certas testemunhas que se encontram pela carência na e forma de expressar o evento presenciado. Torna-se indispensável que o juiz venha em auxílio dessa insuficiência. O relato dessas pessoas torna-se dificultado e falho. Muitas vezes, as omissões são fatos importantíssimos que deixam de ser mencionados"[65].

Nesse passo, cabe recordar a observação do professor Juan Montero Aroca, da Universidade de Valência, no sentido de que "el testigo no se elige, viene determinado por su relación histórica con los hechos sobre los que declara"[66], ou seja, a parte não escolhe aquela testemunha que, em seu modo de ver, seria a testemunha ideal para depor, por sua desenvoltura, sua vivacidade, sua facilidade de expressão, mas terá que contar com as que, efetivamente, podem esclarecer o juízo sobre fatos relevantes para o deslinde da controvérsia, se assim é e se determinada parte, por uma razão qualquer, só puder contar como testemunhas, com pessoas excessivamente tímidas e medrosas, por exemplo, que têm quase invencíveis dificuldades de se expressar, essa parte estará irremediavelmente condenada a não ter êxito no processo, por não conseguir produzir boa e robusta prova dos fatos que lhe cabia demonstrar, já que proibido ao juiz de atuar, auxiliando a testemunha que não consegue se expressar como seria necessário? Será justo? Estará de acordo com os fins que justificam a existência de um processo judicial? Deixamos a pergunta para que cada uma responda de acordo com suas convicções.

Gostaríamos de acrescentar que, por um ou por alguns dos motivos já apresentados, é natural que não possa a testemunha dar, para utilizar uma expressão de Prieto Castro y Ferrándiz, "una reproducción exacta del hecho, como la placa fotográfica"[67], pelo que algumas pequenas contradições e/ou incoerências, por si só, não invalidam um testemunho, antes, conferem-lhe uma maior autenticidade, sendo de se estranhar, isso sim, aquele depoimento em que a precisão de detalhes, de pormenores, vá muito além do que é de se esperar seja normalmente retido pela memória de quem observe algum fato; aliás, já se disse — Gorphe — que "o excesso de certeza é tão preocupante quanto o excesso de incerteza"[68].

Na altura em que estamos, temos ser de algum interesse falar algo acerca do depoimento da testemunha, de como ela deve ser interrogada e como e quais perguntas devem ser feitas, bem como umas que devam ser evitadas.

---

(65) CHIMENTI, Francesco. *O processo penal e a verdade material.* Rio de Janeiro: Forense, 1995. p. 172.
(66) AROCA, Juan Montero. *El proceso laboral.* 2 ed. Barcelona: Bosch, 1982. v. I, p. 304.
(67) FERRÁNDIZ, L. Prieto Castro y. *Derecho procesal civil.* 5. ed. Madrid: Tecnos, 1989. p. 185.
(68) *Apud* TEIXEIRA, Napoleão. *Psicologia forense e psiquiatria médico-legal.* Curitiba, s/ed., 1954. p. 78.

A inquirição já foi apresentada como assumindo, em algumas oportunidades, o "caráter de duelo, de luta entre o interrogante, ansioso por conhecer a verdade e a testemunha, angustiada por não ser colhida em falso"[69], talvez por isso tenha sido considerada uma arte[70].

Ora, se a inquirição pode ser considerada ou um duelo ou uma arte, esta talvez abrangendo aquele, parece evidente que, a parte que fizer as perguntas que entenda necessárias, da forma mais elegante e cordial que puder e mesmo que tente refazê--la, se conseguir, para, aceite-se a singeleza da locução, "tentar pegar a testemunha numa curva", saiba ou consiga fazê-lo dando a impressão de que quer um esclarecimento a mais, pode ganhar a simpatia e a confiança da testemunha, fazendo com que ela se abra e responda o mais sinceramente que puder, às perguntas que lhe forem dirigidas, sendo fácil imaginar as vantagens daí advindas para que a verdade — a verdade que se possa atingir — surja.

No que tange à repetição de pergunta já feita, deve ser evitada essa prática — por isso que, acima, falamos, ao cuidar desse ponto, em se a parte conseguir refazê--la — à uma, porque, como lembra Coriolano Nogueira Cobra:

> A memória pode ser prejudicada, também, por desgastes ou por acréscimos. Para evitar esses dois males, ideal será que as testemunhas relatem os fatos, o menor número de vezes possível, porque, nas repetições, acontece que vão sendo deixados detalhes ou, em sentido inverso, vão sendo acrescentados outros, deturpando, de um modo ou de outro, a exatidão dos acontecimentos.[71]

Aliás, a preocupação do aludido autor com essa questão é tamanha que ele observa que o dito popular que diz que "quem conta um conto aumenta um pouco", nem sempre acontece, sucedendo, muitas vezes, o inverso, de modo que "quem conta um conto tira um ponto"[72].

À duas, porque, uma vez feita a pergunta, constando a resposta no termo respectivo, no momento adequado se verá de seu valor para o feito em relação ao qual foi dada, mesmo porque, regra geral, o fim colimado com a repetição de pergunta é a obtenção de respostas conflitantes, embaraçando a testemunha, deixando-a confusa, num momento em que, como salientado, a testemunha não está à vontade ou com absoluto domínio sobre ela mesma, salvo exceções. Ademais, essa prática provocaria inconciliável cizânia com os fins visados pelo princípio da celeridade processual e mais, num raciocínio talvez extremado, mas que não pode deixar de ser considerado: se for permitido repetir a pergunta, qual o critério para limitar quantas vezes a mesma poderá ser repetida, pode-se limitar o "direito" à repetição em uma só vez? Ou em duas estará mais razoável? Quem sabe três, sabendo-se que, no desenrolar do depoimento, uma nova resposta pode "reacender" ou "acrescentar" uma nova dúvida a uma resposta já dada por duas vezes? Não nos esqueçamos que a subjetividade não é boa conselheira!

Com pena de mestre, Eudes Oliveira fere o tema:

> O princípio geral da celeridade processual, fixado no CPC/1973, no art. 125, II, proíbe a prática de atos inúteis, repetidos. Na prática a repetição de

---
(69) *Psicologia judiciária,* cit., p. 206.
(70) SILVA, Germano Marques da. *Curso de processo penal.* São Paulo: Verbo, 1993. v. II, p. 122 e 134.
(71) *Manual de investigação policial,* cit., p. 61.
(72) *Op. cit.,* p. 61.

perguntas se faz por falta de atenção do inquiridor ou por manobra de malícia processual, procurando provocar o registro de respostas conflitantes.

Outro tipo de pergunta repetida é a confirmatória, aquela em que se pede ao depoente a confirmação de resposta já dada anteriormente.

Esta indagação também é irregular. O que foi dito está registrado, será objeto de apreciação por parte do juiz e das partes, estas por ocasião das razões finais, não se justificando voltar-se atrás para se pedir qualquer confirmação. Aliás o pedido de confirmação de resposta já dada implica em tensionar a testemunha, admitir claramente erro na resposta anterior, levantar tacitamente dúvida sobre a afirmação, o que intranquiliza o depoente e não condiz com a serenidade que deve ser mantida durante a inquirição.[73]

Como se vê, a repetição de pergunta, regra geral (locução que já rende homenagem e reconhece a existência de exceção ou de exceções!) deve ser obstada, pois que, em última instância, não tem por escopo um maior esclarecimento, mas sim uma maior confusão, valendo-se principalmente da alteração do estado emocional da testemunha.

Vamos avaliar um pouco mais esse problema da repetição de pergunta: supondo-se que determinada testemunha, indagada sobre um fato, dê uma resposta e, depois, repetida a pergunta, ofereça nova e diferente resposta, a qual delas se deve dar crédito, admitindo-se que uma o mereça?

Para o notável Pontes de Miranda, em tal situação, "tendo a testemunha deposto mais de uma vez, sobre o mesmo ponto, mais atendível é o primeiro depoimento; porque os outros, diferentes, se presumem (presunção *hominis*) obtidos por outrem (PEGAS, Manuel Álvares. *Resolutiones Forenses*, III, 375)"[74]; esses "obtidos" a que se refere o grande mestre, não podem ser decorrentes do que foi dito nas linhas transatas, no sentido de se procurar embaralhar, confundir a testemunha, de modo ou na tentativa de se obter dois depoimentos contraditórios?

É bem de ver que a repetição da pergunta, sob outro enfoque, inibe, agride e desrespeita a testemunha, o que não deve ser tolerado, já que a testemunha tem o direito de ser bem tratada, CPC, art. 416, § 1º, e a repetição da pergunta, como dito, traz implícita, quando menos, uma dúvida quanto à sinceridade da resposta já dada. Curioso admitir que a testemunha, além dos incômodos que tem de suportar em sua vida pessoal, para funcionar como tal, ainda tenha que ouvir insinuações e/ou colocações que firam-na. Por isso que acontece o que já foi percebido por Locard, citado por Porto-Carrero, quanto ao tratamento dispensado à testemunha, e que fazem com que já foi uma vez, não mais queira sê-lo; são suas as seguintes palavras:

> Locard faz referência, ainda, a outra espécie de medo, entre as testemunhas — o medo da Justiça. Convém citar as suas próprias palavras. "Ele se explica muito bem, em duas ordens de casos: para aqueles que não têm a consciência perfeitamente pura (quem ousaria pretendê-lo!) e temem sofrer pesquisas nos seus negócios privados; e para aqueles, também, que já representaram uma vez o lamentável papel de testemunha. Aborreceram-nos muito e ás mais das vezes, por nonada; fizeram-lhes perder o tempo, que pode valer

---
(73) OLIVEIRA, Eudes de. *A técnica do interrogatório*. 4. ed. Fortaleza: ABC, 1998. p. 73/4.
(74) MIRANDA, Pontes de. *Comentários ao código de processo civil*. 2. ed. Rio de Janeiro: Forense, 1979. v. IV, p. 616.

muito e ainda o trabalho. Não foram acolhidos melhor que os acusados. Esperaram durante horas, em corredores gelados e antecamaras nojentas. Nos debates, o advogado da defesa tentou embatuca-los. Se o depoimento fora perigoso para o cliente, não deixou o patrono de lançar alguma dúvida sobre a honorabilidade, a sinceridade, o desinteresse da testemunha. Talvez lhe haja apenas perguntado se nunca fora condenada por atentados aos costumes: e diante do espanto do interrogado, tomara um ar de quem compreende. Para a viagem custosa, recebeu a testemunha uma esmola miserável. Se, depois disso, o acusado se salva, pode a testemunha contar que as suas relações com ele perderão a cordialidade. A partir desse dia, pode quem quiser assassinar a outrem, ante os olhos da testemunha: ela está firmemente decidida a nada ver"[75]; não se nega que algumas das condições de instalação e outras melhoraram, de quando escrito o texto retroreproduzido a esta quadra, mas quanto ao tratamento em si, da testemunha, ainda que também tenha melhorado, em alguns momentos e localidades, demonstram que não estão, absolutamente, desatualizadas e/ ou superadas as respeitantes linhas.

Certamente para obviar, tanto quanto possível, esses males, é que o professor Germano Marques da Silva fez observar que:

> A prova testemunhal é dos mais importantes meios de prova e o dever de testemunhar é não só um dever jurídico, mas também um importantíssimo dever ético. As testemunhas para cumprirem o seu dever sofrem frequentemente, porém, graves incômodos e elevados prejuízos, não sendo menores a desconsideração com que são tratadas pelo tribunal, pelos advogados e funcionários. Por isso que muitas pessoas se retraiam em cumprir o dever de colaborar com a justiça, o que em muito pode contribuir para a sua degradação. Importa, por isso, não olvidar os direitos que assistem às testemunhas e que ao contrário dos deveres a lei não refere expressamente: esses direitos podem sintetizar-se no direito de audiência, à correção do tribunal e a indemnização.[76]

Do que vem de ser exposto, aflora a conclusão de que a testemunha deve se sentir à vontade, evitando-se mesmo dar ao ato de inquirição um aspecto muito formal e solene, "o que chega a inibir não poucos"[77], e para que esse fim seja alcançado, quem interroga deve se manter calmo, bem sereno, não deixando transparecer que já tem opinião, quando não certeza, uma e outra perigosas, se prematuras, formadas sobre o assunto enfocado.

Salta aos olhos que mais calmo e sereno durante a inquirição se manterá o interrogador que houver antes bem examinado e definido o que necessita ser provado, preparando as perguntas que precisam ser feitas, o que deve ser um hábito que o tempo não faça perder.

Talvez seja uma utopia, mas o ideal, fazendo-se abstração do dia a dia, da realidade forense e da absoluta falta de condições, estrutura, maquinários e pessoal com que o Judiciário se depara — e que tanto agrada aos demais Poderes, por lhe permitir

---
(75) *Psicologia judiciária,* cit., p. 189/190.
(76) SILVA, Germano Marques da. *Curso de processo penal,* cit., p. 135/6.
(77) *Manual de investigação policial,* cit., p. 64.

criticá-lo, o que muito os satisfaz —, o ideal seria que as perguntas fossem feitas sem pressa, talvez até precedidas de uma pequena conversa, que serviria, inclusive, para sentir e avaliar o grau de inteligência e de cultura da testemunha e seu estado de espírito.

Relativamente ao grau de inteligência e de cultura, o bem avaliá-lo é de importância irrecusável, o que fica fácil compreender se retivermos na memória que as perguntas devem ser feitas de modo a serem o mais amplamente entendidas pela testemunha, com o que evitar-se-á uma resposta desconectada com a indagação — note-se que o receio de não ter bem compreendido uma pergunta pode levar a que a testemunha, receosa, deixe de dar uma resposta mais completa —; de nossa parte, estamos em que a pergunta feita em nível superior à capacidade de compreensão da testemunha pode levá-la, ainda que inconscientemente, a assustar-se, fazendo com que se preocupe mais em ver o que consegue responder, até, entre outros fatores, para não mostrar que não entendeu o que lhe foi perguntado, do que priorizar a invocação da memória para ver o que sabe, exatamente, e que tenha alguma relação com o que se quer saber, ou seja, quer responder alguma coisa, independentemente de sua ligação com os fatos ou acontecimentos ocorridos e sobre os quais poderia ter uma palavra a dar, para esclarecê-los.

Diga-se mais, porquanto, aquilatando-se, convenientemente, o grau de inteligência e de cultura da testemunha, além de se poder formular as perguntas empregando-se palavras e frases que ela bem e melhor compreenderá, ainda se entenderá bem e melhor as palavras e expressões que a própria testemunha utilizará.

Da mesma maneira, a força da prova testemunhal produzida num determinado processo não está ou não se mede pela quantidade de testemunhas ouvidas, mas sim pela qualidade do depoimento, de modo que um testemunho, firme e seguro, pode convencer plenamente o julgador, ao passo que 2 ou 3 depoimentos desencontrados, incoerentes, podem levar, conforme o caso, a que não se tenha como provado determinado fato, o que leva a que a preocupação de quem deseje provar um fato se direcione à qualidade e não à quantidade das testemunhas, mesmo porque, como já dizia Alcântara Machado, "os depoimentos não se contam, pesam-se"[78], embora, conquanto afirmando que foi Bacon quem asseverou "que os testemunhos se não contam, mas se pesam", aqui surja a questão levantada por Carlos A. Ayarragaray, no sentido de que, nesse caso, "a dificuldade consiste em encontrar a balança da sensibilidade adequada"[79], a qual, s.m.j., bem pode sê-lo quando, dentre outros fatores, verificada a ausência de elementos que comprometam o *dictum* da testemunha e a harmonia e coerência do que a mesma asseverou, com as demais provas produzidas nos autos.

Gostaríamos de expor, ainda que rapidamente, algumas ideias sobre os tipos de perguntas que podem e como devem ser feitas, de vez que, como já adiantamos anteriormente, há aquelas que não devem ser feitas, quando menos pelo modo que o foram.

Uma espécie de pergunta que cumpre seja evitada, é a que dá como certo algo que ainda precisa ser demonstrado, por exemplo, indagar da testemunha quantas horas extras por dia o reclamante prestava, "engolindo" já a, digamos assim, "pergunta

---

[78] *Apud* TEIXEIRA, Napoleão. *Psicologia forense e psiquiatria médico-legal*, cit., p. 82.
[79] AYARRAGARAY, Carlos. *Crítica do testemunho*. Salvador: Progresso, 1950. p. 35.

antecedente", eis que precisava ficar estabelecido antes se o reclamante labutava em regime extraordinário; o professor Enrico Altavilla chama de perguntas implícitas as em que "pergunta-se um pormenor, dando como certo um ponto ou uma circunstância que era preciso apurar"[80], dando o festejado mestre o seguinte exemplo: "se diz a uma testemunha: de que cor era o casaco da mulher? "Pressupõe-se a certeza de se tratar de uma mulher e de que usava casaco, circunstâncias que, pelo contrário, importava averiguar", o que, dilucida na sequência, "pode provocar as mais impressionantes confusões, porque a testemunha, amoldando-se a esses dados, que podem ser inexatos, julga forçar a sua recordação e deforma-a"[81].

Também não devem ser feitas perguntas que deixem a testemunha na contingência de responder apenas sim ou não, por gerarem uma "facilidade de sugestão"[82], tanto que se recomenda que: "em lugar de se perguntar foi assim ou não foi assim, deve ser indagado: como foi?"[83], havendo até quem advirta que, numa situação dessas, "a resposta 'sim' é mais vulgar do que a resposta 'não", [84], com o que parece não concordar plenamente Altavilla, ao asseverar, contestando outro autor que, quanto à maior possibilidade de se responder afirmativamente, "não tanto porque, como entende Metelli, seja mais fácil dizer 'sim', mas porque uma resposta não circunstanciada sofre, mais facilmente, a sugestão da expectativa e porque esta é mais facilmente perceptível"[85].

Outrossim, é óbvio que não pode ser admitida uma pergunta que contenha qualquer tipo de intimidação à testemunha, nem, tampouco, a que ponha em causa, agressivamente, a sua credibilidade, pois, "a pergunta que contenha direta ou veladamente uma promessa ou ameaça pode suscitar na testemunha o temor de dizer a verdade ou o interesse em mentir; a que ponha em causa, ofensivamente, a credibilidade da testemunha, pode suscitar-lhe como reação o omitir factos relevantes de que tem efetivo conhecimento, o desejo de se libertar do tormento tão pronto quanto possa ou também o mentir como desforra pela agressão de que está a ser vítima"[86].

Continuando, cabe observar que o Código de Direito Canônico (*Codex Iuris Canonici*) possui dois cânones religiosamente acertados, quanto à prova testemunhal — e em questão de tratamento dispensado a uma testemunha, não se pode questionar a experiência da Igreja Católica —, trataremos agora de um e, logo depois, de outro, o que de momento nos importa determina:

> Cân. 1564 — As perguntas sejam breves, adaptadas à capacidade do interrogado, não abrangendo muitas coisas ao mesmo tempo, não capciosas, não sugeridoras da resposta, isentas de qualquer ofensa e pertinentes à causa em questão.[87]

E, realmente, assim há de ser, as perguntas feitas de maneira simples, "curtas, claras e de fácil compreensão", como diz Coriolano, que ainda acrescenta que não

---
(80) *Psicologia judiciária,* cit., p. 272.
(81) *Psicologia judiciária,* cit., p. 272.
(82) *Psicologia judiciária,* cit., p. 272.
(83) *Manual de investigação policial,* cit., p. 66.
(84) *A prova testemunhal,* cit., p. 14.
(85) *Psicologia judiciária,* cit., p. 272.
(86) GONÇALVES, Fernando; ALVES, Manuel João. *Os tribunais, as polícias e o cidadão* — o processo penal prático. 2. ed. Coimbra: Almedina, 2002. p. 162.
(87) *Código de direito canônico.* Rio de Janeiro: Loyola, 1983.

"são aconselháveis as chamadas perguntas complexas, ou sejam, aquelas que envolvam mais de um ponto. Cada pergunta deve cuidar de uma só coisa ou de um só detalhe"[88].

Do mesmo modo, como já retro mencionado, a sugestão, "isto é, o automatismo originado pela presença nas perguntas de elementos que condicionam a resposta em um sentido determinado"[89], na lição de Eudes Oliveira, "sendo feita, sendo apresentada em audiência, não pode mais ser reformulada, já que qualquer resposta do depoente estaria viciada pela sugestão já feita sobre o tema"[90].

No que toca ao tratamento devido à testemunha, como colocado no cânon susotranscrito, de se dar a palavra a Germano Marques da Silva, para quem:

> "Uma regra básica se impõe: a correcção. A testemunha tem direito a exigir que a sua honra e consideração sejam respeitadas por todos os intervenientes processuais, mormente por parte dos magistrados e advogados. A atitude correcta dos magistrados e advogados para com a testemunha nada mais significa que a salvaguarda da consideração que a todos é devida"[91]; aliás, não se compreenderia mesmo que alguém, além dos transtornos que o servir de testemunha já acarreta por si só, ainda seja maltratada quando inquirida, o que pode provocar, como salientado, as mais diversas reações, como, *verbi gratia*, fazer com que aquele que pretendesse dizer a verdade mudasse de ideia, ou então, o que não se recorda bem dos fatos, decida não fazer o menor esforço para lembrá-los etc., situações que, como é palmar, em nada contribuiria — como não contribui —, para a boa solução dos processos em que aconteçam, daí a absoluta necessidade de se obstar se verifiquem situações desse tipo.

O outro cânone que gostaríamos de referir dispõe que:

> Cân. 1567 — § 1º [*sic*] — A resposta deve ser imediatamente redigida por escrito pelo notário, e deve referir as próprias palavras do testemunho proferido, ao menos no que se refere diretamente à matéria em juízo.[92]

E deve ser assim, ou seja, há procurar transcrever no termo de audiência, tanto quanto possível, as palavras que a testemunha realmente empregou ou, como superiormente dilucidado por Hélio Tornaghi, "a forma usada pela testemunha, seus modismos, seu linguajar, são elementos preciosos para a avaliação psicológica do testemunho, para aferição da sinceridade e do grau de informação do depoente"[93].

Agora falaremos de algumas situações que, na prática, podem ajudar a avaliar o comportamento de uma testemunha, alguns exemplos ou sintomas que podem ser úteis, desde que não esqueçamos que as pessoas não reagem todas de maneira uniforme a certos estímulos ou situações, o que, vale insistir, se não for cuidadosamente retido, poderá levar a conclusões bem equivocadas.

Quando duas — ou mais — testemunhas falam acerca de um fato da mesma maneira, sem discrepância, descrevendo-o igualmente, geralmente se segue a afir-

---

(88) *Manual de investigação policial*, cit., p. 65.
(89) *Manual de psicologia jurídica*, cit., p. 178.
(90) *A técnica do interrogatório*, cit., p. 73.
(91) *Curso de processo penal*, cit., p. 134.
(92) *Código de direito canônico*, cit., 1983.
(93) TORNAGHI, Hélio. *Curso de processo penal*. 4 ed. São Paulo: Saraiva, 1987. v. I, p. 423.

mação de que o fato que se queria demonstrar restou cabalmente provado... Será? Não é de se suspeitar um tanto quando dois testemunhos são absolutamente afinados, sem divergência alguma, relativamente à descrição de algum acontecimento? Antonio Dellepiane faz reservas a depoimentos assim tão harmoniosos; são suas as seguintes colocações: "[...] uma identidade completa das declarações, especialmente em certos pontos característicos, é antes suspeita e só vem denunciar o concerto ou a preparação das testemunhas. Vários espectadores de um mesmo fato jamais verão as coisas do mesmo modo, nem as apreciarão e relatarão por idêntica forma"[94].

Outro exemplo: a curiosidade de um indivíduo pode levá-lo a depor bem e de maneira mais completa, quando testemunha. Como ensina Altavilla, "[...] para o estudo do testemunho tem grande valor o exame da curiosidade, que varia de indivíduo para indivíduo e que pode explicar-nos a diferença de interesse e, por conseguinte, a diferença de atenção"[95]; parece claro que um indivíduo andando pela rua absorto, compenetrado, sem que nada lhe atraia a curiosidade, evidentemente que esse indivíduo, se algum fato se der por onde ele estiver passando, pouco poderá informar, pois sua curiosidade não o despertou para o que se desenrolou sob suas vistas. Vamos a um exemplo bem elucidativo: num domingo à noite passa, perdido pelas ruas, um torcedor de um time qualquer que não o glorioso "São Paulo Futebol Clube", esse torcedor anda desolado, arrasado, chutando as pedras que encontra, inconformado porque seu time perdeu mais uma partida, e então se acusa por haver escolhido justamente esse time para torcer, ao invés de torcer para o tricampeão mundial, o SPFC; esse pobre torcedor, por certo, bem pouco perceberá do que ocorrer à sua volta, de maneira que, chamado a depor como testemunha, em razão de algum acontecimento verificado em local em que muito triste passava, esse indivíduo pouco auxiliará a justiça. Brincadeiras à parte, o que gostaríamos nesse momento é de demonstrar, de enfatizar, a influência que a curiosidade e mesmo o estado de espírito podem exercer, prejudicando a percepção de um acontecimento que se quer depois demonstrar em juízo.

Mais um exemplo: a artimanha que uma testemunha pode empregar, de fingir não ter compreendido bem a pergunta, pedindo para que a mesma seja refeita e com isso ganhar tempo para ver qual a melhor resposta a dar. Também, é preciso cuidado com a testemunha que, manhosamente, dê uma de tímida, de que não quer falar nada, e, depois, acreditando haver dado uma de "franca, mais tímida", comece a falar, ou seja, para não provocar desconfianças, em função de um grande desembaraço, mostra-se reservada de início, e depois "solta o verbo".

Permitam-nos os eventuais leitores que nos socorramos, novamente, do grande Enrico Altavilla, que nos deixou também a seguinte lição:

> A testemunha que fala com excessivo desembaraço, que começa a falar antes de ser interrogada, que se mostra excessivamente hostil a uma das partes, provoca desconfiança no juiz; assim o compreendem alguns astutos mentirosos, que chegam à presença do magistrado ostentando o propósito de não falar e, somente após vivas insistências, como pessoas a quem arrancam a verdade da boca, acabam por dizer as suas mentiras. Algumas vezes, deixam-se apanhar em banais falsidades, evidentemente favoráveis

---
(94) *Teoria da prova*, cit., p. 191.
(95) *Psicologia judiciária*, cit., p. 256.

a uma das partes e assim persuadem o juiz que têm uma polarização espiritual especial. Quando, perante as insistências e as ameaças de quem interroga, acabam por dizer coisas graves contra aqueles que pareciam querer favorecer, parecem seguramente verdadeiros e ninguém suspeita da sua indigna artimanha.

Outras vezes, mostram-se invadidos por um sentimento de piedade, preocupados com a sua amizade, de maneira a parecer que falam com desgosto, que se resignam com pena ao doloroso dever de dizer a verdade. E são descarados mentirosos!.[96]

Outra possibilidade que pode ocorrer é a de ficar demonstrado que, num depoimento, algumas afirmações não foram verdadeiras e outras o foram: isso leva a que não se dê valor a esse testemunho?

Imagine uma reclamatória em que se discuta a existência de vínculo de emprego, o qual acabe sendo reconhecido como tendo existido, com base num único testemunho; a empresa recorre sustentando que a testemunha disse que o reclamante não trabalhava lá quando ela foi admitida, embora, ao reverso, o reclamante já lá labutasse, o que as próprias datas consignadas em sua CTPS, exibida quando da audiência, bem como outros documentos acostados aos autos, fartamente comprovavam, de maneira que aludido testemunho não poderia embasar um decreto condenatório. O que acha quem nos acompanha? De nossa parte, entendemos que não se pode esperar que alguém que vá trabalhar, logo em seu primeiro ou primeiros dias de trabalho, saiba quem já labuta em seu novo emprego; o normal é ficar sabendo apenas quem é o chefe e o colega de trabalho mais próximo, de maneira que não é por isso que um tal testemunho perca seu valor, se as demais assertivas estiverem afinadas com o mais que dos autos conste, há de ser aceito o testemunho. Alberto Pessoa ensina que:

> Não pode, pois, o facto de se ter verificado a exatidão de um certo número de afirmações bastar para garantir a verdade de todo um depoimento; nem, pelo contrário, uma afirmação, que se demonstrou ser errônea, servir de argumento para invalidar todas as declarações dum depoente, como é uso e costume fazer-se.[97]

Até como consequência de tudo que vem sendo dito, resta firme que *pequenas contradições num testemunho não o desqualificam, não o desmerecem, mas servem até para conferir-lhe maior valor probatório.*

Outrossim, não se deve interromper ou permitir que se interrompa a testemunha, quando ela está depondo, pois isso poderia — e pode, em inúmeras situações —, tirar a sua tranquilidade, perturbar a sua memória, a sua lembrança dos acontecimentos, e mesmo confundi-la, o que, de resto, é o que se pretende em grande número de casos, quando assim se procede. Como bem adverte Affonso José de Carvalho, não é bom que se "interrompa a exposição da testemunha. Bem se compreende que o contrário seria facilitar a confusão do depoente, o emaranhar da prova"[98].

Agora, uma "dica" que reputamos importantíssima: não perguntar além do necessário é algo que sempre deve ser observado, eis que, não raro, à medida que a

---
(96) *Psicologia judiciária*, cit., p. 318/9.
(97) *A prova testemunhal* cit., p. 26.
(98) *Inquirição cível*, cit., p. 71.

testemunha vai respondendo em linha com o sustentado pela parte, desta há um desejo de comprovar, à exaustão, a veracidade de tudo quanto afirmou, o que pode ser prejudicial em alguns casos; veja-se o que, a esse respeito, notou Oliveira e Silva:

> Em matéria de prova, permiti que vos aconselhe, embora, hoje em dia, o papel de conselheiro se torne antipático e difícil. Mais tarde, quando amadurecerdes na profissão, estou certo de que não me lembrareis como um orientador inútil...
>
> Advogados de defesa ou assistentes do Ministério Público, no processo, não devereis reperguntar, demasiadamente, a testemunha. Por quê? — indagareis, com estranheza — não é conveniente esmiuçar sempre a verdade?
>
> Sim, em tese. Mas a testemunha é humana como qualquer um de vós, e, como qualquer um de vós, tem o direito de consultar o relógio, e, ali mesmo, durante a inquirição, estar preocupada com os seus problemas quotidianos, cada vez mais prementes, sejam morais, econômicos ou sociais.
>
> Mesmo que um juiz, excessivamente benévolo, defira todas as reperguntas, refleti que a testemunha pode irritar-se com a vossa insistência, silenciar ou desdizer-se, comprometendo a prova.
>
> Daí a atitude dos profissionais antigos, cheios de experiência, que somente reinquirem sobre o indispensável, não esquecendo certas surpresas amargas que lhe causaram os excessos de indagação à testemunha, nos primeiros anos de atividade forense.
>
> Um juiz, embora tolerante, não permite reperguntas ociosas em relação à causa. Por maior liberalidade que se conceda à defesa, não devemos resvalar no abuso ou desapreço à personalidade da testemunha que presta um serviço à Justiça, dentro das linhas da ponderação e da imparcialidade.
>
> Sede, portanto, concisos, diante da testemunha. A prova não é quantitativa, mas qualitativa. O que impressiona e convence o julgador não é o pormenor, o lado miúdo ou insignificante da questão, mas o essencial, o principal. Não são os depoimentos, prolixos ou copiosos, que vão pesar numa consciência acostumada a distribuir razão a quem tem.[99]

Finalizando, gostaríamos de salientar que a prova testemunhal é algo do homem e, como tal, não tem como ser substituída, pois acreditamos que o homem e nada do que é seu pode ser totalmente substituído, nem pela máquina, nem pelo coração que nele pulsa, e nem pelos sentimentos que o agitam e levam-no a grandes e elevados feitos, embora, às vezes, com alguns deslizes, estes que, talvez, sejam os estímulos que faltam para que ocorram as grandes realizações.

---

(99) SILVA, Oliveira e. *Curso de processo penal*. 3. ed. Rio de Janeiro: Freitas Bastos, 1956. p. 104/5.

Alguns Argumentos em Prol da Ideia de que o Trabalhador Rural que Recebe por Produção Faz Jus ao Recebimento da Própria Hora + Adicional, se Trabalhar em Regime Extraordinário

Francisco Alberto de Motta Peixoto Giordani[*]

À partida, tendo em vista o tema de que ora se trata, é interessante evocar a seguinte passagem de Ronald Amorim e Souza, *verbis*: "A conquista da limitação para a jornada de labor foi uma das mais belas páginas da conquista trabalhista"[1].

Daí bem se vê a importância da limitação da jornada de trabalho e os cuidados especiais que com a mesma se há de ter; vale referir, outra vez, Ronald Amorim e Souza, que observa: "A prática das relações trabalhistas, entretanto, conduziu a uma situação paradoxal. De tão frequente a utilização da sobrejornada, criou-se a imagem absurda da hora extra habitual! Se algo é habitual o é exatamente porque se tem como corriqueiro, usual, frequente e, obviamente, não pode ser extra.

Nada pode ser, a um só tempo, extra e ordinário![2]

O entendimento majoritário, ao menos na jurisprudência, é no sentido de que, quando o empregado trabalha e é pago por produção, a hora extraordinária encontra-

---
[*] Juiz Titular da Vara do Trabalho de Campo Limpo Paulista.
[1] GALVÃO JUNIOR, Juraci; AZEVEDO, Gelson de (coords.). Em derredor da jornada de trabalho. In: *Estudos de direito do trabalho e processo do trabalho em homenagem a J. L. Ferreira Prunes*. São Paulo: LTr, 1998. p. 207.
[2] *Op. cit.*, p. 209.

-se remunerada com o que recebe a mais, restando, apenas, o pagamento do adicional e reflexos, valendo observar que o empregado remunerado por produção não está excluído da limitação da jornada de trabalho ordinária, contida na Constituição Federal, de 8 horas diárias e 44 semanais, conforme Orientação Jurisprudencial n. 235 da SDI-1 do C. TST.

Referido entendimento, no que toca aos trabalhadores rurais, não pode, com a devida vênia, prevalecer, havendo, ao reverso, que considerar devido o pagamento da própria hora mais o adicional, e não apenas esse, uma vez que acreditar que a produção a mais recebida remunera o labor extraordinário, quanto a esses trabalhadores, não se coaduna com a Lei Maior, a par de ignorar o valor dessa conquista e provocar a paradoxal situação, acima referidos. E não será, por certo, despiciendo, acrescentar que um tal proceder magoa o princípio da dignidade da pessoa humana, por coisificar o homem que trabalha por produção, no meio rural.

Aliás, que esse é o resultado — a coisificação do homem que trabalha por produção, no meio rural —, não há duvidar, pois a realidade do dia a dia está aí, para comprová-la, basta querer ver, o início das atividades de maneira precoce, com a entrada de meninos/adolescentes no trabalho desde muito cedo, o que faz, como é natural, que a força de trabalho se esgote também mais cedo, e o que se exige, além do máximo das forças de cada um desses trabalhadores, o que pode parecer contraditório, mas não é, pois o que é incoerente, além de perverso, é querer forçar a natureza e a resistência daqueles que trabalham, deles exigindo o que só a necessidade extrema pode atender, e mesmo assim por um período de tempo apenas, iludindo-os em sua simplicidade, atribuindo-lhes valores que não os beneficiam, mas aos que parecem dar um maior peso aos referidos valores, para, ao fim e ao cabo, não mais se importarem com esse trabalhadores, quando as forças, físicas e morais, tiverem já debilitando-os, tornando esses homens abatidos, desiludidos, não raro carregando pelo corpo marcas de acidentes e intraduzíveis condições de trabalho, e pelo rosto, a desesperança, talvez o mal maior que possa afligir-lhes a existência, quase e em muitos casos efetivamente sub-humana desde pequenos; conquanto não muito reduzida a transcrição infra, nesse comenos impõe-se levá-la a efeito:

> Dentre as razões da substituição rápida da força de trabalho na cultura da cana-de-açucar, representada pela entrada prematura de jovens no mercado, destaca-se a precoce diminuição de sua produtividade e, por consequência, sua desqualificação como mercadoria. As exigências de intenso dispêndio de força física para corresponder a um teto de salário, concebido por patrões e trabalhadores como patamar médio, transformam estes últimos em peça descartável a partir, aproximadamente, dos 35 anos. Por volta desta idade, dadas as limitações físicas acumuladas, sua produtividade tende a decrescer. O trabalho é desgastante, realizado sob condições adversas, que impõem rápida fadiga do trabalhador.

> Este limite não é reconhecido pelo serviço de avaliação médica para afastamento remunerado do trabalho. O irreconhecimento do mal-estar dos trabalhadores pelos médicos deixa-os confusos porque expropriados de um diagnóstico e uma explicação. Fazem, então, recair a explicação do mal-estar sobre a consciência de sua debilidade e sobre a desvalorização da sua força de trabalho. Resistem sob o temor da ampliação das condições de miserabilidade.

Os entrevistados associam o mal-estar recorrentemente sofrido às condições penosas para o exercício laborativo. Ao mesmo tempo, atribuem o aumento do mal-estar à maldade do médico, único juiz capaz de, por sua autoridade, contrapor-se à imposição da fadiga pelos patrões; por seu saber, reconhecer o sofrimento físico do trabalhador. Por tudo isto, o único agente capaz de suspender temporariamente a transferência de uma força física vital à reprodução da saúde. Enfim, mesmo aceitando que estas são as condições dadas para trabalhar, os entrevistados reivindicam o direito ao repouso remunerado, vital à recomposição das disposições físicas para o trabalho.

De tal modo os trabalhadores são vitimados por doenças e por fadigas não reconhecidas, que a solução que encontram para prolongar a sua capacidade de trabalho é se autoatribuir o direito ao descanso não remunerado. Os empregadores avaliam esta estratégia como preguiça ou desinteresse pela assiduidade. Por isso, compensam e privilegiam os que são assíduos, incutindo, também entre os trabalhadores, o orgulho por este reconhecimento. Os trabalhadores, assim prestigiados, passam a ser missionários da defesa da assiduidade. Incorporam este fato como atributo positivo de sua identidade social, enaltecida ainda pelo cumprimento do papel de provedor da família, mediante sacrifício e coragem de enfrentar tais vicissitudes.[3]

A descrição a seguir, feita pela ilustre juíza do Trabalho Maria da Graça Bonança Barbosa, bem retrata a dramática situação vivida pelos trabalhadores rurais que atuam no corte de cana, dramática, mas bem verdadeira, infelizmente; são suas as seguintes palavras:

> Como visto, o trabalhador do corte de cana é aquele que trabalha sujeito às mais adversas condições de trabalho, sob o sol e exposto à fumaça e fuligem das queimadas, bem como aos animais peçonhentos e por isso tem que usar roupas pesadas, o que não favorece a ventilação do corpo.
>
> Realizam um trabalho que requer grande esforço físico com movimentos repetitivos da coluna, ombros, pernas e braços, despendendo além do tempo da jornada normal e extraordinária, outras horas no trajeto do trabalho, morando em alojamentos fornecidos pelas usinas ou casas simples em que dividem o espaço com outros trabalhadores.
>
> Há um outro fator que pode ser apontado como um agravante dessas condições já adversas de trabalho e que está a merecer uma maior reflexão de todos aqueles que se preocupam com o trabalho rural: a forma de remuneração dos cortadores de cana.[4]

Vale mencionar, ainda, o retrato realizado pela insigne Thereza Cristina Gosdal, assim feito:

> O trabalho no corte de cana é penoso, envolvendo movimentos constantes e de grande esforço; é mal remunerado e realizado, muitas vezes, com pausa reduzida, de 20 a 30 minutos (porque a pausa significa perda de tempo, em termos de produtividade e remuneração, que é por produção). Compreende comumente jornadas superiores à máxima legal permitida. Desenvolve-se

---

(3) NEVES, Delam Pessanha. *A perversão do trabalho infantil*. Niterói: Intertexto, 1999. p. 131/132.
(4) O salário por produção e as ações coletivas — velha e nova realidade do trabalho rural. *Revista da Associação dos Magistrados da Justiça do Trabalho da 15ª Região — AMATRA XV*, São Paulo: LTr, n. 2, p. 145, 2009.

sob o sol, em temperaturas altas e com trajes que cobrem todo o corpo (com mangas compridas, calças compridas e lenço no rosto e pescoço), para proteção. Não obstante, frequentemente não há água potável para os trabalhadores no local. Além disso, são comuns situações em que não há banheiro para os empregados, ou há banheiro em más condições. Em muitos casos não há abrigo fixo ou móvel para proteção dos trabalhadores contra intempéries e para guarda e conservação das refeições, como prevê a NR-31. A comida, em geral, fica na bolsa ou mochila e, muitas vezes, estraga-se sob o sol. Não há respeito à privacidade dos trabalhadores, porque são permanentemente vigiados e monitorados pelos fiscais, que controlam e limitam suas conversas e movimentos. Dos trabalhadores se exige, por fim e por ironia, perfeito estado de saúde, já que, se houver sinal de adoecimento, ou apresentação de atestado médico, o trabalhador não mais obtém oportunidade de trabalho na região.

Alves descreve o trabalho no corte de cana e o esforço demandado:

Um trabalhador que corte 6 toneladas de cana, num eito de 200 metros de comprimento, por 8,5 de largura, caminha durante o dia uma distância de aproximadamente 4.400 metros, despende aproximadamente 20 golpes com o podão para cortar um feixe de cana, o que equivale a 66.666 golpes no dia (considerando uma cana em pé, de primeiro corte, não caída e não enrolada e que tenha uma densidade de 10 canas a cada 30 cm). Além de andar e golpear a cana, o trabalhador tem que, a cada 30 cm, abaixar-se e torcer-se para abraçar e golpear a cana bem rente ao solo e levantar-se para golpeá-la em cima. Além disso, ele ainda amontoa vários feixes de cana cortados em uma linha e os transporta até a linha central. Isto significa que ele não apenas anda 4.400 metros por dia, mas transporta, em seus braços, 6 toneladas de cana em montes de peso equivalente a 15 kg, a uma distância que varia de 1,5 a 3 metros.[5]

Mais:

A ocorrência destes processos coercitivos na região (Ribeirão Preto) foi reiterada em relatório recente da missão realizada pela Relatoria Nacional para o Direito Humano ao Trabalho (Plataforma DHSC). Dentre outros, o relatório menciona as jornadas de trabalho que chegam às 18 horas diárias; a média de 12 toneladas de cana colhidas por dia; os níveis de esforços exigidos para o corte da cana (com a necessidade de desferimento de 9.700 golpes de facão para o corte de 10 toneladas de cana), somados à não reposição adequada dos nutrientes e calorias perdidos no eito, e o não esclarecimento sobre o volume da produção diária do trabalhador.

Ainda de acordo com o relatório, as iniciativas destes trabalhadores para levar a público este contexto de exploração são seguidas de ameaças e retaliações por parte das empresas. O contato destes trabalhadores com sindicatos ou órgãos públicos competentes para fiscalização das condições de trabalho é evitado pelas empresas, dificultando sobremaneira não apenas a defesa dos direitos envolvidos nas relações de trabalho no campo, mas

---

(5) GOSDAL, Thereza Cristina. Mortes por exaustão no trabalho: uma análise sob a ótica da contratualidade. In: CORTIANO JUNIOR, Eroulths; MEIRELLES, Jussara Maria Leal de; FACHIN, Luiz Edson; NALIN, Paulo (coords.) et al. Apontamentos críticos para o direito civil brasileiro contemporâneo. Curitiba: Juruá, 2007. p. 169/170.

também o esclarecimento acerca do real conteúdo das relações que sustentam o corte manual da cana-de-açúcar no estado. Além de propositalmente distanciados dos sindicatos e dos órgãos de fiscalização, estes trabalhadores também são afastados dos contextos rotineiros de sociabilidade das cidades onde residem durante a safra. Uma hierarquia espacial define não apenas fronteiras territoriais, mas também limites aos ambientes passíveis de exercícios das trocas simbólicas nos municípios. Abrigados em favelas ou cortiços afastados, muitos deles situados no interior dos canaviais, estes trabalhadores migrantes são disciplinados no cotidiano do lugar, sendo estigmatizados em seus corpos e em seus bens simbólicos.[6]

O quadro é dantesco, e isso sem considerar que o corte de 6 toneladas, em inúmeras situações, não corresponde mais ao que se exige dos trabalhadores no corte de cana, obrigados, bastas vezes, a cortar bem mais do que essa quantidade, como se vê das próprias linhas transatas!

Que gravura! Quadro descrito, com cores de lágrimas e dor, mas pintando fielmente a realidade, faz lembrar citação feita pelo grande administrativista do país coirmão e tão caro a todos nós, a Argentina, Roberto Dromi, a saber: "Ghirardi realiza uma classificação dos direitos fundamentais a partir da distinção entre as vertentes biológica e espiritual do homem. Diz: 'a pessoa é racional; por essa característica, ela tem consciência de sua dignidade e se reconhece como sujeito de direito para peticionar legitimamente por essa dignidade. E, como dissemos que a pessoa é um composto, a dignidade assume duas vertentes: a ordem biológica e a espiritual. Por isso, esse ente que chamamos pessoa reconhece como próprios os direitos que formam sua entidade no aspecto biológico, e reclama o direito à vida e à integridade física; e igualmente, na ordem espiritual, reclama o direito à liberdade, à honra e à privacidade'. Ghirardi, Olsen A"[7].

Do mesmo modo, vale a reprodução de excerto de acórdão do STF, no HC 45.232, GB, Tribunal Pleno, Rel. Min. Themístocles Cavalcanti, j. em 21.2.1968: "[...] A vida não é apenas o conjunto de funções que resistem à morte, mas é a afirmação positiva de condições que assegurem ao indivíduo e aos que dele dependem, dos recursos indispensáveis à subsistência [...]"[8].

Não posso prosseguir, sem mencionar, também, o pensamento da ilustre juíza e colega Cinthia Maria da Fonseca Espada[9], pela excelência do desenvolvimento, de suma importância para o ponto que ora se aborda; diz ela: "[...] a incidência do princípio da dignidade da pessoa humana no âmbito do trabalho implica a necessidade de se proteger o trabalhador contra qualquer ato atentatório à sua dignidade, de lhe garantir condições de labor saudáveis e dignas, e também de propiciar e promover a inclusão social. Constata-se, desta forma, que o núcleo do princípio protetor do

---

(6) SILVA, Maria Aparecida de Moraes; MARTINS, Rodrigo Constante; OCADA, Fábio Kazuo; GODOI, Stela; MELO, Beatriz Medeiros de; VETTORACCI, Andréia; BUENO, Juliana Dourado; RIBEIRO, Jadir Damião. Do karoshi no Japão à birola no Brasil: as faces do trabalho no capitalismo mundializado. *Revista NERA*, Presidente Prudente, ano 9, n. 8, p. 79/80, jul./dez. 2006.
(7) DROMI, Roberto. *Sistema jurídico e valores administrativos*. Porto Alegre: Sergio Antonio Fabris, 2007. p. 73, nota de rodapé n. 147.
(8) FELDENS, Luciano. *A constituição penal*: a dupla face da proporcionalidade no controle das normas penais. Porto Alegre: Livraria do Advogado, 2005. p. 174, nota de rodapé n. 287.
(9) ESPADA, Cinthia Maria da Fonseca. *O princípio protetor do empregado e a efetividade da dignidade da pessoa humana*. São Paulo: LTr, 2008. p. 96.

empregado encontra seu fundamento no princípio da dignidade da pessoa humana, considerando-se que a principal finalidade da proteção ao trabalhador é promover a sua dignidade. Nesse passo, embora o propósito do princípio protetor do empregado também seja o de tratar desigualmente os desiguais para promover a igualdade real/substancial entre partes que se encontram em desigualdade de fato (princípio isonômico) em seu núcleo, a principal finalidade do princípio é promover a dignidade do trabalhador. Assim, promover a igualdade real constitui um dos meios de promoção da dignidade do obreiro".

Atento aos ensinamentos acima transcritos, há que ter como devidas as próprias horas extras prestadas, com o adicional convencional ou, não existindo, o legal, e com os reflexos devidos e postulados, por ficar claro que o pagamento apenas do adicional devido, em situações quejandas, provoca todas as nefastas consequências apontadas nas linhas transatas.

Importante salientar que esta Corte de Justiça já placitou esse entendimento, realçando ainda outros aspectos e dispositivos constitucionais:

SALÁRIO POR PRODUÇÃO; ADICIONAL DE HORAS EXTRAS; REMUNERAÇÃO DO VALOR DO SALÁRIO NORMAL; POSSIBILIDADE. Hoje em dia já não dá mais para negar que a remuneração com base na produtividade funciona como elemento que se contrapõe àqueles princípios protetivos à saúde e à higidez do trabalhador. A remuneração do trabalho por produção deve ser vista como cláusula draconiana. Seu intuito é exatamente o de constranger o trabalhador a estar sempre prorrogando suas jornadas em troca de algumas migalhas salariais a mais, renda extra essa que, no final, acaba incorporada em seu orçamento mensal, criando, com isso, uma relação de dependência tal qual a da droga ou da bebida.

Trocando em miúdos, essa modalidade de remuneração faz do trabalhador rural verdadeiro escravo de sua própria produtividade. Sem perceber, essa sua necessidade em manter constante determinado nível de produtividade já alcançado gera o maior desgaste de sua própria saúde, assim como compromete, aos poucos, sua plena capacidade física para o trabalho num futuro ainda próximo. O que se verifica com isso é a total desregulamentação da forma de remuneração da jornada de trabalho, com uma prejudicial ideia de que todos saem ganhando quando, na verdade, a fatia do prejuízo passa a ser paga por aquele mesmo corpo já demasiadamente cansado e suado. Remunerar o trabalhador apenas com o adicional de horas extras em decorrência de seu trabalho por produção representa típico desrespeito àqueles princípios que visam à proteção à saúde e à integridade física de pessoa humana, valores estes que se constituem em primado constitucional (CF/1988, art. 7º, incisos XIII e XXII) (Processo TRT/15 — RO 199.2005.150.15-00-1, Relator Desembargador Gerson Lacerda Pistori).

TRABALHADOR RURAL. CORTE DE CANA. ATIVIDADE EXTENUANTE. REMUNERAÇÃO POR PRODUÇÃO. JORNADA EXTRAORDINÁRIA. DESRESPEITO AOS PRINCÍPIOS CONSTITUCIONAIS DA DIGNIDADE DA PESSOA HUMANA E DOS VALORES SOCIAIS DO TRABALHO. INAPLICABILIDADE DA REGRA GERAL INSERIDA NA OJ N. 235 DO C. TST. O constituinte, no art. 1º, elegeu a dignidade da pessoa humana, assim como os valores sociais do trabalho, como princípios centrais de todo o ordenamento jurídico, constitucional e infraconstitucional. Assim, a legislação infraconstitucional deve ser interpretada conforme os princípios acima relacionados.

É norma geral de experiência que o trabalhador rural, que se ativa no corte de cana, após extenuante jornada de oito horas, tem a sua capacidade física manifestamente reduzida.

Nessas condições de extrema fadiga, alegar que é suficiente a contraprestação no estertor do fôlego do trabalhador mediante singelo adicional extraordinário, colocando inclusive a sua vida em risco (em confronto com o inciso XXII do art. 7º da Carta Magna), é ignorar os princípios constitucionais acima mencionados.

Portanto, a regra insculpida na OJ n. 235 do C. TST deve ser interpretada conforme os princípios constitucionais, ou seja, desde que atividade extraordinária não implique demasiado esforço físico.

Consequentemente, o cortador de cana tem direito a receber, na jornada extraordinária, a hora acrescida do adicional extraordinário e não apenas este (Processo TRT/15 — RO 00431.20055.120.15-85-2, 3ª Turma, 6ª Câmara, Relator Desembargador Samuel Hugo Lima).

TRABALHO POR PRODUÇÃO. CORTADOR DE CANA. PENOSIDADE. HORA EXTRAORDINÁRIA CHEIA. O trabalho de corte da cana-de-açúcar, face à sua penosidade, tem propiciado desgaste físico e psíquico do trabalhador de tal monta que, em muitos casos, chegou a levar até a morte por exaustão. Dados apontam que o cortador de cana, atualmente, corta em média cerca de 15 toneladas por dia. E é sabido que o cortador faz um conjunto de movimentos envolvendo torcer o tronco, flexão de joelho e tórax, agachar e carregar peso, sendo certo que, se ele vier a cortar 15 toneladas por dia, efetua aproximadamente 100 mil golpes de facão com cerca de 36 mil flexões de pernas. Ocorre que, dada a forma de remuneração do cortador (por produção) e o ínfimo valor pago por metro de cana cortada, o trabalhador se vê obrigado a laborar muito além do que deveria para auferir um salário mensal razoável. E, para agravar a situação, não se pode desconsiderar que são extremamente ruins as condições em que o trabalho é desenvolvido. Desta forma, sendo induvidoso o fato de que o serviço do cortador de cana enquadra-se como penoso, não se pode deixar sem a proteção devida o trabalhador que presta serviços nestas condições. E, neste contexto, considerando-se que, na Constituição Federal de 1988, os direitos fundamentais foram erigidos à sua máxima importância, sendo que o princípio da dignidade da pessoa humana foi adotado como fundamento da República do Brasil, conforme dispõe o art. 1º, III, da CF/1988, é indiscutível que a autonomia das relações de trabalho encontra limites na preservação da dignidade da pessoa humana. Sendo assim, procurando valorizar o trabalhador e protegê-lo, o operador do direito, ao verificar que o sofrimento deste se agiganta diante da penosidade do trabalho, há de ponderar, no exame da postulação, que, para corrigir essa situação, é necessário o deferimento do pagamento da hora extraordinária cheia. Recurso não provido neste aspecto. (Processo TRT/15 — RO 00698-2008-158-15-00-2, 3ª Turma, 5ª Câmara, Relator Desembargador Lorival Ferreira dos Santos).

HORAS EXTRAS. TRABALHO POR PRODUÇÃO. RURÍCOLA. DEVIDO O PAGAMENTO DA PRÓPRIA HORA MAIS O RESPECTIVO ADICIONAL E NÃO APENAS ESTE. Quando o empregado trabalha e é pago por produção, se labutar em regime de sobrejornada, há receber a própria hora extra mais o adicional, e não apenas este, já que este proceder não se afina com a Lei Maior e magoa o princípio da dignidade da pessoa humana, por coisificar o homem que trabalha por produção. (Processo TRT/15 — RO 00523-2008-042-15-00-1, 3ª Turma, 5ª Câmara, Relator Juiz Francisco Alberto da Motta Peixoto Giordani).

RECURSO ORDINÁRIO — SALÁRIO POR PRODUÇÃO — CORTE DE CANA — PAGAMENTO DA HORA E DO ADICIONAL — NR-17. Tanto as horas normais como as extraordinárias prestadas pelo cortador de cana, não podem ser pagas "por produção", daí por que, no caso, a sobrejornada deve ser remunerada integralmente, não apenas com o adicional. É o que deflui da análise da Norma Regulamentadora n. 17, que veda pagamento por produção para trabalhos que exigem sobrecarga muscular e movimentos repetitivos, como é o corte de cana, que extenua o empregado. De outro lado, é notório que, a cada ano que passa, a "produção/produtividade" canavieiro aumenta e o preço dos serviços mantém-se ou, até, diminui, o que exige, então, mais trabalho nessa atividade notoriamente penosa e prejudicial à saúde. Essa situação conspira contra o art. 7º, XIII e XVI da Constituição Federal (horas extras somente em serviços extraordinários) e, também, contra os fundamentos do Estado Democrático de Direito (dignidade da pessoa humana, valores sociais do trabalho e da livre iniciativa) e contra os princípios gerais sobre a Atividade Econômica (art. 170) e a Ordem Social (art. 193). Recurso não provido. (Processo TRT/15 — RO 02460-2007-011-15-00-9 — Turma — Câmara, Relator Desembargador José Pedro de Camargo Rodrigues de Souza).

Os arestos acima reproduzidos apanham, em sua essência, a triste realidade a que estão submetidos vários — coloco o acento tônico nesse último vocábulo para deixar claro que não são todos, pois há empregadores que verdadeiramente se preocupam em não deixar seus empregados em tão desumana situação, exigindo--lhes um trabalho extraordinário que suas forças não podem oferecer, após cumprida suas jornadas normais, já por demais desgastantes, aos quais, por óbvio, apenas encômios hão de ser dirigidos — dos trabalhadores que labutam no meio rural no interior paulista; um trabalho ímpar, realizado pela brilhante socióloga Maria Aparecida de Moraes, desnuda a realidade que se vem de mencionar:

> São submetidos (os trabalhadores rurais, os cortadores de cana dos canaviais paulistas) a duro controle durante a jornada de trabalho. São obrigados a cortar em torno de dez toneladas de cana por dia. Caso contrário, podem: perder o emprego no final do mês, ser suspensos, ficar de "gancho" por ordem dos feitores [sic] ou, ainda, ser submetidos à coação moral, chamados de "facão de borracha", "borrados", fracos, vagabundos.
>
> A resposta a qualquer tipo de resistência ou greve é a dispensa. Durante o trabalho, são acometidos pela sudorese em virtude das altas temperaturas e do excessivo esforço, pois, para cada tonelada de cana, são obrigados a desferir mil golpes de facão. Muitos sofrem a "birola", as dores provocadas por câimbras. Os salários pagos por produção (R$ 2,5 por tonelada) são insuficientes para lhes garantir alimentação adequada, pois, além dos gastos com aluguéis e transportes dos locais de origem até o interior de São Paulo, são obrigados a remeter parte do que recebem às famílias.
>
> As consequências desse sistema de exploração-dominação são: — de 2004 a 2007, ocorreram 21 mortes, supostamente por excesso de esforço durante o trabalho, objeto de investigação do Ministério Público —; minhas pesquisas em nível qualitativo na macrorregião de Ribeirão Preto apontam que a vida útil de um cortador de cana é inferior a 15 anos, nível abaixo dos negros em alguns períodos da escravidão.
>
> Constatei as seguintes situações de depredação da saúde: desgaste da coluna vertebral, tendinite nos braços e mãos em razão dos esforços repetitivos, doenças nas vias respiratórias causadas pela fuligem da cana, deformações nos pés em razão do uso de "sapatões" e encurtamento das cordas vocais devido à postura curvada do pescoço durante o trabalho.
>
> Além dessas constatações empíricas, as informações recentes do INSS para o conjunto do Estado de São Paulo, no período de 1999 a 2005, são: — o total de trabalhadores rurais acidentados por motivo típico nas atividades na cana-de-açúcar foi de 39.433; por motivo relacionado ao trajeto, o total correspondeu a 312 ocorrências; quanto às consequências, os números totais

para o período são: — assistência médica 1.453 casos; — incapacidade inferior a 15 dias: 30.465 casos: — incapacidade superior a 15 dias: 8.747 casos; incapacidade permanente 408 casos; — óbitos: 72 casos.[10]

Sem dúvida, horrível o quadro, e isso se não se pensar, o que seria — e é — plenamente válido, conhecendo a realidade brasileira, que esses números não abarcam a totalidade de casos em que os trabalhadores rurais foram acometidos de algum mal...

A pergunta que logo assoma à mente e ao coração dos que se tocam com um desenho desses, é a de como um ser humano consegue trabalhar assim; e a resposta pode ser encontrada, para além de outros fatores, entre os quais a necessidade — cuja influência sobre o comportamento dos homens é algo que não deve, não pode, em absoluto, ser ignorado, sob pena de chegar, quem assim procede, a conclusões divorciadas da realidade, logo, de todo em todo equivocadas e imprestáveis para sustentar alguma ideia e/ou posicionamento, relativo a qualquer comportamento humano, que dependa, para uma válida manifestação, de uma liberdade e/ou opção que a necessidade não permite —, no que consta de reportagem acerca do consumo de crack pelos trabalhadores rurais, valendo a transcrição de alguns trechos:

> Os trabalhadores saem de várias cidades do noroeste paulista e embarcam muito cedo rumo às fazendas. A viagem leva até duas horas. No local, se concentra a maior parte da produção de laranja e cana do Brasil. Mas a roça perdeu um pouco da tranquilidade caipira. Mesmo tão longe dos centros urbanos, um mal da cidade avança pelo campo: drogas como a maconha e, principalmente, o crack.
>
> "A maioria dos trabalhadores usa droga hoje", afirma um deles.
>
> Numa fazenda, nós localizamos um grupo de colhedores de laranja. Entre eles, encontramos trabalhadores que confessam fazer uso da droga durante o serviço.
>
> "Viro máquina para trabalhar, trabalho até melhor", afirma um deles.
>
> Um homem conta que, dos 45 trabalhadores de um pomar, pelo menos dez usam algum tipo de droga.
>
> "Nós usamos maconha, pedra", diz um dos lavradores.
>
> A pedra de que ele fala é o crack.
>
> [...]
>
> "O trabalhador hoje do corte da cana ele perde diariamente oito litros de líquido do seu organismo, percorre mais de 12 quilômetros por dia. Então, é um esforço físico de um superatleta com uma contrapartida totalmente inferior. Ele não tem alimentação adequada, não tem descanso adequado para desempenhar essa função e esse desgaste acaba induzindo o trabalhador ao uso da droga", esclarece Antonio Valério Morillas Júnior, gerente regional do Ministério do Trabalho.[11]

---

(10) Disponível *site* do jornal *Folha de S. Paulo*. Acesso em: 9.2.2009.
(11) Disponível em: <www.fantastico.globo.com/Jornalismo/FANT/0> Acesso em: 4.2.2009.

A indagação seguinte e que vem com a mesma intensidade é: O Direito, designadamente o Direito do Trabalho, pode aquiescer com uma situação dessas? Justificar-se-ia mesmo a existência de um Direito que nada fizesse para evitar um sucesso tão dramático, vendo a dignidade de um ser humano ser assim tão impiedosamente vergastada? Justamente o Direito do Trabalho que, como recorda o preclaro juslaborista Ipojucan Demétrius Vecchi[12], citando o culto Häberle, por conta do movimento trabalhista, "trouxe para o campo da prática jurídica, as especulações filosóficas sobre a ideia de dignidade humana, que é a fonte, o fundamento, dos direitos fundamentais"?

Mais: qual a responsabilidade dos operadores do Direito para evitar que esse mal?

Enfrentando essas questões, à partida cito o preclaro Marco Antonio Azkoul, que, em seu prefácio ao livro de Gisele Ferreira de Araújo[13], disse, tendo em vista a obra que tinha às mãos: "Nesse contexto, revela-nos ser responsabilidade social a proteção dos direitos trabalhistas, principalmente dos operadores do direito que devem potencializá-los, sem tergiversar, com vistas à rápida e segura concretização ou efetivação material desses direitos humanos previstos em nossa Carta Magna, como a mais sublime expressão do ideal de justiça".

Por mais que seja óbvio, nessa quadra da evolução do pensamento humano — mas considerando que o que é óbvio para um, talvez não o seja tanto para outro! —, tenho em que vale a pena pisar e repisar que uma pessoa não tem sua dignidade medida pela sua posição na sociedade, ou, como diz, a insigne Gláucia Correa Retamozo Barcelos Alves: "Aquela noção hobbesiana, vista anteriormente, do homem dotado de dignidade entendida como correspondência ao seu *status* social, fica definitivamente para trás no horizonte da filosofia moral. Kant inaugura a noção de que o ser humano é dotado de dignidade enquanto tal, ou seja, enquanto ser humano — independentemente de sua identidade estatutária, para usar os termos De Singly"[14].

Destarte, cumpre envidar todos os esforços para que a dignidade da pessoa do trabalhador submetido a tão reprovável condição de trabalho — e que não é menor da de quem quer que seja — seja respeitada, como deve sê-lo!

O impoluto Alexandre dos Santos Cunha, em trabalho que desenvolveu[15], à certa altura e evocando ensinamentos de um civilista de escol lusitano, entre tantos que lá existem, expôs que: "[...] conforme ressalta Carvalho, 'se é inconcebível um Direito do Estado sem Estado, é igualmente inconcebível um direito civil sem cíveis'. Portanto" — prossegue, ainda forte no doutrinador português — "é evidente que esse reconhecimento do homem como coração do direito civil contemporâneo deve fazer do problema da proteção dos direitos do Homem [...] o problema central desse mesmo direito civil".

Esse raciocínio, não se aplicaria, até com mais força ainda, ao, ou no, Direito do Trabalho? A proteção do homem que trabalha como empregado, a preservação da

---

(12) A eficácia dos direitos fundamentais nas relações privadas: o caso da relação de emprego. *Revista da Associação dos Magistrados da Justiça do Trabalho da 15ª Região — AMATRA XV*, São Paulo: LTr, n. 2, p. 104, 2009.
(13) *O redimensionamento do direito do trabalho no contexto da globalização*. São Paulo: Plêiade, 2006. p. 7/8.
(14) Sobre a dignidade da pessoa. In: MARTINS-COSTA, Judith (org.) *et al. A reconstrução do direito privado*. São Paulo: RT, 2002. p. 220.
(15) Dignidade da pessoa humana: conceito fundamental do direito civil. In: MARTINS-COSTA, Judith (org.) *et al. A reconstrução do direito privado*. São Paulo: RT, 2002. p. 231.

dignidade humana dessa pessoa, não há de ser sua preocupação maior? Estou em que não padece dúvida de que a resposta há de ser prontamente afirmativa!

E para tanto, necessário ter em conta que, não raro, o indivíduo, isoladamente, não tem como fazer valer a proteção que o ordenamento jurídico confere à sua dignidade enquanto pessoa humana, de modo que, deixá-la apenas aos seus cuidados, poderia — como pode — implicar numa omissão, velada que seja, mas que, no limite, pode ser tida como uma espécie de cumplicidade, que leve a que seja olimpicamente desrespeitada por aquele que, no caso concreto, tenha mais poder de fazer valer a sua vontade, o que, em seara trabalhista, não é algo nada acadêmico, mas sim bem real, não sendo razoável pensar que o sistema jurídico não tenha e/ou não possa agir para evitar um mal maior; aliás, cumpre ao ordenamento jurídico, se quer, realmente, respeitar a dignidade da pessoa humana, protegê-la devida e eficazmente, aqui, interessante ceder o passo ao preclaro Chaïm Perelman, que oportunamente dilucida que: "[...] também o Estado, incumbido de proteger esses direitos (direitos humanos, dignidade da pessoa humana) e fazer que se respeitem as ações correlativas, não só é por sua vez obrigado a abster-se de ofender esses direitos, mas tem também a obrigação positiva da manutenção da ordem. Ele tem também a obrigação de criar as condições favoráveis ao respeito à pessoa por parte de todos os que dependem de sua soberania"[16].

Um exemplo já clássico de insuficiência da proteção da dignidade humana, quando deixada a cargo de quem não tem como, de per si, fazê-la valer, está no famoso caso que ficou conhecido como o "arremesso de anões", assim narrado por Nelson Rosenvald:

> A municipalidade impediu o divertimento consistente no lançamento de anão sobre um colchão, com base no respeito à dignidade humana, o que colidiu com a própria liberdade de iniciativa do anão — que, inclusive, aliou-se como litisconsorte da casa em que se passava o triste espetáculo —, que defendia a sua dignidade individual.

Cumpre perceber que a decisão final que interditou o espetáculo como atentatório à dignidade da pessoa humana nada mais acusou do que a prevalência do elemento axiológico básico do ordenamento, que prevalece sobre o titular da personalidade, podendo mesmo em face dele ser tutelado — até mesmo contra a sua vontade —, na precisa visão de Cláudio Godoy, prossegue o culto autor, reproduzindo ensinamento da não menos ilustre professora Giselda Hironaka, então afirmando: "Em outras palavras, 'o consentimento do anão ao tratamento degradante a que se submetia lhes pareceu, portanto, juridicamente irrelevante, porque não se pode renunciar à dignidade, porque uma pessoa não pode excluir de si mesma, humanidade"[17].

À essa altura, de evocar os ensinamentos de Rizzatto Nunes, que, em notável trecho de obra sua, pergunta: "Ou, em outros termos, pode o indivíduo violar a própria dignidade? Por exemplo, se drogando? Tentando se matar? Abandonando-se materialmente? Embebedando-se? enfim, há algo de consciência ética, filosófica e/ou científica na garantia da própria dignidade?"[18]; ao que responde o mesmo autor: "Temos de dizer que, de fato, como se trata de uma razão jurídica adquirida no

---
(16) PERELMAN, Chaim. *Ética e direito*. São Paulo: Martins Fontes, 2002. p. 401.
(17) *Dignidade humana e boa-fé no código civil*. São Paulo: Saraiva, 2005. p. 10/1.
(18) NUNES, Rizzatto. *O princípio constitucional da dignidade da pessoa humana*. São Paulo: Saraiva, 2002. p. 50.

decurso da história e nesta tanto a ciência como a filosofia e a ética também se sustentam numa evolução da própria razão humana, a resposta é não. Não pode o indivíduo agir contra a própria dignidade"[19].

Aliás, como bem lembra o eminente Gustavo Tepedino, "[...] a proteção dos direitos humanos não mais pode ser perseguida a contento se confinada no âmbito do direito público, sendo possível mesmo aduzir que as pressões do mercado, especialmente intensas na atividade econômica privada, podem favorecer uma conspícua violação à dignidade da pessoa humana, reclamando por isso mesmo um controle social com fundamento nos valores constitucionais. Por outro lado, como acima enunciado, no campo das relações privadas, a usual técnica regulamentar mostra-se avessa à proteção dos direitos humanos, pois que incapaz de abranger todas as hipóteses em que a pessoa humana se encontra a exigir tutela"[20].

Enfim, estou em que a dignidade da pessoa humana do trabalhador rural fica agredida quando submetido a trabalho extraordinário, nas condições acima descritas, o que nem deveria ocorrer, mas uma vez acontecendo, devido o pagamento, pelas razões desfiadas nas linhas transatas, da própria hora extra, com o respeitante adicional, e não apenas deste, procedimento esse que encontra arrimo e consistência na Carta Política, como também já demonstrado, até porque, vale salientar:

> No que tange especificamente à proteção da pessoa humana, mantém-se despercebida, as mais das vezes, pelos civilistas a cláusula geral de tutela fixada pela Constituição, nos arts. 1º, III; 3º, III, e 5º, § 2º.
>
> Segundo o art. 1º, nº III, a República Federativa do Brasil tem como fundamento a dignidade da pessoa humana. Nos termos do art. 3º, III, constituem-se objetivos fundamentais da República a erradicação da pobreza e da marginalização e a redução das desigualdades sociais e regionais. Finalmente, pelo art. 5º, § 2º, os direitos e garantias expressos na Constituição (com aplicação imediata, consoante o § 1º) não excluem outros decorrentes do regime e dos princípios por ela adotados, ou dos tratados internacionais em que o Brasil seja parte.
>
> Tais preceitos, inseridos como foram no Título I, compõem os princípios fundamentais da República, os quais, segundo a técnica adotada pelo constituinte, precedem, topográfica e interpretativamente, todos os demais capítulos constitucionais. Vale dizer, a Constituição não teria um rol de princípios fundamentais não fosse para, no plano hermenêutico, condicionar e conformar todo o tecido normativo: tanto o corpo constitucional, no mesmo plano hierárquico, bem como o inteiro ordenamento infraconstitucional, com supremacia sobre todas as demais normas jurídicas.
>
> Pretendeu, portanto, o constituinte, com a fixação da cláusula geral acima aludida e mediante o estabelecimento de princípios fundamentais introdutórios, definir uma nova ordem pública, da qual não se podem excluir as relações jurídicas privadas, que eleva ao ápice do ordenamento jurídico a tutela da pessoa humana, funcionalizando a atividade econômica privada aos valores existenciais e sociais ali definidos.[21]

---

(19) *Op. cit.*, p. 50.
(20) TEPEDINO, Gustavo. *Temas de direito civil*. 3. ed. Rio de Janeiro: Renovar, 2004. p. 73.
(21) *Op. cit.*, p. 74/5.

Por derradeiro, não será despiciendo notar que, se há algo que, quando se fala, todos certamente concordam, é com o que disse o ilustre Antonio Lindbergh C. Montenegro, no sentido de que: "Na realidade, a vida não tem preço, refuga mensuração; é um bem inalienável"[22], o que deve valer para todos, igualmente, não podendo ser diferente para o homem que trabalha, duramente, nas condições acima referidas, no corte de cana, mesmo porque a existência e/ou execução de um contrato de trabalho "não pode significar para o trabalhador o comprometimento de seu direito à vida, à integridade física e psíquica, às condições de segurança e higiene do trabalho"[23], o que a todos é defeso olvidar, principalmente aos operadores do Direito.

---

(22) *Ressarcimento de danos*. 8. ed. Rio de Janeiro: Lumen Juris, 2005. p. 58.
(23) GOSDAL, Thereza Cristina. Mortes por exaustão no trabalho: uma análise sob a ótica da contratualidade. In: CORTIANO JUNIOR, Eroulths; MEIRELLES, Jussara Maria Leal de; FACHIN, Luiz Edson; NALIN, Paulo (coords.) *et al. Apontamentos críticos para o direito civil brasileiro contemporâneo*. Curitiba: Juruá, 2007. p. 184.

A Responsabilidade, ao Menos Subsidiária, do Dono da Obra, Quanto aos Direitos dos Empregados não Satisfeitos pelo Empreiteiro

Francisco Alberto da Motta Peixoto Giordani[*]

A circunstância de ser o dono da obra, em algum contrato de empreitada, não basta para alforriar aquele que ocupa essa atualmente cômoda situação (para fins de aplicação do direito do trabalho), de participar para a satisfação do crédito reconhecido como devido a algum trabalhador, quando contrata com empreiteiro que não tem idoneidade financeira para honrar seus compromissos, ou não tem interesse em fazê-lo.

Em outras palavras, há responsabilizar, ainda que subsidiariamente — *pessoalmente entendo que deva ser a responsabilidade solidária, mas rendo-me ao sentir por ora dominante* — o dono da obra em situações como a aqui enfocada, por possíveis créditos reconhecidos em juízo ao trabalhador, atento a que as diversas possibilidades contratuais não podem servir para ilaquear e/ou prejudicar o trabalhador, máxime quando as partes envolvidas, ou uma delas, não têm como — ou não quer simplesmente — responder pelas obrigações trabalhistas que lhes cabem satisfazer.

Soa um desolador retrocesso permitir que os que celebram um contrato possam, quando ou como resultado de sua execução, provocar e/ou impingir prejuízos a terceiros, o que não se harmoniza, de forma alguma, com a visão hodierna da função dos contratos.

Aliás, como superiormente dito por André Soares Hentz:

> [...] há uma alteração do eixo interpretativo do contrato, que deixa de ser visto como resultado da vontade das partes e da mera satisfação de seus

---

(*) Juiz Titular da Vara do Trabalho de Campo Limpo Paulista.

interesses, passando a representar um instrumento de convívio social e de preservação dos interesses da coletividade, encontrando aí sua razão de ser e de onde extrai a sua força.

Passa-se a admitir que, além da vontade das partes, o contrato tenha outras fontes de integração de seu conteúdo, que são materializadas na função social que lhe foi atribuída, na boa-fé exigida objetivamente dos contratantes e na busca da justiça contratual.[1]

Parece claro que, sendo "um instrumento de convívio social e de preservação dos interesses da coletividade", como apontado pelo eminente autor que se vem de mencionar, não se pode imaginar/conceber que um contrato celebrado pelos que tenham interesse no que nele estipulado venha a prejudicar terceiros, sem que estes tenham como evitar e/ou se ressarcir dos prejuízos que acaso venham a experimentar, situação essa que, se verificada, contraria, de maneira inconciliável, aqueles atributos que, hodiernamente, são tidos como característicos dos contratos.

Aliás, pela absoluta pertinência com o tema que ora se pretende abordar, ainda que de maneira muito breve, de transcrever as pergunta e resposta da preclara professora Roxana Cardoso Brasileiro Borges, *verbis*:

> "Deve-se perguntar: para que serve o contrato? O contrato tem a finalidade socioeconômica de satisfazer os interesses das partes, principalmente com base num mecanismo de troca. **Sua finalidade não é prejudicar terceiros.** Se o mecanismo de satisfação de interesses das partes prejudica terceiros, violando seus direitos, há ilicitude, desvirtuando-se o pacto de sua função socioeconômica, devendo ser corrigido"[2] (negritei); embora pareça claro que um contrato celebrado pelos que nele tem interesse não pode prejudicar terceiros, bem é de ver que, a se entender, como se vem entendendo, que o dono da obra, num contrato de empreitada, não responde pelo crédito que o empreiteiro que com ele contratou deve a um empregado que tenha, por seu turno, contratado, estar-se-á, falando sem refolhos, permitindo que um contrato celebrado para atender os interesses das partes contratantes, venha a, sem-cerimônia, prejudicar terceiro, e o que é mais grave, um terceiro que não exerce atividades econômicas, mas, antes, que depende do seu trabalho para manter-se e à sua família.

Na quadra em que estamos, onde se batalha tanto, no orbe jurídico, pela observância, entre outros, de princípios como os da boa-fé, da proteção da confiança, da função social do contrato — lembro que tive sob as vistas, não me recordando agora qual o autor, infelizmente, em texto atinente à questão da confiança, mas que estendo aos demais, por identidade de motivos, o empenho é grande, visando o respeito a esses princípios, porque os mesmos, é difícil dizer, mas é preciso fazê-lo, não são tão espontaneamente assim seguidos... —, o sentir que prevalece, é o de que um contrato, qualquer que seja, não interessa apenas aos que o celebram, mas, também, à sociedade como um todo, daí por que não se pode tolerar que um ajuste, ainda que formalmente inatacável, venha a prejudicar terceiros; nesse passo, tenho por oportuna

---
(1) HENTZ, André Soares. *Ética nas relações contratuais à luz do código civil de 2002*. São Paulo: Juarez de Oliveira, 2007. p. 70/1.
(2) BORGES, Roxana Cardoso Brasileiro. Reconstrução do conceito de contrato: do clássico ao atual. In: HIRONAKA, Giselda Maria Fernandes Novaes; TARTUCE, Flávio (coords.). *Direito contratual* — temas atuais. São Paulo: Método, 2008. p. 35.

a transcrição de ensinamentos do grande professor Antonio Junqueira de Azevedo[3], para quem:

> A ideia da função social do contrato está claramente determinada pela Constituição, ao fixar, como um dos fundamentos da República, o valor social da livre iniciativa (art. 1º, inciso IV); essa disposição impõe, ao jurista, a proibição de ver um contrato como um átomo, algo que interessa às partes, desvinculado de tudo o mais. O contrato, qualquer contrato, tem importância para toda a sociedade[...].

Bem é de ver que a preocupação com esses princípios está à base do vigente Código Civil, para ficar apenas nele, tanto que se sabe regido, como um todo, pelos princípios da operabilidade, eticidade e socialidade, interessando-nos, mais de perto, nesse momento, os dois últimos, atento a que:

> "O grande fundamento da eticidade é o princípio da dignidade da pessoa humana (art. 1º, III, da Constituição Federal); fixam-se, a partir dessa diretriz, contornos de valorização do ser humano dentro da sociedade". Em decorrência da eticidade, critérios como confiança, probidade, equilíbrio, cooperação e lealdade passam a ter maior relevância para o ordenamento por serem tais valores essenciais à sociedade, merecendo prestígio no momento de aplicação da norma [...].
>
> O princípio da socialidade instrumentaliza, conforme entendimento de Judith Martins-Costa, a diretriz da solidariedade social, constante no art. 3º, I e III, da Constituição Federal. Em decorrência da socialidade, altera-se a visão individualista presente no CC/1916, possibilitando o entendimento de que os institutos e as relações privadas não podem ser desvinculados de um sentido social. Dessa forma, compreende-se que as relações privadas devem ser analisadas não somente sob o prisma do vínculo entre os particulares, mas também sob a ótica dos efeitos que tais relações projetam sobre a sociedade.
>
> Não se atesta, contudo, que o referido princípio surge em detrimento do direito individual, perdendo este espaço para o poder público. A correta leitura da socialidade permite a compreensão de que o CC/2002 enalteceu a importância dos institutos do direito privado para a sociedade, pois a funcionalização dos institutos da propriedade e do contrato evidencia a preocupação do legislador em proteger esses institutos em razão da importância que têm para a sociedade.[4]

Fica claro e irrecusável, portanto, o grande relevo dado ao comportamento ético e probo de todos os integrantes do corpo social, os quais continuam com a indispensável liberdade para cuidar e perseguir seus legítimos interesses, só não podendo buscá-los sem considerações para com o próximo, mormente em relação ao mais fraco, é dizer:

> Se por um lado a eticidade convoca os atores sociais para a luta em nome da lealdade, da probidade e da honestidade, por outro, a socialidade busca evitar que o mais forte — apenas por ser mais forte — faça prevalecer os

---

(3) AZEVEDO, Antonio Junqueira de. *Estudos e pareceres de direito privado*. São Paulo: Saraiva, 2004. p. 141/2.
(4) MAZZEI, Rodrigo. O princípio da relatividade dos efeitos contratuais e suas mitigações. In: HIRONAKA, Giselda Maria Fernandes Novaes; TARTUCE, Flávio (coords.). *Direito contratual* — temas atuais. São Paulo: Método, 2008. p. 202-3.

seus interesses sobre os do mais fraco. A eticidade diz: seja leal; a socialidade diz: seja justo. São valores complementares na formação de um novo paradigma jurídico.[5]

Especificamente quanto ao princípio da socialidade, pela clareza e consistência da exposição, de reproduzir a posição de Fernando Costa Azevedo[6]: "Pelo princípio da socialidade, busca-se conciliar as dimensões individual (ser humano enquanto indivíduo em si mesmo) e política (ser humano como cidadão, isto é, como ser social, relacional, condicionado pelo ambiente em que vive) da pessoa humana. Ou seja: busca-se um afastamento das concepções radicais de um coletivismo que anule a pessoa humana e de um individualismo que não leve em conta a necessidade da pessoa respeitar certos bens e valores coletivos".

Irrecusavelmente, esse novo paradigma para o direito civil como um todo repercute nas relações contratuais.

Fique claro que não se está aqui afirmando que os fins sempre visados com a celebração de algum contrato não contam mais, longe disso, pois continuam contando e muito, o contrato continua a ser privilegiada fonte de circulação de riquezas, e tem a função de atender aos interesses das partes; apenas observo que, para atingir esses escopos, não podem os interessados ignorar os interesses de outros, da sociedade, porquanto, como dilucida Rafael Wainstein Zinn[7]:

> Atualmente, os pactos continuam a servir de instrumento para a circulação de riquezas, mas já não podem simplesmente atender a interesses meramente individuais; devem estar de acordo com os interesses sociais, da coletividade.

Curioso notar o quanto é difícil a certos segmentos da sociedade, habituados com a busca pelo ter, sem qualquer consideração com o ser, a se limitar em lutar pelos seus interesses (aqui relevam os legítimos, não é demais repetir), sem afogar os interesses do outro, que com eles contratam, antes, reconhecendo-os ou, como superiormente dito pela pena de Lauro Augusto Moreira Maia, *verbis*: "O comportamento dos negociantes deixa de ser 'a tentativa de ganhar mais' para ser a busca pelo 'ganhar sem aniquilar o outro e reconhecendo no outro todos esses valores'"[8]; logicamente, não podem os dois contratantes se juntar para aniquilar e/ou não reconhecer, ignorando-os, os direitos de um terceiro, o que nos importa de momento, um trabalhador, cujo trabalho beneficia-os.

E assim há mesmo de ser, já que a rede de ligações entre as pessoas no mundo contemporâneo faz com que o ato praticado por uma repercuta na esfera de outra(s), o que não pode ser desconsiderado, lembrando que "O Direito contemporâneo não descura do fato de que os contratos não afetam apenas as partes imediatamente a eles vinculados. Como em um dominó, em que a queda de uma peça implica a da seguinte, o contrato irradia seus efeitos (benéficos ou maléficos) por onde quer que seja celebrado. Econômicos, jurídicos ou sociais, os efeitos devem ser sopesados quando da celebração e revisão dos contratos"[9].

---

(5) MAIA, Lauro Augusto Moreira. *Novos paradigmas do direito civil*. Curitiba: Juruá, 2007. p. 45.
(6) AZEVEDO, Fernando Costa de. *Lições de teoria geral do direito civil*. Porto Alegre: Livraria do Advogado, 2008. p. 47.
(7) ZINN, Rafael Wainstein. O contrato em perspectiva principiológica — novos paradigmas da teoria contratual. In: ARONNE, Ricardo (org.). *Estudos de direito civil* — constitucional. Porto Alegre: Livraria do Advogado, 2004. v. 1, p. 131.
(8) MAIA, Lauro Augusto Moreira. *Novos paradigmas do direito civil*, cit., p. 31.
(9) SANTOS, Eduardo Sens dos. O novo código civil e as cláusulas gerais: exame da função social do contrato. *Revista Forense*, v. 364, p. 95, nov./dez. 2002.

Enfim, como diz Luiz Guilherme Loureiro[10]: "A pessoa tem o dever social de cooperar para a consecução do bem comum, da qual, obviamente, participa. A função social do contrato resgata esta nova realidade e obriga que os contratantes cooperem entre si para que o negócio seja útil como meio de produção e circulação de riquezas, não só para uma ou ambas as partes, mas para toda a comunidade. Pela mesma razão, os contratantes devem se abster de quaisquer condutas que coloquem em risco a finalidade maior do direito e do próprio instituto do contrato, que é o bem comum".

Esgrimir com o princípio da relatividade dos contratos, para questionar o que ora se afirma, sob o argumento de que o contrato só gera efeitos no âmbito jurídico das partes contratantes, não empolga, atento a que, por conta mesmo do exposto nas linhas transatas, esse princípio foi, em muito, mitigado, já que inaceitável, nos dias que correm, deixar as partes impermeáveis ao todo social, quanto aos efeitos neste dos contratos que celebrem.

Tratando do princípio da relatividade e lembrando do princípio da socialidade, já referido linhas acima, assevera, com muita propriedade, Mônica Yoshizato Bierwagen[11] que: "Essa concepção, no entanto, foi relativizada no novo Código Civil, que, inspirado no princípio da socialidade, não concebe mais o contrato apenas como instrumento de satisfação de finalidades egoísticas dos contratantes, mas lhe reconhece um valor social".

Tenho em que não será demais repisar que, na visão que hoje prepondera, um contrato não pode mais atender apenas os interesses das partes contratantes, ainda que nocivo, em seus efeitos ou parte deles, ao tecido social, e aqui lembro que um indivíduo, isoladamente considerado, faz parte, integra esse corpo social, é dizer, prejudicar, ainda que uma só pessoa, é prejudicar o todo social; interessante, aqui, citar o pensamento de Eduardo Sens dos Santos[12], no sentido de que:

> Conforme acentuado quando se tratou do princípio da relatividade de efeitos, o contrato não pode mais ser entendido como mera relação individual. É preciso atentar para seus efeitos sociais, econômicos, ambientais e até mesmo culturais. Em outras palavras, tutelar o contrato unicamente para garantir a equidade das relações negociais em nada se aproxima da ideia de função social. O contrato somente terá uma função social — uma função pela sociedade — quando for dever dos contratantes atentar para as exigências do bem comum, para o bem geral. Acima do interesse em que o contrato seja respeitado, acima do interesse em que a declaração seja cumprida fielmente e acima da noção de equilíbrio meramente contratual, há o interesse de que o contrato seja socialmente benéfico, ou, pelo menos, que não traga prejuízos à sociedade — em suma que o contrato seja socialmente justo.

O preclaro Luciano de Camargo Penteado lembra que: "Segundo a doutrina dos contratos com eficácia de proteção a terceiros, a estes seriam deferidos direitos de feição muito peculiar, fundados no contrato, que atingiria aqueles que não são parte por um alargamento permitido e exigido pela boa-fé como cláusula geral em matéria

---

(10) LOUREIRO, Luiz Guilherme. *Contratos* — teoria geral e contratos em espécie. 3. ed. São Paulo: Método, 2008. p. 67.
(11) BIERWAGEN, Mônica Yoshizato. *Princípios e regras de interpretação dos contratos no novo código civil*. 2. ed. São Paulo: Saraiva, p. 34.
(12) SANTOS, Eduardo Sens dos. *O novo código civil e as cláusulas gerais:* exame da função social do contrato, cit., p. 97.

obrigacional. De acordo com as diferentes situações, os prejuízos decorreriam do descumprimento do dever de abstenção ou do cometimento de um ilícito. Eles seriam efeitos indiretos do comportamento das partes dentro do contrato, diante dos quais o terceiro, por uma especial circunstância de afinidades de interesses com uma das partes, poderia postular tutela dos seus interesses jurídicos de acordo com critérios de responsabilidade contratual. Daí que a causa desses deveres seria, de certo modo, o próprio contato social com uma parte vinculada a uma prestação, diante de quem se espera e se deve respeito em sentido jurídico, ou seja, a consideração para com interesses alheios e proteção quanto a atos de intromissão indevida. A exposição do terceiro à prestação parece ser um fundamento razoável para a especial tutela deferida pelo instituto"[13].

Acredito que o quanto exposto nas linhas anteriores deixa firme e claro que há base segura a indicar que a visão hodierna do Direito não permite, pena de negar tudo a que se aspira com os princípios que se vem de referir, que um trabalhador seja olimpicamente prejudicado por um contrato de empreitada, existindo, por parte do dono da obra, uma responsabilidade para com esse trabalhador, se o empreiteiro que o contratou não lhe pagar o que lhe é devido pelos serviços que prestou, não podendo, em tal situação, o dono da obra dizer que não lhe cabe responsabilidade alguma por esse inadimplemento, já que, *in casu*, o dever de proteção para que os fins do contrato sejam alcançados, por parte do dono da obra, estende-se ao trabalhador que, com seu trabalho, também contribuiu — e como! — para que referidos fins do contrato fossem realmente atingidos.

Um exemplo, tirado da pena do ilustrado Humberto Theodoro Neto, com as adaptações que a diversidade de situações exige, bem ilustra o que sucede, ou deve suceder, na situação que ora nos ocupa: "Havendo, por hipótese, defeito no chuveiro a gás da casa alugada, cujo uso venha a causar a morte ou danos graves ao filho do locatário, terá o locador uma responsabilidade direta em face desse — teoricamente terceiro em relação ao contrato de aluguel —, mesmo não tendo com ele nenhum ajuste contratual. É que o dever de proteção em face do locador também deve dirigir-se ao filho do locatário, configurando-se nesse caso a locação como um contrato com eficácia de proteção para terceiro"[14].

Como se vê, com o exemplo retro, há uma extensão, digamos assim, da responsabilidade de uma das partes, que tem interesse no que concertado, para com terceiro que, conquanto não seja parte, no contrato ajustado, de algum modo está ligado a uma das partes e/ou pode sofrer os efeitos desse mesmo contrato, não podendo, por isso, ficar à margem da proteção que o direito há de conferir aos que se encontram numa situação assim. O que dizer, então, do trabalhador que, como se sabe, mas é bom lembrar, uma vez mais, conta apenas com o seu trabalho para prover sua subsistência e à de sua família, ao realizar seu trabalho, contratado por uma das partes de um contrato de empreitada, no caso, o empreiteiro, se este não lhe paga, pode-se dizer que o dono da obra não tem qualquer responsabilidade para com ele, esse trabalhador? Claro que não, pois a ligação desse mesmo trabalhador com uma das partes do contrato, e com os próprios fins do contrato, obrigam ao outro contratante, aqui, o dono da obra, a responder pelo crédito a que fizer jus o trabalhador.

---

(13) PENTEADO, Luciano de Camargo. *Efeitos contratuais perante terceiros*. São Paulo: Quartier Latin, 2007. p. 178/9.
(14) THEODORO NETO, Humberto. *Efeitos externos do contrato* — direitos e obrigações na relação entre contratantes e terceiros. Rio de Janeiro: Forense, 2007. p. 205/6.

A leitura do excerto infratranscrito de Rodrigo Trindade de Souza, torna muito claro o motivo que norteia a mitigação do princípio da relatividade, o que, de resto, no campo do direito do trabalho, tem muito mais razão de ser, diz o festejado doutrinador:

> A partir da compreensão de que a obrigação de cumprimento do pacto é lastreada não somente na vontade individual manifestada, mas também — e principalmente — nos efeitos gerados pela expectativa social das consequências do pactuado, esse princípio também acaba por ter seu conteúdo revisto. A solidariedade social que anima os contratos vincula o particular no objetivo de felicidade da comunidade.[15]

De inferir, então, que: "O entendimento de que o contrato só atinge as esferas jurídicas das partes não corresponde à realidade atual, em que as relações são cada vez mais frequentes e interligadas, como se ressaltou. Hoje a dinâmica do mundo globalizado e da velocidade das informações, alterou completamente a relação entre as partes, que, *a priori,* na maioria das vezes, envolvia a pessoalidade"[16].

Em singelo artigo[17], conquanto tendo em mira a intermediação de mão de obra o respeitante desenvolvimento, *mutatis mutandis,* se aplica à situação ora em tela, me posicionei no sentido de que

> No que mais de perto nos interessa, há fixar que existem pessoas, tradicionalmente enquadradas no conceito de terceiros, mas que agora aparecem, de corpo inteiro, no cenário jurídico para protegerem-se de contratos que possam violar direitos seus, o que é perfeitamente possível, com base nos princípios da boa-fé objetiva e da função social do contrato, a par de se ajustar à visão moderna do contrato, que mitigou um tanto o princípio da relatividade dos contratos.
>
> Os princípios mencionados impedem que um ajuste, ainda que fruto do mais puro e perfeito acordo de vontades entre as partes venha a causar danos a quem, não tendo declarado vontade alguma, possa experimentar algum prejuízo em decorrência do contrato.
>
> Basta não esquecer que as partes contratantes sempre querem ver seus contratos respeitados por terceiros, aos quais opõem o que neles pactuado, e o Direito, regra geral, lhes dá amparo para assim procederem, para se ver como é natural e funciona mesmo como a outra face da mesma moeda, que esses terceiros, se puderem ser atingidos pelo contrato, tenham meios para evitar os efeitos que possam prejudicá-los.
>
> [...]
>
> Parece claro que o trabalhador, que eu não classificaria como terceiro, mas como segundo dada a sua ligação ou dependência com os contratantes, encontraria aqui sólido fundamento para reclamar, tanto de sua empregadora, como da empresa-cliente, ambas solidárias, o pagamento de seu crédito, já que o ajuste por elas levado a efeito não pode, em atenção aos efeitos ex-

---

(15) SOUZA, Rodrigo Trindade de. *Função social do contrato de emprego.* São Paulo: LTr, 2008. p. 74.
(16) GOMES, Thaissa Garcia. Princípios contratuais. *Revista dos Tribunais,* ano 94, v. 838, p. 732, ago. 2005.
(17) GIORDANI, Francisco Alberto da Motta Peixoto. Intermediação de mão de obra — uma leitura que leva à responsabilidade solidária entre as empresas prestadora e tomadora de serviços. *Revista LTr* 72-047/794.

ternos do contrato, fazer com que ele fique, passe a pobreza da locução, no prejuízo, mesmo porque, vale insistir, não são apenas os contratantes que devem ser protegidos contra atos de terceiros, estes também merecem receber proteção, para que não venham a experimentar prejuízos em decorrência do que pactuado pelos contratantes, sentimento esse que deve, no caso que ora nos ocupa, estar muito, muitíssimo vivo, recebendo os aportes doutrinários e jurisprudenciais necessários para robustecer-se cada vez mais, de modo a não permitir que e o engenho e a arte de contratantes despidos de boas intenções ou mesmo inaceitavelmente indiferentes para com a sorte daqueles que em seu benefício trabalharam, frustrem os escopos que justificam mesmo a existência do Direito do Trabalho.

Curioso observar que, nos idos de 1953, em substanciosa obra acerca do contrato de empreitada, seu autor, o ilustre E. V. de Miranda Carvalho, "Bacharel em Direito e advogado há 40 anos no Foro do Rio de Janeiro", como consta de sua apresentação no livro, já ensinava que:

6º) [...] finalmente, embora os empregados, fornecedores e subempreiteiros do empreiteiro geral sejam credores deste e não do empregador, é indubitável que, não os pagando o empreiteiro nem o empreitador em débito para com este, os trabalhos e materiais daqueles, revertidos em benefício da obra, redundariam num enriquecimento ilícito do empreitador, bastante para autorizar contra o mesmo a ação de *in rem verso*.

[...]

b) que, apesar do art. 239 somente aludir a "operários", também os empregados, fornecedores e subempreiteiros gozam, para se pagarem, da ação direta contra o empreitador, pois, embora o art. 239 constitua um *jus singulare*, é susceptível de interpretação extensiva por fôrça de compreensão, como ficou demonstrado em o n. 16 *supra*, letras a e b;

c) que ao demais, cessando pela forma acima a restrição a "operários" do citado art. 23, as regras do direito civil quanto aos contratos em geral se tornam subsidiárias da empreitada comercial sem a aludida restrição (Cód. Com. art. 121), de sorte que, sendo os empregados, fornecedores e subempreiteiros em apreço credores do empreiteiro, é-lhes irrecusável o direito que o Código Civil e o Código de Processo Civil reconhecem ao credor em geral, de exercer as ações não personalíssimas de seu devedor [...][18]

Fica claro, com a leitura atenta do aludido excerto, que seu notável autor tem por pacífica a responsabilidade do "empreitador" (o dono da obra), para com os credores do empreiteiro que contratou, relativamente a obra contratada, atento a que, se assim não for, o mesmo se beneficiaria de um enriquecimento injustificado (*rectius*: ilícito), ao que ouso acrescentar: também o empreiteiro, pois se este tiver já a maligna ideia de não pagar seus fornecedores e empregados, poderá apresentar um preço mais baixo ao dono da obra, para concluir o negócio, e, conforme o desígnio que os anima, ambos terão por atraente o ajuste, um porque pagará menos e o outro porque, conquanto, aparentemente, lucrando menos, lucrará mais, pois não honrará seus compromissos, quer com seus fornecedores, quer com os que para ele labutarem.

---

(18) CARVALHO, E. V. de Miranda. *Contrato de empreitada*. 1. ed. Rio de Janeiro: Freitas Bastos, 1953. p. 320/1.

Como se vê, nossos juristas, de há décadas, já se preocupam não fiquem fornecedores e empregados de um empreiteiro sem receber o que lhes é devido, por conta do que este contratou, atribuindo ao dono da obra a responsabilidade por saldar os respeitantes créditos, em situações quejandas.

Para evitar encontrar-se em semelhante dificuldade, haverá o dono da obra de ser sempre cauteloso, averiguando se seu empreiteiro está honrando os compromissos assumidos em função da obra contratada, do reverso, ter-se-á como caracterizada tanto a culpa *in elegendo*, como a *in vigilando*, ainda que, para alguns, esta última deva sofrer alguma mitigação, decorrente da suposição de que o dono da obra não tem conhecimento técnico, raciocínio esse que, regra geral, atualmente, só se aplica à pessoa física que contrate uma obra para seu uso, porquanto, em realidade, não corresponde e/ou não se aplica as obras encomendadas por empresas, de maneira geral, mas principalmente as de maior porte, que visem aumentar/ampliar seu parque industrial, pois que estas bem sabem o que querem e precisam.

Esse sentir, também não é recente, como se nota com a leitura do excerto infrarreproduzido, de obra publicada provavelmente no ano de 1954, data que consta da advertência lançada pelo próprio autor na p. 5 do livro, e que é o seguinte:

> A *culpa in vigilando* fica de certo modo excluída, pois, em geral, o proprietário é um leigo em matéria de construção e não poderia, por este motivo, exercer sobre ela uma vigilância eficaz e produtiva.
>
> A culpa *in eligendo*, ao contrário, deve ser acolhida com certa amplitude de interpretação, de modo a abranger não apenas a escolha do empreiteiro-construtor profissionalmente inabilitado, mas também a do economicamente incapaz de responder pela indenização perante terceiros.[19]

Reitero o que acima afirmei, no sentido de que a suposição de que o dono da obra não tem conhecimento técnico deve se restringir ao proprietário pessoa física que contrate uma obra para seu uso, notando ainda que, como se percebe dos ensinamentos transcritos nas linhas imediatamente anteriores, o eminente jurista que as escreveu não teve entre suas cogitações a relativa às obrigações específicas do empreiteiro para com os seus empregados, mas sim as obrigações decorrentes de riscos da construção, como há inferir do parágrafo seguinte aos dois já reproduzidos nas linhas transatas:

> Se a situação do empreiteiro-construtor é de completa insolvência, não seria admissível que quem sofresse o dano ficasse inteiramente ao desamparo. Nesta hipótese, admitimos a responsabilidade do dono ou proprietário da obra, dando uma interpretação ampliativa à culpa *in elegendo* para alcançar também a escolha do profissional inidôneo economicamente e incapaz para responder pelos riscos da construção (*Op. cit.*, p. 118), ou, ainda, essa outra passagem:
>
> "A ampliação do conceito da *culpa in eligendo* se justifica plenamente e, por melhor assegurar o direito dos prejudicados, deve ser acolhida pela jurisprudência como legal, jurídica e tecnicamente perfeita.
>
> Ao terceiro prejudicado ficará assegurada maior oportunidade de ressarcimento dos danos sofridos, sem quebra da natureza ou violação do contrato

---
(19) PAIVA, Alfredo de Almeida. *Aspectos do contrato de empreitada*. Rio de Janeiro: Forense, s/d., p. 117.

de empreitada; sem necessidade de invocação à teoria fundada no risco de vizinhança, ou de recurso à teoria do risco, para, com fundamento nela, reconhecer-se a responsabilidade do dono ou proprietário da obra, o que violaria o nosso sistema de Direito".[20]

Entretanto, como é bem de ver, o posicionamento do impoluto doutrinador mais ainda se aplica às obrigações do empreiteiro para com os seus empregados, já que estes não podem ficar, para usar a elocução do citado mestre, "inteiramente ao desamparo".

O passar dos anos, em nada alterou o quadro, a preocupação ainda existe e cada mais irrecusável e bem delineada; o tom determinado da sentença de um conceituado civilista contemporâneo bem demonstra essa realidade:

> Atente-se, todavia, a que a responsabilidade do construtor não afasta a responsabilidade do dono da obra, que aufere os proveitos da construção. A responsabilidade do proprietário em relação aos vizinhos tem por base o art. 1.299 do Código Civil (art. 572 do Código revogado), que, ao garantir-lhe o direito (faculdade) de construir no seu terreno, assegura aos vizinhos a incolumidade física e patrimonial. Em relação a terceiros (não vizinhos) serve de fundamento o art. 937 do Código Civil (art. 1.528 do Código revogado), que cria uma presunção de responsabilidade para o proprietário do prédio em construção.
>
> [...]
>
> E, sendo princípio de Direito que quem aufere os cômodos suporta os ônus, ambos devem responder pelos danos que o fato da construção causar a terceiros.[21]

Aqui, também, parece claro que o insigne autor não teve em linha de consideração, especificamente, as questões envolvendo os empregados que trabalharam na obra contratada, mas os motivos que desfiou, com muito mais razão, são de aplicar-se a estes últimos.

A idêntica conclusão se pode chegar, uma vez em contato com os ensinamentos de Carlos Roberto Gonçalves[22], observando que "A jurisprudência pátria tem acolhido a responsabilidade solidária do construtor e do proprietário, permitindo, porém, a redução da indenização quando a obra prejudicada concorreu efetivamente para o dano, por insegurança ou ancianidade".

Enfim, à raiz de todo desenvolvimento feito, está a ideia de que terceiros não podem experimentar prejuízos pela execução de uma obra contratada e, cabe a indagação, por que não estender esse manto protetor ao empregado do empreiteiro, quando este não lhe quita, a tempo e modo, o que por lei e/ou por decisão judicial se reconhece como sendo-lhe devido, limitando-se essa proteção aos que tem propriedades ou outros bens/interesses atingidos por um contrato dessa espécie? De forma alguma, o Direito, em seus diversos ramos, princípios e regras, em uma visão de conjunto e/ou sistêmica, dá amparo a tão brutal e iníqua disparidade de tratamento,

---

(20) PAIVA, Alfredo de Almeida. *Aspectos do contrato de empreitada,* cit., p. 127.
(21) CAVALIERI FILHO, Sergio. *Programa de responsabilidade civil.* 6. ed. São Paulo: Malheiros, p. 376/7.
(22) *Responsabilidade civil.* 9. ed. São Paulo: Saraiva, 2005. p. 428.

que, como se infere, contraria tudo o que tem por fim realizar e proteger o Direito, agora, designadamente, o Direito do Trabalho.

No estágio/concepção atual do Direito, com o recurso intenso aos princípios e a priorização ao ser, ao invés do ter, a OJ n. 191 da SDI-I do C. TST, adequada a outra atmosfera, encontra, *permissa venia*, dificuldade de aplicação nos dias que correm, designadamente sendo um dos contratantes uma empresa, pessoa jurídica, quando, no que faz, em última instância — e talvez nem tanto assim, mas, ao reverso, em primeira instância —, há sempre o desejo de lucro: amplia-se, conserva-se para continuar produzindo e se possível aumentar a produção, e com isso continuar lucrando e se possível lucrar mais, ou, numa visão pessimista, para não diminuir lucros e/ou ter algum prejuízo. Fique claro que não se censura essa prática, de jeito algum, essa é a regra, apenas se observa que, para auferir lucros, algumas responsabilidades são inevitáveis, ou devem sê-lo, pelo ordenamento jurídico, visto como um todo. Aludida OJ, então, só poderá ser observada, supondo-se que deva continuar sendo, naqueles casos em que o dono da obra é pessoa física, primeiro e indeclinável requisito, e desde que não atue como investidor, ou seja, aquela pessoa que constrói e/ou reforma e/ou amplia um imóvel, visando conservá-lo, para que o tempo não o deteriore, desvalorizando-o, e/ou para adequá-lo às suas necessidades e as de sua família, ou ainda, em cumprimento a alguma determinação legal.

A Contratação de Servidor Público Sem Concurso x Princípio da Dignidade da Pessoa Humana. Colisão de Direitos? Outro Enfoque: Consequências

Francisco Alberto da Motta Peixoto Giordani[(*)]

Regra geral, em reclamações trabalhistas contra ente público, na defesa apresentada se sustenta a inviabilidade do acolhimento das pretensões formuladas, por vedar a Carta Política a investidura de servidor em cargo ou emprego público, a não ser por meio de concurso público, face ao estatuído em seu art. 37, II, posicionamento esse que recebeu inegável prestígio com a publicação da Orientação Jurisprudencial n. 85 da SDI-I, considerando-se pacificado com o Enunciado n. 363, ambos do Augusto TST.

E, realmente, a questão da contratação de servidor público, sem concurso, examinada sob a ótica do citado dispositivo constitucional leva, inexoravelmente, à conclusão de ser a mesma nula, pois, cabendo à Administração Pública obedecer a princípios como os da legalidade, da moralidade, da impessoalidade e da publicidade, não há emprestar valor à contratação de algum trabalhador de forma diversa da legalmente prevista, daí por que elogiável o posicionamento do C. TST, que seguimos em diversos julgados.

Entretanto, estamos em que o aludido art. 37, II, da Magna Carta pode ser visto sob diferente enfoque, que evite que vários entes públicos procedam a contratações que sabem, de antemão, nulas, mas confiantes de que consequência alguma advirá

(*) Desembargador Federal do Trabalho.

de tão reprovável prática, na certeza de que poderão se escudar na nulidade da contratação, pela falta de concurso público, o que, força é convir, em determinados casos pode traduzir um meio mais refinado, de maior verve, para alegar a própria torpeza em juízo, o que não deve ser tolerado.

Outrossim, move-nos a preocupação com a perplexidade que tal situação pode provocar no trabalhador que, o que é até natural, se sentirá traído e desamparado, justamente por aquele que mais deveria respeitá-lo.

Com efeito, pois embora o conceito de Estado varie intensamente, condicionado à ideologia de quem o formule, por isso há os que assinalam que "o Estado não passa do poder de uma certa categoria de homens (classe ou classes dominantes), que é utilizada não em benefício da ordem ou interesse geral mas para 'governar' (submeter, suprimir e explorar) outros homens (classe ou classes dominantes) (sic), recorrendo para tal a um aparelho de coerção e violência que funciona de modo sistemático e permanente. Realiza, complementarmente, certas tarefas de administração, de interesse comum de toda a sociedade, sem que isso altere o seu papel e a natureza essencial"[1], ou outros, como Eduardo Novoa Monreal, para quem não existe um Estado "[...] dedicado exclusivamente a servir ao interesse geral (bem comum, segundo a expressão tomista), a defender os direitos de todos os membros do corpo social, a evitar os conflitos entre eles e a atuar como sumo harmonizador, na qualidade de árbitro final [...] Porque, na realidade, o Estado e sua ação se impregnam dos interesses, cobiças e paixões dos homens de carne e osso que os manejam"[2].

Nesse sentido, vale, ainda, lembrar o sentir de Paulo Roberto Barbosa Ramos que, objetivamente, assegura que "o Estado sempre foi fiel da balança a favor dos mais fortes, inclusive quando disse estar a favor dos menos favorecidos, isto porque o Estado é o resultado do equilíbrio dos fatores reais de poder preponderantes. Nos momentos de crise, tanto nacional quanto internacional, essas forças se reordenam e reacomodam, com fazem hoje, de forma a que tenham sempre garantidas as suas conquistas, que são transmitidas como conquistas também dos outros. O pior é que sempre convencem a maioria, pois argumentam estar buscando o bem comum, já que controlam o Estado que, para o imaginário coletivo, é o grande pai reto e bondoso [...]"[3].

Aliás, como diz Roger Chartier, "o povo não é sempre sinônimo de plural".[4]

Porém, nem tudo é reserva e não podemos olvidar que normalmente se considera que "O Estado existe para realizar o bem comum"[5], ou como diz Darcy Azambuja: "Estado é uma organização política-jurídica de uma sociedade para realizar o bem público, com governo próprio e território determinado".[6]

Ora, se a finalidade do Estado é o bem comum — e não se deve aceitar tenha outra, mesmo porque, em isso ocorrendo, há inferir pela ocorrência de muito lamentável desvirtuamento da finalidade natural do Estado e não que possua, validamente, o fim de favorecer uns poucos — não se pode admitir que um ente público se escore,

---

(1) SÁ, Luis. *Introdução à teoria do estado*. Lisboa Caminho, 1986. p. 31.
(2) *O direito como obstáculo à transformação social*. Porto Alegre: Sergio Antonio Fabris, 1998. p. 179.
(3) *Discurso jurídico e prática política*. Curitiba: Obra Jurídica, 1997. p. 33.
(4) *A ordem dos livros*. 2. ed. São Paulo: UNB, p. 27.
(5) SALVETTI NETO, Pedro. *Curso de teoria do estado*. São Paulo: Saraiva, 1979. p. 57.
(6) *Teoria geral do estado*. 30. ed. São Paulo: Globo, 1993. p. 6.

justamente num dispositivo constitucional, para diminuir, não reconhecer direitos de integrantes da própria sociedade que o compõe, os quais, tivessem se ligado a um particular, teriam direitos mais seguramente garantidos e para aviar semelhantes misteres.

O bem comum não deve ser buscado apenas quando não envolve o Estado, mas e até principalmente, quando este está envolvido em determinada relação, máxime quando do outro lado está um trabalhador; convém recordar que no preâmbulo da Constituição se fala na instituição de um Estado Democrático, destinado, entre outras coisas, "[...] a assegurar [...] a igualdade e a justiça como valores supremos de uma sociedade fraterna [...]".

O ilustre ministro e constitucionalista Gilmar Ferreira Mendes, com base em posicionamento de Peter Schneider, lembra que "o Estado de Direito caracteriza-se, ao contrário de um sistema ditatorial, pela admissão de que o Estado também pratica ilícitos".[7]

Em respeito ao preceituado no art. 37, II, da Lei Maior, ente público algum poderia permitir que alguém para ele trabalhasse, que não por meio de aprovação em regular certame público, e não tolerar e mesmo criar tal situação para, depois, indo o trabalhador a juízo, com o escopo de postular o reconhecimento de direitos de ordem trabalhista, sustentar que ineficaz, nula mesma, a contratação que ele próprio levou a efeito.

Isso não é pugnar pelo bem comum, na medida em que cabe considerar os nefastos efeitos que pode produzir — e certamente produz — na e perante a sociedade, o fato de que os próprios e primeiros responsáveis pela observância da Carta Política estão infringindo-a e o que é talvez ainda mais grave, levando e/ou tendo vantagem assim procedendo!

Naturalmente, quando isso ocorre, o que, aliás, se dá com indesejável frequência, a confiança nas instituições pelos que se sentiram ilaqueados em sua boa-fé por um ente público passa a esmorecer, com possibilidades de sérios prejuízos para o tecido social, atento a que a história mostra que não só um incêndio se propaga rapidamente, o descrédito, além de queimar aos que atinge, também age velozmente e, ainda como o incêndio, não se preocupa com o que vai destruir, sua importância e/ou valor.

De salientar que os princípios referidos no art. 37 da Constituição Federal, da legalidade, impessoalidade, moralidade, publicidade e eficiência, pelo bem que objetivam, repercutindo e moldurando os respectivos incisos, devem ser aplaudidos e rigorosamente observados, desde que, obviamente, não sejam desvirtuados seus elevados fins.

Assim, a exigência de concurso público é para moralizar o ingresso e/ou igualar as oportunidades de acesso ao serviço público, e não para prejudicar o trabalhador, de modo que se impõe o exame de cada caso concreto, para ver se houve a vontade de ilicitamente favorecer aquele que trabalhou sem concurso, separando-se essa hipótese de situações outras, alimentadas apenas pela ideia — não muito nobre — de aproveitar da força de trabalho de alguém, sem remunerá-la corretamente.

---

(7) *Direitos fundamentais e controle de constitucionalidade* — estudos de direito constitucional. 2. ed. Rio de Janeiro: Celso Bastos, p. 32.

A exigência *sub examen* é para o administrador público, visando obstar o apadrinhamento (tão caro a certos, ou melhor, a inúmeros políticos e governantes, como a história, "essa mãe da verdade", segundo o escritor argentino Jorge Luis Borges[8], demonstra), não se podendo conceber que no âmbito normativo de princípios, principalmente como os da legalidade e da moralidade, tenha cobertura constitucional e/ou se albergue o direito de prejudicar aquele que só conta com sua força de trabalho para sobreviver e para manter sua família, entendimento esse, de resto, absolutamente contrário aos valores que a Constituição mais enaltece e impõe sejam perseguidos.

Nesse passo, interessante o recordar que, já nos idos de 1941, Constantino de Campos Fraga, reproduzindo definição do prof. Cesarino Júnior, acerca dos objetivos do direito social, afirmava, peremptoriamente, que os mesmos não podiam restar frustrados pela interpretação; com pena de mestre e mais ainda, de homem preocupado com a sorte dos mais necessitados, escreveu:

> Observando a definição do que seja direito social, vemos que as leis por ele abrangidas, visando o bem comum, têm por objetivo imediato "auxiliar e satisfazer convenientemente às necessidades vitais próprias e de suas famílias, aos indivíduos que para tanto, dependem do produto de seu trabalho.
>
> Ora, esta finalidade não póde ser falseada na interpretação dos textos legais. Ela é a bússola que nos indicará a rota certa. Quando dela nos desviarmos, por mais brilhante se nos afigure a argumentação, podemos afirmar — estamos errados" [*sic*].[9]

Claro que, aqui, não se ajustaria o argumento de que possíveis interesses individuais não podem se sobrepor e/ou prevalecer sobre o interesse coletivo, eis que este último está presente na situação ora enfocada, pelas dimensões, alcance e proporção que pode atingir e/ou provocar a contratação para o serviço público sem concurso.

Acrescente-se que não se pode ter o trabalhador, regra geral, como partícipe na e para a celebração de um contrato nulo, porque não se pode ignorar, ainda que dolorosamente, que o trabalhador brasileiro, salvo honrosas exceções, que se quer sempre mais numerosas, é pessoa de poucas luzes — e interessa a muitos que assim seja —, além do que suas limitações e necessidades, tão conhecidas que despiciendo catalogá-las, sujeitam-no a aquiescer às exigências daquele que o contrata, verdade essa que está na base do direito do trabalho, não alterando o quadro, o fato de a contratação se dar com um ente público e, caso haja alguma dúvida, quanto a esse ponto, útil para dissipá-la colocar-se, quem a tenha, na situação, ou empregando termo mais chulo mas que talvez melhor retrate a situação, "na pele" do trabalhador, daquele que sabe que seus filhos, como, de resto, todas as pessoas, precisam comer, além de terem necessidades que, por óbvias, não precisam ser enumeradas, para ver se poderiam recusar labutar nessas condições...

De salientar que se pode até enxergar censurável abuso, por parte do ente público, no contratar e/ou admitir que alguém trabalhe sem aprovação em certame público, atento aos ensinamentos de Marcelo Rebelo de Souza, no sentido de que o "abuso do direito ou exercício inadmissível de posições jurídicas ou situações jurídicas ativas

---

(8) *Ficções*. 3. ed. Rio de Janeiro: Globo, p. 62.
(9) *Interpretação das leis sociais*. São Paulo: Revista dos Tribunais, 1941. p. 4.

traduz-se no respectivo desempenho contra os valores fundamentais do ordenamento jurídico".[10]

Chegamos ao ponto em que, ou alguma solução é apresentada ou teremos de inferir que as argumentações feitas, no máximo e com boa vontade, podem ser tidas como humanas e razoáveis, mas não atingem e/ou balançam o art. 37, II, da CF/88, que dispõe o que dispõe, de modo que nula a contratação de servidor sem concurso público.

E, realmente, se o campo de análise ficar restrito ao mencionado art. 37, II, CF, não parece mesmo viável outra conclusão.

Todavia, e aqui reside o cerne da questão, a solução para o problema da contratação para o serviço público sem concurso não pode se restringir e/ou resumir ao exame do caso concreto à luz do comando contido no multicitado art. 37, II, da Lei Fundamental, com o que se descuraria da obrigação que possui o intérprete de considerar a Constituição em seu todo, em sua unidade, e assim preservar a harmonia entre seus princípios e artigos, mesmo porque como observa Eros Roberto Grau: "Não se interpreta a Constituição em tiras, aos pedaços".[11]

Tal conduta leva a que se ignore o quanto estatuído no art. 1º, III, da Carta Política, que constitucionaliza e coloca a dignidade da pessoa humana como princípio e objetivo maior, a orientar todo o sistema constitucional, o ordenamento jurídico e a ação dos governantes (aí é que complica!) e como se não desconhece, a dignidade humana não prescinde de condições materiais para se tornar efetiva, não se podendo olvidar que o "direito ao salário constitui um dos instrumentos que — juntamente com os direitos analisados anteriormente — completa a proteção da personalidade do trabalhador subordinado, garantindo-lhe o meio que satisfaça à exigência basilar da sobrevivência"[12], cabendo, outrossim, lembrar "que a dignidade humana pode ser ofendida de muitas maneiras. Tanto a qualidade de vida desumana quanto a prática de medidas como a tortura, sob todas as suas modalidades, podem impedir que o ser humano cumpra na terra a sua missão, conferindo-lhe um sentido"[13]; do mesmo artigo, ainda se tem o inciso IV, que eleva a importância dos "valores sociais do trabalho". Do art. 3º se tira que, entre os "objetivos fundamentais da República Federativa do Brasil" estão o de "construir uma sociedade livre, justa e solidária " (inciso I), "erradicar a pobreza, a marginalização e reduzir as desigualdades sociais e regionais" (inciso III) e "promover o bem de todos, sem preconceitos de origem, raça, sexo, cor, idade e quaisquer formas de discriminação" (inciso IV). Parece claro que todos estes dispositivos constitucionais, de uma vez só, são desconsiderados, ao se resolver a questão ora *sub examen*, com base apenas no multicitado art. 37, II, da Lei Maior, quando, como salientado, isso não pode ocorrer, pena de abrir brechas, perigosas, na unidade da Constituição.

Então, com harmonizar tais comandos, que estão colidindo?

À uma, é de indagar se, *in casu*, há realmente colisão de direitos, o que se resolveria pela questão do peso de cada qual, no caso concreto; para tanto, é interessante

---

(10) O *concurso público na formação do contrato administrativo*. Lisboa: Lex, 1994. p. 21.
(11) *A ordem econômica na Constituição de 1988*. 6. ed. São Paulo: Malheiros, p. 189.
(12) VENEZIANI, Bruno. Direitos da pessoa e relação de trabalho nos países da América-Latina. In: PERONE, Gian Carlo; SCHIPANI, Sandro (coord.). *Princípios para um código-tipo de direito do trabalho para a América-Latina*. São Paulo: LTr, 1996. p. 96/7.
(13) BASTOS, Celso Ribeiro; MARTINS, Ives Gandra. *Comentários à constituição do Brasil*. São Paulo: Saraiva, 1988. v. 1, p. 425.

estabelecer quando se dá esse fenômeno. Para Mônica Neves Aguiar da Silva há "colisão de direitos, em apertada síntese, quando o exercício de um por parte de seu titular esbarra no exercício de outro por parte de pessoa diversa, ou em face do Estado"[14], conflitos que, consoante Varela de Matos, podem reconduzir-se a dois grandes grupos:

a) Colisão de direitos entre vários titulares de Direitos Fundamentais;

b) Colisão entre Direitos Fundamentais e Bens Jurídicos da Comunidade e do Estado.[15]

Para Robert Alexy, grande autoridade no assunto:

> A maioria das constituições contêm hoje catálogo de direitos fundamentais escritos. A primeira tarefa da ciência dos direitos fundamentais, como uma disciplina jurídica, é a interpretação desses catálogos. Nisso, valem as regras tradicionais da interpretação jurídica. Estas, todavia, na interpretação dos direitos fundamentais, chocam-se logo com limites. Uma razão essencial para isso é a colisão de direitos fundamentais.
>
> O conceito de colisão de direitos fundamentais pode ser compreendido estrita ou amplamente. Se ele é compreendido estritamente, então são exclusivamente colisões nas quais direitos fundamentais tomam parte colisão de direitos fundamentais. Pode-se falar aqui de colisões de direitos fundamentais em sentido estrito. Em uma compreensão ampla são, pelo contrário, também colisões de direitos fundamentais com quaisquer normas e princípios, que têm como objeto bens coletivos.[16]

Em obra conjunta e de grande valor, os sempre lembrados Gomes Canotilho e Vital Moreira ensinam que o "fenómeno da colisão ou conflito de direitos fundamentais verifica-se quando o seu exercício colide: a) com o exercício do mesmo ou de outro direito fundamental por parte de outro titular (conflito de direitos em sentido estrito); b) com a defesa e proteção de bens da coletividade e do Estado constitucionalmente protegidos (conflito entre direitos e outros bens constitucionais)".[17]

Desses ensinamentos, de inferir que: a) possível a colisão de direitos envolvendo, de uma parte, o direito fundamental de um indivíduo e, de outra, algum valor e/ou bem constitucionalmente protegido e b) na situação ora *sub examen*, ao que parece, não há colisão de direitos.

E por que não?

Porque, como realçado nas linhas transatas, o art. 37, II, CF, não pode ser usado para prejudicar algum trabalhador, ou seja, não poderia ser aplicado, como vem sendo, sem outras considerações; porém, de toda sorte, houvesse, efetivamente, colisão, o problema se resolveria — e resolve — com a indiscutível precedência das

---

(14) *Honra, imagem, vida privada e intimidade, em colisão com outros direitos.* Rio de Janeiro: Renovar, 2002. p. 96.
(15) *Conflito de direitos fundamentais em direito constitucional e conflito de direitos em direito civil.* Porto: Almeida & Leitão, s/d., p. 19.
(16) Colisão de direitos fundamentais e realização de direitos fundamentais no estado de direito democrático. *RDA*, v. 217, p. 68, jul./set. 1999.
(17) *Fundamentos da constituição.* Coimbra: Coimbra, 1991. p. 135.

normas constitucionais que tratam dos direitos fundamentais, as acima referidas, quando em cotejo com outros valores constitucionais.

Destarte, com base nas normas constitucionais que tratam dos direitos fundamentais, sejam princípios ou regras, a solução a ser adotada é a de que são as mesmas desrespeitadas quando não se reconhece os direitos daquele que admitido sem concurso público por culpa do ente público que não assumiu, em toda a sua plenitude, as obrigações que, enquanto tal, haveria de observar, devendo ser por isso responsabilizado.

Nesse passo, há insistir, não se pode admitir que algum ente público aja em desconformidade com o texto constitucional, isso sempre, mas muito especialmente, no que tange a direitos do trabalhador, fundamentais, como se sabe; aliás, lembra João Caupers que "a vinculação das entidades públicas à Constituição é, em matéria de direitos fundamentais, especialmente forte"[18], assertiva essa que bem se afina com o posicionamento do grande constitucionalista José Joaquim Gomes Canotilho, que, com pena de mestre, que é, esclareceu que "a administração (entenda-se: as várias administrações públicas, central, regional ou local, direta, indireta, autónoma e concessionada) está vinculada às normas consagradoras de direitos, liberdades e garantias. Isto significaria em todo o rigor: (1) a administração, ao exercer a sua competência de execução da lei, só deve executar as leis constitucionais, isto é, as leis conforme aos preceitos constitucionais consagradores de direitos, liberdades e garantias; (2) a administração, ao praticar atos de execução de leis constitucionais (= leis conforme os direitos fundamentais), deve executá-las constitucionalmente, isto é, interpretar e aplicar estas leis de um modo conforme os direitos, liberdades e garantias".[19] Segue a mesma linha o preclaro José Carlos Vieira de Andrade, quando afirma que "Os preceitos relativos aos direitos, liberdades e garantias vinculam também o poder administrativo, incluindo-se aí os órgãos da Administração do Estado e das regiões autónomas, as autarquias locais e outras pessoas coletivas públicas".[20]

Portanto, inconcebível mesmo, um ente público agindo em desconformidade com a Constituição, já que de qualquer deles se espera, aliás, mais do que isso, recai uma responsabilidade até maior de agir de acordo, com o maior respeito, ao quanto dispõe a Lei Maior.

Consequência disso é que é inaceitável, odioso até, que o ente público possa beneficiar-se de permitir que alguém trabalhe sem concurso público.

Sob outro enfoque, como acentua, em reveladora colocação, Cármen Lúcia Antunes Rocha, o "princípio constitucional revela o sistema jurídico[21], em sendo assim, como de fato é, e tendo o princípio da dignidade humana relevância maior entre nós, não há conceber, também por esse motivo, possa algum ente público beneficiar do trabalho de alguém, e depois descartá-lo, sumariamente, sob a alegação de que irregular sua contratação, ferindo e atingindo, sem qualquer cerimônia, sua dignidade e privando-o até, da mesma, a qual, como se não desconhece, tem como componente — e da maior relevância — a garantia de condições mínimas de existência, como já se acentuou; no particular, muito esclarecedora a seguinte passagem de Fernando Ferreira dos Santos, lembrando ensinamento do prof. José Afonso da Silva, *verbis*:

---
(18) *Os direitos fundamentais dos trabalhadores e a constituição*. Coimbra: Almedina, 1985. p. 155.
(19) *Direito constitucional e teoria da constituição*. Coimbra: Almedina, 1998. p. 404/5.
(20) *Os direitos fundamentais na constituição portuguesa de 1976*. Coimbra: Almedina, 1998. p. 266.
(21) *O princípio constitucional da igualdade*. Belo Horizonte: Lê, 1990. p. 19.

Instituir a dignidade da pessoa humana como fundamento do Estado Democrático de Direito importa ainda, em consequência, não apenas o reconhecimento formal da liberdade, mas a garantia das condições mínimas de existência, em que uma existência digna se imponha como fim de ordem econômica, não se tolerando, pois, profundas desigualdades entre os membros de uma sociedade.[22]

Nesse passo oportuno o recordar a aguda observação de João Caupers, no sentido de que "Para gozar a maioria dos direitos já não é suficiente ser homem, é preciso ser mais qualquer coisa (ou talvez, ter menos qualquer coisa"[23], mais adiante, na mesma obra, o citado autor dilucida, desenvolvendo até a ideia anteriormente referida, que os "direitos fundamentais dos trabalhadores são fundamentais na medida que visam assegurar condições de vida dignas, no sentido de minimamente compatíveis com o desenvolvimento da personalidade humana, e garantir as condições materiais indispensáveis ao gozo efetivo dos direitos de liberdade".[24]

De tão evidente, parece que o asserto acima não carece de maior desenvolvimento para demonstração de seu acerto e consistência, pois, de fato e na prática, quem, numa sociedade como a em que vivemos, não tendo como manter-se e a sua família, pode pensar no exercício de seus direitos ou mesmo sonhar com condições dignas de existência?

A partir dessa constatação, não há padecer dúvida que, trazer alguém para trabalhar no serviço público, sem que essa pessoa tenha se submetido e tenha sido devidamente aprovada em concurso público, usar de seu trabalho, por algum período, não raro longo, com isso impedindo-a até de tentar se colocar em emprego na iniciativa privada e/ou tentar atuar de maneira autônoma e quem sabe lograr êxito em alguma dessas atividades, firmando-se na vida profissional, e depois, quando talvez a idade já conspire quanto à possibilidade de arriscar uma das opções retromencionadas, tirar-lhe o trabalho, sob a alegação de que irregular sua contratação, por não precedida de concurso público, traduz, inegavelmente, uma agressão ao princípio da dignidade da pessoa humana — princípio maior, repita-se, da Magna Carta e que não só deve, mas há de nortear a conduta do legislador e também dos operadores de direito.

Não será, por certo, despiciendo o recordar que os princípios constitucionais da Administração Pública, em linhas anteriores mencionados, não restam vulnerados, ignorados e/ou desprestigiados com o raciocínio que se vem de fazer, eis que não podem ser considerados de maneira desvinculada dos princípios fundamentais ou, como superiormente esclarece o professor Manoel Messias Peixinho: "Os princípios constitucionais da Administração Pública estão inseridos no contexto mais abrangente dos princípios fundamentais. Assim sendo, requer-se do estudioso a busca na Constituição, desses princípios, identificando-lhes a real função, quer estejam implícitos ou explícitos em determinada norma".[25]

Mais adiante, o citado lente, de forma talvez mais incisiva e muito claramente, afirma que: "Os princípios constitucionais fundamentais ocupam o mais alto posto na

---

(22) *Princípio constitucional da dignidade da pessoa humana*. Fortaleza: Celso Bastos, 1999. p. 79.
(23) *Op. cit.*, p. 46.
(24) *Op. cit.*, p. 108.
(25) Princípios constitucionais da administração pública. In: PEIXINHO, Manoel Messias; GUERRA, Isabella Franco; NASCIMENTO FILHO, Firly (orgs.). *Os princípios da Constituição de 1988*. Rio de Janeiro: Lumen Juris, 2001. p. 447.

escalada normativa"[26], o que leva à conclusão de que não se pode admitir que, com base e por causa de princípios de Administração Pública, por mais relevantes que possam ser, não se reconheça e/ou que se ignore direitos do trabalhador.

De notar, à essa altura, que cumpre ao intérprete esforçar-se o quanto estiver ao seu alcance, para que toda e qualquer norma constitucional seja plenamente observada, ainda mais quando se cuidar de alguma dispondo sobre algum direito fundamental, pois, do reverso, pode acontecer de se encontrar dificuldades, em outras situações, para fazer respeitada a Carta Política, o que pode ocasionar prejuízos quiçá irreparáveis e da maior gravidade, assertiva essa que se coloca sob a proteção dos valiosos ensinamentos do grande mestre Robert Alexy, para quem: "Se algumas normas da Constituição não são levadas a sério é difícil fundamentar porque outras normas também então devem ser levadas a sério se isso uma vez causa dificuldades. Ameaça a dissolução da Constituição. A primeira decisão fundamental para os direitos fundamentais é, por conseguinte, aquela para a sua força vinculativa jurídica ampla em forma de justiciabilidade".[27]

Em linha de arremate, cabe evocar uma passagem do saudoso André Franco Montoro: "As pessoas não são sombras, não são aparências, são realidades concretas e vivas"[28], e, justamente por isso, não podem desabar sobre os ombros da pessoa — trabalhadora, os efeitos da contratação nula, pela falta de aprovação em concurso público, em situações como as nestes examinadas.

---

(26) *Op. cit.*, p. 449.
(27) *Op. cit.*, p. 74.
(28) FIGUEIREDO, Guilherme José Purvin; NUZZI NETO, José (orgs.) *et al. Temas de direito constitucional*. Rio de Janeiro: ADCOAS-IBAP, 2000. p. 13.

A Aplicação da Lei n. 8.009/90 na Justiça do Trabalho

Francisco Alberto da Motta Peixoto Giordani(*)

Em linha de princípio, cabe questionar se a Lei n. 8.009, de 29.3.1990, é de ser ou não aplicada na Justiça do Trabalho, ou deve ser aplicada, mas sujeita a uma interpretação e um alcance muito restritos.

Na Justiça Comum, inegáveis as vantagens sociais que traz a indigitada lei, contendo a ganância de alguns (mais poderosos) que (impiedosamente) tentam tirar vantagens dos mais humildes (*rectius*: mais fracos), ou, como diz o preclaro Juiz do Trabalho Leonardo Dias Borges:

> Com o nítido objetivo de proteger a família, abrigando-a de forma segura contra a incansável ganância das entidades financeiras, de inescrupulosos agiotas que, na tentativa inconsequente de auferir lucros cada vez mais elevados, de forma quase sempre indecorosa, escabrosa, buscam apoderar-se do patrimônio dos devedores, geralmente vítimas da ignorância sem senso, exsurgiu o instituto do bem de família.
>
> Sem sombra de dúvida trata-se de instituto dos mais relevantes do direito, posto que ressalta, à toda evidência, o sentimento humanitário e social com que procurou o Estado preservar a família, garantido-lhe um lugar para morar, imunizando-a, destarte, da constrição judicial, salvo algumas exceções legais. (MENEZES, Cláudio Armando Couce de. *O moderno processo do trabalho*. São Paulo: LTr, 1997. p. 55).

Com tão nobres e elevados ideais, natural a tendência para que se amplie o conceito de impenhorabilidade do quanto estatuído no art. 1º, § 1º, da mencionada Lei n. 8.009/90, o que tem como cerne a preocupação com a existência digna, (mais digna ou minimamente digna, conforme o ângulo pelo qual se enxergue a questão) dos que possuem menos (ou quase não possuem) recursos.

(*) Desembargador Federal do Trabalho.

Assim envoltos nesses sentimentos de humanidade e preocupação com o bem-estar e as necessidades do próximo, todos bem compreendem que se tenham por impenhoráveis aparelhos de televisão, de som, videocassetes, "freezer" pianos e outros que, mais do que atender a necessidades básicas para uma existência digna, ofereçam, também, lazer a quem os possue, mas, como já se disse, uma vida digna passa por momentos de lazer. Daí, há de se ter por acertadas decisões como as seguintes:

> Execução fiscal. Embargos do devedor. Pretensão de impenhorabilidade de televisor colorido. Admissibilidade. Bem que guarnece a residência do devedor. Inteligência dos arts. 1º, parágrafo único, e 2º da Lei n. 8.009, de 1990. Recursos improvidos (TJ/SP — 7ª Câm. de Direito Público; Ap. Cível n. 17.981-5-SP, Rel. Des. Jovino de Sylos, j. 18.8.1997, v.u., JTJ 200/129, in *Boletim AASP*, n. 2091, Pesquisa Monotemática — Bem de Família, p. 78).

> Penhora — TV. Piano. Bem de família. Lei n. 8.009/90. Art. 649, VI, do CPC. A Lei n. 8.009/90 fez impenhoráveis, além do imóvel residencial próprio da entidade familiar, os equipamentos e móveis que o guarneçam, excluindo veículos de transporte, objetos de arte e adornos suntuosos. O favor compreende o que usualmente se mantém em uma residência e não apenas o indispensável para fazê-la habitável, devendo, pois, em regra, ser reputado insuscetível de penhora aparelho de televisão. *In casu*, não se verifica exorbitância ou suntuosidade do instrumento musical (piano), sendo indispensável ao estudo e futuro trabalho das filhas do Embargante. (STJ — REsp. 207.762-SP — 3ª T. — Relator Ministro Waldemar Zveiter — DJU 5.6.2000). (*Revista Síntese de Direito Civil e Processual Civil*, n. 6, p. 127, jul./ago. 2000).

Então, com relação a Justiça Comum, como a Lei n. 8.009 tem em vista proteger os que têm menos recursos e/ou condições para ter uma existência digna (em sentido mais substancial), deve a mesma receber uma interpretação ampliativa ou evolutiva, de modo que passem a ser impenhoráveis, por exemplo, aparelhos de televisão, de som e videocassete, porque trazem informações e lazer, considerados como relevantes para que uma pessoa tenha uma vida digna.

Em síntese, na Justiça Comum, a Lei n. 8.009 tem a relevante missão de proteger os mais fracos, contras seus credores, normalmente grandes empresários, ou poderosas empresas, com sobras de poder econômico.

Agora, o que se questiona é se, aplicada na Justiça do Trabalho, atingiria a Lei n. 8.009 esses fins sublimes, de proteção aos economicamente mais fracos, ou, pelo contrário, sua aplicação nessa Justiça Especializada acabaria por distorcer e deturpar seu espírito e finalidade, servindo como fonte de angústia daqueles cujas preocupações e aflições deveria aliviar.

E isso pelo singelo e inegável motivo de que o réu que se quer proteger, na Justiça Comum, corresponde, via de regra, ao autor na Justiça do Trabalho, lá o devedor é fraco, aqui, é o autor.

Essa diferença, que não é de pouca significação, é que faz com que alguns entendam que, na Justiça do Trabalho, não haveria espaço para aplicação da Lei n. 8.009, já que, se aplicada, não se estaria protegendo a parte mais fraca, mas sim o mais forte, economicamente falando, sendo claro e irrecusável que, entre o empregado que não recebe seu salário e o empregador que não paga, há de se dispensar tutela àquele e não a este, mesmo porque, a razão de ser do Direito do Trabalho, com evidente repercussão no Processo do Trabalho, é a proteção ao empregado, economicamente mais fraco (aqui é grande a tentação para superlativar), atento a que, do contrário, esse ramo do direito poderia perder sua identidade, e com ela sua finalidade (o que vale, desculpando a digressão, ser observado quanto a algumas mudanças que se pretende nas leis trabalhistas).

Note-se que aludida lei, ao dispor, em seu art. 3º, que: "A impenhorabilidade é oponível em qualquer processo de execução civil, fiscal, previdenciária, trabalhista ou de outra natureza...", na prática, acaba, aplicada na Justiça do Trabalho, transferindo ao empregado, nos casos em que isso se dê, os riscos do empreendimento econômico, o qual (ainda) é de ser suportado pelo empregador (embora fortes ventos, vindos das mais variadas direções, queiram repassá-los aos obreiros). O culto Magistrado Francisco Antonio de Oliveira, em candentes palavras, afirma que:

> [...] Ao impedir-se que fosse penhorado bem do sócio, cuja empresa desapareceu com o fundo de comércio, estar-se-ia transferindo para o trabalhador o risco do empreendimento. Quando o empreendimento não dá certo e a empresa não se mostra idônea financeira e economicamente, pouco importando o motivo ou causa do insucesso, o trabalhador nunca responderá. Isso porque jamais corre os riscos do empreendimento, porque também jamais participou do lucro da empresa.
>
> Assim, se se tiver de levar à praça um imóvel ou bem do sócio cuja empresa tornou-se insolvente ou desapareceu com o fundo de comércio, não se há de perquirir se aquele é o único bem do sócio. E tudo isso porque o trabalhador, em sua quase unanimidade, nunca teve casa para morar e a expectativa de um dia vir a ter é tão remota que permanece como sonho. Mas o crédito trabalhista há de ser pago com todas preferências, posto que se cuida, não de morar, já que muitos moram embaixo de viadutos, mas para que o trabalhador possa sobreviver. (*A execução na justiça do trabalho*. 4. ed. São Paulo: RT, p. 136/7.

Não destoam dessas conclusões, as da ilustre advogada Marli Barbosa da Luz, que, sem refolhos e com a objetividade própria de quem tem certeza da consistência do que fala, sustenta que, *verbis*:

> O princípio básico da atividade comercial é o risco, que deve ser assumido e suportado pelo detentor do negócio. Se o fundo de comércio desaparece por qualquer problema, não é justo que ao empregado sejam transferidas suas consequências. Daí concluir-se não haver isonomia legal, já que a norma favorece o executado que detém maior poder que, o exequente. Daquele não se poderá penhorar o bem imóvel. Contudo, do exequente, que na quase maioria dos casos nem imóvel possui, será negado o alimento. (*Revista Nacional de Direito do Trabalho*, v. 6, p. 19).

Não será demais recorrer, mais uma vez, ao ilustrado Leonardo Dias Borges, para lembrar seus ensinamentos, no sentido de que:

> É consabido que toda interpretação de norma que conduza a situações injustas merecem ser afastadas. Assim, a restrição ao direito do credor trabalhista é situação que deve ser posta de lado, em face da inequidade que daí exsurge...
>
> Sic, se a intenção do legislador é criar a norma de forma a manter a isonomia, tratando, pois, de maneira desigual os desiguais para se alcançar a igualdade, deve, portanto, a lei ser interpretada em favor do mais fraco. Assim, aplicar a Lei n. 8.009/90 na Justiça Especializada é desconsiderar os princípios que norteiam o direito do trabalho, justamente porque se assim o for, não se estará fazendo Justiça aos mais fracos. (*Op. cit.*, p. 57).

Acresça-se que questiona-se até a constitucionalidade da Lei n. 8.009. no que tange a sua aplicação nessa Justiça Especializada; o ilustrado Juiz Bolívar Viégas

Peixoto, em substancioso artigo intitulado "A Impenhorabilidade do Bem de Família e o Processo do Trabalho", em uma de suas conclusões, já afirmou que:

> O bem de família, por consequência, não tem lugar na Justiça do Trabalho. Primeiro, porque a sua instituição não atende aos objetivos a que se destina, que é o de evitar o abuso de direito do credor contra o devedor hipossuficiente. Segundo, porque, mesmo não se considerando as suas finalidades sociais, existe flagrante inconstitucionalidade da Lei n. 8.009/90, relativamente aos direitos dos trabalhadores, todos assegurados pela Constituição da República, inclusive e especialmente a execução da sentença que lhe é favorável. (*Boletim Doutrina* e Jurisprudência do TRT-3ª Região, v. 17, n. 1, Lei n. 8.009, p. 5, jan./mar. 1996).

O já mencionado juslaborista Francisco Antonio de Oliveira, também salientou que: Temos para nós, também, que referida lei ao investir contra o crédito trabalhista desrespeita mandamento constitucional, que premia os créditos de natureza alimentícia (art. 100) aí incluído o crédito trabalhista em sua inteireza, não somente aquele do trabalhador na residência. (*Op. cit.*, p. 136).

Como é bem de ver, vozes autorizadas, com argumentos de peso, são contrárias à aplicação da Lei n. 8.009, na Justiça Obreira; haverá, por certo, quem sustente que tão abalizadas posições, em que pese o conhecimento de quem as emite, não tem como vingar, pois inconsistentes perante o direito positivo, já que o art. 3º, da referida lei, expressamente se refere a impenhorabilidade em sede trabalhista; porém, esses são, justamente, os argumentos que não empolgam, à uma, já que a própria constitucionalidade da Lei n. 8.009 é alvo de controvérsia, como salientado já, e à duas, porque, entrando em outra disputa, haverá de fixar o alcance do direito positivo.

Evidentemente, não é aqui o campo adequado para se esgrimir acerca do atual prestígio do positivismo jurídico, mas não dá para deixar de observar que, como notado, há já algum tempo, entre outros, pelo professor Eduardo Correia: "O positivismo legal está hoje em crise", ao que acrescenta: "[...] o direito não pode ser válido se se desprende do ingrediente da justiça" (*apud* TAMBÁ, Vassanta Porobo. *Jurisprudência* — seu sentido e limites. Coimbra: Almedina, 1971. p. 31).

Aliás, era de se esperar que isso acontecesse, também entre nós, o que, igualmente, não é de hoje, tantas são as leis feitas sem preocupação com o bem-estar geral da sociedade (e não para atender a interesses sempre de fácil justificação, de parcela, apenas, da sociedade e, frise-se, bem reduzida — *rectius*: os detentores do poder econômico) e de justiça, ah! Dessa nem se fale. Lembra João Batista Herkenhoff, que "[...] afinal o objetivo do Direito é a Justiça e o bem-estar social. Nenhuma norma que, em seu resultado prático, se afaste dessa finalidade pode ter justificada sua existência" (*Como aplicar o direito*. 4. ed. Rio de Janeiro: Forense, p. 62).

É preciso lembrar, como o fez Plauto Faraco de Azevedo, citando Elías Días, que "[...] se o direito é para o jurista algo que lhe vem dado, *positum*, posto[...], tão somente em certa medida se encontra feito" (*Crítica à dogmática e hermenêutica jurídica*. Porto Alegre: Sergio Antônio Fabris, 1989. p. 30).

Há, ainda, que referir, no particular, que, como realçado pelo professor Luiz Guilherme Marinoni: "Toda a teoria que nega a sua causa distancia-se dos seus verdadeiros fins" (*Novas linhas do processo civil*. 3. ed. São Paulo: Malheiros, p. 18).

Destarte, a conclusão que se impõe é a de que, não apenas por constar do art. 3º da Lei n. 8.009/90, expressa menção a impenhorabilidade em processo trabalhista, não se poderá discutir se aplicável ou não, na Justiça do Trabalho, porquanto embora isso não agrade a certos setores, toda norma deve ser investigada e bem interpretada, para ver de sua aplicação a um caso concreto, nada de receber algo como pronto e acabado; embora se referindo aos estudantes, cabe a todos os operadores do direito o conselho do professor Roberto Lyra Filho, a saber:

Não pensem que é fácil, que é cômodo abordar a ciência.

Não esperem que a verdade vá surgir, de um esqueminha "simples" e "claro".

Nenhum acervo científico é dominado sem esforço metódico, demorado, persistente — tanto "mais necessário", quanto se trata de abrir caminho, quebrar as rotinas e inovar.

O bom estudante não é borboleta, é incansável pica-pau, capaz de perfurar a rija madeira dos conceitos e teorias. (*Introdução crítica ao direito*. Série "O Direito Achado na Rua", v. 1, vários artigos, p. 26).

Sem dúvida, difícil rebater os argumentos apresentados pelos que não aceitam a aplicação da multicitada Lei n. 8.009, na Justiça Especializada, pois, por mais que se ofereçam contra-argumentos, aqueles permanecem ecoando na alma de quem deles tomou conhecimento, pedindo consistente explicação para o fato de que, qual a razão para o obreiro, num País tão desigual como o nosso, ser privado do recebimento de seu crédito para conservar, para aquele que se beneficiou com o seu trabalho, bens que ele próprio não possui e, não raro, jamais possuirá, e que talvez tenha sido adquirido com o produto do suor de seu trabalho, enquanto o fantasma do desemprego, de não ter meios de prover ao sustento de sua família, fique flagelando-o, tornando-o tomado de receios; onde a Justiça?

Evidentemente, o argumento de que alguns empregadores enfrentam, também, problemas econômicos e financeiros dos mais sérios, não empolgará, nem fará com que aquele que trabalhou, honestamente, e não recebeu seus parcos salários, se conforme e aceite, como justa, essa situação, pois, ainda e obviamente que não em termos jurídicos, ele sabe — e mais, sente — que não assumiu os riscos do negócio, não quis — ou não tinha como — ser empresário, quis tão somente um emprego, para, bem ou mal, manter sua família. O trabalhador não monta uma empresa, pequena ou não, e diz *alea jacta est*, não lhe cabendo, por conseguinte, suportar a má sorte, quando esta for o resultado de haver tentado atravessar o mundo dos negócios.

Outrossim, em nada contribuirá para aumentar e/ou ratificar a confiança dos trabalhadores do Poder Judiciário o expressivo fato de, após um processo, difícil e demorado, ter reconhecidos judicialmente seus direitos e não receber nada, porque seu ex-empregador tem um imóvel e o que nele se contém, que não podem ser penhorados, salvo as exceções legais — e que exceção mais justificada que o crédito do obreiro?

Entretanto, será possível encontrar posição intermediária, tendo como aplicável a Lei n. 8.009, na Justiça do Trabalho, desde que tenha ou seja objeto de uma interpretação restritiva, de um alcance restrito, de modo a reduzir seu raio de ação, alcançando apenas o pequeno empregador e, ainda assim, proibindo-se a penhora exclusivamente quanto aos bens absolutamente indispensáveis à sobrevivência da família do devedor (como geladeira e fogão), permitindo-se a penhora sobre outros que, não absolutamente indispensáveis à sobrevivência da família, apenas lhe propiciem bem-estar.

Nesse sentido, podem ser elencadas exemplificativamente, as seguintes ementas:

Lei n. 8.009. A impenhorabilidade dos móveis que guarnecem a casa — art. 1º, parágrafo único, da Lei n. 8.009/90 é de interpretação restritiva, pois refere-se, apenas, àqueles necessários à habitualidade do lar. TRT — 1ª Região — AP n. 03009-97 — Julgado em 26.11.1997, por unanimidade — Publicação: DORJ, p. 3, de 27.1.1998 — Relator: Juíza Donase Xavier Bezerra — Turma: 7ª *Ciência jurídica do trabalho*, ano I, n. 4, p. 161, abr. 1998.

Os bens imóveis impenhoráveis em face da Lei n. 8.009/90 são aqueles considerados indispensáveis à consecução das condições básicas de habitabilidade, considerando-se supérfluos, mesmo que guarneçam o único imóvel da família, equipamentos como freezer, videocassete, televisores, máquina de lavar roupa e forno de microondas. TRT 2ª Região. — 8ª T. — RO — 20000101111 — Ac. 20000421957 — Rel. Juíza Wilma Nogueira de Araújo Vaz da Silva — DOE 12.9.2000 — p. 39. (*Revista Nacional de Direito do Trabalho*, v. 32, p. 47).

Bem de família. Os bens que foram objeto de penhora não se enquadram no parágrafo único do art. 1º da Lei n. 8.009/90, por serem bens indispensáveis à vida da família. Televisor, máquina de lavar louça, aparelho de som, videocassete e microondas, embora facilitem a vida da família, não são considerados bens fundamentais para a sua subsistência, como ocorre com a geladeira. Sua falta não chega a comprometer a vida normal da pessoa. TRT/SP 02990205572 — Ac. 3ª T. 19990345190 — DOE 20.7.1999. Rel. Sergio Pinto Martins. (*Synthesis*, semestral, n. 30/00, p. 231).

Na impenhorabilidade estabelecida pela Lei n. 8.009/90 incluem-se apenas os objetos essenciais que guarnecem o bem de família não se incluindo bens voluptuários e de lazer. Agravo a que se nega provimento. Ac. 34100/99 — Proc. n. 12.304/99. DOE 23.11.99, p. 102. Rel. José Pedro de Camargo Rodrigues de Souza, SE. (*Revista do Tribunal Regional do Trabalho da Décima Quinta Região*, São Paulo: LTr, v. 10, p. 315).

Tudo considerado, o mais correto parece ser o posicionamento doutrinário e jurisprudencial que não aceita a aplicação da Lei n. 8.009/90 na Justiça do Trabalho, porquanto, além de sua inconstitucionalidade, por afronta a dispositivos constitucionais, ainda provocaria distorções, que acabariam por eclipsar os elevados fins que referida lei tem, quando aplicada na Justiça Comum.

Todavia, se se entender muito forte e mesmo exagerado ter por inconstitucional a Lei n. 8.009, crendo-se, ao reverso, ser a mesma constitucional, ainda quando aplicada na Justiça Obreira, o qual, salvo engano, parece ser o entendimento prevalecente, caberá, então, ao menos, dar-lhe interpretação restritiva para que, desenganadamente, tenha um alcance restrito, de modo a reduzir seu raio de ação, proibindo-se a penhora, exclusivamente, quanto aos bens absolutamente indispensáveis à sobrevivência digna da família do devedor, como geladeira e fogão, mas permitindo-se a penhora sobre outros, não absolutamente indispensáveis à sobrevivência da família, ainda que úteis, muito úteis, como televisão, videocassete, freezer, piano.

Enfim, enquanto que, na Justiça Comum, a Lei n. 8.009 deve receber uma interpretação ampliativa, evolutiva, na Justiça do Trabalho, deve sofrer interpretação restritiva, pena de restar absoluta e irremediavelmente distorcida sua finalidade; muito afinada com esse posicionamento, a ementa infratranscrita:

Enquanto na execução civil, via de regra, o devedor é a parte economicamente mais fraca, no processo do trabalho a situação se inverte, na medida em que o credor da obrigação a ser executada é o hipossuficiente. Assim, a Lei n. 8.009/90, que estabeleceu a impenhorabilidade do imóvel residencial próprio do casal ou da entidade familiar e das benfeitorias e dos equipamentos ou móveis que o guarnecem, não pode ser aplicada à execução trabalhista de forma a beneficiar os proprietários de bens suntuários que não sejam essenciais à vida e ao bem-estar de seu núcleo familiar. Não pode em consequência o art. 2º, daquela norma, que estabelece as exceções à regra da impenhorabilidade, ser interpretado de forma literal restritiva, inviabilizando a satisfação dos créditos trabalhistas do reclamante. Ag. 1.534/98 — 3ª T. — TRT 3ª Região — j. 11.11.98 — rel. Juiz José Roberto Freire Pimenta. (*Revista de Direito do Trabalho*, São Paulo: RT, n. 26, p. 209/10).

É interessante frisar bem que, quando da aplicação da Lei n. 8.009, na Justiça do Trabalho, há de se entender por suntuoso tudo o que não seja absolutamente necessário e, aí, entram até os televisores, mesmo porque não é razoável que um devedor fique sentado à frente de seu aparelho de televisão, assistindo a uma emocionante partida de futebol, enquanto o obreiro, seu credor, não tenha com o que alimentar seus filhos, e não servirá de atenuante e/ou justificativa a circunstância de a partida transmitida ser do glorioso São Paulo Futebol Clube.

A Influência da Necessidade na Atuação Sindical

Ana Paula Pellegrina Lockmann(*)
Francisco Alberto da Motta Peixoto Giordani(**)

A influência que a necessidade exerce sobre o comportamento dos homens é algo que não deve, não pode, em absoluto, ser ignorado, sob pena de chegar, quem assim procede, a conclusões divorciadas da realidade, logo, de todo em todo equivocadas e imprestáveis para sustentar alguma ideia e/ou posicionamento, relativo a qualquer comportamento humano, que dependa, para uma válida manifestação, de uma liberdade que a necessidade não permite.

Eurípedes, em sua bela tragédia *Alceste*, uma das que contribuiu para imortalizar o teatro grego, agudamente fez observar, por um de seus personagens, a força irresistível da necessidade, ao fazê-lo declarar:

> Alçou-me um dia a Musa, em suas asas, à região celeste, e de lá, depois de observar todas as coisas que existem, nada vi mais poderoso do que a Necessidade! Nem as fórmulas sagradas de Orfeu, inscritas nos estélios da Trácia, nem os violentos remédios que Apolo ensinou aos filhos de Esculápio, para que minorassem os sofrimentos dos mortais!

> Só ela, entre as deusas, não tem altares, nem imagens, a que possamos levar nossos tributos: nem recebe vítimas em holocausto. Ó temerosa divindade! Não seja mais cruel para comigo, do que já tens sido até hoje! Tudo o que Júpiter ordena, és tu que executas sem demora; até o ferro dos Calíbios tu vergas e dominas; e nada conseguirá abrandar teu coração inflexível![1]

As palavras retroreproduzidas, que atravessaram os séculos, bem demonstram a força que a necessidade possui sobre o comportamento dos seres humanos.

(*) Desembargadora Federal do Trabalho.
(**) Desembargador Federal do Trabalho.
(1) *Teatro grego*. Clássicos Jackson. Indiana: W. M. Jackson, 1970. v. XXII. p. 216.

Passando para o ponto que ora nos interessa, o da influência da necessidade na atuação sindical, precisamos, à partida, lembrar dos nefastos efeitos que esse brutal desemprego, que está presente em todos os quadrantes e atividades, produz no espírito de cada um e de todos os trabalhadores.

Não é preciso ser um profundo conhecedor da alma do indivíduo empregado para saber o pânico que lhe toma a alma e atinge-o, no mais recôndito de seu ser, a só menção das palavra desemprego; aliás, em muitos casos, nem sequer é preciso mencioná-la, tudo faz lembrá-la: os noticiários dos meios de comunicação, os vizinhos sem trabalho, a massa de pessoas à procura de emprego nas ruas, o próprio ambiente de trabalho, o humor dos superiores hierárquicos, a disputa ou o isolamento entre os colegas de serviço, uma legislação que permite, regra geral, a ruptura do vínculo contratual sem maiores dificuldades etc.

Retrata bem esse quadro Dominique Schnapper ao pintá-lo da maneira que segue: "O desemprego influencia todas as relações dentro da empresa. Nem sequer há necessidade de dizer, 'se não estás contente, põe-te na rua, muitos desempregados esperam apanhar o teu lugar', toda a agente o sabe. Existe uma tensão contínua e os assalariados do sector privado têm a sensação de estar 'aferrolhados'".[2]

Natural e evidente que essa preocupação do homem trabalhador vá se alojar em sua manifestação coletiva, em seu sindicato.

Aqui surge a dúvida, a pergunta que não quer calar: como pode e/ou qual a força de um sindicato para negociar, numa situação de certo equilíbrio, com a entidade patronal, diante do fantasma do desemprego e da concomitante desesperadora necessidade que possuem os integrantes da categoria que estão empregados de não perdê-los, de evitar que novos postos de trabalho sejam extintos? Pode-se cuidar de negociação numa situação dessas, ou viria mais a talho se falar, então, de rendição?

Vamos analisar esta realidade, mas façamo-lo com o coração aberto, lembrando, para que não se verifique nessa conversa, dos ensinamentos de Alceu Amoroso Lima, no sentido de que "A palavra é banalizada, comercializada, deturpada e, acima de tudo secionada de sua fonte natural: a alma humana"[3], ou seja, falemos com a alma e quanto possamos, procurando sentir as angústias e fundados receios que o homem que depende de seu emprego, para manter-se e à sua família, sente quando de desemprego se trata, sem o subterfúgio da utilização de palavras vãs, que, por isso mesmo, não ficam retidas, ou como superiormente dito pelo grande Almeida Garret:

> Agora conversemos: eu ignoro
>
> A arte das vãs palavras que bem soam,
>
> Digo-as, e não demoro
>
> No ouvido os sons que de per si se escoam.[4]

Cumpre evitar, de maneira geral, mas em particular no assunto que ora nos ocupa, que ocorra o que o Abade Dinouart, no já distante ano de 1771, asseverou estava, em sua ótica, acontecendo com a filosofia, *verbis:* "A filosofia, hoje, não

---

(2) *Contra o fim do trabalho*. Lisboa: Terramar, 1958. p. 63.
(3) *Da inteligência à palavra*. Rio de Janeiro: Agir, 1962. p. 48.
(4) *Obras de Almeida Garret*. Porto: Adosinda, Lello & Irmãos, 1963. v. I, p. 1758.

passa de um abuso da palavra"[5], ou seja, não se pode permitir que o abuso na utilização de certas palavras tenham o efeito de um eclipse, encobrindo a realidade.

Assim, não cabe permitir e/ou se deixar levar pela sedução de certos argumentos, em que belas palavras e construções são feitas por pessoas bem capacitadas para isso, de modo que a apologia da negociação, de seus efeitos no sentido de emancipar os trabalhadores, eis que muitas regulamentação desprotege ou, ainda, que a inferioridade do trabalhador se dá em nível individual, mas desaparece no coletivo, se granjeiam simpatia e adeptos, pressupõem — e isso é importante reter — que possam os trabalhadores, por meio de seus sindicatos, efetivamente, negociar, como antes apontado, com, já não falamos em igualdade de forças, mas com certo equilíbrio de forças, a algum poder na negociação.

É de evitar que os arautos da negociação, que não a examinam em toda sua extensão e profundidade, para ver se ela existe mesmo ou se trata de mero simulacro, façam como os teólogos referidos por Erasmo de Roterdam, que assim se expressou: "Pois não conquistaram os nossos teólogos o direito público de esticar o céu, isto é, as escrituras, como se fossem uma pele?"[6]

Destarte, não se pode esticar o conceito de negociação, de maneira a nele incluir casos que de negociação nada possuem, pois a uma das partes envolvidas falece meios de fazer valer alguma coisa, nada tendo a oferecer em troca, apenas a pedir.

Plutarco, em um de seus trabalhos, observou que o "[...] bajulador, como uma cera mole, toma com facilidade todas as espécies de formas, e se molda, por assim dizer, àqueles que quer ganhar"[7], o mesmo risco há com a negociação: de tanto querer que ela prevaleça, torne-se soberana, procuram alguns amoldá-la para que tome a forma que melhor convém e/ou facilite sua aceitação, sem maiores preocupações quanto a corresponder ou não ao verdadeiro conceito e abrangência do que por tal se deva entender.

Conquanto de grande atualidade e interesse a afirmação de Ilya Prigogine, no sentido de que a "A vida só é possível num universo longe do equilíbrio"[8], isso, essa falta de equilíbrio não pode se dar no âmbito de uma negociação envolvendo sindicatos de trabalhadores, o que seria a própria negação de sua ocorrência; nela, há sim, de haver um certo equilíbrio, como já salientamos em linhas transatas, pena de se concordar com a retirada e/ou até a extinção de direitos duramente conquistados pela classe trabalhadora. A autora que vimos de citar teve em mira, na passagem que reproduzimos o "desenvolvimento notável da física e da química de não equilíbrio"[9].

Como já dizia em antigo integrante da Corte Suprema dos EUA, muito admirado e respeitado por seu caráter e por vastos conhecimentos jurídicos que possuía, Benjamin Natham Cardozo: "Há vogas e modas na jurisprudência como na literatura, na arte e no vestuário"[10], o que se constata também, nos dias que corre, com a questão da negociação, que já de há algum tempo virou moda, com admiradores e defensores, estando por dentro da moda quem a defende, e por fora os que a criticam.

---

(5) *A arte de calar*. São Paulo: Martins Fontes, 2001. p. 4.
(6) *Elogio da loucura*. Edições de Ouro, Coleção Universidade, p. 172.
(7) *Como distinguir o bajulador do amigo*. Scrinium, 1997. p. 18.
(8) *O fim das certezas*. 2. reim. São Paulo: Unesp, 1996. p. 30.
(9) *O fim das certezas*, cit., p. 30.
(10) *A natureza do processo e a evolução do direito*. Ribeirão Preto: Nacional de Direito, 1956. p. 32.

Se dá, aqui, o que Vandcek Nóbrega de Araújo observou quanto ao raciocínio filosófico por parte de alguns indivíduos com o seguinte asserto: "As pessoas, mesmo as mais cultas, não são afeitas ao raciocínio filosófico e, sim, ao filosofar derivado, e não resistem ao prestígio das ideias que vêm rotuladas e tuteladas por nomes famosos. Somente um pequeno número de pessoas é que ousa questionar"[11]. Com a negociação, como salientado, verifica-se o mesmo, ou seja, há os que "[...] não resistem ao prestígio das ideias que vêm rotuladas e tuteladas por nomes famosos [...]".

Num mundo em que, como sabemos e é claramente mencionado por Noam Chomsky: "As empresas procuram maximizar seu lucro, seu poder, a participação no mercado e o controle sobre o Estado"[12], não se pode esperar conduta diferente das empresas, que não se confundem com as pessoas que as controlam, do que reduzir os custos em geral, incluindo, aí, os com seus empregados e, como é palmar, num momento em que estes nada têm a propor, encontrando-se num estado de fragilidade gritante, a negociação coletiva pode ser um caminho aberto para isso, não trazendo, para os governantes de plantão, os desgastes maiores que pesadas e abruptas alterações na legislação podem trazer, embora, para minimizar essas consequências, os meios de comunicação podem ser — e costumeiramente o são — valiosos parceiros, basta, para tanto, enaltecer, como já observado, as vantagens da negociação e, por outros meios, demonstrar que o número de postos de emprego pode diminuir...

Insistimos num ponto, por considerá-lo muito importante para o raciocínio desenvolvido: a força de negociação, o poder de barganha dos sindicatos, hodiernamente, é praticamente nulo; a insegurança resultante do risco de desemprego tolhe qualquer atitude mais determinada por parte dos trabalhadores, levando-os a um estado de sujeição muito acentuado, salvo raríssimas exceções, daí o interesse e a profundidade da seguinte observação de Pablo González Casanova: "Na sociedade civil a maioria da força de trabalho não só continua desempregada, vivendo abaixo dos níveis mínimos de vida, mas se vê a braços com fenômenos permanentes e ampliados de insegurança física, política e social; de insegurança na alimentação, na moradia, na saúde e na educação. Sua capacidade de influência para que tal situação se altere é nula — ou muito limitada — e não existe o menor indício de que ocorra o contrário. A maioria nem é soberana, nem é participante, nem é influente"[13]; não obstante essa afirmação tenha sido feita há alguns anos, é atualíssima e empresta maior consistência à indagação feita: se é possível falar em negociação, envolvendo um sindicato de empregados, num quadro desses.

É bom frisar que esse estado de coisas não se produziu naturalmente, antes, faz parte do ideário neoliberal que busca, no sentir de Perry Anderson: "A contenção dos gastos com bem-estar, e a restauração da taxa 'natural' de desemprego, ou seja, a criação de em exército de reserva de trabalho para quebrar os sindicatos"[14].

Nesse passo, há referir as candentes observações de Atílio Böron que, ao cuidar da flexibilização do Direito do Trabalho e da informalização dos mercados de trabalho concluiu que ambas destroem "pela raiz os próprios fundamentos da ação sindical"[15]; ora, nesse contexto, qual o papel que resta e/ou pode ser desempenhado pelos

---

(11) *Ideia de sistema e de ordenamento no direito*. Porto Alegre: Sergio Antonio Fabris, 1986. p. 46.
(12) *Segredos, mentiras e democracia*. Brasília: UnB, 1997. p. 13/4.
(13) *O colonialismo global e a democracia*. Rio de Janeiro: Civilização Brasileira, 1995. p. 106.
(14) Obra coletiva. *Pós-neoliberalismo — as políticas sociais e o estado democrático*. 3 ed. São Paulo: Paz e Terra, p. 11.
(15) *Op. cit.*, p. 108.

sindicatos dos trabalhadores, numa negociação coletiva? Os sindicatos patronais podem fazer imposições e ditar as regras do jogo, digo, da negociação, e como diz o velho ditado "quem dá a mão, dá a condição"...

Em sua análise sobre o fenômeno da globalização, infere Paulo Roberto Barbosa Ramos que a mesma "[...] tem a capacidade de humilhar ainda mais a classe trabalhadora, vez que esta, possuindo apenas sua força de trabalho como mecanismo de auferir renda, vê eternamente a sua própria sobrevivência ameaçada por um contexto no qual existe a iminência real de perder seu emprego e nunca mais ser absorvida pelo mercado, dada a exigência de alta qualificação, coisa que poucos dela possuem, o que faz com que não tenha capacidade de negociar melhores condições de trabalho ou maiores salários. Esse fenômeno tem, por si só, a capacidade de inviabilizar os sindicatos dos trabalhadores, fazendo com que os mesmos se desarticulem e percam definitivamente qualquer possibilidade de força dentro do contexto social"[16]. A transcrita visão deixa a descoberto a dramática situação vivida, não de hoje, pelos trabalhadores e a falta de condições que seus sindicatos possuem para entrar numa arena, digo, rodada de negociações.

Lógico que a evolução tecnológica contribuiu, e muito, para que o quadro se agrave, o que todos sabemos, mas que ora se refere, pela sua estreita ligação com toda a estratégia desenvolvida para a retirada de direitos dos trabalhadores, o que passa pelo enfraquecimento dos sindicatos; aqui, oportuna a referência ao quanto asseverado por Paulo Sérgio do Carmo, no sentido que :"Paulatinamente, os sindicatos vão se sentido impotentes para assegurar o emprego aos que não conseguem acompanhar a evolução das tecnologias. Então, eles próprios passam a defender a manutenção do emprego mesmo com a perda de algumas conquistas"[17].

Parece, então, claro e irrecusável que os sindicatos de trabalhadores, nos dias atuais — e já ,algum tempo são atuais — não têm condições de se impor, da maneira desejável, quando em negociação com as respeitantes entidades patronais, o que os diversos autores citados deixaram firme, ainda quando analisando a questão por diferentes ângulos e pontos de partida (ou de chegada?), eis que não existe o imprescindível equilíbrio de forças, o que pode levar, em muitos casos, a que aconteça uma rendição, eufemisticamente chamada de negociação.

O Direito, quer nos parecer, não pode compactuar com uma situação dessas, quando menos pela instabilidade social que a reiterada verificação de tais práticas pode acarretar, além da agressão que isso pode ocasionar à dignidade do trabalhador enquanto tal, e aos direitos fundamentais que a ordem jurídica cabe assegurar-lhe; como ensinava o preclaro Celso Ribeiro Bastos, "Todo direito deve encontrar um ponto ótimo de utilização"[18], ponto esse que, por óbvio, não pode demarcar o interesse de uma das partes apenas, quando de negociação coletiva se trata. O que se pretende dizer com isso?

Embora possa soar nostálgico e/ou anacrônico, o que pretendemos dizer é que entendemos que, diante da escandalosa fragilidade dos sindicatos, que não têm como negociar com as entidades patronais numa situação de equilíbrio, ficando obrigados, pela necessidade, essa inflexível condutora do comportamento humano, a aceitar

---

(16) *Discurso jurídico e prática política*. Florianópolis: Obra Jurídica, 1997. p. 35.
(17) *História e ética do trabalho no Brasil*. São Paulo: Moderna, 1998. p. 136.
(18) *Curso de direito administrativo*. 4 ed. São Paulo: Saraiva, p. 149.

pressões empresarias, não devem os operadores do Direito aceitar e/ou emprestar validade e eficácia a negociações que redundem, simplesmente, em retirada de direitos duramente conquistados pelos trabalhadores; há de ter em mente a advertência feita pelo já mencionado Pablo González Casanova, de que: "Todo o conhecimento científico se organizou para ver a pobreza sem ver a exploração"[19]; o que, se pode ocorrer com relação a outros ramos do conhecimento, ainda, que seja inaceitável, de todo modo é intolerável que aconteça no que ao direito diz respeito, atento aos elevados fins a que o mesmo tem em vista realizar.

Progresso, modernidade, entendimento direto entre os interessados etc., tudo isso é muito bonito e desejável, desde que todos tenham oportunidades de usufruir das vantagens apresentadas como consequência direta dessas possibilidades, não se devendo permitir, porém, que sirvam para que interesses com melhores condições de serem defendidos ignorem e mesmo esmaguem outros que não tenham idêntica força para sê-lo; com isso, a ciência jurídica jamais poderá concordar, pena de renegar-se a si própria.

---

(19) *Curso de direito administrativo* — o colonialismo global e a democracia. 4 ed. São Paulo: Saraiva, p. 32.

Organização Sindical no Futebol: Limites e Incidência das Normas Coletivas

Francisco Alberto da Motta Peixoto Giordani[(*)]

Estou em que, abstração feita, por ora, da respeitante estrutura sindical, há um campo muito propício para a negociação coletiva e, como corolário, para a utilização/aplicação de instrumentos coletivos, visando estabelecer condições de trabalho e mesmo para otimizar (*vocábulo tão a gosto de certos segmentos da sociedade*) o quanto estabelecido pela legislação em vigor, para tornar mais conformante à realidade (o "mais" estaria "demais"?) — condição básica para que qualquer norma possa se manter no mundo real, às vezes tão distante daquele imaginado pelo legislador.

Aliás, apenas para que não fique sem menção, vale consignar que as leis do desporto me fazem acreditar, mais ainda, que o mundo contemporâneo, por sua complexidade, não permite mais que as leis, de uma maneira geral, possam aspirar ao "padrão de generalidade" que outrora possuíram, ao menos, eram tidas como possuindo (*rectius: se aceitava mais facilmente possuíssem*), já que, numa situação aparentemente igual, ou que devesse receber, por seus traços característicos e/ou conformadores, idêntica regulação e solução por parte do ordenamento jurídico, pode--se enxergar uma diferença gritante, gerando, não raro, uma séria injustiça (*aqui, também e certamente, "séria" é redundante, pois não parece possível entender que uma injustiça não é, sempre algo sério e reprovável!*). Daqui se pode ver/ter boa justificativa para o incremento/aumento dos microssistemas; daqui, também ter aplicação no orbe do direito, o que já eternizou o poeta, no sentido de que "Esses que pensam que existem sinônimos, desconfio que não sabem distinguir as diferentes nuanças de uma cor"[(1)], será que o poeta, embora não só, tenha pensado, em certa medida e de um modo acentuadamente sensível, como é natural a um autêntico

---
(*) Desembargador do Trabalho do Tribunal Regional do Trabalho da 15ª Região.
(1) QUINTANA, Mário. *Para viver com poesia*. Seleção e organização de Márcio Vassallo. São Paulo: Globo, 2008. p. 49.

poeta, na generalidade que, como dito, sempre foi um fato com o qual uma lei era vestida?

É preciso, então, cuidado, muito cuidado para que não se incorra no equívoco daquele que "vê a árvore próxima e não enxerga o bosque"[2], o que é muito comum no futebol, pois o que comumente chega aos noticiários, pelo glamour e pela atenção que despertam, ingredientes que valorizam, sobremodo, uma notícia e que, por isso, são tão procurados pelos que atuam na respectiva área, são fatos que envolvem os mais famosos jogadores, com contratos milionários e "recheados" de outras vantagens, o que faz com que passemos a considerar que o mundo, para um atleta profissional de futebol é simplesmente maravilhoso e privilegiadíssimo, justificando-se, assim, certas disposições legais, que mais protegem os clubes, e sequer lembremos, ou o façamos muito esporadicamente, da situação inversa e de extrema dificuldade, vivida pela esmagadora maioria dos atletas profissionais, que entregam seu futuro na esperança de um dia se tornar um desses atletas mundialmente reconhecidos e com todas as boas coisas que a esses acontecem, não cuidando (*e muitos não têm nem como enxergar: as lentes com que podem ver o mundo não estão preparadas para tanto!*) para a realidade de que no universo do futebol e da notícia sobre esse esporte não há espaço para muitos atletas, ao contrário, pois permite o ingresso de bem poucos, e exigindo sempre uma complicada conjunção de fatores; devo, agora, ceder o passo ao eminente juslaborista uruguaio Hector-Hugo Barbagelata, que, há mais de uma década, já ensinava, com muita propriedade que:

> Un fenómeno ligado al que acaba de aludirse y que contribuye a hacer perder de vista el carácter laboral de la relación del deportista profesional con la institución deportiva, es el êxito econômico que se mira como el acompañamiento natural de una carrera profesional y que aunque en realidad beneficia a una categoria privilegiada y muy restringida de jugadores que alcanzan el status de estrellas, suele hacer pensar que se está en presencia de personas que no requiéren protección específica.
>
> La imagen del deportista que percibe altas remuneraciones, oculta o disfuma una realidad mucho menos brillante, configurada por la massa de los que transitan oscuramente por los campos de juego. Esto, al término de una corta trayectoria, no exenta de sacrifícios y privaciones (que a veces se interrumpe abruptamente por lesiones graves), debem afronta, sin ningún o casi ningún respaldo econômico, la continuación de su vida laboral, em outra región del mundo del trabajo. Pero, por lo general, no están provistos de la formación apropiada para alcanzar empleos o ocupaciones convenientes, al haber abandonado tempranamente los caminos que podían conducir a ello.[3]

Aliás, como disse Hélio Aguinaga, "A realidade é diferente, mesmo para cada um dos que a viveram"[4], se assim de fato é, como pretender que a justiça se faça, em situações como a dos jogadores de futebol, vivendo cada qual uma realidade diferente, tendo, porém uma mesma e única disciplina a regê-los, seja o grande atro, aquele que vive em uma constelação, a dos mais famosos, e aquele atleta, desconhecido e lutando para se firmar no meio futebolístico, com dificuldades, em muitos casos invencíveis? O grande escritor Mika Waltari, em um de seus livros (*João o peregrino*,

---

[2] CATHARINO, Martins. *Tratado elementar de direito sindical.* 2. ed. São Paulo: LTr, p. 22.
[3] BARBAGELATA, Hector-Hugo. Derechos del deportista. *Revista de Derecho Laboral*, t. LV, n. 205, p. 6, ene./mar. 2000.
[4] AGUINAGA, Hélio. *A expedição de Pedr'Alverez* — razões e consequências da posse do Brasil, p. 8.

p. 118), fez observar que: "Certo escritor árabe disse que, perante Deus, as virtudes de um mosquito e de um elefante tinham o mesmo peso"; entretanto, no mundo do futebol, quando da discussão visando ao estabelecimento do conteúdo de cláusulas contratuais, como se não está perante o Criador, bem diverso o peso do grande astro, daquele que não vem rodeado de fama.

De todo modo, o que quero expressar é que, no campo (*palavra que cai como luva ao tema ora tratado*) do direito desportivo (*aqui, mais especificamente, o futebol*), ainda que se reconheça o esforço do legislador, em regular a relação atleta/clube, e o contrato de trabalho que a ambos une, fica difícil, impraticável mesmo, por meio, apenas e exclusivamente da respeitante lei, legislar, e de modo abrangente, abarcar as mais variadas situações que o cotidiano pode apresentar, todas originadas da relação que se vem de referir.

E essa irrecusável realidade pode ter, de certa maneira, suas consequências controladas (*no melhor e mais benfazejo sentido da palavra*), para o fim de que não venham provocar, como referido nas linhas transatas, alguma injustiça, por meio de cláusulas inseridas num instrumento coletivo, e não para outros fins, menos elevados.

Darei um exemplo.

O art. 28 da Lei n. 9.615/98, após as alterações promovidas pela Lei n. 12.395, de 16.3.2011, dispõe em seu art. 28, I, alíneas *a* e b, a obrigatoriedade do pagamento de uma cláusula indenizatória desportiva pelo atleta ao clube, quando se transferir para outro clube (entidade de prática desportiva), durante a vigência do contrato especial de trabalho desportivo ou quando de seu retorno às atividades profissionais, em até 30 meses, em outro clube, cujo valor será livremente (sempre?) ajustado pelas partes, até o limite máximo de duas mil vezes o valor médio do salário contratual, para as transferências nacionais e sem limite, para as transferências internacionais, como estabelecem os §§ 1º e 2º, do artigo em tela.

Dando uma volta, para evitar o debate — apenas por não ser o presente, o momento adequado para tanto — acerca de ser legalmente possível a disparidade de valor, quanto a seu limite, entre a cláusula em foco e a cláusula compensatória, esta devida pela entidade desportiva ao atleta, nos casos previstos pela lei em questão, o fato é que, situações surgirão — e não poucas, ao reverso, bastas vezes — em que o pagamento da cláusula indenizatória poderá constituir-se (rectius: constituirá), uma injustiça, na medida em que obstará a um atleta, numa profissão timbrada, entre outros fatos, pela curta duração, de melhorar — ou pelo menos tentar melhorar, o que também é muito importante — sua situação pessoal, já que o montante a ser pago praticamente o impedirá de mudar de clube, e nem se diga que o importe respectivo será pago pelo clube interessado, já que esse valor pode, ao reverso, fazê-lo desinteressar-se pelo atleta, é dizer: um atleta de grande fama, de projeção internacional, poderá saldar ou ter quem o faça por ele, a cláusula em questão, ainda que fixada pelo teto, sem maiores ou sem tanta e invencível dificuldade, mas... com quantos atletas isso pode ocorrer? Certamente com um número extremamente reduzido, comparativamente ao número de atletas profissionais em atividade e que recebem salários em valores infinitamente inferiores aos desses, digamos assim, superastros, e no que aos demais toca, designadamente, e no que diz respeito a esses que percebem, justamente, estipêndios baixos (rectius: baixíssimos!), o que fazer, deixá-los entregues à própria sorte? Não creio que esta seja a solução que melhor atenda aos princípios que alumiam o direito do trabalho, e vou mais além até:

ao direito em geral (lembre-se, nesse passo, das vozes sustentando que, hordiernamente, o direito civil está "mais social" que o próprio direito obreiro, asserto esse que obriga a uma séria reflexão!). Em situações quejandas é que uma norma coletiva poderá prestar valioso auxílio para que a injustiça não tome forma, e uma forma pavorosa! Explico-me.

Por meio de alguma cláusula de um instrumento coletivo, no exemplo dado, é possível estabelecer uma espécie de escalonamento, do tipo: atletas que recebem até, por hipótese, 3 salários mínimos (ao que parece, a esmagadora maioria), a multa só poderá ser até o valor "X" (algo bem, mais muito mesmo, inferior ao limite fixado por lei), aos que recebem até, ainda por hipótese, de 3 a 10 salários mínimos (aqui, outrossim, um número elevadíssimo de profissionais), a multa não poderá ser estabelecida em montante superior a "Y" [também em valor muito inferior ao teto legal (legal para qual das partes?)], aos atletas que recebem de 10 a 20 salários mínimos, a multa poderá ser fixada até "I", logicamente, em valor sensivelmente inferior ao legal, aos que recebem de 20 a 40 salários mínimos, a multa não excederá a "H", certo que não poderá atingir e/ou ser próxima do teto legal, de 40 a 60 um outro percentual e assim sucessivamente, até ser atingido um valor, de estipêndio, que se entenda compatível com o da multa, em seu limite; ou, alternativamente e de modo mais singelo, fixar-se, em cláusula de instrumento coletivo, que o atleta terá de pagar, se seu salário for até o montante "B", o equivalente ao que a entidade desportiva teria que pagar-lhe, promovesse ela a ruptura do vínculo.

Não é difícil adivinhar o elevado grau de aderência à realidade social que uma cláusula assim redigida poderia (rectius: pode) conter, o que implica em atender, mais de perto, as diversas variáveis que podem se verificar em situações que, em verdade, ao fim e ao cabo, só tem de comum o fato base, no exemplo dado, a ruptura do contrato especial de trabalho pelo atleta antes de seu término, sem maiores considerações para com a real situação de cada atleta, no mundo, já não agora da lei "geral", que não atende, não tem como fazê-lo, a determinada situação, que, via instrumento coletivo, se não atendida plenamente, ao menos de maneira mais próxima conseguiria tal intento.

Acredito não empolgue uma objeção centrada no aspecto de que assim estar-se-ia sendo muito detalhista, o que dificultaria o consenso para o estabelecimento de uma cláusula que disso tratasse, à uma, porque a questão não é complexa, a ideia, uma vez aceita, é de fácil execução, e à duas porque, ainda que fosse verdade e houvesse mesmo alguma complexidade, não se tem aí um argumento que possa fazer afugentar a busca por justiça!

Outra situação que bem pode (rectius: deve) ser minuciosamente disciplinada via norma coletiva é a retratada no art. 27-B, da Lei Pelé, incluído pela Lei n. 12.395/11, verbis:

> São nulas de pleno direito as cláusulas de contratos firmados entre as entidades de prática desportiva e terceiros, ou entre estes e atletas, que possam intervir ou influenciar nas transferências de atletas, ou, ainda, que interfiram no desempenho do atleta ou da entidade de prática desportiva, exceto quando objeto de acordo ou convenção coletiva de trabalho.

Parece despiciendo encarecer a relevância de uma cláusula de instrumento coletivo que bem regule tal situação, atento ao que com seu estabelecimento se pretende/visa.

Ainda, estou em que da maior relevância fixar, em cláusula de norma coletiva, o que deva (se e como) ser pago à guisa de "acréscimos remuneratórios", expressão que consta do inciso III, § 4º, do art. 28 da Lei n. 9.615/98, com a redação dada pela Lei n. 12.395/11, o que, se não espancar a discussão acerca da obrigatoriedade de pagamento a esse título, pois viva a discussão no particular, ao menos, contribuirá, bastante, para diminuí-la e/ou contê-la; apenas para reforçar o quanto já disse nas linhas transatas, saliento que esse mandamento legal também demonstra que, diante de um mesmo fato base, que, em tese, deveria receber um mesmo tratamento, poderá ocorrer de, num grupo, por exemplo, de 25 jogadores, um ou dois recebam algum valor à título de "acréscimos remuneratórios", e os demais nada percebam por isso, o que me parece algo difícil de sustentar, nesse particular, quiçá um escalonamento também venha a talho.

Outrossim, é por meio de norma coletiva que se fixará a participação do empregado no direito de arena/imagem, conforme art. 42 e seu § 1º, da Lei n. 9,615/98, com redação dada pela Lei n. 12.395.11, cabendo, nesse espaço, apenas referência, e não uma tomada de posição acerca da possibilidade de uma palavra mudar a essência de algo (aqui tendo como de natureza civil algo que, em sua essência, é trabalhista), o que ocorre quando um dispositivo legal pretende mudar a natureza de alguma coisa, valendo evocar, no ponto, que "[...] meras palavras, segundo antigo brocardo romano, não têm o condão de alterar a natureza das coisas (*verba non mutant naturam rerum*)", como bem observado pelo preclaro Carlos Roberto Siqueira Castro que, com rara felicidade, ainda lembrou, no que tange ao emprego de palavras mudando a natureza das coisas, do grande e inesquecível "Pontes de Miranda, para quem não havia nada mais perigoso, em ciência, do que esse trocar de conteúdo mostrando-se o mesmo frasco. Não é o nome que importa é a coisa"[5].

Certamente, inúmeras outras situações poderão receber um salutar regramento por meio de norma coletiva, mas para o espaço destas reflexões e o fim aqui visado, suficientes as referências feitas.

Contudo, como é obvio, para que um instrumento coletivo possa ter benéficos efeitos na relação entre os atletas profissionais de futebol e os clubes (*as entidades desportivas*), atingindo, assim, seus fins próprios e que justificam sua razão de ser, naturalmente, as partes convenentes devem agir com extrema boa-fé nas negociações que serão levadas a efeito, até porque não se compreende uma negociação coletiva que não seja orientada pela boa-fé, esperando-se, inclusive, da parte mais forte economicamente, que não se aproveite dessa condição para submeter aos seus interesses a outra parte, esse caminho para que uma negociação coletiva possa ser reputada como um meio valioso para a harmonização dos interesses envolvidos; com pena de mestre, salientou Rosita de Nazaré Sidrim Nassar que:

> A negociação coletiva é reconhecidamente o mecanismo mais avançado e democrático de regulação das condições de trabalho. Entretanto, ela, como os demais comportamentos do ser humano, não pode se desenvolver ao sabor da vontade das partes. Submeter-se a princípios, dentre os quais sobreleva-se, por sua importância, o princípio da boa-fé.

---

(5) CASTRO, Carlos Roberto Siqueira. *A constituição aberta e os direitos fundamentais*. Rio de Janeiro: Forense, 2003. p. 93.

A boa-fé compreende uma série de atitudes cuja finalidade é propiciar que o acordo ou convenção não venham a cristalizar apenas os interesses de uma das partes, sobretudo os da mais forte economicamente.[6]

E assim deve ser, uma vez que, como já observou o culto Otavio Pinto e Silva[7]:

> Outra medida indispensável para a garantia da negociação coletiva é a proteção da boa-fé, que deve orientar a atuação das partes envolvidas na atividade negocial.
>
> A credibilidade de um sistema que privilegie a negociação coletiva para a produção de normas jurídicas trabalhistas depende diretamente da presença da boa-fé nos entendimentos mantidos entre os representantes de trabalhadores e empresários.

Enfim, não se pode olvidar de que, como salientado pelo inesquecível Ministro do E. TST, Victor Mozart Russomano[8]: "Em última análise, é a favor do trabalhador que o Estado admitiu a negociação coletiva e, dentro das realidades trabalhistas, a progressiva ascensão do seu standard de vida constitui a mola principal que põe em movimento o vasto e complexo mecanismo do Direito do Trabalho", ensinamento esse que, suponho, reforça a ideia de resolver questões como as apontadas linhas acima, entre os atletas profissionais de futebol e seus clubes, por meio de negociações coletivas, atento a que, como resulta do quanto venho expondo, o poder individual de negociação que alguns superastros possuem e que faz com que alguns doutrinadores sustentem até que, no desporto profissional (em nosso caso, no futebol profissional), os clubes é que se tornam a parte frágil na negociação, é restrito a um número muito pequeno de jogadores de futebol, uma vez que a esmagadora maioria dos atletas profissionais de futebol não possuem, estão longe de possuir, idêntica voz, ao ensejo de uma negociação que façam, de maneira individual, com alguma entidade desportiva; chegando essa altura da exposição, interessante lembrar o que disse a ilustre advogada Mariju Ramos Maciel[9], no sentido de que:

> Inicialmente, necessário se faz para a análise em questão que afastemos o "mito do jogador de futebol". Chamo de mito do jogador de futebol a ideia errônea de que todos os jogadores de futebol ganham milhões de reais a ponto de ser a carreira sonhada por muitos pais para seus filhos. Importante saber o outro lado da história.
>
> Em nosso país temos hoje cerca de 22.000 jogadores de futebol. Destes, por volta de 3.500 estão empregados, e 18.500, desempregados. Dentre aqueles, empregados, 85% ganham salários de no máximo 3 salários mínimos, 13% ganham até 20 salários mínimos mensais, e apenas 2% ganham acima disso.
>
> Portanto, é necessário que se veja o jogador de futebol como um assalariado comum, e não como exceção a essa regra...

Ainda que esses dados se refiram a um período um pouco recuado, nada há que autorize a conclusão de que a realidade hodierna seja diversa, é dizer, tenha melhorado.

---

(6) NASSAR, Rosita de Nazará Sidrim. A legitimidade do sindicato e boa-fé negocial: pressupostos da flexibilização do direito do trabalho. *Suplemento Trabalhista LTr* 101/96, p. 587/8.
(7) SILVA, Otavio Pinto e. *Subordinação, autonomia e parassubordinação nas relações de trabalho*. São Paulo: LTr, 2004. p. 174.
(8) RUSSOMANO, Mozart Victor. *Princípios gerais de direito sindical*. Rio de Janeiro: Forense, 1998. p. 205.
(9) Maciel, Mariju Ramos. A bilateralidade da cláusula penal no contrato do atleta profissional. *Revista Síntese Trabalhista*, n. 219, p. 16, set. 2007.

Mais: é preciso muita cautela para que, sob o manto das especificidades das relações que envolvem os atletas profissionais de futebol e os clubes, não se encubra alguma agressão aos direitos básicos e indispensáveis, reconhecidos aos trabalhadores em geral e que não devem deixar de sê-lo, apenas por se ter, num dos lados da relação, um jogador de futebol, designadamente aquele jogador de futebol que não tem o *status* de um superastro; a respeito, assim se manifestou Rinaldo José Martorelli: "Especificidade não pressupõe, jamais poderá pressupor, qualquer supressão de um direito"[10], ou, como asseverado, em outro trabalho, pelo já mencionado Ministro do E. TST. Mozart Victor Russomano[11]:

> O atleta profissional que celebra um contrato com determinado clube esportivo obriga-se à execução de um trabalho contratualmente definido, com remuneração certa, submetendo-se a regras rígidas de disciplina, constantes, quase sempre, da legislação específica sobre prática do esporte.
>
> Sob o ponto de vista da pessoa do atleta, portanto, não existe diferença, por pequena que seja, entre ele e os demais trabalhadores do comércio, da indústria ou da agricultura.

Então, com os olhos voltados para a realidade, ou seja, para a grande maioria de atletas profissionais de futebol que não têm como discutir, em posição minimamente razoável, num plano, ainda que sofrivelmente, equivalente ao do clube com o qual pretende ligar-se, é que há inferir do valor e do alcance de um instrumento coletivo para reger essa desigual relação.

Entretanto, para que uma negociação coletiva seja frutuosa e resulte em útil instrumento coletivo, é preciso que existam entidades sindicais fortes, unidas e bem estruturadas, com suficiente fôlego e decidida disposição para negociar, quadro esse que não parece ser o atual, em solo pátrio, o que não digo em tom de crítica, mas como uma espécie de conclamação, estímulo à negociação, o que passa, bem se sabe, pela difícil senda de convencer algumas pessoas, ligadas às entidades desportivas, em sentar para tanto, vencendo, assim, os costumes e a tradição contrários a semelhante prática, trazendo esse segmento, que envolve os atletas profissionais de futebol e os clubes mais para perto da Magna Carta de 1988, que tanto valor emprestou ao diálogo entre os atores sociais, valorizando, sobremodo, as convenções e os acordos coletivos de trabalho, o que também já ocorre em outros centros, facilitando, desse modo, uma convivência mais harmoniosa entre os que atuam e vivem no mundo do futebol, sempre respeitando, por óbvio, os fins próprios e a razão de ser de um instrumento coletivo.

---

(10) MARTORELLI, Rinaldo José. A cláusula penal desportiva sob uma ótica democrática. In: *II Encontro Nacional sobre Legislação Esportivo-Trabalhista*. Atualidades sobre Direito Esportivo no Brasil e no Mundo, p. 280.
(11) RUSSOMANO, Mozart Victor. *Temas atuais do direito do trabalho*. São Paulo: RT, 1971. p. 71.

Duração Semanal do Trabalho do Atleta, Trabalho Noturno e DSR: Tratamento Peculiar ou Geral?

Francisco Alberto da Motta Peixoto Giordani[*]

Questão de irrecusável interesse, entre tantas outras, para os que se preocupam e estudam o direito desportivo, em sua perspectiva trabalhista, no que toca a relação existente entre o atleta (*voltarei minhas atenções, neste estudo, especificamente, ao jogador de futebol, pela sua relevância e atenção que a legislação dispensa a essa modalidade desportiva*) e a entidade desportiva, é a que diz com a duração do trabalho daquele, no sentido de estabelecer se devem ser observadas, em seu desenvolvimento, as regras gerais de duração fixadas para os trabalhadores não sujeitos a uma duração de trabalho diferenciada, ou se deve haver uma normatização específica para essa espécie de trabalhador, ou, ainda, se não há falar em limitação alguma, o que seria impraticável, atento as peculiaridades/especificidades dessa atividade, sem paralelo em outras.

Por diversos ângulos essa realidade pode ser examinada e, por isso mesmo, diferentes posições podem ser sustentadas, e com boa dose de razão muitas delas, o que, força é convir, torna sobremaneira difícil uma tomada de posição, quanto a qual a solução ideal nesse ponto, o que, de resto, é uma dificuldade que sempre se apresenta, quando se pensa em atingir e mesmo definir o que seja o "ideal" para uma dada realidade, o que nos obriga a ser muito modestos, em nossas pretensões, cônscios de que, em tão árido terreno, pode-se, apenas — o que não é pouco —, ter a ambição de caminhar em busca desse ideal, de forma honesta e com máxima determinação, sem segurança de que será possível atingi-lo; aqui, de reproduzir as lúcidas palavras do grande processualista José Carlos Barbosa Moreira[1], no sentido de que:

(*) Desembargador do Tribunal Regional do Trabalho da 15ª Região
(1) MOREIRA, José Carlos Barbosa. *Repro*, ano 9, n. 35, p. 184, jul./set. 1984.

[...] a impossibilidade de atingir um ideal não nos dispensa de fazer esforços em sua direção. Podemos ter mil escusas legítimas para não alcançar o ideal, mas só estaremos autorizados a invocá-las, se realmente houvermos disposto a todos os esforços que estejam ao nosso alcance; e é preciso que tenhamos sempre, a cada momento, essa imagem ideal diante de nós, para que ao menos saibamos em que direção devemos caminhar, ainda que conscientes da nossa impossibilidade de atingir a meta.

À partida, devo esclarecer que entendo que o exame do tema atinente a duração do trabalho do atleta não pode ser, digamos assim, "contaminado", pela paixão que cada qual sente por seu time, o que faz com que se seja benévolo em relação ao que diga respeito e seja melhor para a entidade desportiva, de modo a justificar tudo, a encontrar explicação para tudo, seja em relação a seus atletas, ou no que tange a seus negócios, suas obrigações, as quais, das demais entidades se exige rigoroso cumprimento; bem pinta esse quadro a pena do preclaro Luis Fernando Verissimo[2], ao apoiar a transparência dos clubes, nos seguintes termos:

> É muito saudável, portanto, que finalmente se investigue seriamente os negócios do futebol e se exija comportamento adulto dos seus responsáveis e correção fiscal e transparência dos clubes.
>
> Desde, claro, que seja dos outros e não do Internacional ou do Botafogo.

Aludido comportamento, conquanto compreensível, no espírito dos aficionados por uma agremiação esportiva, e não é por ser um operador do direito que uma pessoa deixa de sê-lo ou precisa deixar de sê-lo, reclama, deste último e numa situação assim, que se acautele, para que esse gostoso sentimento não seja de tal intensidade que chegue a turvar o olhar jurídico que deite sobre determinado tema; de minha parte, torço sempre para que o SÃO PAULO FUTEBOL CLUBE consiga sempre aumentar, mais e mais, sua já extensa e invejável relação de troféus, mas não que, para conseguir esse objetivo, deixe de cumprir suas obrigações, máxime quanto aos seus atletas.

Talvez (*vocábulo que* Alexandre Dumas, "em um de seus livros disse que" "é a quintessência de todas as filosofias"[3]), o atendimento de todas as obrigações seja um dos campeonatos mais difíceis de ser conquistado para alguns clubes, malgrado o esforço que se imagina e acredita seja direcionado para esse fim!

Evidentemente, a questão da duração do trabalho se insere na moldura acima referida, ou seja, não pode ser vista apenas sob a ótica do que seja melhor para a entidade desportiva, embora seu interesse não deva ser, sem mais, ignorado, antes há de ser examinada a situação sem descurar dos interesses e mesmo das necessidades de ambos: atletas e entidades desportivas.

Com esse desiderato, desde logo devo deixar claro que minha preocupação maior não está voltada para a limitada constelação de atletas que desfrutam de fama e prestígio tal que os torne capazes de se fazer ouvir, em suas negociações e interesses, pelos clubes aos quais pretendem se ligar, esses, pela graça do Criador, estão tranquilos e espero que assim prossigam, muito embora nem por isso seja possível ignorar, em relação a eles, as normas aplicáveis, mas, e é uma verdade indisputável, os grandes astros possuem, como dito, condições de fazer valer seus direitos, e, não raro, uma

---
(2) VERISSIMO, Luis Fernando. *Time dos sonhos* — paixão, poesia e futebol. Rio de Janeiro: Objetiva, 2010. p. 26.
(3) DUMAS, Alexandre. *Os quarenta e cinco*. Porto: Lello & Irmão, v. II, p. 199.

situação mais confortável ainda do que a resultante da estrita aplicação da lei; volto a atenção, como disse alhures, para a "[...] situação inversa e de extrema dificuldade, vivida pela esmagadora maioria dos atletas profissionais, que entregam seu futuro na esperança de um dia se tornar um desses atletas mundialmente reconhecidos e com todas as boas coisas que a esses acontecem, não cuidando (e muitos não têm nem como enxergar: as lentes com que podem ver o mundo não estão preparadas para tanto!) para a realidade de que no universo do futebol e da notícia sobre esse esporte não há espaço para muitos atletas, ao contrário, pois permite o ingresso de bem poucos"[4], ou, como dito de maneira muito clara e consistente pelo ilustre advogado Maurício de Figueiredo Correia da Veiga[5], *verbis*:

> Quando se fala de atleta profissional de futebol a primeira imagem que vem à tona é daquele jogador famoso, garoto propaganda de marcas mundialmente conhecidas e que recebe verdadeiras fortunas decorrentes não só de salário, mas também da cessão do direito de uso de sua imagem.
>
> Contudo, esse é um universo extremamente reduzido e representa menos de 5% do universo de jogadores profissionais em nosso país, pois a grande maioria faz parte do quadro de jogadores anônimos que recebem módicos salários, a ensejar a necessidade de uma proteção especial.

E essa realidade, que é a do futebol, ou seja, uma pequena — *mas muito pequena mesmo, se comparada ao número total* — quantidade de atletas famosos, com voz (de tenor!) para se fazer ouvir em suas tratativas com seu futuro e/ou atual clube, e uma grande maioria, silenciosa, que não tem outra alternativa, que não cumprir o que lhe é determinado, sem força para ponderar seja o que for, faz com que — dita realidade — a interpretação da norma e mesmo qual deva ser a aplicável, se nutra, avidamente, dos ensinamentos e mesmo da razão de ser do direito do trabalho, atento a que, para tais atletas, jogar futebol é uma profissão, como outra qualquer, e que, portanto, precisa se lhes estenda, também, o manto protetor do direito do trabalho; de maneira muito objetiva, o que já lhe empresta elevado valor, e de forma irrespondível, alerta o preclaro Luiz Felipe Guimarães Santoro[6] que:

> A atividade do atleta profissional de futebol desperta muitos interesses e é, sem dúvida, muito lucrativa para aqueles que conseguem alcançar o topo da pirâmide. Não podemos nos esquecer, porém, que a grande maioria dos atletas profissionais em nosso país recebe salário mínimo.

Evidentemente, numa relação assim, o atleta que recebe parcos vencimentos está numa situação de dependência muito grande para com o clube pelo qual atua, sem poder rebelar-se, na prática do dia a dia, contra as determinações que lhe são dadas, e esse aspecto não pode ser desconsiderado, quando se lança os olhos nas normas que disciplinam o liame que venho de referir, procurando delas extrair a interpretação que mais se ajuste aos fins que explicam a existência de um direito do

---

(4) GIORDANI, Francisco A. M. P. Organização sindical no futebol: limites e incidência das normas coletivas. In: BASTOS, Guilherme Augusto Caputo (coord.). *Atualidades sobre direito esportivo no Brasil e no mundo*. IV Encontro Nacional sobre legislação Esportivo-Trabalhista. Promovido pelo E. TST, p. 100.

(5) VEIGA, Maurício de Figueiredo Corrêa da. Direito constitucional do trabalho e as normas do futebol. In: BASTOS, Guilherme Augusto Caputo (coord.). *Atualidades sobre direito esportivo no Brasil e no mundo*. IV Encontro Nacional sobre legislação Esportivo-Trabalhista. Promovido pelo E. TST, p. 150.

(6) SANTORO, Luiz Felipe Guimarães. As peculiaridades e especificidades do contrato de trabalho do atleta de futebol. In: BASTOS, Guilherme Augusto Caputo (coord.). *Atualidades sobre direito esportivo no Brasil e no mundo*. IV Encontro Nacional sobre legislação Esportivo-Trabalhista. Promovido pelo E. TST, p. 214.

trabalho, e, vale lembrar, a posição de extrema dependência (*rectius:* fragilidade) do atleta, de uma maneira geral, para com a entidade desportiva, não é algo característico do momento atual, ao reverso, existe desde sempre, e para dar maior densidade a esse asserto, reproduzo o parágrafo inicial de trabalho apresentado pelo afamado José Cretella Júnior, ao Instituto dos Advogados de São Paulo, que foi publicado na Revista dos Tribunais no já longínquo ano de 1953, isso mesmo, em 1-9-5-3:

> 1. Na escolha do tema que apresentamos ao concurso de estudos jurídicos do "Instituto dos Advogados de São Paulo", influíram principalmente três motivos: a indiscutível atualidade do problema, a escassa ou nula bibliografia nacional pertinente ao assunto e o pequeno amparo legal que nosso Direito dispensa ao esportista, em angustiante posição de inferioridade relativamente à entidade que o contrata.[7]

Advirto que não propugno por uma leitura do desenho atleta/entidade desportiva que ignore o texto legal aplicável, de forma alguma, apenas penso que, para ser fiel ao espírito que anima o direito do trabalho, há de ser feita uma interpretação que atenda ao aludido espírito, o que, para além de ser, a meu aviso, a postura mais correta, evitaria, quando menos, víssemos assombrações pelos cantos...; conquanto em alguns pontos discorde da doutrina do eminente Albino Mendes Baptista[8], acompanho-o quando diz que:

> Ao jurista cabe a tarefa de procurar em cada momento as melhores construções para atender à índole própria das diversas realidades sociais, competindo-lhe desenvolver um esforço interpretativo que obste à adoção de soluções absurdas. Mas não lhe competirá nunca criar um regime próprio para estas relações contratuais, pois o poder legislativo cabe a quem democraticamente foi incumbido de o exercer.

E nesse esforço interpretativo não se pode, como afirmei linhas atrás, ignorar o *quod plerumque accidit*, o que ordinariamente acontece, na relação atleta (não famoso) e clube, onde está presente cerrada subordinação, com a consequente falta de equivalência de forças para discutir o cumprimento/desenvolvimento das obrigações contratuais de cada qual, o que faz com que o atleta se veja na contingência de aquiescer com o que lhe for determinado, ainda que esse comando esteja contaminado por abusos ou ilegalidades.

Entretanto, por óbvio que a legislação existente, ainda que não se a considere a melhor, a mais ajustada às necessidades da relação que regula — *para os que assim entendem* —, não há ser olimpicamente ignorada, o que, de resto, significa, na prática e ao fim e ao cabo, criar outra forma de regular a situação. Insisto: o que há de ser feito é interpretar a legislação aplicável de maneira a torná-la mais aderente à realidade, de modo a que a justiça possa ser vista como corolário de sua aplicação.

Para isso, também importa não ver exceções a toda hora, esperando, como os antigos navegadores, ver surgir um monstro e/ou o fim abrupto do oceano a todo momento, é dizer, não ficar concluindo, a cada instante, que a lei (designadamente, a geral) não se aplica, ainda que a legislação específica não trate da questão, por suas "especificidades".

---

(7) CRETELLA JÚNIOR, José. Natureza jurídica do contrato de esporte. *Revista dos Tribunais*, v. 42, n. 209, p. 22, mar. 1953.
(8) BAPTISTA, Albino Mendes. *Direito laboral desportivo* — estudos. Lisboa: Sociedade, 2003. p. 80. v. I, *Quid Juris?*

Nesse ponto, interessante fixar que, ao falar em "especificidades do desporto", algo que, efetivamente existe, não se pode, contudo, usar esse vocábulo para justificar o que quer que seja, de modo a evitar a aplicação, a cada passo, no que aqui nos interessa, das normas gerais do Diploma Consolidado (isso, para não falar, também, da Constituição Federal), tal proceder, sem dúvida de maior simplicidade, não atende ao "esforço interpretativo" referido nas linhas transatas, é dizer, deve-se sempre procurar extrair da norma (específica ou geral, conforme o caso, mas sempre passando, antes, pela Lei Maior), o sentido que a torne mais razoável, mais justa, que regule da melhor maneira possível a situação que se tem em vista disciplinar, e só se isso não for, REALMENTE, possível, aí sim, inferir que, dadas as especificidades do desporto, inviável sua aplicação.

Como diz um dos mais notáveis cultores do direito desportivo, não só em solo pátrio, mas em outras plagas também, o que bem atesta seu inexcedível conhecimento jurídico, o professor Álvaro Melo Filho: "A natureza especial do contrato de trabalho desportivo impõe encontrar-se soluções jurídicas adequadas à realidade laboral desportiva, sem esquecer o necessário equilíbrio contratual entre atletas e clubes desportivos empregadores"[9]. Esse, efetivamente, o labor que se espera de tantos quantos se voltem ao estudo da relação atletas/clubes, o que passa por ver, sempre, se de excluir, quase que pronta e automaticamente, a aplicação da CLT, em dada situação, *quando necessário a ela recorrer*, ou se possível uma interpretação que ajuste-a a essa relação, e apenas se a resposta for negativa, o que só deve acontecer após um sincero exame das possibilidades existentes, daí então, partir para outra solução.

Estou em que despiciendo mencionar como a Carta Magna também há de ser sempre considerada no multicitado "esforço interpretativo"..., e em primeiríssimo lugar!

Após realçar esses pontos, passo a examinar a questão que devo enfrentar.

A primeira posição que deve ser fixada é a atinente a estarem os atletas sujeitos às normas concernentes à duração do trabalho ou não, se, por conta das especificidades da relação desportiva que envolve os atletas e as entidades desportivas, e as atividades que dessa relação decorrem, fica, na prática, inviável cuidar de duração do trabalho.

Aludida questão foi um tanto agitada após assertiva feita, em trabalho anterior às alterações provocadas na Lei Pelé pela Lei n. 12.395/2011, pela eminente juslaborista Alice Monteiro de Barros — o que demonstra seu valor e o elevado grau de respeito que seus posicionamentos provocam no meio jurídico —, no sentido de que[10]:

> Dispunha o art. 6º da Lei n. 6.354, de 1976, que o horário normal de trabalho do atleta seria organizado de forma a bem servir o seu adestramento e exibição, não podendo exceder de quarenta e oito horas semanais, hoje, quarenta e quatro horas semanais, em face da alteração constitucional, tempo em que o empregador poderia exigir que o empregado permanecesse à sua disposição. Lembre-se, entretanto, que esse dispositivo vigorou apenas até 25 de março de 2001, quando foi revogado pelos arts. [sic] 93 e 96 da Lei n. 9.615, de 1998. Embora a Constituição de 1988 assegure aos empregados e rurais jornada de oito horas, dadas as peculiaridades que envolvem a função

---

(9) MELO FILHO, Álvaro. *Direito desportivo* — aspectos teóricos e práticos. São Paulo: Thomson-IOB, 2006. p. 127.
(10) BARROS, Alice Monteiro de. *Contratos e regulamentações especiais de trabalho*. 2. ed. São Paulo: LTr, p. 87/8.

do atleta, entendemos que as normas a respeito de limitação de horas semanais, a partir de 26 de março de 2001, não mais serão aplicadas ao profissional de futebol.

Não há dúvida cuidar-se de asserção de peso, não só pelo seu conteúdo, como por quem a emitiu! E, talvez, a própria conceituada doutrinadora tenha sentido o peso da aludida afirmação, conclusão a que chego face ao teor de excerto que consta em outra obra sua, também de inestimável valor, onde está consignado, após parágrafo igual ao acima reproduzido que:

> O tratamento diferenciado a respeito das relações trabalhistas comuns se justifica em face da natureza especial dessa prestação de serviços, que consiste em uma peculiar distribuição da jornada entre partidas, treinos e excursões. Há relativamente ao atleta, nesse particular, um campo aberto que reclama a atuação das normas coletivas ou dos contratos individuais de trabalho.[11]

Tenho em que a inigualável juslaborista sentiu que o atleta não pode ficar, sem mais nem menos, sem qualquer proteção, daí sugerir fosse regulada a questão da duração de trabalho, por meio de normas coletivas ou por meio de um contrato individual de trabalho! A questão que exsurge, então, é a que diz com a possibilidade de se excluir o atleta profissional de futebol, em razão das especificidades de suas atividades, da disciplina — constitucional — acerca da duração do trabalho, e, num momento seguinte, se necessária uma regulação própria a esse respeito.

De minha parte, alinho-me com aos que entendem, das disposições constitucionais sobre a duração do trabalho, não poderem ser sumariamente excluídos os atletas profissionais, porquanto, como alerta o culto professor Domingos Sávio Zainaghi[12]:

> Não obstante o silêncio da Lei n. 9.615/1998 quanto à duração do contrato de trabalho, entendemos que o atleta profissional deverá cumprir jornada de trabalho de 8 horas, com duração semanal de 44 horas, em razão da previsão contida no art. 7º, XIII, da CF, que se aplica a todos os trabalhadores, não havendo distinção na aplicação da previsão constitucional, ou seja, é aplicada a qualquer trabalho.

Importa em ofensa a Magna Carta, penso, possível falta de limitação da duração do trabalho do atleta, o que ocorre colocando-o à margem do disposto no art. 7º, XIII, da CF/88; após mencionar o sentir da ilustre juslaborista cujos ensinamentos reproduzi em linhas anteriores, o insigne Hugo Albuquerque Braga, assim se posicionou:

> Com a devida vênia, discordamos do entendimento apresentado pela respeitada magistrada. A falta de limitação de jornada de trabalho fere frontalmente a Carta Magna, mais especificamente o art. 7º, XIII.[13]

Outro não é o modo de ver da culta Rúbia Zanotelli de Alvarenga[14]: "Portanto, com o advento da Constituição Federal de 1988, a jornada de trabalho do atleta

---

(11) BARROS, Alice Monteiro de. *As relações de trabalho no espetáculo*. São Paulo: LTr, 2003. p. 183.
(12) ZAINAGHI, Domingos Sávio. As relações de trabalho no desporto. *Revista de Direito do Trabalho*, ano 34, n. 132, p. 334, out./dez. 2008.
(13) BRAGA, Hugo Albuquerque. O contrato de trabalho do atleta profissional de futebol. *Revista de Direito do Trabalho*, ano 36, n. 137, p. 159, jan./mar. 2010.
(14) ALVARENGA, Rúbia Zanotelli de. Aspectos controvertidos da duração do trabalho do atleta profissional de futebol. *Justiça do Trabalho*, HS, v. 28, n. 330, p. 33, 2011.

profissional de futebol é de 8 horas diárias e 44 horas semanais, abrangendo treinamentos e períodos de exibição, visto que não possuem legislação específica sobre o presente tópico. Dessa maneira, o que exceder a esse limite deve ser considerado como hora extra".

Olvidar não se deve que a limitação da duração do trabalho tem forte ligação com direitos fundamentais e com a dignidade da pessoa humana, como bem fundamenta o impoluto Gustavo Filipe Barbosa Garcia[15], que assim o faz:

> A jornada de trabalho é tema de grande relevância, por se referir a valores essenciais à pessoa humana, o que justifica a sua disciplina pelo Direito.
>
> Isso fica nítido tendo em vista a própria relação da matéria com a saúde, a segurança, o bem-estar e a vida do trabalhador, sabendo-se que o labor excessivo pode acarretar graves danos à sua integridade física, psíquica e psicológica.
>
> Sendo assim, a limitação da jornada de trabalho, bem como a previsão de períodos para descanso, inserem-se na ordem dos direitos fundamentais, visando à preservação da dignidade da pessoa humana, no âmbito da relação de trabalho.
>
> O próprio direito ao lazer, previsto como direito social (art. 6º da Constituição da República), para ser efetivamente observado, exige a limitação da duração do trabalho (sem negritos no original).

E, como se não desconhece, embora alguns não vejam dessa maneira, a atividade de atleta profissional de futebol traz consigo pressões constantes, exigências diárias, provocando desgastes físicos e psicológicos inegáveis, tudo isso numa carreira que, também se sabe, é curta, em muito por conta desses fatores; quanto aos primeiros, há tempos já observou o sempre citado juslaborista José Martins Catharino[16]:

"O excesso de trabalho dos atletas-empregados é um dado importante no contexto do futebol, principalmente quanto aos grandes jogadores. Estafa, envelhecimento muscular precoce, e atuações sem condições normais são frequentes. Daí o encurtamento de suas carreiras. Esse é um dos aspectos negativos do profissionalismo no Brasil. Os calendários, as temporadas (períodos compreendidos entre o início e o término dos Campeonatos, torneios ou competições, do mesmo ano desportivo), as excursões, os prélios amistosos, exigem, praticamente, um trabalho quase ininterrupto. Isso sem falar nas condições climáticas"; bem é de ver que esse quadro, embora já tenha sido pintado há um bom tempo, ainda retrata bem a paisagem que procura reproduzir, só podendo receber um novo colorido no que tange ao acento tônico colocado, à época, nos grandes jogadores, estendendo-se a pintura à generalidade dos atletas, a não ser que se entenda que o grande mestre estava tendo em vista os atletas que conseguiam colocação nos clubes que tinham torneios a disputar durante o ano todo e não aos clubes menores, quando, então, o drama dos atletas, se diminuía nesse aspecto, se agigantava no outro, a saber: o drama de encontrar onde, como e por que período exercer sua atividade! Ah, sim, o calendário dos clubes, na quadra atual,

---
(15) GARCIA, Gustavo Filipe Barbosa. Considerações sobre a jornada de trabalho do atleta profissional. *Suplemento Trabalhista*, São Paulo: LTr, ano 47, 003/11, p. 9.
(16) CATHARINO, José Martins. *Contrato de emprego desportivo no direito brasileiro*. São Paulo: LTr, 1969. p. 29.

regra geral, não consente se fale em excursões, a não ser impondo mais sacrifícios aos atletas e também aos clubes.

No que aos aspectos psicológicos toca, cabe considerar as exigências de resultado, que "justificam" exigências de comportamento, abrangendo os mais variados aspectos da vida do atleta, e com intensidade cada vez mais crescente, inversamente ao seu cartaz; conquanto tendo em vista o assédio moral em artigo de sua lavra, vale citar Martinho Neves Miranda, ao declarar que a relação atleta/clube envolve[17]:

> "a) A existência de uma relação de hierarquia rígida entre comandante e comandado no esporte;
>
> b) A constante pressão advinda de vários segmentos pela busca de resultados e a;
>
> c) Tendência presente no consciente coletivo de que o atleta tem que ser mantido sob rédea curta, com pouca liberdade de atuação, sob pena de não alcançar seus objetivos esportivos "; depois o culto autor pormenoriza cada uma dessas situações e, lendo-as, não há como não inferir que a pressão que um atleta sofre não é de pequena monta, ao reverso [...], só para ficar num exemplo, aborda a questão concernente a uma "necessidade quase paranoica de se coarctar a liberdade do atleta", o que leva:
>
> — À estipulação de regimes de concentração por tempo excessivo;
>
> — O impedimento de que atletas se comuniquem ou recebam parentes nesse período e;
>
> — A vedação aos profissionais de darem entrevistas, violando a liberdade de expressão"[18]; é preciso acrescentar algo mais, para deixar demonstrada a pressão a que venho de referir e daí concluir pelos desgastes que isso pode provocar/provoca num atleta?

Tudo isso, como dito, faz curta a carreira do futebolista, e não poderia mesmo ser diferente, o corpo humano tem limites e sofre as consequências de uma atividade como a desenvolvida nas condições acima mencionadas; aqui, vale a transcrição de asserto de um dos maiores estudiosos do direito desportivo, o grande mestre português João Leal Amado, a saber:

> É sabido que a prática desportiva profissional constitui uma atividade efêmera, quando comparada com as atividades laborais comuns. Trata-se, com efeito, de uma profissão de desgaste rápido, que em regra começa por volta dos 18-20 anos de idade e acaba pouco depois dos 30. A brevidade da carreira profissional do praticante desportivo — a qual termina numa idade em que muitas outras carreiras profissionais ainda estão a despontar — significa, parafraseando Antoine Blondin, ser ele alguém de certo modo destinado a morrer duas vezes.[19]

Agora, a pergunta que não quer calar: uma realidade dessas não reclama uma limitação à duração da jornada de trabalho?

---

(17) MIRANDA, Martinho Neves. O desporto à margem do direito. *Revista Brasileira de Direito Desportivo,* ano 9, v. 18, p. 80, jul./dez. 2010.
(18) *Op. cit.,* p. 81.
(19) AMADO, João Leal. *Vinculação* versus *liberdade* — o processo de constituição e extinção da relação laboral do praticante desportivo. Coimbra: Coimbra, 2002. p. 68/9.

Sensibilizar não sensibiliza, possíveis argumentos que girem em torno das dificuldades de se controlar a duração do trabalho dos atletas, pois não os tenho com força suficiente para deixar os atletas à margem do que preceituado na Constituição Federal, atento a que:

> A dificuldade do controle da jornada não é motivo capaz de elidir o respeito a direitos trabalhistas constitucionalmente garantidos, pois, como empregado que é, não resta dúvida que a jornada legal se aplica também ao atleta profissional de futebol.[20]

Possível comparação com a situação dos domésticos, excluídos da duração legal do trabalho — *abstração feita de posicionamentos contrários a esse sentir, não vendo embasamento consistente para essa exclusão* —, com a devida vênia, não empolga.

Com efeito, porquanto, à uma, como se não desconhece, o modo de ver prevalecente na doutrina e na jurisprudência é no sentido de que a jornada constitucionalmente estabelecida estende-se a todos os trabalhadores, à exceção dos expressamente excluídos de tal duração, o que se dá com os domésticos, mas não com os atletas profissionais de futebol.

Aliás, sem demérito algum para com o nobre ofício dos domésticos, tão imprescindível à esmagadora maioria dos lares brasileiros, permitindo até a esposa/mãe que vá trabalhar, para ajudar a compor a renda familiar, pois ficará alguém para cuidar "da casa" e, o que é muito importante, dos filhos, sem o que essa esposa/mãe não poderia, muito provavelmente, sair para trabalhar, não se cuida de uma profissão, ainda que dela se exija muito — *e quanto* — que provoque idêntico e tão célere desgaste quanto a do atleta profissional de futebol, atento às circunstâncias que provocam aludido desgaste e que foram, linhas acima, apontadas.

Quanto ao ponto ora em exame, com proveito a transcrição de ensinamentos do juslaborista Jean Marcel Mariano de Oliveira[21], que também feriu a questão:

> Como é cediço, a limitação da jornada de trabalho dos empregados em geral vem prevista em sede constitucional e ampara qualquer trabalhador, salvo aqueles expressamente excluídos deste regime, como é o caso do empregado doméstico, conforme entende parte da doutrina acerca da matéria.
>
> Assim, não é possível invocar-se a situação do empregado doméstico perante a atual jurisprudência, a qual, diga-se de passagem, não é pacífica, para tentar nela inserir outro profissional que em nada lhe é semelhante, salvo quanto à falta de regramento infraconstitucional acerca da matéria, como já mencionado.
>
> Para o atleta profissional de futebol, os ditames do art. 7º, inciso XIII, da Carta Magna lhe são diretamente aplicáveis e, por isso, é possível concluir que sua jornada de trabalho é de 8 (oito) horas diárias e 44 (quarenta e quatro) semanais.

Outro argumento que também não impressiona — e também com todas as vênias —, é o que remonta ao fato de que, como a antiga Lei n. 6.354/76, em seu art. 6º, dispunha acerca da duração do trabalho do atleta, uma vez que tal comando foi

---
(20) GRISARD, Luiz Antonio. Horas Extras, intervalos e adicional noturno para atletas profissionais de futebol. *Justiça do Trabalho*, HS, n. 241, p. 14, jan. 2004.
(21) OLIVEIRA, Jean Marcel Mariano de. *O contrato de trabalho do atleta profissional de futebol*. São Paulo: LTr, 2009. p. 75/6.

posteriormente revogado pela Lei n. 9.615/98, à míngua de dispositivo legal cuidando dessa questão, após aludida revogação, não haveria falar em aplicação das normas legais de limitação da duração do trabalho aos atletas; sem dúvida, trata-se de desenvolvimento que só pode provocar encômios aos que o defendem, por desnudar excelente preparo e tirocínio, porém, mesmo assim, ouso dele discordar, o que não significa, como está claro, que não renda minhas sinceras homenagens e respeito aos que o elaboraram e o adotaram.

Assim faço por entender que o problema não é a falta de preceito legal acerca da duração do trabalho dos atletas, até porque há o comando constitucional a atrair ao seu regaço todos os trabalhadores que não forem dele expressamente excluídos — *volto a fazer abstração sobre as reais possibilidades e condições para que isso se dê, admito, desde logo, a possibilidade para enfrentá-la* —, de maneira que, sob essa ótica, a questão não seria — não é — falta de específica previsão legal, mas sim a falta de exclusão, claramente formulada — insisto: se se entender isso possível!

O festejado Fábio Menezes de Sá Filho, à determinada altura de interessante artigo que escreveu, assim se manifesta[22]:

> Contudo, o que se sabe, e é o mais aceito pela doutrina e jurisprudência, é que não se trata de regulamentação antes existente, porém, agora revogada por outra lei hierarquicamente igual. Na verdade, trata-se de um direito garantido pela Constituição Federal de 1988, pelo qual o empregado não deve laborar por período superior a oito horas diárias e a quarenta e quatro horas semanais. É a saúde do trabalhador que estaria sendo prejudicada, caso assim não se entendesse.
>
> Portanto, por já haver previsão constitucional, desnecessária seria a previsão em lei ordinária, motivo pelo qual o legislador revogou o art. 6º da Lei n. 6.354/76.

Portanto, com relação à duração do trabalho do atleta profissional de futebol, atento ao quanto vem sendo desfiado neste singelo estudo, devo dizer que tenho como irrecusável que, no que toca a essa espécie de trabalhadores, há limitar, sim, a duração do trabalho, e mais: acredito que não se faz imprescindível uma legislação específica no particular, pois suficiente a observância do quanto disposto na Lei Maior, sendo que para atender as especificidades do dia a dia dos atletas — *que, como já disse, bem se sabe que existem* — isso pode ser resolvido — *e comodamente* —, por meio de instrumentos coletivos, como, *verbi gratia*, prorrogação/compensação da duração do trabalho em determinado momento, estabelecendo-se, via cláusula de norma coletiva, como então proceder, o que não é viável, de modo algum, é, pura e simplesmente, disporem os clubes, da maneira que melhor lhes aprouver, do tempo e do trabalho dos atletas, sem maiores considerações para com o estabelecido pela Carta Política e para com a saúde do atleta e mais ainda, com sua dignidade enquanto pessoa humana que é, do que, bastas vezes, se olvida.

Observo que a falta de cultura de negociação coletiva, nessa área de atuação, não pode servir de argumento, para infirmar o acima sugerido, mesmo porque, o natural será que, exigindo-se a observância, pelos clubes, dos limites da duração de trabalho de seus atletas, salvo prorrogações/compensações validamente estipuladas,

---

(22) SÁ FILHO, Fábio Menezes de. Aspectos temporais do contrato laboral do empregado futebolista. *Revista de Direito do Trabalho*, p. 128, n. 137, 2010.

vá surgindo, por parte das entidades desportivas, um crescente interesse pela celebração de instrumentos coletivos, dispondo sobre tal situação, o que também interessará às entidades representantes dos atletas. Vive-se um mundo em que vozes se fazem ouvir, algumas estrondosamente, em prol do prestígio que se deve emprestar aos instrumentos coletivos, e, aqui, em sede de direito desportivo, muito útil o recurso a ditos instrumentos, então, que sejam utilizados!

Vale notar que o recurso a instrumentos coletivos, para regular a questão da limitação da duração do trabalho, também faria muito bem a questão referente à concentração, em relação a qual, como se não desconhece, embora a doutrina predominante trilhe a senda de que se trata de obrigação decorrente do contrato de trabalho desportivo, mas que não deve ser computada, para fins de fixação da duração do trabalho, sendo esse também o entendimento da jurisprudência, desde sempre ouve quem discordasse desse posicionamento, com fortes argumentos, aliás, ambos os entendimentos baseiam-se em consistentes fundamentos, o que honra aos que defendem, tanto um como outro.

O incomparável Shakespeare, em uma de suas monumentais obras, pela boca de um personagem disse: "[...] para minha revelação peço que se empreste um ouvido favorável"[23], e, aqui, valendo-me de empréstimo dessa frase, como não quero me furtar de posicionar-me a respeito desse ponto, *para minha revelação peço que se empreste ouvidos e olhos, bem como um coração favoráveis,* indulgentes mesmo!

Lá vai então: sou dos que entende que a concentração deve ser computada para o cômputo da duração do trabalho!

Brincadeiras à parte, confesso que não consigo entender de outro modo a questão da concentração, não me parecendo satisfatória a tese de que se cuida de uma obrigação contratual, uma das peculiaridades do contrato de trabalho do atleta profissional de futebol, que com ela o clube visa resguardar o jogador, evitando, assim, que o atleta tenha um comportamento inadequado, mas, ao reverso, esteja em boas condições, físicas e psicológicas, para que seu desempenho esteja à altura do que sua habilidade pode proporcionar, além do que, quando contratado, o atleta já sabia que teria de se concentrar, e que nesse período se cuida de evitar o consumo de bebidas alcoólicas, alimentação prejudicial, falta de horas de sono etc.

Afirmar, não vejo como, sempre com todas as vênias possíveis, diante dessas finalidades, que tal período não há de ser computado como tempo à disposição do empregador, pois que, nele, iniludivelmente, o atleta tem sua vida controlada, sua liberdade (*bem dos mais valiosos que uma pessoa humana pode possuir!*) coarctada, e não seja o respeitante lapso temporal tido como à disposição do empregador! E, vale notar, vários dos que defendem que a concentração não integra a duração do trabalho, ao desfiarem o que a mesma compreende e/ou defini-la, dizem, de alguma forma, que, nesse tempo, o atleta fica sob o controle do clube, o qual pode, então, "exigir isso ou aquilo", "tem o poder de". Como situar isso, que não tempo à disposição?

Para evitar maiores discussões, vou partir do pressuposto que a entidade de direito desportivo pode, por força de lei, exigir que um atleta a ela vinculado se concentre, mas, apenas para que não fique sem registro, consigno que acho, quando menos, curiosa essa imposição, pois se ela visa a que o atleta melhor e/ou

---

[23] SHAKESPEARE, William. *Otelo*. Porto Alegre: L&PM, 1999. p. 34.

adequadamente se cuide para melhor exercer seu mister, essa exigência bem poderia ser estendida a um sem-número de outras profissões, sendo facultado aos hospitais exigir de um médico cirurgião, operando em suas dependências, que, às vésperas de uma complicada intervenção cirúrgica, se concentre, passando a noite no próprio nosocômio (para evitar que algum sucesso, como, verbi gratia, o excesso de bebida ou a falta de horas de sono comprometam a cirurgia, o que, com todo o respeito a essa vital categoria de profissionais, bem pode, em tese, suceder), a dadora de serviço de um motorista de caminhão, que no dia seguinte terá que fazer longa viagem, transportando equipamento de elevado valor, poderá exigir deste trabalhador que durma em tal ou qual lugar, em tal ou qual hora (aqui, também, para evitar que algum sucesso, como, *exempli gratia*, o excesso de bebida ou a falta de horas de sono possam fazer com que o motorista se envolva em algum acidente, o que, com todo o respeito a essa muito respeitada e importante categoria de profissionais, bem pode, em tese, acontecer), em que esteja sob suas vistas, por meio de algum preposto seu, e os exemplos poderiam se multiplicar, de acordo com a visão que se tivesse da complexidade de certos serviços ligados a determinadas profissões, como assim não é, o que se deve pensar... que apenas os atletas devem ser vigiados? Ou que o certo é conscientizar todos os que exercem funções que exijam, em dado momento, uma preservação maior de sua própria pessoa, para os cuidados que ela deve, então, ter, o que se estenderia aos atletas profissionais de futebol?

Retornando à rota inicial, e pedindo escusas pelo desvio feito, monto praça na ideia de que a circunstância de se admitir que a concentração faz parte do contrato de trabalho desportivo não pode, por si só, eliminar o correspondente tempo da duração do trabalho, pois, uma coisa é autorizar o regime de concentração, outra ter como não computável na duração do trabalho o período então consumido: dadas as especificidades (vocábulo que sempre deve ser usado com extrema cautela...) do contrato em tela, passível exigir-se do atleta que se concentre (o que pode levar a outra discussão, como visto acima), mas isso não significa que esse período não deva ser computado na duração da jornada; válido ceder o passo, nesse comenos, ao preclaro Leonardo Laporta Costa, que, em seus escólios ao art. 28 da Lei Pelé, com as alterações procedidas pela Lei n. 12.395/11 assim se posiciona:

> Atente-se que referida norma, em nenhum momento dispõe sobre a não computabilidade na duração do trabalho, nos períodos em que o atleta deva ficar à disposição do empregador, mas, tão somente, legitimou o referido período, tendo-se como ilegal, caso o atleta se recuse ao cumprimento da norma, quando exigida.
>
> Gize-se que a lei apenas autorizou as entidades de prática a manterem os atletas em regime de concentração, sem excluir o respectivo pagamento como hora extra, o excedente ao limite Constitucional, pois, caso contrário, poderia o atleta se recusar a se manter em regime de concentração.
>
> Muito embora as pessoas tenham a falsa ideia de que os períodos de concentração mais se aproximam ao lazer do que propriamente ao trabalho extenuante, o certo é que o atleta, retirado do seu convívio social e familiar, permanece à disposição do empregador, aguardando ou recebendo ordens.[24]

---

(24) COSTA, Leonardo Laporta. Jornada de trabalho do futebolista profissional. *Revista de Direito do Trabalho*, ano 37, n. 142, p. 330, abr./jun. 2011.

Aliás, continuando na leitura de tão instigante estudo, vê-se curiosa comparação feita pelo aludido juslaborista, com dispositivo da CLT, que, autorizando embora a transferência de certos empregados, não afasta, contudo, o pagamento do adicional de transferência, são seus os ensinamentos que seguem:

> A legitimação do período de concentração, ou de viagem, que em hipótese alguma afasta o respectivo pagamento, guarda íntima identidade com a interpretação adotada ao art. 469 da CLT, que dispõe sobre a transferência de trabalhador e o pagamento do respectivo adicional de transferência.[25]

Bom que se diga que esse sentir não é recente, pois já o manifestou, há décadas, quando vigorava a Lei n. 6.354/76, o insigne Ralph Cândia[26]:

> A concentração se traduz em resguardo costumeiro dos atletas e peculiar às competições de importância, daí ter sido consagrada na legislação em causa. Se afigura útil para obtenção de um melhor rendimento dos jogadores. O prazo de três dias estabelecido como limite, a nosso ver, não pode deixar de ser considerado como de trabalho normal e, portanto, computável na jornada semanal já examinada, de sorte que, somado às horas colocadas, à disposição antes da concentração, não ultrapassem as quarenta e oito horas semanais, caso em que o excesso será considerado trabalho extraordinário, com incidência do adicional de vinte por cento sobre as horas excedentes.

Gostaria de acrescentar que a referência à legislação alienígena, no particular, não se apresenta com força suficiente para fundamentar que o lapso temporal atinente à concentração não integre a jornada de trabalho, pois que há considerar, entre nós, o estatuído no art. 4º do Diploma Consolidado, o número de jogos disputados num ano, o que, à evidência, repercute no tempo de concentração, ainda que observada a limitação semanal imposta por lei, entre outros aspectos.

Outrossim, não medra — *aqui, como sempre, com a devida vênia e profundo respeito a entendimentos diferentes* — o argumento de que, quando da celebração do contrato de trabalho desportivo, o atleta sabe que terá de se concentrar, à uma, porque, como dito nas linhas transatas, o ter que se concentrar não significa não receber por isso, e à duas, porque, quantas as profissões em que a pessoa sabe que lidará com agentes insalubres e/ou periculosos, ou ainda, que normalmente terá que labutar em regime extraordinário, mas nem por isso, deixa de receber adicionais que, conforme a hipótese, se não são a melhor solução, ao menos minimizam os efeitos dessas realidades? Nem se diga que apenas porque a lei prevê algum adicional, no particular, que o mesmo é pago, pois, como o direito não se limita ao que está na lei, mas, sim, ao que se infere pretendido, desejado e perseguido pelo ordenamento jurídico, tendo, sempre, como norte, a dignidade da pessoa humana, base da Lei Maior, se descobre situações em que, na busca de cumprir o que a Magna Carta quer que se realize, já se reconhece, tanto em doutrina como em decisões de diversos Tribunais do Trabalho, apenas para exemplificar, entre outras situações, o direito do trabalhador rural que trabalha a céu aberto ao recebimento do adicional de insalubridade, embora essa atividade não esteja, consoante corrente jurisprudencial e doutrinária, ainda majoritária, classificada como insalubre (*sabe-se lá o porquê dessa*

---

(25) *Op. cit.*, p. 331.
(26) CÂNDIA, Ralph. *Comentários aos contratos trabalhistas especiais*. São Paulo: LTr, 1987. p. 95, ou, ainda em *Comentários à lei do jogador de futebol*. 1. ed. São Paulo: Sugestões Literárias, 1978. p. 18.

falta de quem deveria catalogá-la como tal!), ou ainda, o pagamento da própria hora extra, e não apenas o adicional, ainda para o trabalhador rural que trabalha por produção no corte da cana, atividade que exige muito de quem a exerce. Há, por conseguinte, lastro jurídico a autorizar, em respeito à pessoa humana do atleta e aos limites que a concentração provoca em sua liberdade, bem como o que se lhe exige, então, quanto ao seu afastamento de familiares e do seu círculo social inclusive, o que não pode ser ignorado, seja computado no tempo de duração do trabalho, o período em que o atleta permanece concentrado.

Destarte, há acompanhar o posicionamento de Jean Marcel Marciano de Oliveira, quando, de forma muito consistente, assevera[27]:

> "[...] é inegável que o período de concentração traz inúmeras limitações à vida privada e ao bem-estar do atleta profissional de futebol, a ponto de ser possível concluir-se que o atleta passa mais tempo em companhia de seus companheiros de equipe do que propriamente com seus familiares."

Se desconsiderado o Descanso Semanal Remunerado e levando-se em conta a jornada diária máxima de oito horas de trabalho e a possibilidade de prática da concentração durante três dias, fora da jornada do trabalho, como considerado pela maioria da doutrina e da jurisprudência, conclui-se que, das 168 (cento e sessenta e oito horas da semana, o atleta passa cerca de 96 (noventa e seis) em alguma atividade relacionada à prática desportiva, e 72 (setenta e duas) em períodos de intervalos para descanso.

Tal situação é completamente diferente daquela inerente ao trabalhador normal, que, em regra, pode passar, no máximo, 44 (quarenta e quatro) horas semanais em atividades relacionadas ao trabalho.

Além disso, não dá para considerar que durante o período de concentração o atleta não esteja de alguma forma à disposição do empregador, pois encontra-se completamente privado de viver uma vida normal nesse período, especialmente porque nem mesmo a companhia de seus entes queridos poderá ter, em situação que, em última análise, acaba por violar inclusive sua dignidade como pessoa humana".

As especificidades do desporto podem tanto?

Talvez caiba pensar em um meio de conciliar o tempo de concentração com a integração desse na duração do trabalho, descontando-se o tempo de sono do homem médio, oito horas do respeitante período, aí, sim, considerando-se as especificidades do desporto, e o restante do tempo, ser reputado como compondo a duração do trabalho; todavia, numa tal solução, ficaria por resolver a questão de ter de dormir o atleta não, por exemplo, junto aos filhos e esposa, mas separadamente, onde quer o empregador, com evidentes prejuízos ao convívio familiar..., e bem se sabe o valor que o constituinte atribuiu à família!

Mas... talvez exista uma alternativa para as entidades esportivas que não queiram ver computado o tempo de concentração na duração do trabalho, nosso previdente legislador oferece uma solução para resolver o impasse, ficando para a entidade desportiva o escolher entre a integração desse período, o de concentração, na duração do trabalho, ou a adoção da outra possibilidade, qual seja, ajustar com o atleta algum valor ("algum" não no sentido de qualquer valor, mas no de um valor que seja razoável

---

(27) OLIVEIRA, Jean Marcel Mariano de. *O contrato de trabalho do atleta profissional de futebol*. São Paulo: LTr, 2009. p. 79/80.

e remunere, adequadamente, o que com seu pagamento se visa quitar, pois, em não sendo assim, permitir-se-ia um engodo jurídico), à guisa de acréscimos remuneratórios, espécie prevista no art. 28, § 4º, III, da Lei Pelé, e que, consoante o respeitado professor Álvaro Melo Filho, visa a esse fim, precisamente, como se infere de seus preciosos ensinamentos:

> a) Acréscimos remuneratórios em razão de períodos de concentração, viagens, pré-temporada e participação do atleta em partida, prova ou equivalente, conforme previsão contratual.[28]

No que ao DSR toca, a questão parece de mais simples solução, até porque se deve partir da realidade de sua concessão obrigatória, até por força do estatuído no art. 7º, XV, da Carta Política, e estar previsto, outrossim, no § 4º, IV, do art. 28, que dispõe:

> Art. 28. ...
>
> § 4º ...
>
> IV — repouso semanal remunerado de vinte e quatro (24) horas ininterruptas, preferentemente em dia subsequente à participação do atleta na partida, prova ou equivalente, quando realizada no final de semana.

Destarte e atento ao disposto no art. 1º da Lei n. 605/49, parece que prejuízo não sofrerá o atleta, tendo o seu DSR concedido no dia subsequente ao da realização da partida em que participe, o que, talvez, gere alguma controvérsia, é o "preferentemente" em dia subsequente, mas, aqui, não se pode perder de vista possíveis cuidados com a parte física, que o envolvimento na partida possa exigir.

Relativamente ao adicional noturno, volto a me socorrer do grande juslaborista Álvaro Melo Filho, cujas obras são de consulta obrigatória, quando se cuida de direito desportivo, para quem, embora com as ponderações que faz, "o adicional noturno ganhou *status* constitucional (art. 7º, inciso IX) e, a partir de então, a legislação infraconstitucional somente se limita a definir os percentuais aplicáveis ao caso concreto, sendo, nesse contexto, inadmissível que lei ordinária venha a afastar as garantias e direitos mínimos do trabalhador elevados ao patamar constitucional. Assim, se a partida da qual tenha participado o atleta extrapolou o horário de 22 horas, haverá o direito do atleta ao adicional noturno, com reflexos sobre 13º salários, férias+ 1/3 e FGTS"[29].

O eminente mestre, cujos ensinamentos reproduzi nas linhas imediatamente anteriores, examina, de maneira incisiva e irrespondível, a questão de ser ou não devido o adicional noturno para o atleta profissional de futebol, definindo-se pela resposta afirmativa, e a mim cabe, apenas, acompanhá-lo, pois não vejo como vicejar qualquer posicionamento em sentido contrário ao do renomado autor, o professor Álvaro Melo Filho, já que, efetivamente, como por ele apontado, não há olvidar do quanto estatuído no art. 7º, IX, da Carta Política, mesmo porque, como já se lembrou:

> "O adicional previsto na CLT foi confirmado posteriormente pela Constituição Federal quando, em seu art. 7º, inciso IX, fixou que a remuneração do trabalho noturno deveria ser superior a do diurno", palavras essas do ilustre Luiz Antonio Grisard, que completa o seu raciocínio, quanto ao aspecto ora *sub*

---
(28) MELO FILHO, Álvaro. *Nova Lei Pelé* — avanços e impactos. Rio de Janeiro: Maquinária, 2011. p. 200.
(29) *Op. cit.*, p. 204/5.

examen, com o seguinte asserto: "Seguindo o raciocínio defendido nos tópicos anteriores, o fato de a atividade do atleta profissional ser permeada de diversas particularidades não é capaz de elidir o pagamento de direitos trabalhistas, dentre eles o adicional noturno, bem como a contagem da hora noturna de forma reduzida.[30]

Possível inferir, então, que não se faz necessária alguma legislação específica para regular a questão do adicional noturno no meio desportivo, máxime atento ao texto constitucional.

Finalizo este muito modesto trabalho, enfatizando que a minha intenção foi a de apresentar um modo de ver — *simples e direto* — acerca da duração do trabalho, do DSR e do adicional noturno do atleta profissional de futebol, e para isso muito valiosas foram as leituras dos autores aqui referidos — *além de outros, que não cheguei a mencionar* —, concorde ou não com suas posições, pois em todas enxerguei — *a par do indiscutível saber jurídico de cada um deles* — a louvável intenção de contribuir para que se alcance a harmonia na relação entidade desportiva/atleta, o que é maravilhoso, já que, como observou o grande processualista Manuel Carlos de Figueiredo Ferraz, há várias décadas:

> A intenção é o que há de principal em nossos atos, é o olho que os ilumina e os dirige para o fim, a alma que os inspira.[31]

---

(30) GRISARD, Luiz Antonio. Horas Extras, intervalos e adicional noturno para os atletas profissionais de futebol. *Justiça do Trabalho*, HS, n. 241, p. 19.

(31) FERRAZ, Manuel Carlos de Figueiredo. *Apontamentos sobre a noção ontológica do processo*. São Paulo: Revista dos Tribunais, 1936. p. 93.

Aspectos do Princípio da Igualdade, com Aplicações no Direito do Trabalho

FRANCISCO ALBERTO DA MOTTA PEIXOTO GIORDANI[(*)]
ANA PAULA PELLEGRINA LOCKMANN[(**)]

Para que qualquer pensamento ou posicionamento acerca da igualdade encontre alguma ressonância, é necessário, antes do mais, que estejamos todos com a mente e com o coração abertos para aceitá-la, ou, como superiormente dito por Naele Ochoa Piazzeta, *aprende-se, pois, que para além de ser decretada, a igualdade precisa sedimentar no coração do ser humano*[(1)].

Podemos, então, prosseguir, lembrando, à partida, que todos sabemos — e assim afirmam os que versam sobre o tema — que a igualdade de sempre foi um ideal, um desejo dos homens desde os tempos mais remotos.

Sintetizando, Fernando Alves Correia esclareceu que *o conceito de "igualdade" esteve sempre presente no pensamento europeu. Os filósofos gregos, com especial destaque para Platão e Aristóteles, e, mais tarde na Idade Média, S. Tomás de Aquino dedicaram-lhe uma especial atenção. Com os filósofos racionalistas dos séculos XVII e XVIII, o princípio da igualdade adquire um novo vigor, sendo utilizado como uma arma ideológica contra o nepotismo*[(2)], *ou seja, a humanidade sempre buscou a noção de igualdade*[(3)].

Em razão de sua extraordinária importância, não surpreende a constatação de que a igualdade é objeto dos mais diversos discursos, seja no campo familiar, seja no

---

(*) Juiz titular da Vara do Trabalho de Campo Limpo Paulista/SP.
(**) Juíza titular da 11ª Vara do Trabalho de Campinas/SP.
(1) PIAZZETA, Naele Ochoa. *O princípio da igualdade no direito penal brasileiro*. Porto Alegre: Livraria do Advogado, 2001. p. 8.
(2) CORREIA, Fernando Alves. *O plano urbanístico e o princípio da igualdade*. Coimbra: Almedina, 2001. p. 394.
(3) MINHOTO, Antonio Celso Baeta. Princípio da igualdade. *Revista de Direito Constitucional Internacional*, ano 11, n. 42. p. 311, jan./mar. 2003.

filosófico, no científico ou em outro qualquer: passando o problema a ser o da sinceridade dos diversos discursos, e os fins então visados.

A igualdade, um dos alicerces da humanidade, pode ser — e não raro foi e/ou continua sendo — objeto de manipulações e maquinações por parte daqueles que querem dominar, impor-se aos seus semelhantes, e que não desejam o império da igualdade, mas sim que esta sirva aos seus propósitos de dominação, tanto que Demóstenes, em uma de suas manifestações, já observou que "[...] entre os que querem ser os senhores e os que amam a igualdade, não há simpatia possível"[4].

Por isso é que a igualdade, por muito tempo, não passou de um ideal inatingível para milhões de pessoas, isso quando como tais eram consideradas, pois, como se sabe, os escravos assim não eram considerados, e a escravidão foi reputada como uma necessidade por Aristóteles, que também discorreu sobre a igualdade, o que pode servir de exemplo de como a igualdade foi vista como possível relação a poucos homens.

A propósito, importantes as observações do culto Arthur Lavigne Júnior, no sentido de que "o direito à igualdade perante a lei não apareceu na história da humanidade subitamente, de uma só vez, mas, ao contrário, resultou de lenta evolução nascida no século XVIII em países onde o arbítrio da autoridade constituída encontrou forte reação humanitária, idealizada e comandada por espíritos privilegiados, artífices da liberdade, que acabaram por estabelecer os alicerces do estado liberal"[5].

Por certo, útil o fixar, na abalizada palavra do eminente ministro Carlos Alberto Reis de Paula, do C. Tribunal Superior do Trabalho, que "o princípio da igualdade genericamente foi lançado a partir da Revolução Francesa e da Revolução Norte-Americana. Não se quer com isso dizer que a igualdade só tenha surgido com preocupação nessa ocasião. Estaríamos, por exemplo, sendo desmentidos pela antiguidade grega. Entretanto, com a profundidade, amplitude e dimensão no contexto social com que hoje o temos podemos asseverar que este princípio está vinculado historicamente àqueles eventos"[6].

Nessa linha de pensamento, quando da Revolução Francesa, o sentido de igualdade, de grande importância para a burguesia de então, no e para seu intento de mudar o estado das coisas então em vigor, ou seja, foi usada, a igualdade, mais para acabar com os privilégios que havia, mas que não se estendiam à burguesia, do que por qualquer outro motivo, embora, como normalmente ocorra em situações quejandas, outros tenham sido os motivos indicados, daí o combate aos privilégios que existiam.

A igualdade que então se estabeleceu, a que se afinava com a ideologia liberal a final vitoriosa, foi a igualdade formal, que bem servia às pretensões dos que a ergueram como bandeira, se bem que não totalmente desfraldada, clamando por uma nova ordem.

Conquanto tenha significado um avanço para aquele momento histórico, considerado o período anterior, os tempos posteriores demonstraram quão insuficiente a

---

(4) GIORDANI, Francisco Alberto de Motta Peixoto. O princípio da igualdade e a atuação do ministério público enquanto parte. *Revista LTr*, v. 67, n. 29. p. 1072, set. 2003.
(5) LAVIGNE JÚNIOR, Arthur. As liberdades econômicas e o princípio da igualdade. *Anais da VIII Conferência Nacional da Ordem dos Advogados do Brasil*, p. 477.
(6) PAULA, Carlos Alberto Reis de. *A especificidade do ônus da prova no processo do trabalho*. 2. tir. São Paulo: LTr, 2001. p. 124.

igualdade meramente formal, para o fim de possibilitar aos homens efetiva igualdade de oportunidades na vida.

O bosquejo apresentado, nas condições e limitações em que o foi, tem a clara intenção de marcar que a igualdade sempre foi incessantemente perseguida pelo homem, embora sempre houvesse aqueles que não a desejassem — e não a desejam — sinceramente ou com amplitude tal que os abrangessem — ou abranja — também, de maneira que tanto difícil avançar no ideal de existência de uma efetiva e útil igualdade, como também dificultoso manter-se o que já se conquistou, nesse campo, hoje não mais ou não só pelo emprego da força, mas o que talvez seja mais perigoso ainda, pela utilização de meios engenhosos e sutis, com o escopo de embair os semelhantes, para o que há pessoas altamente qualificadas.

Enfim, é preciso muito e constante cuidado para que a força e/ou o campo conquistado pela igualdade não seja reduzido, não se permitindo jamais que ela seja incluída em frases carregadas de tristeza e desesperança, tais como, *verbi gratia*: "O Mal e o Bem, a Verdade e a Mentira, o que são? Palavras, só palavras, nada mais", conclusão, para ele certamente dolorida, a que chegou Albino Forjaz de Sampaio, contida em seu livro *Palavras cínicas*[7].

Por isso, entre outras atribuições, cabe à igualdade demonstrar aos homens que não se perdeu o elo de solidariedade que deve, indelevelmente, ligá-los, de modo que todos saibam que, conquanto existam aqueles, a que já nos referimos, com uma visão deturpada do que seja e dos fins que com ela se pretende, felizmente, a esmagadora maioria se preocupa e quer bem ao seu semelhante, de modo que vale a pena lutar pela felicidade do próximo, o que, bem analisadas as coisas, é pugnar pela felicidade de cada qual, pois ninguém está sozinho nesse mundo, o qual deve ser banhado de sentimentos nobres e elevados, como o da igualdade entre os indivíduos.

Todavia, é preciso ter nítido — e sempre — na memória que "[...] a experiência tem demonstrado que adianta muito pouco a lei dizer que todos são iguais e proibir que umas pessoas sejam tratadas como inferiores às outras, se não for garantida a igualdade de oportunidades para todos desde o nascimento. Com efeito, quando uns nascem ricos e outros pobres, as oportunidades são muito diferentes, e por isso as pessoas se tornam socialmente diferentes, desprezado-se a igualdade natural"[8].

Acreditamos que mais não seja preciso, para enfatizar a importância da igualdade, que ser campo seja cada vez mais sólido e extenso, trazendo ao seu regaço, colocando sob seu abrigo um número cada vez maior de pessoas, mesmo porque "não pode haver dúvida acerca do papel central ocupado pelo princípio da igualdade em um Estado Democrático de Direito. Tal princípio, ao lado das liberdades e dos direitos de defesa fundamentais, constitui o fundamento desse modelo de Estado".

Sem um mínimo de igualdade inexiste democracia. Os mais fracos sucumbiram ante a vontade dos mais fortes. Outrossim, é princípio da igualdade que fornece a garantia de que as políticas públicas perseguirão o benefício de toda a comunidade[9].

---

(7) SAMPAIO, Albino Forjaz de. *Palavras cínicas*. Rio de Janeiro, 1936. p. 68.
(8) DALLARI, Dalmo de Abreu. *Viver em sociedade*. São Paulo: Moderna, 1989. p. 19.
(9) MORO, Sérgio Fernando. *Desenvolvimento e efetivação judicial das normas constitucionais*. São Paulo: Max Limonad, 2001. p. 113.

Ou, nas palavras de Susana Mosquera: "[...] la esencial igualdad de toda persona ante la ley es hoy en día el punto de partida indispensable en todo sistema democrático de derecho"[10].

Desnecessário recordar que tão sublime missão, se bem que de todos o é, muito especialmente é dos operadores do direito, aos quais, tradicionalmente, cabe batalhar para que os direitos dos homens — e dentre eles, sem dúvida, sobreleva o à igualdade — sejam reconhecidos, respeitados e devidamente observados, o que, não se desconhece, sempre foi uma tarefa árdua e não imune a ataques virulentos, dos que acreditam que a falta de lhaneza, civilidade, largamente substituída pelo destempero verbal, basta para esconder propósitos mais rasteiros, inconfessáveis mesmo; aliás o antídoto para tal comportamento, com certeza, deve ser o de mais igualdade entre os homens, igualdade esta que até justifica o direito, ou como superiormente asseverado por Maria da Glória Ferreira Pinto, "a igualdade faz parte da própria essência do direito"[11].

A igualdade, de há já algum tempo, passou a ter estatura constitucional, figurando nas mais diversas constituições, o que não significa que tenha sido efetivamente observada e/ou praticada, não só lá fora como no Brasil também.

Entretanto, quer-nos parecer que, hodiernamente, a igualdade, já com a dignidade de princípio constitucional, fortaleceu-se e continua cada vez mais a se fortalecer, existindo, felizmente, uma mais ampla e favorável atmosfera para que ela se imponha e se faça respeitada, como dever ser; aliás, de maneira percuciente, observou a jurista portuguesa Maria da Glória Ferreira Pinto que a "invocação da violação do princípio da igualdade é, pois, uma constante nos dias de hoje, o que parece ser um sintoma de uma renomada vitalidade do princípio"[12].

E assim há, realmente, de ser, até porque não se pode, com sinceridade, deixar de reconhecer que inconcebível falar em regime democrático se não houver profundo e verdadeiro respeito ao princípio da igualdade.

Entre nós, o princípio da igualdade pode até ser muito bem defendido e ter seu campo de atuação não exatamente alargado, mas corretamente reconhecido, ante os termos em que colocado na Carta Magna, o que faz até com que renomados juristas o tenham como um princípio supraconstitucional; essas as águas pelas quais singra o eminente Rui Pantanova, *verbis*:

> O princípio da igualdade, pela sua importância no Direito brasileiro, está previsto já no preâmbulo da Constituição e em seu art. 5º: todos são iguais perante a lei, sem distinção de qualquer natureza.
>
> Não é demasia admitir que se está diante de princípio supraconstitucional, no sentido de que as outras disposições da Constituição lhe devem obediência[13].

Precisamos ter sede, muita sede de igualdade, e nossa Constituição está aí para nos ajudar a saciá-la, para o que, porém, precisamos tê-la sempre conosco, não

---

(10) MOSQUERA, Susana. El derecho a la igualdad y la no discriminación por razón de religión. *Revista El Derecho Fundamental de Igualdad* (palestra – II Jornada de Derechos Humanos), p. 17.
(11) FERREIRA PINTO, Maria da Glória. Princípio da igualdade, fórmula vazia ou fórmula "carregada" de sentido? *Boletim do Ministério da Justiça*, Portugal, n. 358, p. 33, jul. 1986.
(12) FERREIRA PINTO, Maria da Glória. Princípio. *Boletim,* cit., p. 19.
(13) PORTANOVA, Rui. *Princípio do processo civil.* 1. ed. 2. tir. Porto Alegre: Livraria do Advogado, 1997. p. 37.

esquecendo o que ela determina e quer, e ligando-a sempre aos demais diplomas legais existentes.

Porém, como sabemos, os homens não são iguais, e isso por diversas razões, quer quanto aos lugares, quer quanto a coisas, educação, experiências e caráter, por exemplo.

Essa constatação, a de que os homens não são iguais, leva a duas conclusões: a primeira, a de que uma igualdade meramente formal, que determina que todos são iguais perante a lei, não basta, pela sua manifesta insuficiência, para, não digamos acabar, o que seria uma quimera, mas para minimizar as desigualdades que a vida, a sociedade e o próprio indivíduo, com as condições que o cercam, fazem aparecer e que se multiplicam com os momentos em que as políticas adotadas por governantes e políticos são voltadas para o grupo ou os grupos com maior poder de influência, e não para o todo e/ou para o efetivo bem comum.

É essa a igualdade, a formal, que fez com que saísse da pena de um dos maiores escritores russos, Fédor Dostoievski, em um de seus geniais livros *Recordações da casa dos mortos,* a seguinte observação: "[...] o princípio que todos os homens são iguais" — princípio, aliás, justo e generoso — não se sustenta de pé, visto ser demasiado abstrato"[14].

A outra conclusão que se impõe e que chega mesmo a ser uma consequência da constatação anterior, levando ao conceito de igualdade material, é a de que o princípio da igualdade deve ser entendido no sentido de levar a um tratamento diferenciado das situações que não são semelhantes, visando, desenganadamente, como já mencionado, minimizar, ou mesmo evitar, que aumente ou se aprofunde o fosso que separa os indivíduos, por um dos motivos já apontados.

Ou seja, não basta falar de uma igualdade perante a lei, o que faria com que o princípio da igualdade ficasse, para usar expressão empregada pelo culto professor Luís Roberto Barroso, "[...] na calmaria das proposições de reduzida eficácia"[15]; antes, é preciso caminhar no sentido de admitir, reclamar mesmo, um tratamento diferenciado, para situações que não são iguais, visando, assim, como elegantemente exposto por Guilherme Machado Dray: "[...] conceber o princípio da igualdade como uma concretização da ideia da justiça social, como um ponto de chegada e não como um ponto de partida, como uma forma de igualdade real assente na eliminação das desigualdades econômicas, sociais e culturais"[16]. Numa linguagem mais singela, há tratar de forma igual os iguais e desigualmente os desiguais, na medida da desigualdade, já que olvidar não se pode de que "[...] cada onda é diferente de outra onda; mas da mesma maneira é verdade que cada onda é igual a outra onda"[17].

Nessa perspectiva, o princípio da igualdade, antes preso às limitações burguesas, alça voos mais altos, impregnando-se, como um grande jurista já afirmou, da "[...] vocação humanista e socializante dos dias que correm"[18].

---

(14) DOSTOIEVSKI, Fédor. *Recordações da casa dos mortos*. Lisboa: Europa-América, 2000. p. 232.
(15) BARROSO, Luís Roberto. *RDP*, v. 78, p. 66.
(16) DRAY, Guilherme Machado. *O princípio da igualdade no direito do trabalho*. Coimbra: Almedina, 1999. p. 21.
(17) CALVINO, Italo. *Palomar*. São Paulo: Companhia das Letras, 1994. p. 8.
(18) CASTRO, Carlos Roberto de Siqueira. *O princípio da isonomia e a igualdade da mulher no direito constitucional*. Rio de Janeiro: Forense, 1993. p. 64-65.

Evidente que, assim concebido, o princípio da igualdade dirige-se e obriga a todos os Poderes do Estado, tanto o Legislativo como o Executivo e o Judiciário, até porque "[...] só como dois pratos iguais é que não se vicia a balança da justiça"[19].

Como consequência do que ficou dito, há de se concluir que existe uma espaço de discriminação dentro do qual se pode movimentar o legislador, e isso para atingir aquele objetivo de tratar igualmente os iguais e desigualmente os desiguais; parece até intuitivo que este seja um campo perigoso, pois é necessário cuidado para que uma discriminação, em vez de traduzir observância ao princípio da igualdade, não acabe por violá-lo, é dizer, cumpre verificar, entre outros aspectos, o seu nível de generalidade, ou abstração, "[...] pois o princípio estará agredido se a lei atingir sujeito determinado e perfeitamente individualizado no presente", como lembra o preclaro Carlos Ari Sundfeld, que dá como exemplo de uma situação assim "[...] o caso da lei concedendo isenção de impostos às montadoras de automóveis constituídas no Brasil antes de 1960, e negando-a às demais[...] [20].

Também não se pode aceitar "[...] lei que trate desigualmente pessoas, coisas ou situações, com base em fatores estranhos a essas mesmas pessoas, coisas ou situações", como adverte o mesmo jurista retromencionado Carlos Ari Sundfeld, *que exemplifica* com a hipótese de fixação do imposto de renda com alíquotas diferentes com base no fato de a pessoa nascer em mês par ou em mês ímpar[21].

Ainda, restará da mesma forma magoado o princípio da igualdade se inexistir, na discriminação levada a efetivo pela lei, uma "[...] correlação lógica entre a diversidade do regime estabelecido e o fator que tenha determinado o enquadramento, num ou noutro regime, das pessoas, coisas, ou situações reguladas"[22]; em tais casos, a discriminação carecerá de sustentação, por exemplo: Lei Municipal da Capital estabelecendo que quem torce para time do interior do Estado de São Paulo terá de pagar um taxa ao adquirir ingresso para assistir algum jogo no Pacaembu, para conservação do estádio; qual a correlação lógica entre o fato de torcer para esse time e o pagamento da taxa?... Ou haverá, e o exemplo então não serve...

Do que vem de ser exposto, fica claro que o princípio da igualdade restará atingido sempre que uma lei seja editada ignorando certo grau de generalidade e abstração, ou com base em fatores que não justificam a discriminação, ou ainda de forma arbitrária; ao contrário, justificar-se-á a discriminação estabelecida quando fruto do desejo de diminuir as desigualdades existentes, em busca da realização possível da justiça social.

Outra questão que gostaríamos de abordar rapidamente é a de estabelecer se a aplicação do princípio da igualdade apenas tem lugar nas relações que envolvam o cidadão contra o Estado, pois existe justamente para proteger o cidadão das investidas e das regras que o próprio Estado, por vezes (entre nós raríssimas vezes), estabelece, de forma arbitrária, desarrazoada e injustificada, ofendendo a igualdade constitucionalmente assegurada no art. 5º da CF, e que, como se conclui, é a igualdade material, não apenas formal, ou se esse princípio tem um alcance ainda maior, podendo ser invocado nas relações entre particulares, ou não sendo isso não possível, por atritar, de forma inconciliável, com a liberdade e a autonomia privada, valores também constitucionalmente consagrados.

---
(19) MARTINS, Alfredo Soveral. *Direito processual civil*. Fora do Texto, 1995. v. 1, p. 170.
(20) SUNDFELD, Carlos Ari. *Fundamentos de direito público*. 3. ed. 3. tir. São Paulo: Malheiros, p. 157.
(21) *Idem*.
(22) *Idem*.

Para avaliarmos o grau de complexidade dessa questão, certamente será interessante lembrar uma colocação feita pelo professor Jorge Miranda, no sentido de que a "[...] igualdade não é uma 'ilha', encontra-se conexa com outros princípios, tem de ser entendida — também ela — no plano global dos valores, critérios e opções da Constituição material"[23]. Aliás esse professor dá um exemplo interessante com base em disposições da Constituição portuguesa (art. 33, n. 4): "[...] a proibição de extradição quando ao crime corresponda pena de morte segundo direito do Estado requisitante (como dispõe o art. 33, n. 4) pode acarretar desigualdade; mas prevalece a finalidade de proteção da vida humana"[24].

Ainda para aquilatarmos o tamanho do problema, interessante a referência a uma indagação feito pelo professor José Carlos Vieira de Andrade: "[...] poderá um inquilino opor-se ao despejo por falta de pagamento da renda com base no fato de o senhorio não ter despejado outro inquilino nas mesmas circunstâncias? [...]" [25].

E o que não dizer do exemplo do professor Joaquim Augusto Domingos Damas, no sentido de ser admissível que um vendedor ambulante de bananas pratique preços diferenciados para dois adquirentes do sexo masculino ou feminino, para um homem e uma mulher, para um negro e para um branco, um mulçumano e um católico, tendo, por exemplo, com base do tratamento diversificado a obtenção de melhor preço ou mais rápido escoamento do produto, concluindo que, nesse caso, a autonomia privada do vendedor sobrepor-se-á aqui à igualdade, enquanto manifestação da liberdade individual e autonomia da pessoa que a constituição também reconhece[26].

Apenas para complicar um pouco, agora direcionando o problema para o Direito do Trabalho, o que dizer ou fazer quanto aos que se posicionam no sentido de que o "[...] princípio da igualdade não é o grande princípio reitor das relações coletivas e individuais do trabalho: o princípio fundamental é o da tutela mínima [...]"[27], aí, apenas aí, no campo da tutela mínima, é que se poderia atingir uma igualdade.

Importante citar um último exemplo, que se colhe do livro do professor João Caupers, e é o de que F., gestor de uma pequena empresa de serviços, aumentou a retribuição de um de seus vendedores porque "ia casar com a sua filha e precisava de dinheiro para mobiliar a casa"[28]. O autor considera que embora tal situação seja dificilmente compatível com o princípio "trabalho igual salário igual", nem por isso deve ser considerada inconstitucional, já que a intenção do empresário não era prejudicar os outros trabalhadores, mas sim — o que se tem de considerar aceitável em termos de autonomia privada — beneficiar o futuro genro. Nesse exemplo, pode-se enxergar uma primeira possibilidade de ofensa ao princípio, se por acaso a todos os demais vendedores não tivesse sido comunicado que ao noivo da filha do empregador seria dado esse tratamento, dando-lhes, assim, a oportunidade de demonstrar o mais financeiro, ou melhor, o mais sincero interesse em desposá-la.

Como resolver essas questões?

---

(23) MIRANDA, Jorge. *Manual de direito constitucional: direitos fundamentais*. 3. ed. Coimbra: Coimbra, 2000. t. IV, p. 238.
(24) MIRANDA, Jorge. *Manual*, cit., p. 238.
(25) ANDRADE, José Carlos Vieira de. *Os direitos fundamentais na constituição portuguesa*. Coimbra: Almedina, 1976. p. 297.
(26) DAMAS, Joaquim Augusto Domingos. *Revista Jurídica do Trabalho*, n. 1, abr./jun. 1988.
(27) CARVALHO, Bernardo Xavier e Nunes. *Revista de Direito e de Estudos Sociais*, ano XXXIX (XII da 2ª série), n. 4. p. 412, out./dez. 1997 (Parecer).
(28) CAUPERS, João. *Os direitos fundamentais dos trabalhadores e a constituição*. Coimbra: Almedina, 1985. p. 161 e p. 176-177.

Se, como já observamos, os homens não são iguais, se a própria natureza nos fez diferentes, parece óbvio que não podemos pretender que todos nos comportemos da mesma maneira, o que, além de não ser conforme a natureza, até contribuiria para, por amarrar a liberdade de cada um, obstruir e/ou impedir a evolução de cada qual, pois, e não estamos falando novidade alguma, é errando e acertando, não sabemos dizer em que proporção cada uma delas, que o homem evolui. Ciente dessa realidade, a Constituição prestigia a liberdade e a autonomia privada.

Daí por que parece correta a conclusão de que a "[...] liberdade do homem não exclui, antes, necessita de uma boa dose de arbítrio"[29], de modo que, entre iguais, em regra, a liberdade sobrepuja a igualdade[30], o que permitirá que a individualidade de cada qual ocupe o lugar que suas potencialidades e engenho permitirem.

Contudo, há um limite, mesmo para as relações entre iguais, o qual é atingido quando da ocorrência de discriminações que ofendam a dignidade humana do discriminado, mesmo porque não desconhecemos o valor e o peso que a dignidade humana possui em nosso texto constitucional.

Quando, porém, de um lado se encontrem grupos ou indivíduos em posição de superioridade econômica ou social, já não se pode tolerar que, sob o manto da liberdade ou da autonomia privada, escolham de forma arbitrária ou injustificada com quem e como vão negociar e/ou até para excluir alguém, também arbitrária e injustificadamente.

Um exemplo talvez esclareça melhor a situação: ao passo que um indivíduo pode deixar de contratar alguém para trabalhar como empregado doméstico, por professar, o pretendente ao cargo, religião diferente da sua e de sua família, principalmente se houver países em situação de confronto justamente por causa de diferenças envolvendo essas mesmas religiões, o que pode e certamente provocará um inconfortável mal-estar no ambiente familiar, e aí a discriminação não violará o princípio da igualdade, já não se poderá dizer o mesmo se uma empresa deixar de admitir alguém por motivo religioso, pois aqui a discriminação não passa incólume, ao contrário, agride o texto constitucional, que consagra o princípio da igualdade.

No primeiro caso, há prevalecer a liberdade, que ao indivíduo não se pode negar, de escolher quem vai receber em seu lar, para um convívio muito próximo com ele e com os seus, ainda que decorrente de uma relação de emprego, não há abuso de poder econômico, nem social, que não se sobrepõe à liberdade, à autonomia que a cada um há de ser conferida, quanto a quem vai acolher em sua moradia; no segundo caso, tratando-se de uma empresa, em que o normal é conviverem pessoas com modos de vida e convicções diferentes, embora todas normalmente com igual situação de baixos salários, salvo quanto às detentoras dos cargos mais importantes, ter-se--á, na situação sob exame, uma intenção de discriminar que não se afina e com qual não se compadece o texto constitucional.

Desse modo, de perfilhar o entendimento de que, quando algum cidadão age segundo uma opção sua, uma preferência sua, siga o caminho que entenda ser-lhe mais proveitoso, seja quanto ao aspecto econômico ou quanto ao aspecto social, mas que ao agir não esteja ou não se valha de uma situação de desigualdade constitu-

---

(29) ANDRADE, José Carlos Vieira de. *Os direitos fundamentais*, cit., p. 296.
(30) *Op. cit.*, p. 296-297.

cionalmente inaceitável, não lhe pode ser imposto que trilhe o caminho, a senda mais próxima dos valores mais prestigiados pela Constituição, o que reduziria a pó a liberdade e a autonomia privada; entretanto, quando a situação é acentuadamente desigual, não será por isso que aquele que estiver na posição mais privilegiada poderá, com base e apenas por essa circunstância, atuar de forma arbitrária e injustificada, promovendo discriminações contrárias ao texto constitucional, seja por motivos religiosos, seja em função de convicções políticas, seja em razão do sexo etc.

É importante reter que não é a discriminação em si que é pura e simplesmente vedada, mas sim que a discriminação, quando houver, decorra, como diz o professor Vieira de Andrade, de "[...] uma atuação racional, técnica ou eticamente fundada", isto é, como ainda disse o citado professor, "que não se discrimine para discriminar"[31].

Vale reproduzir os ensinamentos do professor José João Nunes Abrantes, no sentido de que "[...] os direitos, liberdade e garantias — e entre eles os direitos dos trabalhadores e das suas organizações — são elementos fundamentais da ordem jurídico-constitucional, tendo por isso de valer em todos os ramos do direito e não apenas contra os poderes estaduais"[32].

Caminhando para o encerramento, não gostaríamos, porém, de finalizar sem uma ligeira referência às relações entre a Constituição e o processo, e o que a este cabe fazer, se é que algo lhe cabe, para tornar efetivo, o quanto possível, fazendo observar e observando o princípio da igualdade.

A importância da Constituição para o processo sempre existiu e foi reconhecida, embora atualmente sua relevância tenha, merecidamente, aumentado, ou melhor, venha sendo devidamente considerada.

Sendo o princípio da igualdade insculpido na Constituição uma garantia para o cidadão, lógico que há de ser observado sempre que não houver motivo que justifique algum tratamento diferente, e isso em qualquer área e/ou campo de atividade, constituindo-se num direito impostergável e que não pode ser concebido com restrição.

Aliás, não se pode imaginar, em sã consciência, uma atuação do Judiciário descomprometida com a Constituição e com a realidade; não nos esqueçamos, tratando de processo, dos ensinamentos do grande processualista Galeno Lacerda, no sentido de que "[...] o processo, na verdade, espelha uma cultura, serve de índice de uma civilização"[33], ideia essa que, força é convir, deve servir de estímulo ao aperfeiçoamento da utilização do princípio da igualdade entre nós.

Por derradeiro, de registrar que a igualdade não significa identidade, o que assume os contornos de relatividade e torna a questão mais complexa, e que, num tema como o nosso, exige uma averiguação muito maior, e, ainda assim, sem a certeza de tê-la encontrado, já que em determinados casos várias verdades podem coexistir, o que também dificulta uma conclusão, mas, ao mesmo tempo, torna o tema da igualdade mais atraente e sedutor, pelos benefícios que sua correta, ou o mais próximo possível do que seja correto, pode trazer aos indivíduos menos favorecidos de nossa sociedade,

---

(31) *Op. cit.*, p. 299.
(32) ABRANTES, José João Nunes. *O direito do trabalho e a constituição*. Lisboa: Associação da Academia da Faculdade de Direito de Lisboa, 1990. p. 43.
(33) LACERDA, Galeno. *Processo e cultura. Tribuna da Magistratura*, p. 58, abr. 1999.

vale dizer, aproximando-nos mais uns dos outros, enquanto seres humanos, o que deve fazer vibrarem em nossos corações as palavras de incentivo do professor José Carlos Barbosa Moreira: *"[...] La realización perfecta del ideal de igualdad — en el processo y fuera de él — es y será siempre una utopía. Pero semejante convicción no ofrece una disculpa válida a quienes, pudiendo actuar em el sentido de promoverla, prefieren omitirse"*[34]. Então, mãos à obra!

---

(34) MOREIRA, José Carlos Barbosa. La igualdad de las partes en el proceso civil. *Revista de Processo,* n. 44, p. 183.

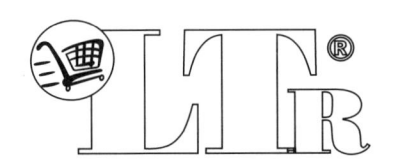

LOJA VIRTUAL
www.ltr.com.br

BIBLIOTECA DIGITAL
www.ltrdigital.com.br

E-BOOKS
www.ltr.com.br